本书出版获深圳市哲学社会科学基金资助

深圳文化发展研究

毛少莹 著

中国社会科学出版社

图书在版编目(CIP)数据

深圳文化发展研究/毛少莹著.—北京：中国社会科学出版社，2022.4
ISBN 978-7-5203-9976-0

Ⅰ.①深… Ⅱ.①毛… Ⅲ.①文化发展—研究—深圳 Ⅳ.①G127.653

中国版本图书馆 CIP 数据核字(2022)第 049137 号

出 版 人	赵剑英
责任编辑	王莎莎
责任校对	张爱华
责任印制	张雪娇

出　　版	中国社会科学出版社
社　　址	北京鼓楼西大街甲 158 号
邮　　编	100720
网　　址	http://www.csspw.cn
发 行 部	010-84083685
门 市 部	010-84029450
经　　销	新华书店及其他书店
印　　刷	北京明恒达印务有限公司
装　　订	廊坊市广阳区广增装订厂
版　　次	2022 年 4 月第 1 版
印　　次	2022 年 4 月第 1 次印刷
开　　本	710×1000　1/16
印　　张	24.25
插　　页	2
字　　数	385 千字
定　　价	148.00 元

凡购买中国社会科学出版社图书，如有质量问题请与本社营销中心联系调换
电话：010-84083683
版权所有　侵权必究

序

侯 军

"深圳文化"在20世纪90年代曾是一个众说纷纭、充满争议的"热词"——毕竟当时的深圳还是一个刚刚成立十多年的年轻城市，就像一个乳臭未干的孩子，你非要说这个孩子具备什么"文化特质"、拥有什么迥异于他人的"文化形象"，旁人自然会觉得好笑——而我恰恰是在90年代初从天津南下深圳的，正好赶上那一阵的"深圳文化热议"，立马就接触到彼时各路人马的观念交锋：有人认为深圳还是"文化沙漠"，根本谈不上什么"深圳文化"；有人据理力争，举出深圳刚刚建成的几大文化设施，非要为"深圳文化"争得一席之地不可；有人不认为"深圳"能够独立形成"文化"，坚持要把它纳入岭南文化的大板块中；也有人认定"深圳文化"只有向毗邻的中国香港文化"靠拢"，才能在国内外获得文化身份上的独立存在价值……

作为一个从内地初来乍到自诩的"文化人"，我立即被这些五花八门的文化观点所吸引；又因身处媒体要冲，很快便主动参与到这场有关"深圳文化"的热议之中。不过，我的视角和做法略有不同，我认为，"深圳文化"这个话题，单靠深圳自家人关起门来吵来吵去，意思不大。应该多听听外部的声音，尤其是国内文化发达地区的专家学者的看法——毕竟深圳是全国的深圳，"深圳文化"之所以引人关注，也正因为深圳是中国改革开放的试验区，国人对这样一个完全按照改革开放新思路设计出来的地方，其文化形态和文化发展，充满了期待和想象。于是，我开始在我供职的报纸上，有计划地策划采写了一系列有关"深圳文化"的名家访谈，若北京刘梦溪的《深圳，新兴的"文化开发区"》、若上海余秋雨的《深圳，创建"后代人的文化"》、若天津蒋子龙的《深圳，经济辐射文化》……

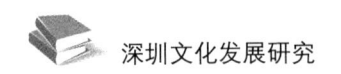

这些文字，以及由此"引进"的各种新鲜观点，也很快成为"深圳文化热议"的新话题。

国家文化部政策法规司就与深圳市文化局等地方政府部门联合创办了"特区文化研究中心"。我一度成为这个研究机构的"常客"，对这个新生的文化研究机构持续追踪报道。某一天，研究中心杨宏海主任郑重地向我介绍一位新来的年轻人，说是刚刚从中山大学毕业的研究生，那就是毛少莹。

我对毛少莹的最初印象是，有些腼腆，不多说话，好像总在思考着什么，显得沉稳有余而活泼不足，这与她的年龄不太相称。此后一段时间，研究中心陆续来了很多年轻人，一个个风华正茂，才华横溢，很快就在我们的报纸版面上激扬文字，呼风唤雨。一时间，有关"深圳文化"的"话语场域"似乎无形中在向研究中心悄然转移。对此，我自然是乐观其成，从某种程度上说，这也是我努力促成的结果。

但是，我却不常见到毛少莹的身影。不光各种会议、座谈、饮宴、茶聚等热闹场合很少见到她，报纸版面上她的文字也不多。我偶尔会打个电话问她近来在干啥，她总是轻声细语地说："我吗？上班呀，写稿呀，带孩子呀……"

"深圳文化热议"很快就随着深圳"文化立市"大政方针的确立而逐渐降温——文化毕竟不是"热议"出来的，"空谈误国，实干兴邦"，这才是深圳人的行为准则。回望近三十年前的那一阵"深圳文化热议"，我觉得其最重要的价值，就是创造了一个良好的舆论氛围，提供了多元的选择路向，培育了一代深圳人的"文化情结"，为深圳最终确立"文化立市"战略发展路向奠定了一定的理论基础。

此后十多年，我因工作重心的几度变换，与"深圳文化"的话题渐行渐远，与特区文化研究中心也联系渐疏。这期间，不断地听说当年研究中心的那班年轻才俊们，有的幸遇伯乐，提拔了；有的抓住机遇，下海了；有的另谋高就，改行了。主任换了几茬，新人进进出出。但是，每每问到毛少莹，总是得到几乎同样的答复："她呀，还在那儿！"

光阴荏苒，春秋代序，毛少莹就像一颗坐标恒定的星星，默默地守候在自己的方位上，勤勉地做着自己的事情。既不与日月争光，也不在意偶尔的云遮雾罩、电闪雷鸣，而当一切散去，她还在那里；偶尔也有天幕辉煌、彩霞绚烂之时，你也找不到她的光影，因为她的光影已然融入那耀眼的绚烂之中；唯有万籁宁静云淡风轻之际，你才会蓦然发现，她依旧在那里悄无声息地浇文化之花、培文化之基。在深圳这样一个圈子原本很小，资讯又高度发达的城市，能像毛少莹这样潜心于应用性文化研究，近三十年如一日，"只挖这一口深井"的学者，确实是极为罕见的。

罕见往往意味着非比寻常，意味着难能可贵。在一个众声喧哗、人人生怕被忽略被遗忘被边缘化的社会环境中，一个学者需要何等韧性和耐力，才能抵御住各种诱惑，心无旁骛，孜孜矻矻，埋头在自己的研究课题里，并营造出一个属于自己的学术天地！

是的，毛少莹正是这样，以自己近三十年的默默耕耘，致力于将无数飘浮在口头上和纸面上的"文化"，一步步植根于深圳这座城市的文化实践中，让"热议"化为"实锤"，让"务虚"化为"务实"，让"理论"化为"实践"，让五彩缤纷的"文化理想"，化为目可见、手可触、身可感、心可通的公共文化空间……

她深知，文化虽然五彩缤纷，文化研究却是寂寞之道。尤其是她所从事的应用性文化研究，无数心血和智慧融入一项项政策、法规、远景规划抑或实施办法，连个署名的机会都没有，更遑论成一家之言？而某些以主流自居的文化学者一向对这类专为某些政府部门或社会机构服务的研究者，不肯以正眼相视。然而，一座城市乃至一个国家，当其大转型大发展之时，又急需这些拥有专业知识又有现实关怀的学者，为诸多当务之急提供具有学术性、前瞻性和可操作性的专业意见。于是，各种应用性研究成为不可或缺、又很少有人肯做的"冷门"。一个学者的专业选择，对其日后的学术成就至关重要。是选择"显学"还是"冷门"，体现着一个人的智慧和远见，更考验着其学以致用的现实情怀。毛少莹不是没有选择的空间和机遇，她以理工科的本科背景，加以名校哲学系的学术加持，本可以左右逢源的。据她自己讲，起初她也曾对专门从事应用性较强的决策咨询研究，"有一点抗拒"。在一篇访谈中，她坦言："此前我做哲学研究，对理论问题比较感兴趣，加之传统的文史哲等理论界对跨学科的应用性文化研究并不是很认同。但是随着研究的深入，我们面对的文化管理、文化政

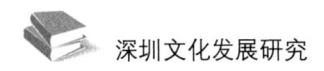

策等问题深深吸引了我，投身其间，至今也算是乐此不疲吧。"

如今，摆在各位读者面前的这部《深圳文化发展研究》，就是毛少莹多年来"乐此不疲"的成果之一。如果不是缘于这部书稿，我还真是不清楚，这些年毛少莹竟然做了这么多、这么重要、这么不为人知的贡献——这部书中所涉及的诸多文化政策法规决策，我都曾关注过、报道过、评论过，但却并没有把它们与毛少莹联系起来。如今，读其书，识其人，我领悟到了一个深圳学人的襟怀和境界：力戒空谈，埋头实干，不求个人功名之闻达，力求贡献城市文化之发展。走笔至此，我不禁对这位当年还有些腼腆、如今已卓然成家的女学者，肃然起敬。

是为序。

2021 年 5 月 13 日于北京寄荃斋

自 序

深圳自1980年建市至今虽然只有短短40年时间，却创造了世界城市史的奇迹——成为我国人口密度最大、地均产值最高、国土面积最小的"超大城市"，经济总量排名仅次于北京、上海的"一线城市"。作为中国改革开放的时代产物，40年来贯穿深圳发展始终的主轴，无疑是改革开放，开拓创新，建立和完善中国特色社会主义市场经济体制，不断推进中国特色社会主义现代化发展。伴随这一主轴发展的，不仅有深圳日益健全的市场体制，不断优化的产业结构，不断提升的法治水平，还有大量汇集的移民人口。作为全国唯一一个位于南方而讲普通话的移民城市，深圳虽然没有"深圳话"，但成长中的深圳文化也获得了超常规发展。

文化在国家和城市发展中具有不可或缺的价值引领和精神支撑作用，是综合竞争力的重要组成，也是现代政府履行公共职能的重要领域。得改革开放风气之先，深圳文化"先天"格局开放包容，"后天"既成状况丰富复杂。曾经的"深圳观念"振聋发聩，辐射影响了中国的改革开放。时至今日，深圳以日益完善的公共文化服务，异军突起的文化产业，快速发展的文化科技，正成为诸多文化领域的后起之秀。尤其是来自五湖四海，富有开放包容与开拓创新精神的"深圳人"，无疑是中国文化现代化的探路先锋。整体看，深圳文化虽然还处于成长期，但未来发展充满无限可能。

站在新时代的起点上，要发挥深圳在建设粤港澳大湾区建设中的"核心引擎"作用，建设"人文湾区"；要完成中央赋予深圳建设"中国特色社会主义先行示范区"的光荣使命，贡献中华民族伟大复兴，显然，有必要对40年来深圳文化的发展情况进行总结回顾、研究提炼。遗憾的是，由于种种原因，我们对深圳文化的研究总结远远不足，远远滞后于时代大潮

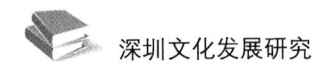

中深圳文化鲜活生动的实践，滞后于1800万乃至更多深圳人①的精神嬗变及其深远影响。有鉴于此，笔者不揣浅薄，将在深圳从事文化研究工作20多年来写作的一些文稿整理辑录于此。多年来，我有幸亲历了深圳若干重要文化事件的发生，参与了若干文化政策的制定，本书所收文章，正是这些工作的"副产品"。透过这些时间跨度大、论题、体例不一的文稿，我希望能为飞速发展的深圳保存一些文化史资料，更希望能抛砖引玉，吸引更多的年轻朋友投入深圳文化研究这一广阔而有价值的领域中来。

---

① 根据刚刚结束的《深圳市第七次全国人口普查公报》，深圳市现有常住人口1756.01万人，与2010年的第六次全国人口普查的104240万人相比，增加人口713.61万人。建市40年来，深圳是一个保持人口高速增长的移民城市，作为一个产业不断升级的城市，很多人来了又走（如大量的劳务工），不断有新人涌入，旧人离开，不同于传统城市，广义上的"深圳人"的概念远远大于人口普查得出的数字。广义的"深圳人"影响遍及全国。

目 录

辑一　深圳文化发展历程的回顾与思考

建设文化绿洲 ··· 3
深圳文化二十年概况 ·· 11
文化立市
　　——深圳城市发展战略的重大调整与完善 ··················· 25
深圳的文化资源与文化资本 ··· 32
关于改革开放三十年深圳文化发展情况的若干基本判断 ········ 56
深圳文化产业四十年发展历程及主要成就 ··························· 74
深圳文化四十年回眸 ·· 93

辑二　观念优势与深圳文化

深圳：市场经济与文化价值观演变 ···································· 107
聆听特区文化的时代涛声
　　——市场经济与深圳观念 ··· 123
"深圳精神""深圳价值观"的形成、影响及意义 ··················· 126
深圳文化的精神指纹与观念内核 ······································· 140

辑三　深圳的公共文化与文化产业

公共文化服务体系的界定、一般模式及研究意义 ················ 157

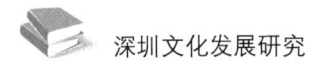

2011年深圳公共文化服务发展报告 …………………………… 165
2012年深圳公共文化服务发展报告 …………………………… 185
2013年深圳公共文化服务发展报告 …………………………… 203
2014年深圳公共文化服务发展报告 …………………………… 219
深圳公共文化服务实践与中国公共文化服务模式创新 ………… 238
加入WTO，深圳文化产业与城市文化发展 …………………… 252
深圳40年文化产业发展的主要经验及启示 …………………… 269
推动深圳文化产业高质量发展的若干政策建议 ………………… 279

辑四　深圳与粤港澳大湾区文化合作

中国香港文化艺术政策与管理的历史、现状及启示 …………… 295
深港文化合作的历史、现状及存在的问题 ……………………… 309
深化深港文化合作的战略构想与若干建议 ……………………… 323
关于珠三角文化合作的观察与思考
　　——兼评"粤港澳文化合作会议" …………………………… 335
粤港澳地区文化创意产业合作政策及存在问题分析 …………… 348

主要参考文献 …………………………………………………………… 368

跋 ………………………………………………………………………… 373

辑一
深圳文化发展历程的回顾与思考

建设文化绿洲[*]

深圳经济特区文化艺术事业的发展大致可分为前后两个时期,即前12年(约1980—1992年)为"打基础时期",以政府文化管理部门"办文化"为主,建立了深圳文化艺术事业的基本框架,其发展的重点在于建设基本的文化设施、设立必要的管理机构、配备紧缺的文化人才、开展基本的文化活动。主要成就在于开展精神文明建设工作,缓解满足了市民的基本文化需求。后者8年(1992—1999年)为"上水平时期",是文化艺术事业适应社会主义市场经济,发展壮大的时期。文化部门首次提出了"关于深圳文化发展战略的思考",文化工作由被动提供服务转向主动发展自己,努力改变传统的文化事业管理体制以适应市场经济要求,政府文化部门逐步由"办文化"为主转变为以"管文化"为主。与此同时,学术界文化研究工作取得初步成果,对深圳文化的思考逐步深入;民间文化日益活跃;深圳文化事业出现了初步繁荣的局面,市民文化生活得到很大丰富。

一 快速发展的深圳文化事业

深圳特区建立之初,文化基础设施很差,只有建于1949年的人民电影院、建于1958年的深圳戏院和建于1975年深圳展览馆,总投资约为60万元人民币,总建筑面积2751平方米。建特区初期,许多区、镇、乡村的剧场、文化室被改造成"三来一补"的工厂,整个文化系统187名工作人员中只有3名大学生,原有的1200个农村文化室和130个业余宣传队基本解体。

---

[*] 本文是为深圳博物馆主编的《深圳特区史》(人民出版社1999年10月版)一书写作的"文化"部分的内容。

1979年3月24日，深圳市文化局成立，下设艺术处和群众文化工作委员会。1981年春以中央党校范若愚、阮铭等人为首的北京专家组来深圳考察精神文明建设情况。经过调查，他们向胡耀邦同志报告，建议在深圳经济特区加强精神文明建设，加大文化投入，建立电台、电视台、高校、加强文艺团体和党校建设等。胡耀邦非常重视，批示"要积极去办"，让广东省委宣传部和深圳市委宣传部研究执行。广东省委和深圳市委经过充分论证，决定"勒紧裤腰带也要把文化设施建设搞上去"。于是，1981年，深圳市委、市政府从地方财政中拨款231万元投资文化建设。1983年3月，深圳市政府下决心克服地方财政不足等困难，决心兴建深圳图书馆等八大文化设施。同年10月，深圳图书馆破土动工，此后几年，市委市政府先后拨款6.5亿元，先后建成了具有相当规模的深圳图书馆、博物馆、大剧院、电视台、体育馆、深圳大学、新闻文化中心和科技馆八大文化设施。并先后创办了《深圳特区报》《深圳商报》、深圳广播电台、海天出版社、深圳特区乐团（即后来的深圳交响乐团）、艺术中心、艺术学校和深圳画院，扩建了市粤剧团、美术馆、深圳戏院和新华书店等。此外，一批基层文化设施也得以兴建或恢复。这些设施搭起了深圳文化发展的"硬件"框架，使深圳文化在特区成立后不长时间就获得了较好的发展条件。

随着设施的建成和文艺院团的建立，特区逐步开始有了常规的文化活动。1980年市粤剧团演出粤剧《鸳鸯泪洒莫愁湖》，连演300场，场场爆满。1982年深圳图书馆藏书达9.6万册；农村电影放映队达到25个，放映点411个。1983年举办首届深圳青年美术作品展，6月举办首届幼儿文艺会演，7月深圳市作家协会、音乐家协会、美术家协会、舞蹈家协会、书法家协会成立，9月举办"庆祝中华人民共和国成立三十五周年业余文艺会演"，共有27个单位950人参加。

由于本地文艺人才缺乏，文化部门组织了"欢迎外地文艺家们到深圳采风，写特区、演特区、唱特区、画特区"活动。20世纪80年代，福建某话剧团排演了表现深圳题材的话剧《在香港的旁边》，广州市某话剧团则演出了《特区人》。1984年国庆会演是深圳经济特区成立以来第一次大规模的文化活动，涌现了一些歌颂改革开放的剧目，也涌现了一批文艺人才。深圳粤剧团改编排演了著名剧目《风雪夜归人》，并赴北京中南海演出，广获好评，成为深圳文艺节目在全国舞台的第一次亮相。1987年12月26日至1988年1月16日，由深圳新园大酒店主办、深、港、穗35个单位协力的"首届新园杯歌唱大赛"在新园大酒店举行，数百名歌手参赛，涌现出了一些本地歌手，由此，特区聚集的文艺人才逐渐增多，文化氛围日趋浓郁。

文化市场也开始成长起来，1979年深圳西丽湖第一家帐篷歌舞厅开业，10月深圳展览馆与香港博雅艺术公司联合开办深圳市首家深港合资的文化企业——博雅画廊。据1984年3月统计，深圳市已拥有各类文化企业32个，固定资产约2500万元，流动资金约1000万元。文化市场满足了广大市民的文化需求。至20世纪80年代末，深圳已有商业性的歌舞厅、卡拉OK厅247家，大小综合游乐场23个，电子游戏经营点1293家，桌球室768家，书报刊零售网点54个，录像投影场179间，音像制品租售点90多个，形成了多渠道、多层次、多体制的社会办文化的局面。

当时的歌舞厅等文化娱乐场馆，多由港人投资，采用港台歌曲与表演形式，西方文化消费品（录像、报刊等）大量涌入娱乐文化领域的现象凸显出来。开放时间并不算长的深圳文化市场，如何对待外来文化也经历了一番发展过程。从政府方面讲，多抱谨慎态度。如有些娱乐场所能不能办，当时是存有争议的。又如公安部门曾规定公安局人员不许进迪斯科舞厅娱乐。就民间来说，则多持欢迎态度，结果是歌舞厅还是办了下去，丰富了当时还是十分贫乏的特区文化生活。与此同时，为加强文化市场的管理，深圳市在1984年5月即率先全国，颁布了《深圳市社会文化管理条例》，提出了对音乐茶座、歌舞厅、文艺演出等的管理办法及对黄色书画、淫秽物品等的处理规定。这一管理办法此后又做出过多次修改、完善，并在20世纪80年代中期产生了文化市场的"三管"——政府管、社会管及行业自管（成为深圳文化市场管理"三管一导"的先声）的政策。文化部门的管理措施得到了广东省委、省文化厅及深圳市委宣传部的重视，以后十多年的实践证明，这些做法是完全正确、有效的。

总之，深圳文化经历了从"无"到"有"的过程，同时，也经历了一个从封闭到开放的过程。深圳文化艺术事业在原来几乎是"一张白纸"的基础上勾画了最初的蓝图，逐步走上了文化与经济社会发展相协调的道

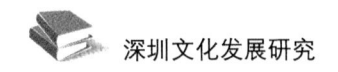

路。随着深圳文化艺术发展水平的逐步提升,深圳在海内外文化交流中的地位也得到提高。1989年举办的"深圳珠海国际艺术节"吸引了来自海内外的13个国家和地区的著名艺术团体云集深圳,盛况空前,成为深圳文化史前所未有的盛事。

深圳特区建设的前10年间,深圳文化工作者在文艺创作、新闻出版、广播电视、理论研究方面都取得了可喜的成绩,先后获得戏剧"梅花奖"、电影"金鸡奖"、民间文学"银河奖"、全国优秀短篇小说与报告文学奖,以及广东省"鲁迅文艺奖""新人新作奖"等奖项。据不完全统计,深圳的文学、戏剧、电影、电视、美术、音乐、舞蹈、摄影、书法、雕塑等文艺作品中,10年来共有500多篇(件、幅)获省、市以及以上的奖项。1990年举办的深圳经济特区十年"大鹏文艺奖"及"社会科学优秀成果奖"评选活动,展示了深圳10年来在学术研究和文艺创作方面的成就。到20世纪80年代末90年代初,深圳特区文化已经呈现出一些初步的特征,被总结为:兼容性、开放性、先导性。

二 提出文化发展战略的思考

20世纪90年代初,作为改革开放的"试验场",深圳的经济水平及人口规模均已达到相当的程度,整个社会对文化的发展提出了新的要求。政府提出要求文化建设跟上特区发展的步伐,宣传改革开放,讴歌时代精神。民间则已不满足于简单的歌舞娱乐,随着种种现代观念的建立和市民需求的增长,文化需要向高层次发展。开放的文化市场,面临着种种是否"与国际惯例接轨"的问题。市场经济条件下发展文化产业势在必行。1992年年初,邓小平的南方谈话发表以后,整个深圳受到巨大鼓舞,各行各业热情高涨,重新审时度势,修订自己的发展蓝图。在1993年12月的"全国第二届特区文化研讨会"上,深圳文化界借"东风"提出了"深圳文化发展的战略思考"。在《深圳市文化事业发展(1998—2000)三年规划及2010年远景目标》中,文化发展战略被集中、明确地表述为将深圳建设成为"现代文化名城"。建设现代文化名城就是"建设面向现代化、面向世界、面向未来的,民族的、科学的、大众的城市文化"。深圳的文化发展被放到了一个面向世界、面向现代化的广阔视野中,深圳文化获得了前所未有的关注，走上了"二次创业"的道路。

未来相当长时间内的工作任务被确定为以下几个方面：第一，充分利用深圳优势，再建一批高档次的文化设施，提高基层文化设施建设的达标率；第二，繁荣文艺事业，进一步活跃群众文化活动，增加文化辐射力；第三，繁荣文化市场，活跃产品交易；第四，发展文化产业，形成集约化、规模化的效应；第五，深化文艺团体改革，增强艺术生产的活力；第六，引进与培养人才，建设跨世纪的文化队伍。事实上，1993年以后至今的数年，深圳可以说都在努力实现这些目标，也取得了一些初步的成效。1991—1999年，深圳先后建成深圳书城、海天大厦、关山月美术馆、何香凝美术馆、深圳画院、深圳电影大厦、深圳戏院、华厦艺术中心、罗湖图书馆、宝安文化艺术馆、宝安图书馆、南山文体中心、南山图书馆、龙岗龙城广场等一批新文化设施，以及"中国民俗文化村""世界之窗""欢乐谷""未来世界"等文化旅游景点。各区镇、村及社会各企业投资的各类文化设施也相继建成，设施数量和质量都得到大幅度提高。深圳文化设施建设初步形成了后来居上、领先全国的趋势，文化建设形成了多渠道筹资，全社会共建共享的可喜局面。据1997年对市300多个各类文化设施开展的调查显示，在其总投资37亿元中，政府投资只占47%。

在加大建设力度的同时，深圳文化部门重视引进文化人才，各民办文化机构、公司、文艺团体更是以灵活的用人方式吸引了大批的文化人才。同时，深圳的文化管理体制改革和文艺团体改革两方面的工作也获得了推进。1989年前，深圳文化管理基本沿用计划经济时期形成的传统体制。1989年11月，深圳市文化局与市委宣传部新闻出版处合并，成立了"深圳市文化委员会"，统管全市文化艺术、新闻出版、广播电视。1992年2月又将"深圳市文化委员会"改名"深圳市文化局"，并启用市新闻出版局和市广播电视局的印章。1996年市版权局成立，仍与市文化局合署，深圳文化管理遂成沿用至今的"四局合一"（文化局、新闻出版局、广播电视局、版权局4块牌子，一套人马，另设文物管理办公室）的"大文化"宏观管理模式。大文化管理体制在适应市场经济，形成更加开放的文化格局方面取得阶段性的探索成果。

（一）充分发挥四局合一、精简高效、运转协调优势。随着工作的推进，市文化局逐步实现了从办文化为主到管文化为主的职能转变。同时大力精简审批项目，把该放到区里的项目坚决放下去。至1998年全局（四局）审批项目减至56项，比原来减少了将近一半，并实行比较规范化的"窗口办文"，大大提高了文化的宏观管理能力。

（二）积极制定文化管理法规，实施依法行政、依法治文。1992年后，先后颁布了《深圳经济特区文化市场管理条例》及其《实施细则》《深圳经济特区公共图书管理条例》等，还起草了《深圳经济特区非营利性出版物管理条例（草案)》及《深圳经济特区印刷行业管理条例（草案)》。

（三）实施分类指导，推进院团及文化企事业单位改革。深圳市在表演团体管理体制改革上较早形成了公办文艺团体和民办文艺团体相结合的"双轨制"。全市11个专业艺术表演团体中，只有深圳交响乐团、市粤剧团和市歌舞团由政府拨款，其他都是社会办团，行业管理。1995年，作为政府重点扶持团体、体改试点单位的深圳交响乐团实行了全员聘任制。1998年，该团在全国公开考核招聘演员，并实行首席、副首席资格考核、聘任音乐总监、引进驻团指挥，初步实行了专业艺术团体聘任合同制、考核上岗制、艺术总监负责制等管理办法。对市歌舞团、粤剧团，文化部门则要求按照市场规律，逐步过渡为政府资助团体。其承担的政府指令性创作演出任务，由市文化、财政部门给予专项补贴。其创作演出的优秀节目，政府给予奖励等措施。同时鼓励其与社会联合办团。总之，逐步形成政府资助、市场运作与社会赞助相结合的文化艺术投融资机制。其他文化企事业单位亦积极引入市场机制。深圳市图书馆自1991年起在职工中试行聘用制，1992年开始中层干部聘用制，这在全国的图书馆业是十分少见的。深圳的文化企业也积极探索自主经营、自主发展的管理机制，如南国影联股份公司采取内部集资，争取公开发行股票的办法，将文化企业推向市场。

三 精品意识与群众文化

文化设施的健全、文艺人才的引进，尤其是文化体制改革的迅速推进，使深圳涌现出一批文艺精品，比较著名的有话剧《特区人》、电视政论片《世纪行》、电影《一家两制》《花季·雨季》；电视剧《深圳人》《泥腿子大享》；粤剧《情系中英街》《大潮》；大型现代舞剧《深圳故事·追求》

《开拓者礼赞》《创世纪》；舞蹈《大鹏湾渔女》等。以及长篇小说《花季·雨季》《世纪贵族》；报告文学《深圳的斯芬克思之谜》《魂归何处》《微言集》；歌曲《春天的故事》《走进新时代》等。据不完全统计，仅1997年全市文化艺术、新闻出版、广播电视三方面共获得国家级奖项116项，省级奖项114项，其中部分作品还在国际上赢得殊荣。此外，为提高城市文化生活质量，深圳市文化局从1992年开始，自筹资金创办了一年一度的"深圳大剧院艺术节"，至今已举办了7届，每届都邀请十多个国内外优秀艺术团体参加，深受特区群众欢迎，被誉为"艺坛盛事，特区风采"。艺术满足了高文化层次市民的需求，提升了特区的文化品位。

深圳三分之二的人口是外来打工者，满足他们的文化需求是深圳文化事业的重要任务。早在1986年，共青团深圳市委就在深圳市青少年活动中心的露天舞台举办了面向打工者的"大家乐"歌舞自娱晚会。这一创举大受欢迎，风靡一时，不到一年的时间，全市建起了不同形式的"大家乐"舞台40多个。"大家乐"这种文化形式给了文化部门很多启发。1989年10月，深圳交响乐团在南国影联广场举行露天交响音乐会，吸引了数万名观众，这一现象更是引起了深圳市宣传文化部门的重视。于是从1990年1月开始，深圳市艺术中心举办了第一次"艺术广场"活动。同年3月，来自全市专业艺术团体和歌舞厅的上百名文艺工作者，在深圳大剧院广场举办了一场"学雷锋百名歌星演唱会"，从上午10点一直持续到晚上10点，场面盛大，情景感人，自此以后，"艺术广场"成为深圳市一个文化景观。

为满足基层文化需求，深圳市文化部门提出了"送文化到基层"的口号，通过市、区文化行政部门，以图书馆、新华书店、电影公司、群众文化站等基层文化网络为依托，全面推进基层文化工作。这种做法行之有效地打破了传统的群众文化管理体制，建成了颇具规模、功能齐全的市、区、镇三级群众文化网络。市群艺馆（艺术中心）、宝安及南山文化馆被评为省特级艺术馆；全市42个文化站中，共有特级站20个，一级站7个，宝安、南山两区还被评为全国文化先进区。

随着深圳社会主义市场经济体制的初步建立，文化产业蓬勃兴起，许多企业投资举办文化企业，取得了较好的经济效益和社会效益，如中国香港中旅集团、万科文化传播公司等。文化部门开展"以文补文""多业助文"的活动，也积累了一些发展文化产业的经验。在深圳文化"二次创业"的几年中，深圳组建了《深圳特区报》报业集团，对报刊业实行了行业化管理。正在积极争取组成有线电视产业集团、成立数据广播中心，构建现代化信息采集系统的框架。探索海天出版社与新华书店联合，走出版发行集约化、规模化的路子。此外，还对整合版权贸易中心、南国影联、电影发行中心、电影制版厂等机构，推动影视制作发行一体化的路子进行了探索。

深圳文化市场发展十分迅速，各个文化行业门类得到全面发展，已有音像、图书、演出、娱乐、电影电视、文物博物、工艺美术、艺术培训和中外文化交流9大门类，初步形成了门类齐全、层次多样、经营灵活的文化市场网络。我国长期以来实行文化艺术事业与文化娱乐业管理合二为一的模式，都统一在文化部门的管理之下，文化市场管理成为文化局最繁重的工作之一。如何与工商、公安等部门协调合作，以更好地管理文化娱乐业，深圳提出正视问题、强化管理、健全措施、依法治文、完善机制等做法。同时，提出了学习中国香港等地经验，将文化艺术事业管理与国际惯例接轨等大胆尝试。相信随着下一步发展，娱乐业将从文化艺术事业中分离出去，归入第三产业进行管理，促进其更良性的发展。

深圳文化显然存在许多值得思考的深层次问题，如精品意识的觉醒问题、民间文化的成长问题、民俗流变问题、文化消费问题等。这些问题，在中国社会由传统走向现代的转型中尤其具有深义，需要理论工作者和实际工作者积极探索、认真总结，形成更多理论成果和实践经验。

深圳文化二十年概况[*]

1979年深圳建市之前，深圳圩（最早是集市）是广东省宝安县县城所在地，人口不足3万（整个宝安县不足30万），经济、文化落后。大约从1957年开始，特别是20世纪60年代3年自然灾害经济困难时期，以及20世纪70年代改革开放刚开始的一段时间，宝安一带人口外逃中国香港现象十分严重，人心浮动。就文化领域看，计划经济时代成立的毛泽东思想文艺宣传队纷纷解散。深圳图书馆因转卖4年没开门。建于1958年的深圳戏院年久失修，设备陈旧。农村电影放映队基本瘫痪。深圳没有自己的报纸。市、公社和生产队之间的有线广播网因受台风袭击等原因，杆倒线断，喇叭不响，广播站工作人员走的走，散的散，大部分关门停播。公社文化站名存实亡。全市文化事业几乎处于停滞状态。事实上，建市初期，深圳并不像一个真正意义上的城市，文化设施严重缺乏。

（一）

1979年3月，中央和广东省委决定把宝安县改为深圳市。3月24日，深圳市文化局在宝安县文化局的基础上成立，内设社会文化科、艺术科和人秘科。1980年8月深圳经济特区成立，市文化局升格为局级单位，承担起组建下属事业、企业单位，建立文化队伍以及开展各项文化活动的重任。1989年以前，深圳文化事业的管理基本上是沿用计划经济下的传统体制。1989年11月，深圳市文化局与市委宣传部新闻出版处、广播电视处合并，成立深圳市文化委员会，统管全市文化艺术、新闻出版、广播电视，初

---

[*] 本文与苏家驹先生合作，收入文化部办公厅、《中国文化报》主编《中国新时期地方文化发展概览》一书，文化艺术出版社2000年版。

步形成"大文化"管理架构。1992年2月，市文化委员会改名为市文化局，并启用了市新闻出版局、市广播电视局的印章。1996年市版权局成立，仍与市文化局合署，深圳文化管理遂成沿用至今的"四局合一"（文化局、新闻出版局、广播电影电视局、版权局四块牌子，一套人马，另设文物管理委员会办公室）的宏观管理模式。1998年全市文化系统机构设置情况见文末附图。

"四局合一"的大文化管理精简高效、运转协调，随着工作的推进，深圳市文化局正逐步实现从"办文化"为主到"管文化"为主的职能转变。至1998年，全局审批项目由原来的102项减至43项，比原来减少了57.8%，并实行规范化的"窗口办文"服务，简化了办事程序，提高了工作效率，增加了审批的透明度。深圳文化队伍的发展也十分迅速。建市前文化系统只有187名工作人员，其中3名大学生。到1998年，深圳文化系统具有高、中、初级职称者共1968人，其中文化艺术口（不含广播电视与新闻出版）684人，高级职称110人、中级职称296人、初级职称278人（正高职称16人，获国务院特殊津贴8人）。此外，在演出团体中尚有一批应聘来深短期工作（数月或数年）的流动艺术家无法统计。1998年，深圳市制定了《深圳市跨世纪人才建设规划》，着眼未来十年，为进一步培养、引进和使用人才制订了蓝图。

（二）

深圳文化设施建设发展迅速，成就辉煌。建市初期，市区内仅有建于1949年的人民电影院、建于1958年的深圳戏院和建于1975年的深圳展览馆，总建筑面积2751平方米，总投资60万元人民币。深圳特区建立后，在党中央和省委省政府的关怀下，深圳的文化建设及时得以推进。当时的市委书记、市长梁湘多次强调："就是勒紧裤腰带，也要把文化设施搞上去！"1983—1990年，市政府克服地方财政不足等困难，先后拨款7亿元，兴建了具有相当规模的深圳图书馆、博物馆、大剧院、电视台、体育馆、新闻文化中心、科技馆和深圳大学等八大文化设施。并先后创办了《深圳特区报》《深圳商报》、深圳广播电台、海天出版社、艺术中心、艺术学校，扩建了市粤剧团、美术馆和新华书店，并兴建了一批基层文化设施，这些设施搭起了深圳文化"硬件"的基本框架。1991—1998年，又先后建成了深圳书城、海天大厦、关山月美术馆、何香凝美术馆、深圳画院、深圳电影大厦、深圳戏院（重建）、华夏艺术中心、罗湖图书馆、宝安文化艺术馆、宝安图书馆、南山文体中心、南山图书馆、龙岗龙城广场等一批新文化设施，以及"锦绣中华""中国民俗文化村""世界之窗"等文化旅游景点。各区、镇、村及社会各企业投资的各类文化设施也相继建成。据1997年年底对全市300多个单位的调查统计，已建成的文化设施中，深圳市文化局直辖的11个文化设施，总占地面积139466平方米，总建筑面积153264平方米，总投资40299.2万元。深圳文化设施6大系列（公共图书馆系列；影剧院、音乐厅、会堂系列；博物馆、美术馆、展览馆系列；大家乐、活动中心、文化广场系列；文化公园、文化景点系列和文化馆站系列），总占地面积1900万平方米，总建筑面积139万平方米，总投资37亿元，其中政府投资约占47.3%，自筹资金兴建的约占43.4%，其余9.3%为政府投资与自筹资金相结合。深圳文化设施建设形成了各级政府重视，全社会积极参与，共建共享的可喜局面，文化设施的日臻完善为深圳的文化发展奠定了坚实的基础。1998年年底动工的深圳中心图书馆、音乐厅、电视中心和少年宫，总占地面积81352平方米，总建筑面积137000平方米，估算投资15亿元，将成为深圳标志性建筑。

（三）

深圳专业艺术表演团体经过改革，自20世纪80年代中期便呈现出多种形式的"双轨制"格局。截至1998年年底，全市19个专业团体，只有深圳市粤剧团、深圳交响乐团和深圳歌舞团是政府兴办的。在社会办的团体中，企业办的锦绣中华民族艺术团、世界之窗五洲艺术团取得很大成功，个体办的沙都艺术团等也办得较好。

市粤剧团是与特区一道成长的地方戏曲团体。该团坚持不断改革、创新、出人、出戏、走正道。20世纪80年代初期，每年排演或创作一出新戏，每出戏都有新招，在全省粤剧界引起强烈反响。其主要的创作（改编）剧目有《鸳鸯泪洒莫愁湖》《情僧偷到潇湘馆》《风雪夜归人》《阴阳怨》《何真归明》《情系中英街》和《大潮》等。其中《风雪夜归人》《阴阳怨》。《情系中英街》《大潮》等剧目曾先后晋京演出,均取得很大成功。1984年6月,《风雪夜归人》或邀进中南海礼堂演出,时任国务院副总理李鹏、国务院第一副秘书长李灏等观看演出并上台接见演员。1989年深圳粤剧团演员冯刚毅获第6届"梅花奖",成为粤剧界第一位获此殊荣的演员。1996年和1997年,《情系中英街》先后荣获"五个一工程奖"和"文华奖",这既是我市获这两项大奖的零的突破,也是粤剧界第一个获得"五个一工程奖"的剧目。粤剧团演员卓佩丽也因主演《情系中英街》荣获"梅花奖"和"文华表演奖"。

市粤剧团除了数次到上海、杭州、北京演出,以及在省内送戏上山下乡外,还多次到中国香港、中国澳门、新加坡演出。此外,自1995年7月开始,每月第一周的周六、周日晚,市粤剧团还在凤凰剧院坚持举办"深圳市粤剧演出黄金夜"公益演出,截至1998年年底,共举办了42轮,演出大小剧目近100个,观众5.6万人次。中国香港、广州、珠海、顺德、东莞、恩平等市粤剧团或粤剧名演员也前来加盟演出,培养了观众,繁荣了演艺市场,效果良好。

20世纪90年代以来,深圳交响乐团成为深圳专业艺术表演团体体制改革的重点单位。从"聘用制"到"全员考评聘任合同制",交响乐团在全国范围内招聘演奏员、首席、副首席、音乐总监、驻团指挥,并引进外籍演奏家等,形成优胜劣汰的竞争机制,迈出了坚实的改革步伐。多年来,除了在剧场、音乐厅举办经常性的演出,1989年10月1日,该团在南国影联的南广场举办露天交响音乐会,开了本市广场文艺的先河。1994年10月,该团与中成合唱团在深圳大剧院南广场演出贝多芬《第九交响曲》,著名指挥家严良堃执棒,数万观众秩序井然聆听。演出结束后,严良堃连声称赞:"伟大!伟大!"广场演出,连同送戏到中小学的"托起明天的太阳——深圳青少年百场普及交响音乐会"和深入居民小区演出等,对普及交响乐、提高市民欣赏水平和文化素质,起到了很大的推动作用。

1994年8月,深圳交响乐团代表广东省赴兰州参加第四届中国艺术节,演奏新创作的交响诗《开拓》和古筝与乐队《春到深圳湾》等,文化部副部长高占祥题词"时代旋律,特区交响"。1997年迎接香港回归,《国旗,1997》专场交响音乐会在深圳大剧院举行。同年10月,交响乐团应邀赴柏林爱乐乐团音乐厅和布拉格斯美塔那音乐厅演出,成为第一个进入这两个音乐厅演出的中国交响乐团。成功的演出,为深圳赢得了荣誉。1998年12月该团创作的大型交响乐《春天的故事》不但在深圳引起轰动,还得到了广东省宣传文化部门领导的称赞。

1998年10月8日,深圳歌舞团迁入新落成的团址,从此结束了十多年来有团无址的历史。多年来,歌舞团积极参与大型庆典活动文艺演出的组织策划与演出,如庆祝特区成立10周年的大型歌舞《开拓者礼赞》、庆祝建党70周年的文艺晚会《太阳·大地·江河》、庆祝国庆46周年暨特区成立15周年的大型文艺晚会《再创辉煌》以及迎香港回归的大型文艺晚会《深港携手,共创明天》等,歌舞团均做出了很大贡献。1990年11月27日晚,江泽民同志及温家宝、周建南、王忍之、林若、朱敦法、李灏、郑良玉等中央、广东省、广州军区和本市党政军领导同志观看了《开拓者礼赞》的演出并上台接见演员,江泽民评价说:"演得很好!"

由市委宣传部、文化局策划,广聘海内外一流编导演人才,由深圳歌舞团演出的大型现代舞剧《深圳故事·追求》于1998年12月30日首演,获得巨大成功;又于次年4月晋京,李岚清副总理等国家领导人观看演出并上台接见演员,该剧被省文化厅和文化部列为向国庆50周年献礼剧目,1999年9月,荣获第七届"五个一工程奖"。

(四)

深圳传统的群众文化活动,主要有分别流布在龙岗区、盐田区和宝安区不同地域的舞龙、舞麒麟、水上迎亲、客家山歌、哭嫁歌、祭典歌、舞狮和盲佬歌(又称沙井弹唱)。自古至今,多种形式的群众文化活动,或庆典助兴,或抒发劳动人民的情怀,是深圳一笔宝贵的文化遗产。

建市初期,群众文化活动阵地十分缺乏。为满足数以百万计的外来青年劳务工的文化生活需求,1986年市青少年活动中心首创了"自荐、自演、自娱、同乐"的"大家乐"。志愿表演者交五角钱报名费便可上台演唱,观众则免费席地而坐。这一形式很受广大市民欢迎,截至1998年年底,"大家乐"活动点已有120多个,遍布全市各区、乡、镇和企业。团市委还组织成立了"大家乐俱乐部"。文化部副部长高占祥认为深圳的"大家乐"活动

"代表了我国群众文化发展的一个方向"。中央电视台等全国几十家新闻媒体，以及来自美国、日本、加拿大、新加坡、澳大利亚、德国等国家的记者，都对大家乐活动作了采访和宣传。"大家乐"被评为"深圳市精神文明建设十项成就"之一，还被团中央授予"全国文化建设先进典型"。1998年，"大家乐世界广场"和龙岗区龙城广场，被评为广东省首批十佳文化广场。

1986年和1987年，深圳连续举办了两届规模较大的少儿文化艺术节。1990年，这一全市中、小学、幼儿园小朋友参加的艺术活动被正式定名为"深圳市少儿艺术花会"，并定为每2年一届，截至1998年共举办了5届。1986年5月30日，中宣部副部长贺敬之、文化部少儿司司长罗英、著名作家柯岩和省委宣传部副部长林洪等参加了深圳少儿艺术节开幕式并观看儿童们的演出。林洪在讲话中说，深圳此举开了"全省之先"。1987年6月，贺敬之、王蒙、冰心、臧克家、艾青、姚雪垠、严文井、柯岩、袁鹰等观看了'87深圳少儿文化节的演出，并分别题词。艾青的题词是"让孩子们生活在艺术的园地里"，冰心的题词是"社会关心儿童，儿童热爱社会，希望深圳少年儿童文化节永远办下去！"

1998年5月举办的第5届少儿艺术花会，规模空前，参加演出的小朋友多达2万人，节目58个，书画摄影作品2000件，其中优秀舞蹈节目《心中的旗》被选进京汇报演出。5月31日在中南海怀仁堂举办的庆祝"六一"国际儿童节"欢乐的华夏娃"文艺会演，深圳代表队参演的还有《龙种》《小胖啦啦队》和《红树林》等节目。国务委员吴仪、全国妇联主席陈慕华等观看了演出并接见小演员合影。多年来少儿艺术花会的举办，诞生和积累了一批优秀节目，其中获国家级奖项的有儿童剧《承包》《路灯下》，舞蹈《浴中乐》《同在蓝天下》和《红花绿叶》。舞蹈《娃娃的娃娃》和《山旮旯里的小博士》均获1996年"群星奖"铜奖。1997年7月，深圳少儿艺术代表队赴汕头市参加广东省第四届少儿艺术花会，获得5金6银2铜的优异成绩，首次名列全省第一。这一活动的定期举办，也有力地促进了校园文化的开展，深圳实验学校和深圳中学的校园文化开展活跃。深圳艺术学校有一支阵容较强的少年管弦乐团。这支乐队曾到北京、广州、佛山、香港等地演出，深获好评，该校学生陈萨、李云迪、左章等还在国内外钢琴比赛中多次获奖。如1996年9月陈萨参加英国利兹国际钢琴大赛获第 4 名，成为第一个获得该项大赛奖项的中国人。

"艺术广场"是深圳的又一种群众文化活动。自深圳交响乐团 1989 年国庆举办露天交响音乐会以来，诸如特区成立 10 周年广场文艺会演、'92 深圳七月歌会、学雷锋百名歌星大联唱、为华东赈灾文艺义演、京九列车艺术团慰问演出、广场贝多芬第九交响曲音乐会、纪念长征胜利 60 周年万人演唱会以及节假日文化部门组织的广场演出等，近十年来共演出近 500 场，参演者和观众人次达 400 万以上。1998 年 8 月 19 日晚，市文化局、特区报社和市有线广播电视台联合在大剧院南广场举办"特区灾区心连心——深圳文化广场赈灾义演"，300 多人演出 50 多个节目，为洪涝灾区人民募款 786.5 万元。同年 10 月 22 日至 29 日，'98 深圳国际民间艺术节在龙岗区龙城广场举行。俄罗斯、匈牙利、菲律宾、赛拉里昂及中国香港、中国澳门的优秀民间艺术团体应邀赴会，加上本市 6 个区的业余艺术团体，演员 400 余人，8 天展演 15 场，观众达 10 万人次。通过中外艺术表演团体的联谊交流，送戏到基层等活动，成功地营造了"繁荣、祥和、欢乐、友谊"的文化氛围，受到各级领导和广大市民的广泛好评。

"鹏城金秋"文艺会演是深圳群众文化活动精华汇集的大展演。1992 年举办首届，1995 年以来每两年一届，同时召开各类专题研讨会。参演团队和剧（节）目是从基层单位层层遴选出来的，其发动和参与面都相当深广。会演采取剧场与广场演出相结合，并送戏下农村、工地、学校、部队等形式，深受广大群众的欢迎和喜爱，对繁荣业余文艺创作、积累优秀剧（节）目、培养艺术人才起到了有力的推动作用。1994 年舞蹈《大鹏湾渔女》荣获第四届"群星奖"金奖，这是深圳市也是广东省获得该项奖的零的突破。此后，获得银奖的有小品《钥匙》、歌曲《打工谣》，获铜奖的有舞蹈《粤女情》、小品《也想有个家》、歌曲《小贝壳，大榕树》和油画《种子的歌》。在全国广泛传唱的歌曲《春天的故事》和《走进新时代》荣获"五个一工程奖"等多项奖。

20 世纪 80 年代中期以来，深圳的业余戏剧创作日渐活跃繁荣。继大型话剧《看着我的眼睛》、独幕话剧《第一次约会》和《绚丽的枫叶》相继获得省级奖项之后，全市业余作者相继创作了一大批话剧小品，罗湖区业余作者的成绩更为显著，其中较好的小品有《加密码》《逃宴》《兵哥哥回来了》

等。大型舞剧《一样的月光》荣获"五个一工程奖"提名。话剧《泥巴人》和《我爱莫扎特》获得国家级和省级奖项。无场次话剧《贺方军》，不仅在本市取得轰动效果，也得到广州广大观众的赞扬和省领导的充分肯定。话剧《窗外有片红树林》得到广大青少年喜爱，并北上沈阳，参加第六届中国戏剧节的演出，被专家们誉为"是从深圳海边刮来的清新的风"，并荣获曹禺戏剧剧目奖、优秀编剧奖、导演讲、优秀演员奖和组织奖等五个奖项。

深圳市的群众文化事业在体制、工作方针和内部机制等方面进行了一系列行之有效的改革和调整，突破了国家包办群众文化的框框，调动社会力量兴办群众文化事业，形成了国家、集体、个体一起办群众文化的新格局。以市群众艺术馆、区文化馆、镇、街道文化站组成的三级群众文化网络已经形成。其中，市群众艺术馆被评为广东省特级艺术馆，6个区文化馆中，宝安和南山文化馆被评为广东省特级文化馆；全市42个文化站中，已有特级站20个，一级站7个。宝安区全部文化站均被评为特级站，该区和南山区还先后被评为全国文化先进区。

（五）

截至1985年，深圳特区内仅有2家图书馆，即深圳图书馆和罗湖区图书馆，共藏书173524册（其中罗湖区图书馆1万册）。深圳图书馆新馆1986年12月20日剪彩开馆，全市图书馆事业从此开始了全新的快速发展。1998年，深圳市共有市、区、镇（街道）、村（住宅小区）四级公共图书馆（室）139个，其中村级图书馆（室）110个。深圳图书馆藏书110万册，藏书万册以上的村级图书馆（室）58个，全市公共图书馆（室）共藏书250多万册。

20世纪90年代初期以来，深圳的"读书热"历久不衰。仅深圳图书馆日平均接待读者便有四五千人之多。1993年7月11日，该馆对外发放借书证4000个，近万名读者通宵排队领取。《光明日报》报道文章指出，在深圳有两样东西最抢手：原始股票和图书馆的借书证。通宵达旦排队领取借书证，这被称为"中国图书馆史上的一个奇观"。

深圳在图书馆自动化管理方面取得了十分突出的成就。1988年，深圳图书馆与文化部共同研制开发"图书馆自动化管理集成系统"，简称ILAS。

其成果先后 4 次荣获省文化厅和文化部科技进步奖以及联合国"科技发明创新之星"奖。其主要研制人员余光镇、沈迪飞、张贞文等荣获个人科技进步奖。1990 年 4 月向北京崇文区和上海静安区图书馆试点使用。次年 3 月经文化部组织有关专家鉴定，认为"其综合指标居国内领先地位，达到国际先进水平"。1993 年 5 月和 1995 年 5 月，文化部召开了两次 ILAS 推广会，由此，ILAS 逐步向全国各级图书馆推广，并先后无偿捐赠广东梅县剑英图书馆，西藏、内蒙古、新疆维吾尔自治区图书馆和井冈山图书馆。1998 年 5 月，文化部在北京召开 ILAS 十周年纪念会暨 ILASII 新闻发布会。至 1998 年年底，ILAS 系统已在全国 29 个省的 788 家图书馆投入运行，成为国内规模最大、用户最多、推广面最广、实用性最强和联网性能最佳的一套图书馆自动化管理系统。

1997 年 7 月 15 日，深圳市二届人大常委会第十六次会议通过了《深圳经济特区公共图书馆条例（试行）》，把本市公共图书馆管理规范化推上了新台阶。

（六）

深圳市文化市场发展迅速、活跃繁荣。自 1982 年 4 月西丽湖第一家歌舞厅诞生以来，逐步形成了音像制品、图书报刊、艺术表演、娱乐、电影、文物、美术字画、艺术培训和中外文化交流九大文化市场。截至 1998 年，经审批注册的经营单位大约 4500 家，从业人员约 15 万人，年上缴税收 2 亿多元。由于文化市场发展快、规模大、投资主体复杂，文化市场管理的任务十分繁重。深圳市文化局早在 1986 年就提出文化市场的"三管一导"，即政府行政部门依法管理、各行业组织自治管理和发动社会人士监督管理，并通过各种新闻媒体对文化市场进行正确的舆论引导。实践证明上述管理办法是行之有效的。1993 年，深圳市颁发了《深圳经济特区文化市场管理条例》，1995 年，颁发了《深圳经济特区文化市场管理条例实施细则》，使文化市场管理走上了法制化的轨道。

多年来，文化市场作为社会主义精神文明建设的重要阵地，是在不断加强管理中逐步形成的，其作用和效益也在不断呈现中。以娱乐市场为例，初期是港台劲歌劲舞的一统天下，经过近十年的提倡引导，1991 年 8

月,在歌舞厅舞台上,优秀民歌、艺术歌曲占全部演出节目的58%,到1993年,民族优秀歌舞占了主导地位。1992年4月,中顾委副秘书长许永跃视察深圳,在观看沙都歌舞厅的节目后说,晚会"健康、艺术、美的享受"。同年8月,深圳歌舞厅艺术团赴京汇报演出,7场演出,得到首都各界的赞扬。8月28日晚,李瑞环、李铁映等同志在中南海中央警卫局礼堂观看艺术团演出并接见全体演员,李铁映称赞艺术团"为首都舞台吹来一阵清风"。1993年4月,沙都艺术团成立,这是深圳首家个体经营的歌舞厅专业艺术表演团体。同年11月,沙都歌舞厅被文化部授予"全国文明娱乐厅"称号,市文化局文化市场管理处同时被授予"全国文化市场管理先进集体"称号。

对图书报刊市场的管理,深圳于1995年12月在福田区八卦岭建立了书刊二级批发市场,实行"批发进场,售前送审"制度,将全市51家书刊批发单位全部迁入市场经营,由市场办公室对进场经营的书刊进行审查。

1996年10月4日,市政府颁布《关于治理整顿音像市场的通告》,规定市属各区必须建立音像制品销售专业市场,销售单位统一归市,严禁场外经营。嗣后,福田、罗湖、南山和宝安四个区先后建立了音像制品零售专营市场,1998年又根据实际情况,开设了18家场外零售点。这一具体措施,对音像制品市场管理起了积极的作用。

截至1998年,深圳有两家享有外销权的文物商店。为规范文物市场,打击文物走私活动,深圳市文物管理部门会同有关执法部门,成立了市文物监管小组,对全市文物经营活动实行统一管理。市文化局、工商局、公安局、深圳海关于1998年12月联合发布了《深圳市文物监管物品经营管理办法》,将文物市场管理纳入法制化的轨道。此外,1997年成立了市文物鉴定组,面向社会开展文物鉴定、咨询并配合海关查验出境物品。

20年来,深圳市文化部门始终坚持"一手抓繁荣,一手抓管理",坚持不懈地开展扫黄打非斗争,并取得显著效果。1996年破获被列为国家级大要案的"7·9"案和"11·25"案;1997年、1998年又分别破获有全国影响的"8·17"案和"5·6"案。1998—1999年,深圳市文化稽查大队与各区文化稽查队共出动8720人次;检查文化市场经营单位6542间(次);查处违章经营单位1406余间(次);取缔无证经营单位178家;吊销《文化经营许可证》32个;收缴各类非法音像制品及电子出版物720196张(盒);收缴各类非法书报刊 260818 册；查获有色情表演的歌舞厅 8 家，查获接纳无证演出的歌舞厅 22 家，非法演员中介机构 2 家，会同公安部门抓获涉嫌走私、制黄、贩黄等犯罪嫌疑人 87 人。

深圳市文化稽查大队成绩显著，多次受到国家和省、市级的表彰和奖励。如两次被中宣部等国家 7 部委联合评为"全国扫黄打非先进集体"，被文化部和广东省社管会授予"反盗版尖兵"称号等。时任全国扫黄打非办主任桂晓风同志对深圳扫黄打非工作的概括评价是："地位特殊，任务繁重；领导重视，措施得力；成绩显著，贡献巨大；任重道远，再接再厉。"

（七）

深圳的文物保护与博物馆事业从零起步，经过近 20 年的发展，取得了可喜的成就。截至 1998 年，深圳市已查明的文物古迹共有 500 余处。1983 年以来市政府分四批公布了 42 处文物保护单位，其中大鹏所城和中英街界碑被定为广东省文物保护单位。此外，深圳的一些考古发现，还填补了珠江三角洲地区的考古空白。1984—1998 年，全市投入文物维修经费近 2000 万元，维修了大鹏所城等文物古迹 15 处。其中一些已经对外开放，并成为旅游景点。

深圳建市前没有博物馆。1982 年，深圳博物馆开始筹建，1988 年正式对外开放。由于基础薄弱，馆藏文物少、等级低。十余年来，通过考古发掘、缉私罚没、国家调拨和征集捐赠等途径，馆藏文物逐渐增多。1995 年，市政府拨出文物征集专项资金 1500 万元，从河南、陕西、青海等地通过馆际调拨了近千件文物，充实了藏品，彩陶、青铜器的收藏也已初步形成系列，在品种、登记等方面跃居广东省前列。截至 1998 年该馆馆藏已达 2 万多件（套），其中不乏国家一级、二级文物。

1996 年以前，深圳市只有一家博物馆。到 1998 年年底新增 7 家，即大鹏古城博物馆、东江纵队司令部旧址陈列馆、客家民俗博物馆、天后博物馆、中英街历史博物馆、皇岗博物馆和玺宝楼青瓷博物馆。7 家新博物馆（纪念馆）的藏品截至 1998 年年底已有 2000 件，其中不乏国家级珍品。特别是私立的玺宝楼博物馆，无论从藏品数量、等级到展馆面积在全国的私立博物馆中都堪称一流。

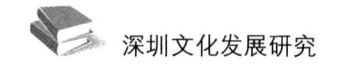

（八）

深圳的文化产业发展和改革开放是同步启动的。特殊的地理位置伴随对外开放和市场经济体系的初步建立，众多的文化艺术产品、文化娱乐项目和文化艺术服务，逐步以商品的形式进入流通领域，形成了多门类、多层次、多形式的文化市场，构成了初具规模的文化产业。文化产业成为深圳市第三产业中的一个重要行业。

深圳博雅画廊1980年10月成立，次年7月开业，是深圳首家深港合资经营的文化企业，1997年5月变更为深圳博雅艺术有限公司，由1980年注册资本30万元发展到1998年纯资产2824万元；经营面积由原来租用的350平方米，发展到拥有自己的商业大厦。1984—1998年，博雅在国内外共举办大、中型字画展览29次，举办如深圳书市等各类型大活动32次。共投资近1千万元，先后开办文物商店有限公司、中山博雅艺术有限公司、广州博雅艺术有限公司等6个附属机构。1993年博雅利润为1107万元。

1998年文化系统17个文化企业资产总计72832.2万元，投资规模14443.6万元，上缴税收1567.4万元，利润489.7万元；广播电视行业投资规模11406万元，上缴税收607.88万元，广告收入11690万元；新闻出版行业投资规模，61.129亿元，产值32.904亿元，利税2.2458亿元，收入10.420亿元，固定资产32.281亿元；全市文化娱乐业1319家，投资规模为11.458亿元，上缴税收1.365亿元。

深圳市文化产业发展迅速，如市新华书店1985—1998年14年间，销售额从256万元增长到19000万元，年均增长率达56.3%，销售网点从4个增加到36个，自有营业场地从800平方米增加到72000平方米。

社会办文化产业是深圳文化产业最有特色的部分。多年来，市政府积极支持社会、企业投资办文化，初步形成了以国办文化为主导，社办文化为辅助，个体办文化为补充，三者并存互补，共建共享的局面。如华侨城企业集团开发文化资源，创建了锦绣中华、中国民俗文化村、世界之窗等文化旅游景区，吸引了大批游客，收到了良好的经济效益和社会效益。对国办专业艺术团体的企业化管理，以及探索市场经济条件下文化雅俗共赏、文化与经济互动等，提供了可资借鉴的经验。

（九）

深圳毗邻中国香港，具有开展对外文化交流的地缘优势。1982年2月市粤剧团赴港开展商业演出和1986年4月深圳艺术团随市政府代表团访美演出，是政府派团赴港和出国演出的开端；1989年5月中国深圳·珠海国际艺术节的举办，则是引进海外艺术表演团体进行艺术交流的首次集中展示。来自美国、俄罗斯、法国、英国、奥地利、加拿大、印度、意大利、日本、新西兰、土耳其和扎伊尔的团体和艺术家，以及国内4个团体，共演出21场，观众达25000人次。国外艺术家150人，其中有乌兰诺娃、日本的森下洋子、清水哲太郎、扎伊尔的阿贝蒂·玛西基妮和意大利的布鲁诺·文图里尼等，均为世界知名的艺术家。

20世纪90年代以来，深圳对外文化交流日趋繁荣。深圳大剧院和华夏艺术中心，是引进团体演出的主要场地。1989—1998年，深圳大剧院共接待了美国、英国、法国、俄罗斯、奥地利、德国、澳大利亚、韩国、朝鲜、日本以及中国香港、中国台湾等28个国家和地区的90个艺术团体，演出125场，观众达11万人次。1992—1998年，华夏艺术中心接待了美国、意大利、西班牙、俄罗斯、白俄罗斯、奥地利、智利、法国、孟加拉、德国以及中国香港、中国台湾等国家和地区的19个艺术团体。

自1992年以来每年举办一届的"深圳大剧院艺术节"，开创了国内自筹资金以剧院命名举办艺术节的先河，具有鲜明的国际文化活动色彩。艺术节以"弘扬民族优秀文化，扶持高雅艺术"为宗旨，参演的都是海内外优秀的艺术表演团体、著名艺术家，演出经典名著及当代优秀艺术精品。深圳的优秀剧（节）目也多有参加。截至1998年，七届艺术节演出团体共92个，演出99个剧（节）目，154场，观众135367人次。

深圳对外文化交流日趋繁荣的另一个体现是，由特区建立初期的单向引进，向引进和派出双向交流发展。多年来，深圳通过多种渠道派出的专业、业余表演团体、美术摄影展览共73个（次），其中1996—1998年，派出的较大艺术表演团体11个，1307人（次）。派出的团体，足迹遍及五大洲，所到之处，反响强烈，一些团体还受到所到国国家元首的接见，荣获各种奖项，为国家和深圳赢得了荣誉。锦绣中华民族艺术团的几个分团

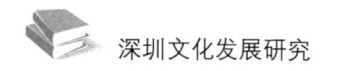

赴美国各地交流演出，有的团在美国演出长达一年，这在国内是鲜见的。

深圳经济特区建立近 20 年来，随着经济建设的迅速发展，在党的"双百"方针指引下，广大文化工作者肩负艰巨光荣的使命，坚持"二为"方向，以超常规的发展速度，经过艰难的努力，使深圳从一个文化落后的边陲小镇，发展成为建立起统一管理的大文化体系，具有现代化的文化设施，市、区、街道（镇）、村四级文化网络，活而有序的文化市场，繁荣活跃的文化交流的著名城市。与深圳城市发展的战略目标相适应，深圳制订了《深圳市文化事业发展（1998—2000）三年规划及 2010 年远景目标》，为将深圳建成"现代文化名城"描绘了宏伟的蓝图。

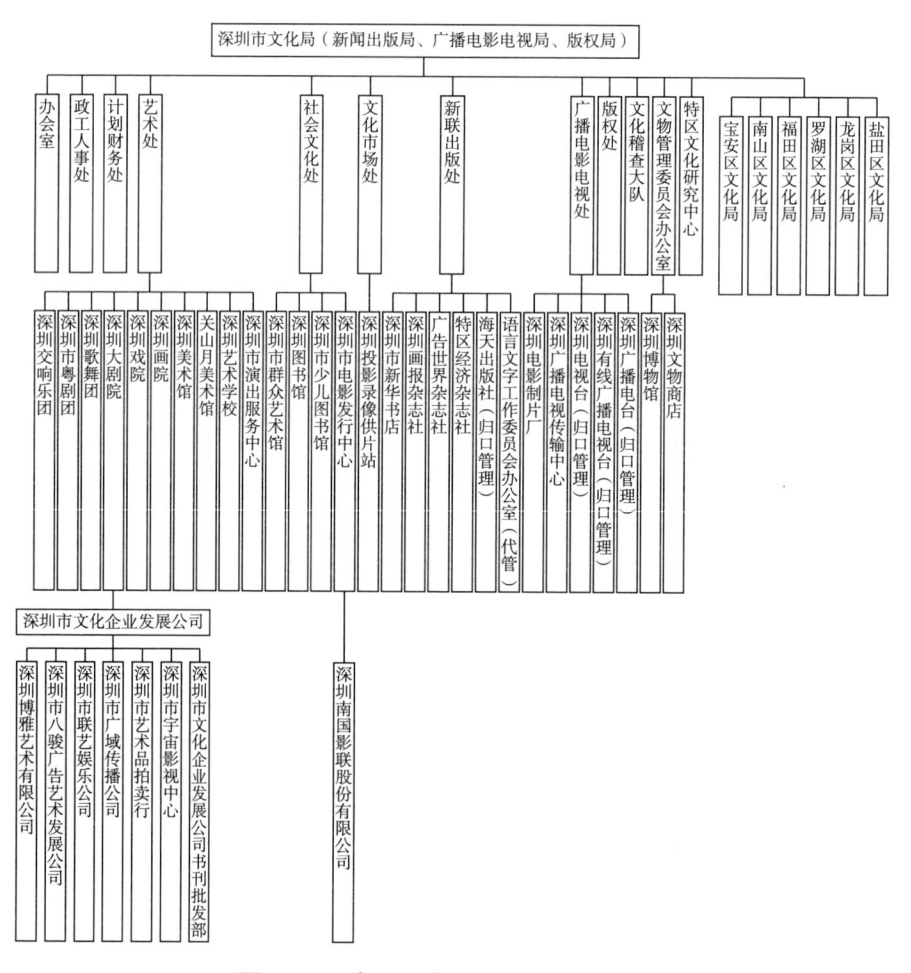

图1　1998 年深圳市文化系统机构设置图

文化立市

——深圳城市发展战略的重大调整与完善[*]

不久前召开的深圳市委三届六次全会确定了建设高品位文化城市的目标，并提出了要确立"文化立市"的战略。乍一听，如果是文化古都北京、西安或文化中心城市上海、成都之类的城市这样提，大家可能没有什么疑问，但是，"文化立市"由经济特区、曾经被视为"文化沙漠"的深圳提出，就免不了有些让人疑惑了。是某届领导的一厢情愿，还是深圳发展需求的客观反映？理想与现实之间有多少距离？我们对文化立市的战略决策到底可以抱有怎样的期待？思考上述问题，回望深圳近年来的一些热点现象，或许可以有另一番理解。

一 "文化权利"的提出与新一轮"深圳精神"大讨论——再造深圳观念优势的努力

2002年年初，深圳市文化部门在接受记者新年采访时，提出了文化工作的根本目的是"实现市民文化权利"的观点，报道一出，引来各界强烈反响，引起市委市政府高层决策者的关注。"文化权利"提出时，全国上下正在积极贯彻《公民道德建设实施纲要》，保护"弱势群体"合法权益

---

[*] 本文完成于2003年2月，是作者为《深圳文化研究》季刊写的一篇年终评论。《深圳文化研究》是作者供职的深圳市特区文化研究中心主办的一份定位于文化决策参考的内部刊物。相当长一段时间，由于应用性文化研究成果发表空间狭窄，这份内刊很得业界好评。刊物曾尝试在年底设置"年度文化评论"栏目，对深圳过往一年的文化状况进行评论。本文即作者结合参与"文化立市"战略研制工作带来的一些思考为该刊写的年度评论，发表于《深圳文化研究》2002年第4期。深圳虽然早在20世纪90年代后期即提出关于文化立市战略的思考（参见本书《建设文化绿洲》一文），但直到2001—2003年，在研究制定文化体制改革总体方案等工作的过程中，才形成较为明确的决策，并于2004年1月召开有史以来第一次全市文化工作会议，正式提出文化立市战略。

的呼声很高。文化权利的提出，与整个时代的氛围形成极好的呼应，所体现出的思想敏锐让人暗生敬意。在深圳，文化权利一词开始如流行语一般在不少文化官员的言论中被频频引用。

"文化权利"与经济权利、政治权利一样，是公民权利的重要组成。在尚存不少封建文化残余的转型期中国，在改革开放取得巨大成就，公民政治权利、经济权利大幅提升的今天，"文化权利"命题的提出可谓正当其时。距此约一年前，全国人大刚刚批准了中国政府签署的联合国《经济、社会及文化权利国际公约》，文化权利问题应当说也引起了理论界的关注，但可以见到的文章并不多，且多限于从纯理论的层面进行论述。文化权利当然是重要的理论问题，但更是紧迫的现实问题，不同阶层参与文化创造、享受文化成果的文化权利落实与否，直接影响着一个城市、国家的文化发展。贯彻落实"三个代表"理论，专门将文化权利问题单独提出，进行深入研究并直接付诸文化行政实践的，作为政府文化部门，深圳似乎又做了一回全国第一。深圳市文化部门还牵头成立了"文化权利问题"研究小组，课题组希望就文化权利的界定、内涵、历史演变、法律基础、实现方式，文化权利与文化政策等问题作进一步的深入研究。先期推出的《坚持先进文化前进方向，努力促进市民文化权利的实现》（王京生）等文，引起了理论界的关注。与此同时，在2002年深圳市政府主办的重大群众性文化活动——第三届"深圳读书月"中，"实现市民文化权利"被作为活动主题得到强调和宣讲。"做先进文化前进方向的代表"某种程度上，被具体化为"保障公民文化权利的实现"。并且，由于政府部门的直接倡导，文化权利意识开始成为政府官员在推进具体文化行政管理中的施政目标，如社区文化，基础文化设施建设等（虽然还不是那么清晰），"实现文化权利"在实践层面的努力与理论研究的互动日渐深入。

深圳政府关注"文化权利"问题体现出的思想敏锐和文化创新意识，引起了文化中心城市北京、上海等地以及中国香港等城市的相当关注。文化权利问题也成为深圳学者与学术界进行对话的重要话题。对文化权利的内涵、意义、历史演变、实现形式等多角度的初步探讨；对提出文化权利问题现实语境的体察……更让思考者深感文化权利问题意义重大。如果就深圳的文化形象和影响力来看，"文化权利"的提出似乎多多少少在文领域再造了深圳的观念优势。遗憾的是，由于研究力量有限，关于文化权利的系列研究成果目前还未能推出。但可以预想，深圳以其地处改革开放前沿的敏感既然已经提出了这样一个重大的问题（因文化权利问题思考的延伸同时被深圳关注的还有另一个重要课题——"文化主权"问题），如能在这一个问题上有所突破，长期以来深圳比较落后的文化理论研究将获得重大突破并产生深远影响，而"文化权利"在实践层面的落实则将极大地改变深圳的文化生态和格局。

2002年深圳还在全市范围内举行了"深圳精神如何与时俱进"的大讨论。这是深圳历史上关于"深圳精神"的第二次大讨论，距1996年开展的第一次深圳精神大讨论相距约6年时间。第一次讨论的结果归纳出"开拓、创新、团结、奉献"的"深圳精神"，现在，这一"老深圳精神"在新的历史语境中被重新审视，各阶层市民被热情动员参与讨论。由于政府的推动，各路传媒（包括互联网）都辟出专门栏目，讨论迅速在全市范围大规模展开，吸引了包括美容厅老板、企业白领、外来打工者等的积极参与。在市民的广泛参与下，就"深圳精神如何与时俱进"提出了多达数十条概括性词条。由于意见分散，概括提炼实际陷于一个困难的境地。最终，讨论发起方借助报纸、互联网等发动市民投票——这种形式（很民主的实现文化权利的方式）在以前是十分少见的，再次进行提炼总结后，将"新深圳精神"概括为"开拓创新、诚信守法、务实高效、团结奉献"。这里，我无意评说这种概括是否成功地体现了"杀出一条血路"走过20余年改革风风雨雨的深圳的精神，但是，对深圳这样一个新城市、一个长期有争议的城市、一个95%以上人口为外来移民的城市来说，反复追问一座年轻城市的精神信念，其文化意义是不可小视的。讨论虽由政府发起，但吸引各阶层市民大规模参与，这在其他城市也是少见的。大讨论引发了全市市民对深圳文化认同的思考，对提升深圳城市文化品位的关注。任何一种讨论的结果都从某种角度反映了深圳的文化状况，折射出深圳人对自己所在城市的文化身份认同。就政府而言，发起、主导这样的讨论，鼓励民间与政府的互动，则让我们看到了深圳再造观念优势，凝聚城市精神的一种更为恰当的努力。

众所周知，80年后相当长一段时间，改革开放的排头兵深圳曾经是中国新思想、新观念重要的策源地。深圳的许多观念、口号、做法极大地影响了中国文化观念的现代转型。近年来,这种影响力似乎大大逐渐减弱。原因是多方面的。一方面是由于改革开放大面积展开,全国各地思想普遍"解放";另一方面也由于深圳为了种种需求而进行的文化的"自我纯洁化"。此外,深圳在急于摆脱"文化沙漠"之恶名的心态下,文化建设不乏急功近利行为,在增加深圳文化"奖项"的同时,也忽略了深圳在文化价值观等深层次上应有的追求。"文化权利"的提出和深圳精神大讨论,似乎让我们再次看到深圳由于领先一步现代化带来的某种观念优势的延伸。"新""老"深圳精神对"开拓、创新"的反复强调,"文化权利"理念体现出的思想解放……种种观念革新的思想理路与 20 世纪 80 年代改革开放"排头兵"的深圳,显然是一脉相承的。其实,还有种种迹象,比如深圳人特有的生活方式、时间观念、开放态度等,让我们有理由推想,90 年代深圳思想理论界的沉寂并没有"沉默掉"深圳那与生俱来的革命与创新精神。20 余年的市场化实践给深圳人的观念意识带来的革命性影响,并没有因为某种"精英的缺席"而消失,这种影响在每个深圳人,以及那些多少受过深圳影响的人的思想深处持续地积累着、存在着,在经济发展上升到一定的水平之后,在中国的改革开放面临新的历史机遇与挑战的时候,正逐渐以各种方式显现出来。如果说喧哗的"物质深圳"对应着一个沉默的"精神深圳",那么,进入 21 世纪,历史和现实都在热烈地呼唤,但愿沉默已久的"精神深圳"在沉默中爆发。

二 文化体制改革与"新公共管理"——再造深圳体制优势的努力

也是 2002 年年初,深圳就将"文化体制改革"列为全市四大改革重点。市委副书记亲自挂帅,市体改办、市委宣传部、市文化局抽调精兵强将,联合组成调研组,足见推进文化体制改革的决心之大。其实,具体的小文化管理体制改革只是深圳整个政府公共行政管理体制改革的局部任务,从城市整体发展的角度看,深圳 1997 年后再次大规模展开,持续到 2002 年仍在普遍进行的公共管理体制改革的文化意义更是深远重大。20 世纪 80 年代以来,一场始于英国和新西兰,并扩展到包括美国在内的"新公共管理"运动席卷全球。拥有不同历史、制度、社会文化背景,处于不同发展阶段的国家都在进行政府体制改革。深圳特区的建立恰好赶上了这一改革的浪潮。如果说深圳前10年的改革主要集中在建立和完善市场经济体制，后十年的改革则是集中精力，改革政府机构并使其更加现代化，对企业、市民更加具有回应性。事实上，20多年来，深圳能够超速发展，除坚定不移地走社会主义市场经济道路外，最重要、最深刻的一条经验就是，适应建立社会主义市场经济体制的要求，及时改革政府体制，改革行政制度，转变政府职能，努力向建立廉洁高效政府的目标迈进。依法行政、公开行政，破除陈规陋习，学习借鉴先进经验等，极大地解放了生产力，激发释放了城市潜能，形成了以发展推动改革、以改革促进发展的良性循环。经过多年的努力，深圳政府体制和行政制度的改革，在范围、进程和整体质量上都走在了全国的前列，深圳创造的"体制优势""深圳经验"，对全国产生了重要的影响。

2002年11月底，中共十六大闭幕后几天，深圳就召开了小范围的讨论会，讨论十六大报告提出的："按照精简、统一、效能的原则和决策、执行、监督相协调的要求，继续推进政府机构改革。"随后，有消息传出：深圳作为中央编制办选定的试点，即将推出被称为"行政三权协调"的改革方案，深化公共行政管理体制改革。所谓"行政三权协调"即将政府的行政管理职能一分为三，将决策、执行、监督三部相对分离。这一改革思路是当代各国对"大政府"进行改革的一种普适性管理模式，为大多数发达国家所采用。就深圳现行体制而言，这一改革将意味着必须全面重新设计政府管理机构、职能和运行机制，与以往的体制改革相比，更加具有"革命"意义。大力度改革行政管理体制，在深圳已经酝酿多时。促成这一进展的原因主要有二：一是诸多因素，特别是长三角的迅猛发展给深圳带来的危机意识；二是中央，或者说全国一直对深圳有担当改革先行者的角色期待，深圳其实从来就不仅仅是深圳人的深圳。所以，早在2001年11月，深圳就被中编办确定为体改试点，随后政府组织的考察团马上赴中国香港、新加坡、英国等地考察。紧接着是有关国外经验的介绍宣传、深圳改革方案的研制、讨论，各种动力与阻力之间的博弈……深圳的改革被看作是一种致力于建设"现代公共型政府"的努力。改革的目标，在于政府职能的重新定位，从全能型转为有限型，从权威行政转向服务行政，从人治行政转向依法行政，从"部门性"转向"公共性"。"经济体制改革发展到一定的深度，必然催生政治体制的改革"这次"行政三权协调"的改革，"将是深圳经济特区在政治领域的一次大胆试验"。

文化管理体制改革一直是一个全国性的问题，但由于这一问题涉及政治体制改革问题而难以有大的突破。就深圳而言，政府文化管理体制"四局合一"的大文化管理架构已有某种超前性。但因为城市文化积淀薄弱，文化行业规模不大，人口构成特殊，城市文化管理另有特殊要求。市委、市政府抱着创新，再造深圳体制优势的决心，对文化体制改革调研工作给予了大力支持。因此，调研组得以以开放的眼光、学习的态度，赴北京、上海、广州、湖南等内地省市调研，又考察欧洲、美、加多国，参考借鉴各发达国家先进经验，并最终制定出具有一定超前意识和文化创新意识的"关于深圳市文化体制改革的指导意见和实施方案"。在上述文化体制改革指导意见和实施方案中，调研组借鉴学习国内外先进经验，就政府如何建立合理的公共文化管理体制和提供基本公共文化产品及服务方面，提出了许多大胆的想法。尽管许多想法在一次次的讨论会后，由于种种观点磨合和对现实矛盾的规避而变得谨慎、圆滑起来，但是，文化体制改革将在一个更为现代的理念和制度框架视野中获得更大的空间。可以预见，一种符合现代公共管理精神的新文化管理体制正在孕育成熟中。

三 文化发展战略与可持续发展战略——城市发展战略的重大调整与完善

可持续发展战略，一直是深圳政府选择制定并努力实施的重大城市发展战略，深圳经济社会的全面发展，"十五规划"的制定，建设"国际花园城市"等举措，都是努力实施可持续发展战略的结果。但是，可持续发展战略的重点在于强调人与自然的和谐相处，而没有对人与人之间，不同文明和价值观念之间的冲突作出战略考虑。随着全球化浪潮的席卷，所谓"文明的冲突"实际上在加剧，亨廷顿的理论造成世界性影响就是证明。随着中国加入WTO，近一两年来，很多政府官员、学者、城市规划师等都对文化建设的重要意义有了新的认识。深圳市文化部门领导就明确提出，中国城市竞争在经历了经济实力竞争、管理水平竞争后正进入以文化竞争为主的新阶段。原广州市市长林树森干脆提出"大城市以文化论输赢",学界大量的研究成果更是倾向于认同这样的看法:即在未来的全球化信息时代,文化正在发挥着越来越重要的作用,有学者甚至认为,过去是一个经济的时代,未来将是一个"文化时代",文化的竞争将是具有终极意义的竞争。

由此来看,深圳近年来加强基础文化设施建设——文化中心、科技馆、直到提出建设"图书馆之城";策划设计大型文化节庆活动——深圳国际音乐节、深圳国际文化产业博览会等;推进文化产业发展——成立文化产业办公室,积极制定文化产业发展纲要,呼吁重新研究制定深圳文化发展战略等就不仅仅是城市文化的发展问题,也是一个关系到城市经济社会总体发展的问题。而深圳文化产业的迅速崛起,则从另一个角度说明着文化正日益从"边缘"走向"中心"。

深圳市委三届六次全会确定了建设高品位文化城市的目标,并提出了要确立"文化立市"的战略。"文化立市"某种程度上是不是也可以看作"观念立市"?新文化的核心正是新观念,先进的文化正应体现为先进的体制。深圳正在努力延续或者说再造改革开放的"观念优势""体制优势",其实已经在实施一种文化发展战略,即以以文化创新求发展,提出"文化立市"战略既符合深圳发展的客观需求,也因应了全球化时代挑战,可谓高瞻远瞩。在一个文化高度产业化的时代,在一个满是移民,各种文化交融碰撞的城市,应当有望制定出适合自己城市性格的文化战略。"文化立市"战略一旦确立,对工商经济型城市深圳来讲将是一次城市发展战略的重大调整,补充和完善,必将对未来深圳的文化发展、城市的总体面貌产生不可低估的影响。

深圳的文化资源与文化资本[*]

城市文化资源,是城市文化发展的重要基础;城市文化资本,是基于现代文化资本、城市营销等理念对城市文化发展"资本"的重新审视。清醒地认识城市文化资源状况、适当地评估城市文化资本,并加以合理的配置和有效的利用,是推动城市文化建设的重要前提。深圳作为一个快速崛起的新兴城市,能否正确认识自己的文化资源与文化资本状况,尤其显得重要。

一 城市文化资源与文化资本

对城市文化资源有很多种不同的解释,通常,一个城市的历史、建筑、典章制度、文化艺术成果在广义上都可以看作是文化资源。但狭义看,特定的地方文化传统、民间文艺、物质与非物质文化遗产等常被视为文化资源。此外,教育资源也是一种重要的文化资源,所以,很多学者在论及文化资源时,往往将教育、科技等方面的资源也列入。当然,就城市文化建设而言,常说的文化资源,有时甚至仅仅专门指政府对文化投入的资金。考虑到我国现行文化建设与管理格局,本文将城市文化资源限定在一般的城市精神(观念)、文化艺术、新闻出版、广播电视、文物博物等的"小文化"或"精神文化"的范围内,也就是通常所说的城市文化建设所指涉的主要方面。

当然,从时间上看,城市文化资源又可大致分为历史文化资源和现代文化资源两大方面。由于地域及历史传承不同,不同城市的历史文化积淀为历史人文景观、一定人群的生活习惯、共同的心理特征、精神气质,各

---

[*] 本文发表于胡惠林、陈昕主编《中国文化产业评论》第1期,上海人民出版社2011年版。

城市在社会风尚、居民的道德水准、行为方式等方面会形成不同风格的文化形态。如北京的京派文化、上海的海派文化、广州的岭南文化等。不同的城市的历史文化，是城市文化发展的"先天"环境和基本的"底色"。不同的城市历史文化特色，也往往是城市声誉与形象的基础，被评选上历史文化名城的城市，往往引来大批的游客，历史文化显然是重要的城市资源。

现代文化资源主要指精神观念资源、公共文化资源、艺术资源和现代媒体、舆论资源。公共文化资源主要指为市民提供基本公共文化服务的公共文化设施、机构，以及政府对其的投入。如公共博物馆、公共图书馆、基层文化馆站网络、社区文化设施等。城市公共文化资源是否充足，影响着城市文化生活的基本水平以及市民一些最基本的文化权利能否满足，所以是城市基础性的文化资源。艺术资源①主要指一个城市所拥有的文艺机构、院团、文化艺术研究机构等的种类、数量、从业人员以及所能生产的文化产品的丰富程度。艺术资源的丰富与否、特色如何，直接影响着城市的艺术氛围、审美取向和文化品位，而艺术家的活跃程度则是城市文化活力、创造力的重要表征。艺术资源是城市文化资源的重要组成。此外，我们所处的世纪，正越来越成为一个传播学所描绘的传媒时代，甚至有学者认为，报纸、广播电视等传统媒体和互联网、短信等新媒介是城市文化资源非常核心的组成，因为利用这些资源，城市对外可以宣传，树立城市形象；对内可以营造舆论，引导城市文化的发展方向。所以，各种媒体、舆论也是不容忽视的文化资源，媒体和舆论资源的多少主要可以从媒体的种类、总量、从业人员、影响力等衡量指标。

"文化资本"这个目前已经被很多领域的学者广泛使用的术语，最早是由法国社会学家布迪厄提出来的。布迪厄认为，借助不同的教育行动传递的文化物品与文化积累，可称作文化资本，拥有文化资本的人或群体可以对其他群体行使一定的权力，获得想要的职业和地位。简言之，文化资本即表现为知识或思想等文化形式的财富。根据布迪厄的观点，

---

① 这里主要指文学、音乐、诗歌、戏剧、舞蹈、绘画等所谓的高雅艺术。

文化资本有三种存在形式：一是身体化的形态，体现在人们根深蒂固的性情倾向中；二是客体化的形态，体现在文化物品之中（如书籍、词典、机器等）；三是制度化的形态，体现在特定的制度安排（如教育资格的认定等）。布迪厄的文化资本概念扩展了经济学的资本概念，传统的经济学家将资本分为物质资本、人力资本和自然资本，而布迪厄之后，文化资本成了第四种资本。根据资本在不同场所所起的作用，布迪厄提出可将其分为三种基本形态：经济资本、文化资本和社会资本。后来，布迪厄又提出"象征资本"的概念，用以指个人在信用、名望和认可上有用的资源。上述四种资本都有相应的功能以及各自的制度化形式，这四种资本并不是相互分割和独立的，而是彼此联系和转换的。资本可以从一种类型转换到另一种类型，经济资本可以直接获得某些商品和服务，而某些商品和服务却只有把经济资本转换为其他资本后才能获得。相反，社会资本、文化资本也可以通过转换成经济资本来获取经济上的利益和回报。布迪厄特别强调了文化资本的重要性。因为他认为文化资本比经济资本更顽固，一个人拥有的文化资本越多，越容易更快地积累新的文化资本。[1]

文化资本的概念提出以后，和很多富有创造力和生命力的概念一样，获得广泛接受并迅速得到传播、使用和发展。当然，有的人是严格在布迪厄界定的意义上使用文化资本一词，有的则不然。事实上，文化资本概念启发了人们重新看待文化、文化的产品、符号等所可能具有的经济与政治（权力）价值。对文化资本概念的理解与使用，已经不仅限于社会学，或限于学术研究领域，今天，文化资本已是一个获得广泛运用的概念。应用最多的，是借用文化资本概念来发掘、表述、命名文化所具有的包括经济价值等价值在内的"综合"的"活"的价值。如2003年2月，伦敦市长就提出了《伦敦：文化资本、市长文化战略草案》，并在《2010年伦敦文

---

[1] 杨善华主编：《当代西方社会学理论》，北京大学出版社1999年版；[澳]戴维·思罗斯比：《什么是文化资本》，《人大复印报刊资料》2004年第4期。另参见李全生《布迪厄的文化资本理论》，载《东方论坛》2003年第1期，见 http://www.docin.com/p-849693.html，2010年10月23日。

化战略草案》中再次重申以文化资本推动并维持"伦敦作为世界上最伟大的文化首都"地位的战略。①

城市文化资本的说法，是对文化资本概念的一个借用。我国学者张鸿雁对城市文化资本有较深厚的研究。在他所著的《城市形象与城市文化资本论——中外城市比较的社会学研究》一书中，比较系统地提出了"城市文化资本论"的观点，他认为，一个城市的文化资本，就是一个城市已经存在的精神文化、物质文化和制度文化的资本价值，换言之，即城市自身的文化积累、文化遗存、生活方式、社会组织生产方式、文化象征与文化符号等所具有的"资本"属性与意义。或者说，城市本身就是人类文化资本的集中地，并对人类的文化资本有巨大的吸纳和保存能力。②张鸿雁认为，包括了历史文化遗迹、传统习俗、建筑、制度、文化艺术、传媒等城市文化资源的众多方面，都可以看作是城市文化资本。其中，尤以城市精神是城市赖以生存的精神支柱，是城市文化资本的核心组成，而城市形象则是城市文化资本的外在表达，影响着城市文化资本价值的发挥与运营。

可见，城市文化资本与城市文化资源是两个既有重叠又不相同的概念，它们都囊括城市文化的各个方面，但其看待城市文化的出发点、眼光、角度与目的不一样。说城市文化资源，往往以历史的、静态的、纯文化的眼光看待城市文化，而说城市文化资本，则是更多地以现代的、动态的，或许更重经济的眼光看待、选择、运营城市文化，隐含着一种对文化资源的"运作"意识。无疑，在全球化带来的经济文化一体化大潮中，在后工业时代，文化创意产业崛起的大背景中，在城市正成为政治、经济、文化的"节点"的今天，以"文化资本"来看城市文化，意味着城市可以借文化来进行"城市营销"与"推广"并达到"增值"的目的。在"提升城市软实力""营销城市"的过程中，城市文化是最好的资本、广告和产品，可以给城市带来巨大的经济价值和文化价值，并在消费城市文化的

---

① http://www.london.gov.uk/who-runs-london/mayor/publications/culture/draft-cultural-strategy，2010年10月23日。

② 张鸿雁：《城市形象与城市文化资本论》，东南大学出版社2002年版，第4—6页。

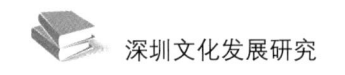

过程中，实现城市文化资本的新的积累。

二 深圳的历史文化资源

1979年中央和广东省决定成立深圳市。① 1980年8月，全国人大常委会批准在深圳市设置经济特区。

深圳的经济特区发展史只有30年，但却曾经有着6700多年的人类活动史（新石器时代中期就有土著居民繁衍生息在深圳土地上）、1700多年的郡县史、600多年的南头城、大鹏城史和300多年的客家人移民史。深圳1979年建市前的人口不足30万，为边陲宝安县的一个小镇而已。1980年，深圳作为中国改革开放的经济特区，开始了特殊的城市发展历程，并迅速以短短30年时间成长为一个新兴的现代化城市。因此，一般认为深圳历史积淀薄弱，传统文化资源不多。不过，这种看法也许不够全面，经过建市后持续不断的考古发掘，深圳很多不为人知的历史正被揭示出来。考古和历史研究发现深圳有不少先秦时代文化遗址，拥有以西部的广府文化和东部客家文化为主组成的岭南文化资源。明清以来，深圳作为反抗西方殖民主义、帝国主义、封建主义的前沿阵地；作为自古以来的海防之地、移民之城，深圳还留下了不少重要的历史文化古迹。此外，深圳还形成了广泛接纳各种宗教信仰、民间艺术的包容开放的心态，创造出富有特色的民间文化和风俗民情。

截至2009年，深圳已查明的文物古迹共有1694处，现有各级文物保护单位111个。深圳地下文物考古发现先秦文化遗址157处，这在全国大、中城市中都是十分罕见的，② 在珠江三角洲乃至整个岭南地区，具有典型的代表性，有的填补了岭南考古编年史的空白，是深圳重要的传统文化

---

① "深圳"地名于1410年（明永乐八年）始见史籍，于清朝初年建墟。当地的方言俗称田野间的水沟为"圳"或"涌"。深圳正因其水泽密布，村落边有一条深水沟而得名。

② 其中，以咸头岭为代表的新石器时代中期文化（距今6700年左右）；以屋背岭墓葬区为代表的相当于中原商时期文化（约前16—21世纪）；以大梅沙遗址为代表的春秋时期文化（公元前770—476年）；以叠石山为代表的战国时期（公元前—224年）晚期文化在珠江三角洲乃至整个岭南地区，都具有典型的代表性，有的填补了岭南考古编年的空白，有的被国内专家命名为考古学新文化类型。参见《深圳文物志》。

资源。

深圳重要的传统文化资源还有南头古城、大鹏所城和大批的民居古建筑。现存南头古城（省级文物保护单位）与大鹏古城（国家级文物保护单位），均为抗击海盗、番夷和倭寇建于明洪武年间。其中南头古城作为古代深圳（含今香港）的政治中心，历史悠久。①南头古城不仅是处于祖国海防前哨的反抗外国侵略的英雄城，而且是现代两颗东方明珠——香港和深圳的"根"。保护南头古城的历史文化和社会政治意义十分重大。南头古城现存古郡城壕沟和明清时的东、南城门和部分城墙，并有信国公文氏祠、东莞会馆等古建筑和县署、海防公署、汪刘二公祠、凤岗书院等遗址，及六纵三横的"九街"和39处古民居，具有相当可观的文化开发价值。

大鹏古城原为大鹏守御千户所城，兴建于明洪武二十七年（1394年）。道光十九年（1839年），大鹏营参将赖恩爵将军率水军英勇抗击来犯英军，取得了"九龙海战"的胜利，揭开了对中国近代史有重大影响的鸦片战争的序幕。大鹏所城获"沿海所城，大鹏为最"的美名。②深圳亦称"鹏城"，来历即此。大鹏城城墙、东门、南门，以及城内古民居保存相当完

---

① 早在东晋咸和六年（331），建立东官郡（领县六——其管辖范围包括今深圳、惠州、河源、梅州、潮州、汕头以至福建的诏安、漳浦等大片土地）时，其郡、县治就同设于南头城。距今1670多年，被认为是深圳城市史的开端。后唐代屯门军镇亦建于南头地区，宝安县治也设在这里。唐至德二年（757）宝安县改名为东莞县，县治从南头迁至冲（今东莞），但乃为屯门军镇署所在地。明万历元年（1572）分东莞县建新安县，县治仍设在这里（含今深圳和中国香港地区）。1840年鸦片战争后，新安县的香港、九龙、新界逐步被英国割占，但新安县治仍保留。中华民国后恢复宝安县名（1958年将惠阳今龙岗客家地区划入宝安县）。明正德十六年（1521）广东按察副使汪鋐（后官至兵、吏两部尚书）率东莞守御千户军民，取得了驱逐葡萄牙殖民主义者"屯门海战"（在今南山区蛇口后海一带）大捷，揭开了中国人民反抗西方国家殖民侵略的序幕（事隔31年后葡萄牙抢占了澳门）。鸦片战争后，作为新安县治的南头城人民，又长期抵抗英国和日本帝国主义的侵略。

② 清康熙四十年（1704）改为"大鹏所防守营"，是珠江外洋东部的海防重镇。后又改为"大鹏水师营"。道光十九年（1839）七月二十七日，大鹏营参将赖恩爵率水军英勇抗击英军在九龙炮台前海面的挑衅，取得了"九龙海战"的胜利，揭开了鸦片战争的序幕。大鹏城在抗击倭寇和英国殖民者的斗争中发挥了重大作用，是功勋卓著的英雄城堡。"九龙海战"后将大鹏营改为协。赖恩爵在海战中累立战功，逐步晋升为广东水师提督，道光皇帝敕赐"振武将军"，在大鹏城内建"振威将军第"。赖氏前后"三代五将军"，威名远扬，大长民族英雄气概。

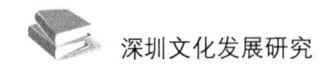

整,大鹏城内文物古迹丰富。① 大鹏所城和大鹏村分别于 2001 年 6 月和 2003 年 11 月被评为"全国重点文物保护单位"和"中国历史文化名村",是深圳宝贵的历史文化资源。

深圳处于岭南文化中客家文化与广府文化相互交融的特殊位置。其本土居民大致为东部客家人、西部广府人,中间有些村镇为广府人与客家人互相杂居的过渡地带,② 再加上原畲、瑶等少数民族和沿海的疍家互相杂处和融合,使深圳的岭南文化显得更丰富多彩,其中客家民居建筑就是一大特色。"聚族而居"的客家围屋或围楼,是客家民系的重要特征。③ 而龙岗客家围的建筑形式可谓集各地客家之大成,可称之为"城堡式围楼",这种客家围屋形成了自己有别于其他地区客家围屋的特征。④ 其建筑技术和形式,屋内的堂联、壁画、灰塑和雕刻等,保存着以反映儒家思想为主的丰富的中原传统文化,是研究民族传统文化和客家社会历史与民俗风情的宝库,具有很高的历史、科学和艺术价值,是深圳历史文化的重要组成部分。龙岗地区现存较大型的客家城堡式围楼

---

① 大鹏所城内现保存有东门街、南门街和正街及一些小巷,保留明朝建筑风貌。还有县丞署、参将府、左营署、守备署、军装局、火药局、关帝庙、华光庙、天后庙、晏公庙、赵公祠等建筑或遗址。其中赖恩爵的"将军第"和福建水师提督刘起龙的"将军第"规模宏伟,保存完好,具广府和客家混合建筑的风格。大鹏城的居民为来自各地戍边军人的后代,融合成介于广府话、客家话和官话之间的"军话",是一个比较独特的"方言岛",还有在语言、服饰、婚嫁和山歌等习俗上,具有特色的民间文化。

② 以广九铁路线为界,东部龙岗区、盐田区主要是客家人,是清代康熙年间"迁海复界"后逐渐从梅州等地区客家沿东江迁徙过来的。西部宝安区、南山区、福田区和罗湖区主要是广府人,是原岭南土著古越族与中原南迁的汉族,历史上互相融合于唐宋以后形成的早于客家的深圳本土居民。

③ 客家源于中原地区的汉族,客家围继承了中原的夯筑技术,以及殿堂式和带碉楼(坞楼)的城堡式建筑的传统。在赣、闽、粤客家地区形成圆楼、方楼、四角楼和围龙屋等规模宏大的防御性很强的建筑形式。

④ 主要特征是前有月池(半圆形池塘)和禾坪(晒谷场),围楼前开有一大门、两小门,大门两侧为二层的倒座,其后是长条形的前天街,中轴线上置上、中、下"三堂",其中上堂为宗祠,"三堂"两侧附两横或四横层,其后为长条形的后天街和后围楼(原型为半月形围龙屋),一圈围楼的四角建有碉楼即角楼,有的在后围楼中间还建有高大的望楼(龙厅顶),有的四周围楼屋顶或屋内连成通道,称"四角走马楼",而其内部给、排水设施齐全。这种带月池、禾坪、围屋、碉楼且宗祠与住宅合一的城堡式客家围楼,给人以气势雄伟、森严壁垒的感觉。客家围强调"天圆地方""阴阳合一"及与自然和谐,讲究风水和龙脉的走向。

有100多座，规模十分壮观。其中规模最大的有罗氏"鹤湖新居"[①]及同等规模的曾氏"大万世居"（两处均为省级文物保护单位），分别建于嘉庆和乾隆年间，可称为赣、闽、粤客家围之冠，是不可多得的珍贵历史文化遗产。

此外，深圳也保留了大量广府式民居，具有一定的文化开发价值。其中，比较著名的有岭南名贤何真的"元勋旧址"（省级文物保护单位）;[②]及福永镇文氏凤凰村，集中居住着文天祥的后裔。全村保存明清建筑60余座，建筑面积约18万平方米，是深圳现存很少的比较完整的岭南明清风格的建筑群，保护开发十分不够。敬祖睦宗是深圳广府民系与客家民系共同的传统。深圳还留存了以曾氏宗祠[③]为代表的各式宗祠30多个。以绮云书室[④]为代表的私塾书院若干。由于深圳特殊的地理、历史、社会和人文环境，形成深圳本土居民的宗教信仰有集广府文化、客家文化、海洋文化和西方文化于一身的特点。其中代表佛教信仰的建筑主要有凤凰古庙[⑤]和长丰古庵[⑥]。道教建筑主要有祥溪禅院[⑦]。特别值得一提的是代表民间天后信仰的南山区赤湾村天后宫。天后宫始建年代不详，明天顺八年（1564年）曾重修。据历史记载，天后宫一度规模宏伟，是广东东南最大的一座天后祀，为深圳、东莞、香港等地集中敬拜天后之所，列为新安八景之首"赤湾胜概"记载的就是当初如潮水般的人流涌到天后宫敬拜妈祖的情形，是

---

① 占地面积达25000平方米、建筑面积近15000平方米，号称"九厅十八井，十阁走马楼"。
② 始建于明初，位于深圳市内罗湖区笋岗村。
③ 始建于清乾隆年间，扩建于嘉庆三年（1798）的新桥曾氏宗祠，不仅规模大且建筑水平最高。为五开间三进布局，面宽20米，进深50米，占地1014平方米，中堂前天井上用雕琢细腻的花岗岩建成石碑坊，坊柱前后用抱鼓石相护，坊上横额楷书"大学家风"，为深圳广府祠堂所仅有。祠内墙壁有人物故事彩绘，砖木石用料高档，结构精致。旁边还有书院、天后古庙等配置，极具历史和艺术价值，堪称深圳广府祠堂之冠。现为省级文物保护单位。
④ 位于宝安县西乡镇乐群村。由爱国港胞郑姚创建于清光绪十年（1885）占地3000平方米，建筑群包括门厅、中厅、后厅、东船厅、西书楼、花园、厨房、水井等。各处木雕、石雕、砖雕工艺精湛。特别是檩、柱和所有木构件均用红木制作，质地上乘，为岭南古建筑所罕见，被省里权威专家誉为"深圳陈家祠"。惜现为工厂，急须保护维修。
⑤ 位于宝安区福永镇凤凰村凤凰山。
⑥ 位于公明镇长圳村大眼山北麓。
⑦ 位于宝安区松岗镇燕川村。

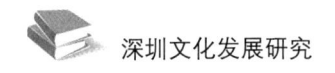

海洋文化的标志性建筑，声誉远播海外。① 但目前对这一宝贵文化资源的开发利用显然不够。此外，作为沿海开放地区，深圳还留下李朗教堂②、传道书院③等 10 多座基督教堂、神学院等。

近现代以来，深圳也留下了许多人文景观，亦是可资开发利用的城市文化资源。比较重要的有三洲田庚子首义遗址、④ 一街两制的"中英街"⑤、东江纵队司令部旧址等，广为人知。此外，深圳还有以粤剧、客家山歌、鱼灯舞、迎亲舞等，以及舞龙、醒狮武术等组成的本土民间文艺，散发浓郁的岭南文化芳香，其中，起源于明末清初的沙头角鱼灯舞，2008 年还被列为国家第二批非物质文化遗产保护名录，其起源地，沙栏吓村也被国家文化部评为"中国民间艺术之乡"。由广府、客家为主组成的深圳"土著"，秉承岭南文化传统，有重商务实的民风。

---

① 明天顺八年（1564）的碑记，《新建赤湾天妃庙后殿记》记载，明成祖朱棣遣郑和下西洋时，在珠江口遇险，得天后救助，便奉旨遣副师张源整修赤湾天后庙。规模宏伟，有月池、石桥、殿、楼、亭、廊、房等建筑 20 余处及 99 座门，占地面积 99 余亩，是广东东南最大的一座天后祀，为深圳、东莞、香港、大陆人民所敬拜，列为新安八景之首，是海洋文化的标志性建筑，声誉远播海外。惜 20 世纪 50 年代被毁，1992 年南山区文物部门在原址上复建正殿、山门、日月池、钟鼓楼，虽蔚然可观，但远不及昔日辉煌。

② 道光三十二年（1852）瑞士巴色会韩山明牧师进深圳传道，1855 年 3 月龙岗区布吉镇李朗教堂落成开幕，占地 220 多平方米，为砖木结构中西合璧式，有礼堂、钟楼和牧师楼。

③ 韩山明牧师接着于 1856 年建洋楼办女校，1864 年建广府式房屋存真书院（1876 年改为传道书院），为我国第一座基督教神学院。

④ 1895 年 10 月，孙中山、郑士良领导的广州起义失败。1900 年 4 月他们策划以梧桐山上的惠州三洲田村（今深圳市盐田区）为新的反清武装起义地点。招兵买马，设拳馆训练，集合六七百，以深圳人为主力。清光绪庚子二十六年农历闰八月十三日（1900 年 10 月 6 日），黄福、郑士良等指挥在三洲田举行祭旗起义。首捷沙湾兰花庙，势如破竹，22 日直捣惠阳三多祝，队伍壮大到 2 万余人。因后援不继，起义军于 11 月 7 日宣布解散。血与火的战斗，唤醒了群众，积累了经验，打响了资产阶级民主革命第一枪，成为辛亥革命的前奏。

⑤ 位于今盐田区沙头角镇。1898 年 8 月，强占了香港、九龙的英国，又强迫清政府签订了《中英展拓香港界址专条》和《香港英新租借合同》，并约定 1898 年 7 月 1 日生效，强行租借了九龙半岛界线街以北、深圳河以南，包括大屿山等 230 多个岛屿在内的原属宝安县的广大土地，总面积达 971.4 平方公里，即所谓"新界"，为期 99 年。1899 年 3 月 18 日，英国接管"新界"后，于原称"鸬鹚径"的边境上，树立了木界标（后改为石界碑），把沙头角村一分为二，东侧为华界沙头角，西侧为英界沙头角，"中英街"由此而来。现存 3 至 7 号界碑刻有"光绪二十四年中英地界第××号"（省级文物保护单位）。这是中国遭受侵略和香港回归祖国，"一国两制"和"一街两制"，以及中国改革开放和社会主义现代化的历史见证，具有重大历史意义和政治意义。

综上可见,深圳传统文化资源虽然比不上广州、太原、泉州等历史文化名城,但还是有相当积累的,具有不小的开发潜力,应视为深圳城市文化资源的重要组成。

三 深圳现代文化资源的"超常规"积累

以传统的文化资源眼光来看,建市之初的深圳,是一个十分缺乏现代文化资源的城市。当时深圳仅有一家电影院、一家戏院和一个展览馆,①总建筑面积0.28万平方米,总投资约为60万元人民币,许多区镇原有的乡村剧场、文化室等都被"三来一补"工厂占据,文物古迹缺乏管护,文化系统187名工作人员中,只有3名大学生。1979年3月成立了深圳市文化局,但仅内设艺术处及群众文化工作委员会,新闻出版、广播电视等行业及管理机构都付诸阙如。因此,20世纪80年代的深圳,也一度被认为是"文化沙漠"。1980年深圳经济特区成立后,深圳市委、市政府大胆探索"有中国特色的社会主义市场经济之路",率先开放改革,在创造种种观念、制度优势的同时,大力推动文化建设,建立了比较完善的文化行政管理架构并不断提高文化行政管理效率,推动文化发展,随着文化事业与文化产业的发展,深圳城市文化资源获得了跨越式的积累。

作为新城市,深圳发挥经济特区的体制优势,适应市场经济体制要求,从1989年起,深圳市政府率先实行了集文化艺术、广播电影电视、新闻出版、版权事业四位一体的大文化管理架构。2009年8月,深圳推行大部制改革,又将文化局与旅游、体育局合并,形成今日集传统的文化艺术、新闻出版、广播电视、文物、文化产业、旅游、体育管理为一体的"文体旅游局",② 大大提高了"大文化"范围的综合行政效率。深圳市文体旅游局内设15处1室,行政编制145名,雇员编制25名。直属行政管

---

① 分别建于1949年的人民电影院、1958年的深圳戏院和1975年的深圳展览馆。
② 深圳市版权局于2003年合并入知识产权局。适应快速发展的文化产业的管理需要,深圳曾于2006年成立独立的正局级管理部门:"深圳市文化产业发展办公室",后于2009年大部制改革时并入文体旅游局为"文产处"。

理类事业单位1个,代管行政管理类事业单位1个,直属事业单位19个。文体旅游局及其下属事业单位,是深圳文化政策制定、文化资源配置的重要机关,也承担了满足基本公共文化服务的职能。

在管理机构健全、文化机构基本完备的基础上,深圳发挥体制和经济实力相对雄厚的优势,推动了城市公共文化资源的快速积累。总的来看,深圳的公共文化资源的积累表现出公共设施种类齐全、基础设施发达、建设规模和投资额度较大、发展速度较快等特点。为节约篇幅,下面从深圳市文体旅游部门的网站选取了一些主要的文化统计数据,以展示30年来深圳文化资源积累的大致面貌(由于行业管理的划分,深圳市文联所"管理"的各文艺家协会等未计入统计)。

表1 深圳市文体旅游局(文化)市级大中型文化设施项目基本情况

一、已建成项目

序号	项目名称	占地面积（m²）	建筑面积（m²）
1	深圳大剧院	36514	42000
2	深圳少儿图书馆	29000	15600
3	深圳市博物馆（新馆、旧馆）	37000	46000
4	深圳市群众艺术馆	4900	5400
5	深圳艺术学校	9000	11990
6	深圳交响乐团	8000	11800
7	深圳粤剧团	6000	10000
8	深圳美术馆	5500	2800
9	深圳关山月美术馆	8100	14689
10	深圳歌舞团团址	4853	5781
11	深圳画院院址	4024	5057
12	深圳戏院	5256	8600
13	深圳文化中心（音乐厅、图书馆）	55864	91023

续表

二、在建/立项项目

序号	项目名称	占地面积（m²）	建筑面积（m²）
1	深圳市中波转播台新址扩建工程	137882	9999
2	深圳艺术学校新校址	50000	44185
3	深圳当代艺术馆与城市规划展览馆	29688	待定

数据来源：http://www.szwtl.gov.cn/engine/gettemplate.jsp? temp_Id = 22&querystring = INFO. GUID = ´｛BFA815C5 - 0000 - 0000 - 60B6 - FCB300000003｝&pid = 47&show_id = null。2010 年 12 月 20 日。

表2　深圳市文体旅游局（文化事业）发展概况

指标名称	单位	2008 年	2007 年	同比（±%）
公共图书馆	座	9	9	—
街道图书馆	座	51	51	—
达标社区图书馆	座	537	537	—
公共图书馆总藏量	万册件	1395.36	1225.23	13.89
公共图书馆总流通人次	万人次	1737.02	1207.34	43.87
群众艺术、文化馆	个	7	7	—
博物馆、纪念馆	座	20	19	5.26
电视台	座	2	2	—
广播电台	座	1	1	—
广播电视中心	座	3	3	—
有线广播电视站	座	20	20	—
电视人口覆盖率	%	100	100	—
广播人口覆盖率	%	100	100	—
电影放映单位数	个	82	73	12.33
电影院、影剧院	个	45	56	-19.64
公益电影观众人数	万人次	490	542	-10.61
商业电影观众人数	万人次	642	—	—
全市持证网吧	家	948	—	—
连锁网吧（总部）	家	3	—	—
图书出版印数	千册	3561	4607	-22.70

续表

指标名称	单位	2008年	2007年	同比（±%）
杂志出版印数	千册	21000	21670	-3.09
报纸出版印数	千份	427000	691044	-38.21

数据来源：参见http://www.szwtl.gov.cn/engine/gettemplate.jsp? temp_Id = 22&querystring = IN-FO. GUID = ´{BFA815C5 - 0000 - 0000 - 60B8 - BA2800000005}&pid = 47&show_id = null，2010年12月20日。

表3 深圳各大剧场情况

	剧场座位数（个）	年均演出场次（次）	公益演出场次（次）	年均接待观众人数（万人）	上座率（%）	年收入（万元）
深圳大剧院大剧场	1199	115	39	11	80	592.3
深圳大剧院音乐厅	600	53	12	2.6	80	
深圳音乐厅大厅	1680	72	41	9	75	1074.6
深圳音乐厅小厅	400	25	23	1	90	17.5
深圳保利剧院	1453	157	—	16	70	—
深圳少年宫剧场	765	170	40	13	80	—
龙岗文化中心剧场	577	101	—	7	80	

表4 深圳美术行业情况

	面积（平方米）	展线长度（米）	年均展览数	接待观众人数（万人）	收藏作品数量（件）
关山月美术馆	4000	600	36	12	3245
深圳美术馆	1000	282	30	8	2700
深圳画院	420	124	12	3	1500
何香凝美术馆	1217	386	20	8	—
OCT当代艺术中心	1639	242	8	7	
华·美术馆	2500	1000	8	3	60
雅昌艺术馆	3000	678	—	—	—
大芬美术馆	6300	887	10	4	122
总计	20076	4199	124	45	7627

表 5　深圳各公办文艺院团情况

	2008年演出场次	公益演出场次	2008年年均接待观众人数（万人）	全年毛收入（万元）
深圳交响乐团	113	40	12	650
深圳粤剧团	69	69	8	—
大围屋舞剧团	18	1	2	—
宝安福永杂技团	145	—	15	150

表 6　深圳已注册民间文艺团体情况

	美术书法	摄影	语言文字	器乐	文艺表演	文化研究	其他	
市级	9	5	2	4	10	8	4	总计
福田	—	—	—	—	11	—	—	
罗湖	—	—	—	—	8	—	—	
南山	1	—	—	—	16	—	3	
盐田	—	—	—	—	5	—	—	
宝安	1	—	—	—	8	—	2	
龙岗	—	1	—	1	4	—	—	
光明	—	—	—	—	—	—	—	
合计	11	6	2	5	62	8	9	103

此外，深圳形成了以市社会科学院、深圳大学、市委党校、综合开发研究院（中国深圳）、深圳市特区文化研究中心等社会科学机构为骨干的研究网络，学术研讨和交流活动日趋活跃。

四　深圳城市文化资本的大幅提升

以文化资本的眼光来看，深圳积累城市文化资源，推动城市文化发展的过程也正是其积累文化资本，运作文化资本的过程。如前所述，城市文化资本的核心是城市精神，其外在表现为城市形象，其具体组成包括城市的文化观念、文化产品与文化的生产及组织方式以及以文化象征、符号等为代表的城市形象。回顾深圳30年来的发展，从一个普通的边陲小镇，到一个现代都市,某种意义上,一夜冒出的深圳几乎成了中国改革开放的代名词,中国现代化的代表性城市,从中我们不难看出深圳城市文化资本的大幅提升。

(一) 城市实力的迅速发展与城市地位的急剧上升无形中提升着深圳的文化资本

深圳建市前后其城市实力的迅速发展和城市地位的急剧上升是不争的事实。建市前,深圳在全国几乎没有什么影响,但建市30年来,深圳经济获得巨大发展,取得了举世瞩目的成就。从大规模城市基础设施建设起步,经济建设出现了前所未有的高速度。2009年深圳市本地生产总值达到人民币8201.23亿元,比1979年增长979倍,年平均递增25.8%,创造了世界城市经济发展速度的奇迹。这期间,深圳花了18年时间使生产总值达到1000亿元,用了13年时间实现经济总量从2000亿到8000亿元的跨越,在全国大中城市中仅次于上海、北京、广州,居第四位。2009年深圳人均GDP达1.36万美元,达到国际公认中等发达水平,居全国大中城市首位。与此同时,深圳建成了大批经济、社会发展急需的交通、通讯、能源、市政设施工程以及带动全市经济增长的工业项目,城市建设呈现出崭新风貌,社会生产能力、配套能力及文教卫等功能得到提高和增强,财政收入大幅度增长。此外,由于率先改革开放,深圳在中国的制度创新、扩大开放等方面承担着试验和示范的重要使命。加之深圳地处珠江三角洲前沿,是连接香港和中国内地的纽带和桥梁,是华南沿海重要的交通枢纽,在中国高新技术产业、金融服务、外贸出口、海洋运输、创意文化等多方面占有重要地位。

总之,深圳常常被认为是"中国经济成长最快的城市""中国城市规模发展最迅速的城市""中国最富裕的城市"等。经济是文化的基础,实力是竞争的根本,城市经济实力,是城市文化资源和文化资本增长的重要条件。雄厚的经济实力、良好投资环境吸引了大量的文化人才、企业、资金积聚深圳,总之,25年来深圳城市地位的急剧上升,大幅提升了深圳的城市文化资本。

（二）"杀出一条血路来"的中国改革开放、现代化"排头兵"的城市形象使深圳城市文化资本获得不可抹灭的鲜明标志和难以估量的潜在价值

确定为中国改革开放的"排头兵"无疑是深圳城市命运的转折点，这一历史使命和城市定位，使深圳文化资本的积累站在了一个中国任何别的城市都不具备的崭新起点。稍稍回顾历史，我们可以很清楚地看到这一点。中国自晚清，特别是鸦片战争以来100多年，屡屡遭受西方列强侵略的同时，传统文化受到西方文化的严峻挑战，积弱已久的中华民族一直在苦苦寻求强国富民之路，努力推进中国传统文化的现代转型，几代国家领导人和众多的仁人志士为此付出了艰辛悲壮的努力。遗憾的是，命运多舛，历经无数曲折，中国直到20世纪80年代，才走上"有中国特色社会主义市场经济"这条现代化之路。今天，30年的改革历程，深圳以其"杀出一条血路来"的实践，历史地成了中国现代化之路的一个具体起点。可以说，深圳30年的实践，浓缩了整个中国的一个现代化梦想。深圳是中国100多年来现代化追求在一个城市史无前例的成功实践。从这个意义上讲，深圳绝不仅仅是深圳的，更是中国的。"杀出一条血路"来的深圳，见证中国改革开放风风雨雨的深圳，成功地树立了改革开放"排头兵"的城市形象。这一形象也被频频在各种电影、电视剧中出现的深南中路上伟大的改革开放总设计师邓小平画像、被著名的《拓荒牛》《闯》等雕塑、《升》等摄影作品所强调、固化，这样的城市形象，无疑具有丰富的政治价值、极大的经济开发的可能性，是深圳最大的城市文化资本。

（三）观念优势与"深圳精神"的逐步形成，成就深圳城市文化资本

城市精神是一个城市区别于其他城市的个性表现，更是一个城市的灵魂。人们认识、向往一座城市，往往是因为这座城市某种难以言说的精神气质。众所周知，20世纪80年代以来相当长的一段时间，作为中国改革的"排头兵""实验场"，作为中国对外开放的"窗口"，深圳成了中国许多新思想、新观念、新制度、新文化的重要的策源地、实践地。深圳的许多观念、口号、做法极大地影响了中国文化的现代转型，如著名的"时间就是金钱，效率就是生命""清谈误国、实干兴邦"等。深圳，特别是20世纪80年代的深圳，其观念优势是相当明显的，这些观念的核心被表述为

"开拓、创新",其实质则是面向世界、面向未来、面向现代化的古老中国,突破种种传统束缚,追求现代化的坚定信念和坚强意志集中表现。开拓、创新作为核心价值理念,在推进深圳各项经济社会改革的同时,也辐射影响全国,并成为深圳区别于其他城市的最重要的文化特征之一,成为深圳文化的生命力与活力所在。随着市场经济实践的推进,深圳的观念优势还体现为一系列以"求真务实、理性高效"为代表的现代理念。现代市场经济体制是建立在经济理性、现代科技基础之上的。深圳在建立现代市场经济体制的实践中,严格按市场规则办事,尊重科学,大力发展高科技产业,形成了务实求真的理性精神。

20世纪90年代以来,深圳进行过三次关于"深圳精神"的大讨论。[①]作为在全国率先进行城市精神讨论的城市,政府主导的"深圳精神"大讨论,引发了市民的热烈参与。1995年第一次大讨论,深圳精神被概括为"开拓创新、团结奉献",2002年第二次大讨论,总结出的"开拓创新、诚信守法、务实高效、团结奉献"的新"深圳精神"。2010年8月,深圳报业集团组织开展全市进行"深圳最有影响的十大观念"评选活动,该活动经市民投票结合专家评选至11月中旬结束,评选出"时间就是金钱、效率就是生命""空谈误国、实干兴邦""敢为天下先""鼓励创新、宽容失败""实现市民文化权利"等十大观念,可视为对"深圳精神"的又一次大讨论。上述多次讨论及其结论,或许可能仍存在一些争议,但是,城市精神的成长本来就有一个漫长的发育、成熟的过程,深圳人在注重时间、效率,务实、开放、包容、理性等方面表现出良好的现代素质;"同在一片热土,共创美好明天"的宽阔胸襟,大量的义工、义务献血者的涌现;"建筑无限生活,创造健康丰盛的人生"等创业意识,已逐渐沉淀为深圳人普遍的社会心理,深圳人的生活方式、行为规范,也逐渐显示出自己的特色。深圳也因此被评为全国"文化竞争力第一"的城市。[②] 城市观

---

① 第一次深圳精神大讨论为1995年,总结出"开拓创新、团结奉献"的深圳精神;第二次大讨论为2002年,深圳精神被再次在新的历史语境中被审视。
② 中国科学院倪鹏飞主持《中国城市竞争力报告》多部。https://baike.baidu.com/item/%E4%B8%AD%E5%9B%BD%E5%9F%8E%E5%B8%82%E7%AB%9E%E4%BA%89%E5%8A%9B%E6%8A%A5%E5%91%8A/40609?fr=aladdin,2010年12月30日。

念与城市精神的逐步形成，以其渗透在城市生活方式、市民日常行为、思维方式等方方面面的长远影响，日益成就着深圳的城市文化资本。

（四）移民人口促成海纳百川、兼容并包的城市性格

人口构成是深圳城市文化资本提升的重大影响因素。深圳是一个名副其实的移民城市，① 至2009年年末，深圳常住人口891.23万人，其中户籍人口241.45万人，占常住人口比重27.1%；非户籍人口649.78万人，占比重72.9%。深圳超过95%的人口，都是来自五湖四海、四面八方的移民，其中，常年有70%甚至更多的常住人口并没有深圳户籍，② 可见，深圳是一个典型的移民城市。移民所特有的文化是影响深圳城市文化资本的非常重要的因素，移民人口富有创业激情、文化兼容与创新优势。深圳的城市发展史，某种意义上就是一部各地移民的创业史。开拓创新、奋发有为的移民文化价值观成为深圳人价值观取向的最基本特征。"英雄莫问出处"，成就深圳人最基本的包容心态。加之开放的区位也使深圳文化得风气之先，深圳城市文化"天然"具有的兼容性、开放性。移民是深圳人口的主要组成，移民是深圳文化的创造主体，正如有学者指出，移民带来了文化的融合、移民带来了城市的包容。③ 深圳，是我国南方唯一一个以普通话为主要交流语言的城市；深圳也被认为是中国最不排外的大城市。深圳的移民们带来多样化的生活习俗，东西南北的菜式、五花八门的习俗，一个又一个崭新的面孔、别样的故事，汇集成深圳，成就着深圳与生俱来的海纳百川、兼容并包的城市性格。

（五）年轻人群造就深圳朝气蓬勃、青春时尚的城市特色

深圳常被看作是一个浮躁的城市，究其原因，城市历史太短，人口构成年轻是重要的因素。根据全国第五次人口普查资料，深圳全市人口年龄

---

① 1979年3月，深圳的总人口只有31.41万人；1982年第三次人口普查登记人口35.19万人，大部分还都是本地的客家人，但到了1990年第四次人口普查登记时，深圳的人口已暴增至166.74万人；2000年11月1日0时，第五次人口普查登记人口700.88万人。比"四普"增加了534.14万人，增长3.2倍，平均年递增14.96%。

② 深圳流动人口与户籍人口比例倒挂全国最严重，2000—2001年进行的第五次人口普查数据显示：深圳暂住人口占普查登记人口的83.45%，比"四普"时上升了22.11个百分点。

③ 王京生、尹昌龙：《移民主体与深港文化》。

平均25.37岁,且20—39岁的人口占总人口的比重高达66.38%,在全国大中城市中独一无二。① 确实,在深圳街头最常见到的,是步履匆匆的年轻人,这是很多到深圳旅游者一再谈到的印象。因此,从某种意义上说,深圳最大的城市特色或许就是年轻。年轻的人口构成带来深圳扑鼻的青春气息,"不迷恋旧事物,不拘泥老框框、渴望新生活、乐于走新路、充满青春活力、追求开放与时尚等,成为深圳文化的基本元素。在深圳城市的白领阶层,积聚了一批高素质有激情的中青年创业者,特别是数以百万计的专业技术人员,博士硕士,海归人员,是深圳人口受教育程度较高的层次。他们视野开阔、思维活跃、观念现代,引领都市时尚,成为深圳都市流行文化最主要的追求者和创造者、消费者。深圳因此获得了青春时尚的城市形象。深圳的浮躁与活力正是来源于深圳的年轻,以青春之名在深圳举办的活动因而也特别受人欢迎,如大型集体婚礼、如"青春之星大奖赛"等。而深圳,也成为年轻人创业、拼搏的向往之地。不少影视作品中年轻人出走,去哪?到深圳去;最新潮的服装穿出来,哪儿买的,深圳!总之,青春深圳,如何通过文化符号、话语等进一步包装、突出、营销这一城市文化形象,将是深圳进行文化资本运营的重要内容。

(六)资本与制度的优势促成深圳文化产业的迅速崛起与文化资本的迅速扩张

由于深圳综合经济实力的增强和投资环境改善,城市整体的资本与制度优势,当然还有毗邻中国香港的区位优势、廉价的劳动力、高科技发展优势等因素,深圳文化产业迅速崛起,"深圳制造"的文化产品日益增多,包括印刷业、文化制造业、广告、设计、动画漫画等各行业在内的深圳文化产业迅速崛起。

2005年10月,市委市政府召开全市文化产业工作会议,提出要将文化产业发展成为深圳的第四大支柱产业。随后出台了系列扶持文化产业发展的举措,如设立了文化产业发展专项资金,支持资助文化产业重点门类、项目和企业的发展;出台了《深圳经济特区文化产业促进条例》;制

---

① http://www.cpirc.org.cn/news/rkxw_gn_detail.asp?id=4960,2020年12月28日。

定了《深圳市人民政府关于加快文化产业发展若干经济政策》等三个配套文件，为文化产业发展提供配套政策支持。其次，深圳还在有关部委的支持下，创办了"中国（深圳）国际文化产业博览交易会"。"文博会"自2004年成功举办以来，至今已举办了五届，展会知名度和影响力日益扩大和增强。此外，由于深圳较早积极推动高科技发展，客观上促进了文化企业与高新技术的紧密结合，通过技术创新，推进了出版印刷发行业、广播影视业由传统生产方式向现代生产方式的转变；并促进动画设计、网络游戏、数字视听、网络音乐等新兴产业的快速成长。目前，深圳本土企业腾讯公司已成为亚洲最大的即时通讯商，并被批准为互联网出版单位，技术和实力已经达到国际先进水平；华强科技集团成为国内唯一具有成套设计、成套制造、成套出口大型文化主题公园的企业。此外，深圳的新闻出版产业保持良好发展态势，全市现有报社14家，期刊38家，图书出版单位2家，2008年出版报纸4.27亿份、期刊2100万册。深圳印刷行业更是优势明显，全市现有印刷企业2140家，从业人数达18.2万，年产值达308亿元人民币，2008年深圳共有17家企业入选全国印刷企业百强，深圳已经成为全国高端印刷重镇。就广播电影电视产业看，深圳顺利通过国家有线数字电视试点验收，被授予"全国数字电视示范城市"称号，全市开通有线电视用户达216.5万户；电影放映市场日趋繁荣，电影放映单位达456家，2008年全市电影票房收入超过2.4亿元，比上年猛增56.4%。此外，深圳新兴文化产业园区和基地不断涌现。深圳积极利用旧工业区改造，以市场为导向、以民营企业为主体，以提供增值服务为主要赢利模式建设文化产业园区或基地，观澜版画产业基地、水贝珠宝项链街区、田面设计之都、宝安的F518创意产业园等吸引了大批入驻企业，成为文化产业的孵化器；华侨城集团公司、大芬油画村、雅昌企业（集团）有限公司被文化部命名为"国家文化产业示范基地"。30年来，深圳文化产业呈快速增长态势。2008年全市文化产业实现增加值550亿元，由2004年占全市GDP的4.7%上升为约占7%。近5年来，深圳市文化产业增加值以年均约20%的速度增长，略高于北京和上海等大中城市，文化产业集聚辐射功能显著增强，深圳文化产业的快速崛起，大大增加了深圳的城市竞争力，改善了深圳的城市文化形象。

通常，文化资源的增加和文化资本积累需要时间、人群和其他资源的漫长积累过程。作为改革开放产物的深圳，深圳城市经济与人口持续高速发展，社会和城市规模不断扩大，深圳文化资源与文化资本的积累，实际上调动、整合着全国、包括香港的各种资源，这个地处南方的"北方城市"，从空间意义上，更多地进行跨地域的文化资源借用与重组；从时间意义上，更多地挖掘现代而非传统的文化资源；从"性质"意义上，更多地利用政治、经济、制度等形成的资源优势——将多种非文化资源转化为城市文化资源，或城市文化资本，进行了城市文化资本的快速积累。

五 进一步开发城市文化资源，运营城市文化资本的思路

但是，作为一个新城市，深圳在文化资源开发利用与文化资本运营增殖等方面还存在不少问题。面向未来，如何以新的文化资源观和文化资本理念，来进一步开掘城市文化资源，运营城市文化资本，是深圳城市文化建设的关键。针对深圳在文化资源开发和文化资本运营上的不足，这里尝试提出未来深圳进一步开掘城市文化资源，运营城市文化资本的思路：

1. 对改革开放中的文化问题研究不够，对城市的文化地位认识不足，严重影响深圳文化的发展

应大力加强城市文化理论研究，促成"新的传统"，建设"活的文化"。[①] 最终，为促进中国传统文化的现代"创造性转化"（林毓生语）贡献深圳应有的力量，从而寻找到深圳在中国当代文化发展史上应有的地位。如前所述，深圳是中国改革开放的产物，深圳文化是中国从传统走向现代过程中，传统文化与现代文明碰撞交融的产物，以深圳观念为核心的深圳文化，其实标志着中国文化的一大转折，正如有学者早已指出的"深圳作为中国近代以来的一个寻求富强的缩影，它在文化上的位置和有可能做出的贡献应当是重拾'五四'的'科学''民主'的旗帜，继续中国思想文化的启蒙"。换言之，凝聚一代改革开放者心血的深圳，本来具有贡献于中国文化现代转型的潜在的重要地位和职责，遗憾的是，虽然这种影响也在以别的方式不同程度地发生，但是由于研究力量不足等多种原因，

---

① 时任深圳市委宣传部部长王京生语。

深圳对自己城市的精神成长历程的研究总结是不够的,与深圳经济等其他领域的研究相比更是十分落后,这是深圳不能推出自己有分量的关于深圳的经典文化理论著作或经典文艺作品的原因。以致今天深圳学术文化的落后已经成为深圳文化发展的"瓶颈"。毋庸讳言,这种状况一定程度上"浪费"了"改革开放排头兵"给予深圳的文化资源。也影响了深圳文化资本的积累与扩张。

深圳应进一步认识改革开放对于深圳的文化意义。充分挖掘、整理深圳改革开放史。以中国的现代化建设为主线,总结深圳历史,也就是更好地总结中国改革开放的历史,以促进中国传统文化的现代转型为根本目的,促进对"新的传统""活的文化"的深度认识、命名,乃至理论体系的建构。改革开放的历史,本身就是值得开发的文化资源。前几年有人提出的收集改革开放文物,建设"中国改革开放博物馆"的建议无疑是十分有见地的,但至今仅建成专题性的"深圳改革开放成就展"。此外,应全面反思学术理论、文化研究的资源不足、成果不丰的现状,大力加强城市文化理论研究,增设研究机构,加大投入,引进人才,组织雄厚的研究力量,重点开展中国现代化问题、文化启蒙问题、社会学、经济伦理学、政策学等领域的研究,全面反思深圳改革开放历程的文化意义,改变深圳学术研究的滞后状况,最终,为促进中国传统文化的现代"创造性转化"(林毓生语)贡献深圳应有的力量,寻找并奠定深圳在中国当代文化发展史上应有的地位。

2. 对城市文化精神的融合提炼不够影响深圳人对城市身份的认同

深圳是一个移民城市,移民使深圳文化的"养分"复杂,带有更多的不稳定性和不确定性。地域辽阔的中国,各地风习不同,文化整合难度大。移民也使得城市人与人之间缺少共同的历史,难以建立稳固的信任关系,加之建市时间短,原有的城市文化资源有限,暂住人口多,人员流动快30年来,深圳虽然开始形成了一些共同的文化特性,做出了不少融合城市文化,提炼城市精神的努力,但总的来看,深圳人对自身的城市身份认同尚未完全建立,对"深圳精神"的理解也还存在争议,深圳依然不时被认为是一个"别人的城市""暂居的城市""欲望的城市"。现代城市文化研究表明,城市识别和身份认同是影响城市文化形成与否的核心要素。家

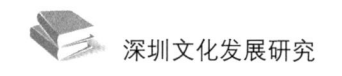

园感、归属感的营造乃至特有方言的形成在很大程度上影响着深圳主流文化的形成。深圳如何在特殊的人口结构的基础上，促进文化认同和城市凝聚力的形成，是深圳发掘城市文化资源和提升城市文化资本不容忽视的问题。

深圳应通过总结改革开放历史，固化城市精神，形成城市传统。深圳还应进一步加强共同价值观教育、城市历史教育、爱国主义教育，促进对深圳精神的认同；建立社会公平预警机制，缩小贫富差距；完善公共文化服务体系，实现不同层次市民的文化权利；以社区为"抓手"，大力营造家园意识，促进城市身份认同早日形成。

3. 对城市形象的整体包装与推介不够

城市形象是城市文化资本的外在显现，影响着城市文化资本价值的运营与发挥。如前所述，深圳作为中国改革开放的"排头兵""窗口"等城市形象固然深入人心，但是，这一形象因为缺乏明显的符号性标志物而显得抽象、不易把握。此外，这一形象强烈的政治、经济和社会历史色彩，也一定程度"模糊"着深圳的文化形象。此外，深圳固然有地王大厦、市民中心等堪称标志性的建筑，但作为城市标志的公认的建筑物、著名文化品牌、文化名人、名著等还比较缺乏，人们在选择深圳识别标志时，更多地还是倾向于用深南路上的邓小平画像。深圳虽一直十分重视城市的总体规划设计，但由于城市发展速度过快等原因，城市布局，特别是文化设施的布局、文化空间的营造等方面，还没有真正从城市形象的整体来进行全面的考虑。总的来看，深圳主动地对城市整体形象"包装"与"运营"意识是不强的，在世界普遍城市化，城市纷纷开展形象、品牌营销的今天，深圳市城市识别系统不够明显，城市标志不够清晰，影响着城市文化资本的运营。

深圳应组织专门力量，专门规划城市文化空间，设计城市形象识别系统，打造城市品牌。以鲜明的城市标识、响亮的城市口号、专业的营销网络，推广城市形象，不断提高深圳的"国际能见度"。

4. 对传统文化资源的开发利用不够

由于建市前，深圳长期仅为边城宝安县的一小镇，处在大部分国人的视野之外（很多人很长时间不知"圳"字如何念），建立经济特区后，又被赋予了探索中国改革开放之路的"实验地"的使命,整个城市"往前看"多过"往后看";向外接受中国香港等地的带有现代西方市场经济文明的文化影响多于向内接受地域传统的岭南文化影响,深圳经济特区由多达95%的外来移民组成城市人口,说普通话的深圳人,并不了解(也多少不屑于了解)一个岭南的老深圳,遂形成了深圳"没有历史文化"的片面认识,也导致深圳成立特区后长时间的文化建设过程中,更多发展现代文化,甚至以广泛的"拿来主义"态度,进行跨地域的文化资源整合和文化类型移植。这也正是深圳文化形成南北融合、中西杂糅之势,青春活泼、娱乐性强但也缺乏鲜明地方特色的重要原因。这种状况的客观存在,直至20世纪90年代后期,随着深圳考古发现的增加和历史研究的深入(研究这些的深圳学者本身也大多是移民),才引来了深圳很多历史研究者的呼吁,一再提醒广大市民重新认识深圳,甚至有提出要为深圳申报历史文化名城的建议。不难预料的是,建议一出,引来舆论哗然,反对声一片(这也反映出深圳人对深圳的文化认同,更多地建立在现代深圳,而非古代深圳上),最后不了了之。显然,深圳的历史文化与现代文化之间多多少少存在"文脉"不通的问题,如何打通文脉,所谓"接地气",是深圳文化面临的一个重要问题。深圳学者中比较常见的观点是:虽然深圳文化尚在成长之中,但深圳是一块岭南文化的"飞地",传统的岭南文化是(现代)深圳文化的组成部分,但持深圳文化不属于岭南文化观点的学者已不在少数。[①]

深圳的现代文化与传统文化之间确实存在某种"隔阂",但是,这并不说明传统文化资源对于深圳没有开发价值。尤其在全球化的今天,在深圳文化尚处于成长期的青春年代,深圳更应当重视地方传统文化资源的深度开发,并与深圳现代文化资源有机结合,"打通文脉",促进有深圳个性和特色的城市文化的形成。

[①] 深圳学者吴忠、乐正、尹昌龙等都持此观点。当然,这里也涉及一个对"岭南文化"本身的界定问题,存在产生歧义的可能性,当把岭南文化看作是一种相对固化的传统文化时,这个观点是成立的。而岭南文化也往往被看作是岭南地区承继传统之后一种正在创新发展之中的文化,如是,则也可以说深圳文化是岭南文化的一部分。

关于改革开放三十年深圳文化发展情况的若干基本判断[*]

今年是深圳经济特区建立三十周年,改革开放成就斐然,对深圳进行政治或经济评价是容易的,但要对其做出文化评价,则比较困难,原因在于:

一是时间相距甚近,城市文化尚未"成型"。正如许多研究深圳的学者指出的那样,由于高速发展、高度开放带来诸多潜在的成长性和不稳定性,由于移民众多,由于受中国整体社会转型制约、由于文化相对经济的滞后性等因素,从严格的文化学意义上说,或许一种具有独立特征的"深圳文化"尚未完全成型,尚处发展形成之中,存在诸多的不确定性。换言之,改革开放三十年来发生的各种文化现象、文化实践,其中许多还没有经过足够长的时间来积淀,所谓历史是一面"慢镜",[①] 它们的历史影响如何还有待观察,它们能否融合形成一种稳定的深圳文化认同更是有待时间证明。显然,这为深圳文化的研究带来了困难。

二是史料零散,文化研究成果少。由于建市之初深圳的主要定位是经济特区,因此,客观上,深圳长期存在文化人才少,文化问题不受重视等情况。这使得早期深圳文化发展的一些史料未能得到及时的重视和保存(如关于20世纪80年代深圳举办的一些重要文化活动的史料等)。随后快速发展的深圳,不但地形地貌、街道社区等城市面貌日新月异,政策法规

---

[*] 本文发表于彭立勋主编《2011年深圳文化蓝皮书》,中国社会科学出版社2011年版,第125页。

① 诗人海上先生语。他说历史是一面"慢镜"——很多东西,需要足够的时间这面镜子才能慢慢照清。

典章制度等日新又新,人们的价值观念、生活方式亦发生着急剧的变化。即便就小文化领域看,文艺团体、机构的生灭、文化人才的聚散等,都成为随时发生的事。上述种种,都使得相关史料十分零散。① 加之深圳人口流动性大,如今,要进行史料的搜集核实工作难度相当大。

三是文化人的相对"缺席"。由于深圳高校少,文化机构数量少,② 文化人到深圳很难找到栖身的"单位",更难形成独立的知识分子群体,高端文化人才难以扎根深圳,有关深圳的文化研究成果数量、质量均十分有限,以至于宣传文化部门有关领导多次呼吁深圳要提高与全国学术界对话的能力。加之相对发达的市场经济环境、大众文化对文化人、精英文化的挤压、边缘化,某种意义上,甚至可以说三十年来深圳文化的发展,伴随了文化人相对"缺席"的尴尬局面,③ 高质量文化研究成果的缺乏,给研究深圳文化带来了很大困难。

或许正因为如此,前不久深圳有关部门组织编辑出版"深圳改革开放丛书",文化类研究成果之少与经济类研究成果形成令人遗憾的巨大反差。然而,我国传统有"三十而立"的说法,又说六十年一个甲子轮回,则三十年便是半个轮回了,今年可谓深圳历史上的重要节点,此时尝试对改革开放30年来的深圳文化的发展情况做出一些粗线条的梳理和基本的评价判断,亦很有必要和价值,本文即勉力为之。

一 判断一:关于深圳是否"有文化"?或者说是否存在"深圳文化"?本文认为,确实存在一种可称为"深圳文化"的城市文化,但这种文化尚未定型,仍处于成长期

关于深圳文化状况的基本判断首先要回答的问题即:是否存在一种可

---

① 以报刊资料为例,如早年有全国影响的《深圳青年报》《蛇口通讯报》《街道》杂志等。如今要找到已经很不容易。

② 深圳唯一的一所综合性的大学深圳大学长期未开设历史、哲学等学科,其他学术机构寥寥可数、规模亦很小。总的看说,文化机构与同等规模的其他城市相比,数量太少。参见陈威主编《公共文化服务体系研究》,深圳报业集团出版社2006年版,第124页。

③ 这么说,有点批评和自我批评的意思,因为本人也忝列深圳文化人之行列。当然深圳文化界有很多值得尊敬的文化人、学者,但是,与北京、上海等大城市相比,仍然显得太少,影响力也相对较弱。

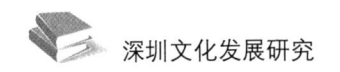

称为"深圳文化"的独特的城市文化？

长期以来，深圳文化引来过很多争议——包括"深圳有没有文化"（深圳文化沙漠说）？有没有一种可称之为"深圳文化"的特殊城市文化？深圳凭什么在城市文化竞争力评比中排名第一等。① 其实，人们的看法产生分歧，其原因主要在于分析的范围、角度不同，亦即对"文化"概念内涵的理解不同。如果以一种"大文化"的眼光来看，存在深圳文化是可以确信无疑的。

所谓"大文化"，主要指文化人类学意义上的文化。按照文化人类学的观点，"文化"的内涵很丰富。英国著名的人类学家，文化人类学之父泰勒1871年在其《原始文化》一书中指出："文化或文明，就其广泛的意义来说，乃是包括了知识、信仰、艺术、道德、法律、习俗以及任何人作为一名社会成员而获得的能力和习惯的复杂整体。"② 即认为"文化"指特定的生活方式、风俗习惯、宗教礼仪、语言、历史和族群身份认同等，是与政治、经济相对、涵盖人类社会精神生活的一大领域。

基于文化人类学的研究，联合国教科文组织（UNESCO）1982年在墨西哥城举办了首次"世界文化政策会议"上，曾将"文化"界定为："文化是一套体系，涵盖精神、物质、知识和情绪特征，使一个社会或社群得以自我认同。文化不仅包括文学艺术，也包括生活方式、基本人权观念、价值观念、传统和信仰。"2001年，联合国教科文组织再次在《世界文化多样性宣言》中对"文化"做出定义，即"应当把文化看作某一社会或社会群体所具有的一套独特的精神、物质、智力和情感特征，除了艺术和文学之外，它还包括生活方式、聚居方式、价值体系、传统和信仰"这两个基本内涵相同的界定，可以看作是基于文化人类学对文化所做的一个权威界定。无疑，文化的核心在于价值观，文化的综合表现在于生活方式，换言之，判断城市文化独特性（存在与否）的关键，即在于看其是否形成了自己的价值观念，是否形成了城市特有的生活方式。

---

① 在倪鹏飞博士主持的中国城市竞争力评比中，深圳多次以文化竞争力名列前茅。参见http://www.citure.net/info/2008127/2008127181356.shtml，2009年1月23日。

② 庄锡昌等编：《多维视野中的文化理论》，浙江人民出版社1987年版，第99页。

关于改革开放三十年深圳文化发展情况的若干基本判断

我们认为,观察分析深圳文化,正应以这样一种"大文化"的眼光来进行,而不应局限于一般意义上的文学艺术或者文化行政管理架构下的所谓"中文化"(文化艺术、新闻出版、广播影视、公共文化服务、文化产业等)范畴,乃至传统的高雅艺术(精致文化)等"小文化"概念。唯有如此,才能以开阔和公正的眼光,对成长中的深圳文化做出比较适当的判断。

以上述"大文化"的眼光来看,"深圳文化"的存在至少可以有如下两方面证据:

(一)深圳价值观已具雏形,并辐射影响其他城市

改革开放30年来,深圳人初步形成了自己独特的价值观念,并辐射影响全国。

深圳人价值观的形成和发展与市场经济相伴而行。20世纪末,东欧巨变,冷战结束,全球出现了一种普遍的制度变迁,那就是放弃计划经济,实行市场经济成为世界绝大多数国家的选择。中国开始尝试建立市场经济制度,以深圳为代表的经济特区,其首要的历史使命,正是探索市场经济道路。从1980年开始,深圳开拓创新,在诸多重要的经济领域,实现了革命性的突破。[1] 这些重点经济领域的突破,直接催生了具有鲜明市场经济特征的思想观念、精神文化需求。"时间就是金钱、效率就是生命""空谈误国、实干兴邦"等口号被提了出来,振聋发聩!"蛇口风波"关于义与利、个人主义与集体主义的争论,直接推动了追求正当个人利益成为时代的潮流。而特区引发的关于"姓资姓社"的疑问,更是辐射影响全国,从地方"惊动"中央,带来对意识形态的深刻反思。[2]

总之,在"杀出一条血路来"开拓市场经济道路的过程中,深圳人形成了自己独特的价值观念,这些观念,在2010年深圳媒体主持开展的"深圳观念"评选中得到了集中的体现,特录于此:[3]

---

[1] 这些领域主要包括价格闯关、劳动用工制度转轨、市场决定分配、土地使用制度"突宪"、建立外汇市场、国企改革、住房制度改革、与非国有主体合作、建立证券市场、争取特区立法权、财政计划单列等。参见樊纲等《中国经济特区研究》,中国经济出版社2009年1月版,第55—69页。

[2] 毛少莹:《聆听特区文化的时代涛声》,载《人民日报》2009年10月28日第4版。

[3] 参见《深圳特区报》2010年11月8日第1版。

1. 时间就是金钱，效率就是生命

这条观念最早由深圳经济特区蛇口工业区在1981年提出，1984年10月1日出现在庆祝中华人民共和国35周年盛大庆典的游行队伍中，从此在全国广泛传播。它折射出"发展就是硬道理"和"效率优先"这两个核心理念，直接催生了蛇口速度、深圳速度。后来，这个口号发展成为最有代表性、最能反映特区建立早期深圳精神的观念。可以说，这一观念的出现是中国社会主义市场经济破壳的标志，是深圳精神的逻辑起点。

2. 空谈误国，实干兴邦

"空谈误国，实干兴邦"是1992年初在蛇口竖起的标语牌，如今这块蓝底白字的标语牌仍然矗立在蛇口南海大道边。"空谈误国，实干兴邦"这个口号旗帜鲜明地倡导一种新的价值观和发展观，就是减少争论，多干实事，"堵饶舌者之利口，壮实干家之声色"，呼应了"发展才是硬道理"的时代主题，为排除思想上的干扰、推进改革开放的探索与实践发挥了重要作用。

3. 敢为天下先

1992年春，邓小平视察深圳经济特区发表谈话，鼓励深圳"大胆地试，大胆地闯"。之后，《深圳特区报》《深圳商报》把邓小平视察深圳期间重要讲话中的观点、主张结合深圳改革开放的实际，分别以"猴年八评"和"八论敢闯"的社论形式连续发表。"敢为天下先""先走一步""敢闯敢试"等观念迅速流行起来，成为深圳自我激励、勇做改革开放排头兵的坚定信念。

4. 改革创新是深圳的根、深圳的魂

2005年3月25日，中共深圳市委工作会议上提出了"改革创新是深圳的根、深圳的魂"，提出深圳未来的发展仍然要向改革创新要发展动力，要发展优势，要发展资源，要发展空间。此后颁布了《深圳经济特区改革创新促进条例》。"改革创新是深圳的根、深圳的魂"不但是对过去深圳的高度浓缩，更是未来深圳发展的动力源泉，具有强烈的现实意义。

5. 让城市因热爱读书而受人尊重

每个城市都有自己的梦想，每个城市都有自己的追求。作为一个移民城市，作为一个快速成长的城市，深圳市民们选择了读书。从2000年开始，深圳市每年11月举办"读书月"。在这座城市的最中心位置，屹立的是世界一流的书城和图书馆。热爱读书，让我们这个城市更加文明，更加时尚。深圳因为热爱读书而受人尊重。

6. 鼓励创新，宽容失败

从一个城市对于失败的态度，更能体会到这个城市的力量。"鼓励创新、宽容失败"是深圳精神、深圳力量的体现。改革开放初期，正是靠这种精神和理念，催生出深圳大大小小的"吃螃蟹"之举。今天，当深圳各项改革将再次进入快车道的时候，"鼓励创新，宽容失败"在制度、理性上，得到了更多支持。"鼓励"和"宽容"无疑将再造一个激情燃烧的改革年代。

7. 实现市民文化权利

文化是人类的精神家园，对公民文化权利的尊重，也就是对人本身的价值的尊重。2000年11月首届深圳读书月期间，深圳在全国率先提出"实现市民文化权利是文化发展根本目的"的理念。从文化民生，文化服务，到文化权利，深圳着力构建公共文化服务体系，提升市民文化权利的实现程度，从而也使深圳在进入新世纪后文化的地位和影响力大幅提高，为深圳的经济、政治、文化和社会建设的"四位一体"的科学协调发展创造了新的经验。

8. 送人玫瑰，手有余香

这句源于古印度谚语的话，早已成为深圳义工的独特理念，深圳人耳熟能详。鲜艳的红帽子、红马甲已经成为鹏城大街小巷一道美丽的风景线。这个观念在多年前不但清晰明了地树立起深圳义工的形象并让深圳义工的理念迅速传播开来，而且是作为移民城市的深圳一贯倡导关爱行动的一种深刻体现。帮助别人的同时也使自己得到精神的愉悦，符合现代的和谐、健康理念。

> 9. 深圳，与世界没有距离
>
> 这是深圳申办世界大学生运动会的一句口号，后来广为传播，契合了深圳人的一种具有世界眼光的追求。深圳作为改革开放的窗口和试验田，担负着古老中国走向世界的排头兵的历史重任。从速度到效益，深圳在不断转换发展方式的同时，一直努力追赶世界的潮流，向世界敞开着胸怀。在未来的发展中，深圳仍然需要以积极走向世界的姿态和胸怀，保持和世界的零距离。
>
> 10. 来了就是深圳人
>
> 网络投票和专家评审一致通过了这句口号进入前十。这句简单质朴的口号散发着浓浓的草根味道，表达着居住在这个城市里的人们内心一种深深的对归属感的呼唤，也代表着深圳的包容性格以及移民城市的独特气质。来了，就是深圳人。三天一层楼，是谁的功劳？千万人口的世界级大都会，是谁的汗水铸就？是你的，是我的，是深圳人的。我们都是深圳人，我们挚爱着这片神奇的土地。

当然，评选出的"十大深圳观念"及其解读未必完全准确地反映深圳人价值观的全貌，这些观念，以系统的价值观理论来看，也尚未完全定型，但其独特性是不容否认的。改革开放30年，是深圳价值观形成的30年，也是中国人价值观念发生现代转型的30年。对上述观念，以及更多有待研究整理的深圳观念的分析和解读，无疑，将折射出中国价值观变化的重要信息，深圳，也因其价值观念的"领潮流之先"，为其城市文化的形成奠定了第一块基石（关于深圳价值观念和深圳精神的研究，将是深圳文化研究最重要的课题之一，值得长期深入开展）。换言之，已现雏形的深圳价值观，是"深圳文化"存在的重要标志。

（二）深圳人初步形成了自己特有的生活方式、风俗习惯和社会心理，这些方式、习惯、心理虽未完全定型，但已渐趋"约定俗成"、习以为常

深圳人初步形成了自己特有的生活方式和风俗习惯。这方面的研究不多，但是，为数不少的关于深圳的报道、反映深圳生活的小说、电影电视剧中，日常生活中，我们仍然可以找出诸多的例子予以说明。

闯深圳的人都有一个"深圳梦",或者说深圳成为很多中国人的寻梦之地——今年某重要媒体对深圳 30 年的回顾与总结正是以"深圳梦"为关键词,赢得社会强烈响应!①

来自四面八方,深圳人在一个地处岭南的城市习惯说普通话,也习惯在公共汽车、公园、社区听到不同口音的对话。

深圳人习惯各种南北风味的餐馆充斥大街小巷。

深圳人习惯过忙碌的日子,起早上班,傍晚才回家,中午在单位吃工作餐。

不同于内地,繁忙的深圳人一般不将朋友聚会放在周末,那是与家人团聚、逛公园的日子。

深圳人一般不在家中请客,而习惯邀亲友到酒楼吃饭。

深圳人一般不向别人借钱,缺钱时考虑的是信贷。

深圳人一般不仅过中国传统的节日,也热衷于圣诞节、情人节等西方节庆。深圳人过年常回老家。

深圳人衣着风格各异,"杂乱无章"。

深圳人一般不打听个人生活——一起工作很久的同事,偶然的机会你才知道他已经离婚多年。

在一个"遇见陌生人的地方",深圳人习惯在公众场所忍受人口剧增带来的拥挤与喧嚣,如同在独处时忍受缺亲少友的孤独与寂寞。

在一个处于"社会主义初级阶段",刚刚富裕起来的国度,深圳人习惯在一掷千金的消费中、在返乡时大包小包的礼品中,寻找自己作为深圳人的自豪与骄傲……

如果说对深圳式生活方式和风俗习惯的观察总结仍有待大量的实证性田野调查工作,那么,对深圳市民的心理状况的总结则让我们看到深圳文化存在的另外一面:

(1)作为人口集聚最迅速的移民城市(深圳人口已达 1400 万,是特区建立之初的 47 倍),深圳人显然更乐于接受新的生活经验、新的思想观

---

① 参见《南方都市报》"深圳梦"系列。http://epaper.oeeee.com/epaper/A/html/,2010 年 12 月 2 日。

念和行为方式；（2）作为改革开放"试验场""排头兵"，深圳人随时准备迎接社会的变革；（3）平均年龄不足28岁的深圳人，多思路广阔、头脑开放，尊重并愿意考虑不同的意见和看法（当然也免不了浮躁）；（4）深圳人更注重现在与未来，守时惜时；（5）怀揣"深圳梦"的深圳有更强烈的创业意识和个人效能感；因此（6）深圳人更有计划性；（7）生活在一个与国际惯例接轨、信息时代，深圳人更尊重现代知识的学习；（9）深圳人重视专门技术，有愿意根据技术水平高低来领取不同报酬的心理基础；（10）由于适应生活挑战的需要，深圳人敢于挑战教育内容和传统智慧；（11）萍水相逢。同在一方热土，共建美好明天的深圳人，随时准备相互了解、尊重他人以及自尊；（12）在积极参与市场化、社会化的生产中，深圳人更倾向于了解生产及其过程。

大家很容易看出，以上总结参照了著名现代化研究学者英格尔斯关于人的现代化的若干特征。我认为，除了其中的第（8）：可依赖性和信任感不宜列入外（深圳人之间的可依赖感和信任感尚未很好建立起来），深圳人基本具备了英格尔斯所说的现代人的特征。[①]

可见，深圳人初步形成了自己特有的生活方式、风俗习惯并积淀了基本的社会文化心理，这些方式、习惯、心理虽未完全定型，但已渐趋"约定俗成"，这亦是深圳文化存在的另一个重要证据。

总之，本文认为，确实存在一种可称为"深圳文化"的城市文化，但这种文化尚未定型，仍处于成长期。

二 判断二：如何看待30年来深圳文化的发展历程？本文认为，深圳30年来的文化发展可以划分为三个历史阶段，这些历史阶段的划分显示了深圳文化发展的独特时代背景、文化特色、存在问题，并对当代中国文化研究富有启示意义

如果深圳文化是存在的，那么，怎样看待深圳30年来城市文化的发展历程或曰城市文化史？我们认为可以划分为如下三个阶段：

[①] ［美］英格尔斯：《人的现代化——心理·思想·态度·行为》，殷陆君编译，四川人民出版社1985年版，第一章。

(一) 1980—1992:"市场"与"启蒙"——深圳文化的"萌生"阶段

1980—1992 年前后 12 年的时间,包括了深圳经济特区 1980—1984 年"改革开局"阶段和 1984—1992 年"对传统体制进行重点突破"的阶段。① 在这一阶段,深圳既发生了广义文化概念上涉及经济制度、社会管理方式、社会思想观念的重大变革,就狭义的文化艺术来说,也开始兴建基本的文化设施、设立了必要的文化行政管理部门机构,开展了基本的文化活动,因此,可视为深圳文化发展的第一阶段。② 这一阶段的主要标志是国家推进中国特色现代市场经济制度的改革努力,深圳作为改革开放的产物,决定了深圳文化的"现代"起点、"创新"底色,而改革在一些关键性领域取得的重大突破,更是为具有鲜明现代特征的深圳文化的产生,提供了制度的"土壤"和精神的"种子",以及促其生长发芽的社会空间。

如前所述,深圳文化与市场经济相伴而生。从 1980 年到 1992 年,深圳以"杀出一条血路来"的开拓创新精神,在诸多重要的经济领域,实现了革命性的突破。③ 直接推动了追求正当个人利益成为时代的潮流,并引发对意识形态的深刻反思。④ 此外,从经济结构和社会需求方面看,外商的进入、外向型经济的建立、市场的放开、大量人口的迅速积聚,直接带来了歌舞娱乐、音乐茶座、文化旅游等新兴文化需求的产生,而满足这些需求的努力,则直接催生了文化市场和大众文化的兴起。与此同时,港台文化、西方文化的冲击带来审美取向的多元化。事实上,自 20 世纪 80 年代深圳出现第一家歌舞厅、开展第一次文稿拍卖开始,文化市场迅

---

① 樊纲等:《中国经济特区研究》,中国经济出版社 2009 年 1 月版,第 55—69 页。
② 深圳多数学者倾向这一历史阶段的划分。参见毛少莹《建设文化绿洲》,载深圳博物馆编《深圳特区史》,人民出版社 1999 年 10 月版,第 624 页;参见彭立勋、尹昌龙、黄士芳《改革开放 30 年深圳文化发展的回顾与思考》及吴俊忠《深圳文化发展战略思路的历史沿革:1980—2008》,后两文载《2009 深圳文化蓝皮书》,中国社会科学出版社 2009 年 2 月版,第 31、54 页。
③ 这些领域主要包括价格闯关、劳动用工制度转轨、市场决定分配、土地使用制度"突宪"、建立外汇市场、国企改革、住房制度改革、与非国有主体合作、建立证券市场、争取特区立法权、财政计划单列等。参见樊纲等《中国经济特区研究》,中国经济出版社 2009 年 1 月版,第 55—69 页。
④ 毛少莹:《聆听特区文化的时代涛声》,载《人民日报》2009 年 10 月 28 日第 4 版。

速在深圳（也在全国）发展起来，文化开始与政治"相对分离"，更多地走向满足老百姓的日常文化娱乐需求，走向以文化价值创造经济价值的市场化道路。各种流行歌曲、外国大片、DISCO、卡拉OK等新娱乐方式让人眼花缭乱。以深圳为代表，到90年代初，我国审美取向多样、价值观多元、文化消费多层次，很大程度上大众文化"排挤"精英文化的格局已悄然形成。

总之，市场经济是"以维护产权，促进平等和保护自由的市场制度为基础，以自由选择、自愿交换、自愿合作为前提，以分散决策、自发形成、自由竞争为特点，以市场机制导向社会资源配置的经济形态"。① 这一经济形态，决定了率先建立市场经济的深圳，其"萌发"于市场经济"土壤"的文化种子，甫一破土，生长出的就是以"开放、现代、自由、多元、包容……"为基本特征的现代文化幼芽。所谓"市场"与"启蒙"的关系，在深圳20世纪80年代以来的思想解放、文化观念突破中，显示出清晰的"互动"线索。

（二）1992—2003：深圳文化，尤其是大众文化（文化产业）快速"成长"，精英文化（公共文化）相对"滞后"的阶段。

从我国社会转型的历史过程看，20世纪80年代对于计划体制及相关的意识形态的批判反思，其引发的，基本上是观念转型，或者说，那时的社会转型主要发生在思想意识的层次（所谓"解放思想""拨乱反正"）。特区领先一步开始的社会实践，仍属于局部行动。进入90年代，随着改革开放的逐渐深入，社会转型全面进入了经济社会制度等深层次。1992年，改革开放的总设计师邓小平发表了著名的"南方谈话"，提出了三个"有利于"的标准，一定程度解决了思想理论界的困惑，肯定了改革开放，走市场经济道路的大方向，推动了我国以市场取向为主要目标的经济转轨大规模展开，我国的改革开放不可逆转地走向了新的历史阶段。从1993—2002年10年间，全国改革出现跃迁式发展，社会主义市场经济在中国全面登场。

---

① 熊德平：《社会主义市场经济与所有制关系探索》（《扬州大学学报》（人文社科）2002年第1期，人民大学报刊复印资料《社会主义经济理论与实践》2002年第7期）

首先，就先行一步的深圳来看，社会主义市场经济制度建设更是迈上了新的台阶。这一阶段，深圳完成了从"单项突破进展到全面改革"，进行了整体的制度变迁。① 伴随上述改革的深入和全面推开，深圳文化也进入了一个新的发展阶段。"不争论""发展才是硬道理"的时代氛围，决定了深圳人"空谈误国、实干兴邦"的实用主义价值取向。表现在文化上，是对文化深层问题的关注日益淡化，基础人文研究力量本来就不强，在这样的氛围下益发不受重视。其次，随着一部分人"先富起来"，人们物质生活水平改善，休闲时间增多，日常精神文化娱乐大幅增长。最后，是具有外向型经济特点的深圳，在卷入全球化浪潮的同时，较早发展起具有后工业时代特征的文化创意产业。文化创意产业为深圳带来新的经济增长点，同时，也改变着深圳的文化格局。深层次的文化价值观问题暂时被搁置，更具实用价值的文化设施建设、文艺人才队伍建设、文化产业发展、文化市场管理、市民一般文化需求的满足等，在政府的推动下获得了快速的发展。

总之，进入20世纪90年代，在深圳经济"义无反顾"地走向市场、走向世界的同时，深圳社会文化生活中也迅速呈现出世俗化的大众生活价值取向和拥抱世界的开放多元（有的乃至崇洋媚外）心态。一种以实用主义、工具理性、个人主义、消费主义（乃至拜金主义）为基本价值取向的、适应市场经济的大众文化快速形成。与此同时，由于承接中国香港产业转移、全球创意经济兴起等原因，深圳的文化娱乐、印刷、礼品包装、珠宝设计、时装、动漫加工制作等文化创意产业也迅速发展起来。

需要指出的是，作为新兴城市，深圳地理位置偏远，历史文化积淀薄弱，加之高等院校稀少、文化机构数量有限、对文化艺术高级人才缺乏足够的吸引力，深圳未能建立起自己独立的人文知识分子群体，艺术家的集聚也十分有限，这对深圳文化发展产生了诸多潜在的不良影响。这一阶

---

① 在经济、社会、政治领域进行全方位的改革，初步建立起了经营主体多元化，产权明晰，商品市场发育充分，要素流动相对自由，有一定市场规则，市场中介组织迅速成长的市场经济体制框架，其制度成果不仅领先于全国，并且以一种示范效应将制度信息'外溢'至国内的改革领域和各个地区。"这一阶段被经济学家称为"初步形成市场经济体制阶段"。樊纲等：《中国经济特区研究》，中国经济出版社2009年1月版，第69—83页。

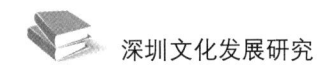

段,与大众文化、文化产业的繁荣发展相比,深圳的精英文化、公共文化是相对滞后的。20世纪80—90年代全国思想文化界的多次重大争论,① 基本听不到深圳学者的声音,以至于深圳宣传文化部门一直强调深圳应提高与全国对话的能力。高端文化人才的缺乏、高端学术成果的缺乏,成为深圳文化的"短板"。

这一阶段特别值得一提的是深圳率先全国提出了"实现市民文化权利"的命题。② 2000年前后,深圳市委宣传部领导提出,不同阶层参与文化创造、享受文化成果的文化权利落实与否,直接影响着一个城市、一个国家的文化发展。文化权利概念的提出,体现了市场经济条件下公民权利意识的觉醒,对转型期中国而言尤其具有特殊的现实意义,在全国产生了一定的影响。

总之,20世纪90年代的深圳总体看一般意义上的城市文化发展获得了长足的进步,但较之80年代,深圳的文化影响力有所下降,其影响的"领域"更从价值观等文化的核心领域,多多少少"退步"为文化设施建设、文化与旅游的结合、文化与科技的结合等文化的外围、技术或经济功能层面。不过,"文化权利"等理念的率先提出,仍为深圳的文化发展抹上了具有先锋意义的一笔。

(三) 2003—至今("十一五"期间):实施"文化立市"战略——深圳文化的"平衡"与"不平衡"发展阶段,呈现出大众文化强、高雅精致文化弱;文化复制能力强、文化原创能力弱;文化低端产品强、文化高端产品弱;文化实践能力强、文化理论能力弱;文化硬件强、文化软件弱(人才、作品)等特征

以2003年为界,将短短30年的深圳文化发展史划出新的一段,主要理由是深圳在这一年推出了建市以来第一个城市文化发展战略——"文化立市"战略③。

---

① 如20世纪90年代的人文精神大讨论等。
② 2001年3月,全国人大批准了中国政府(于1967年)签署的联合国《经济、社会及文化权利国际公约》。
③ 参见深圳文化网 http://www.szwen.gov.cn/,2010年12月2日。

关于改革开放三十年深圳文化发展情况的若干基本判断

20世纪90年代以来，纵观世界各国，文化战略的兴起成为一个普遍的现象，① 就我国情况看，文化发展战略的兴起更是具有特殊的意义，标志着政治不再处于社会领域的核心位置。文化领域开始逐渐成为一个与政治、经济相对分离的领域，有了独立发展的需要。② 2000年以来，随着党的十六大高度评价文化的战略意义，文化体制改革在全国全面推进，各省市的文化发展战略各显特色，有的提"建设文化大省"、有的提"文化兴市"，蔚为壮观。适应时代发展潮流，深圳经过长期的酝酿，③ 也于2003年提出建市以来第一个具有总体文化政策意义的文化立市战略。2005年1月，市委、市政府印发《深圳市文化发展规划纲要（2005—2010）》，进一步明确了文化立市战略的指导思想、基本目标和战略措施。

此外，2003年以来，中国进入践行科学发展观和构建和谐社会的发展

---

① 如英国、日本、韩国、新加坡、澳大利亚等，都纷纷制定文化发展战略。作为当代一种重要的社会文化现象，以民族国家或大都市为单位的文化战略热，既是全球化带来的政治、经济、文化相互纠葛，文化在社会总体发展中地位上升的表现，也是各民族文化交流碰撞背景下，维护本国民族文化保存与发展的必然举措。在上海、广州等城市的带动下，到20世纪90年代中、后期，文化发展战略热和新一轮的文化建设高潮，先后在全国兴起，几乎每个省市都在制定自己的文化发展战略，很多有识之士也纷纷提出要尽快开展中国国家文化战略的研究，文化战略的理论研究也取得了一些成果。如文化部出台的《关于文化事业发展的十五计划》，各省市出台的文化发展战略规划等。如康世昭：《关于文化发展战略的思考》（1992）、方延明：《我国文化发展战略的思考与设计》（1996）、施雪华等：《文化发展战略》（1996）、张建生：《当代中国文化发展的三种模式》、张仁寿等：《经济学视野中的文化发展战略》（1996）、韩民青：《世界文化发展与中国文化的重新崛起》（1997）、丘明正：《论文化发展与综合国力》（1998）、陈立旭：《面向21世纪的中国文化发展》（1998）、沈远新：《现代政府的重大职责：跨世纪的文化发展使命》（1998）、蒋述卓：《关于文化艺术发展战略的几点思考》（1998）、胡惠林：《世纪之交的中国文化发展战略》（1998）、邴正：《全球化与文化发展》（1998）、吴庆俊：《跨世纪的课题：当代文化发展战略的思考》（1998）、张岱年等：《拓展文化研究的思维空间：部分学者谈我国文化艺术发展战略》（1998）、刘小林：《浅论有中国特色的社会主义文化发展战略——兼论文化研究的三个层面及其相互关系》（1999）、姚国华：《文化立国》（2002）、康晓光：《文化民族主义》（《战略与管理》2003）、李德顺：《全球化的价值冲突与我们的战略》（2000）、王蒙：《全球化背景下的文化大国构想》（2001）、齐勇锋：《制定国家文化发展战略规划推动国有文化部门的战略性改组》（2002）、孙若风：《中国文化报》（2003）系列文化战略研究文章等。

② 毛少莹：《改革开放以来我国文化政策的转型与重构——中国文化政策30年》，载李景源等主编《中国公共文化服务发展报告（2009）》，社会科学文献出版社2009年版，第42页。

③ 深圳文化战略意识的觉醒源自20世纪90年代中期。参见苏伟光主编：《深圳文化发展战略的思考》，海天出版社1999年版。

时期,① 就深圳的情况来看,2003年至今,深圳进入了一个进行包括文化体制改革在内的"综合配套改革阶段"。在这一阶段。深圳从2005年起,连续推出了系列改革计划,涉及政府行政管理、社会事业管理等广泛的领域被纳入了改革的范围。②

在推动"文化立市"战略和开展文化体制改革的新形势下,2004年,在系列改革的基础上,深圳成立了报业集团、出版发行集团和广电集团,同年11月,在深圳的主动策划推动下,深圳联合中央有关部委,创办了"中国(深圳)国际文化产业博览会"。2005年,深圳市政府颁布《深圳市文化发展规划纲要》,推动实施文化立市战略。③ 2006年,市政府颁布了《关于加快文化产业发展若干经济政策》《关于建设文化产业基地的实施意见》《关于扶持动漫游戏产业发展的若干意见》《深圳市文化产业发展专项资金管理暂行办法》推动文化产业成为第四大支柱产业。总之,2003年后,深圳在文化立市战略统领和文化体制改革需求的推动下,密集出台文化政策,推动文化发展,取得了很多成果。④

本文将2003年至今这一阶段命名为深圳文化发展的"平衡"与"不平衡"发展阶段。所谓"平衡",主要指政府主观上主动推动"公共文化服务体系"建设,以实现其与飞速发展的"文化产业"形成"鸟之两翼""车之两轮"的种种努力;所谓"不平衡",主要指由于种种原因,进入青春期的深圳,其文化客观存在的,体现、"渗透"在公共文化服务体系和文化产业方方面面中,普遍的几个"强"与"弱"之间不平衡:即大众文

---

① 从保护私有财产入宪(2004年)至《物权法》出台,从振兴东北地区老工业基地战略(2003年)到将科学发展观写入党章(2007年,党的十七大)等重大历史事件,中国的改革开放事业进入了一个以社会体制改革为重点的"全面、系统"的深化阶段。樊纲等:《中国经济特区研究》,中国经济出版社2009年1月版,第83页。

② 樊纲等:《中国经济特区研究》,中国经济出版社2009年1月版,第83页。

③ 深圳"文化立市"战略的研制出台过程颇长,早在2002年深圳市政府就将研究制定城市文化发展战略作为年度重点课题,结合推动文化体制改革的研究,课题组在市委、市政府有关领导挂帅,由市改革办(后撤销)、市委宣传、市文化局等单位人员组成。历时两年多的调研中,先后制定有虽未正式出台但颇有影响的"1+4"文件、《深圳文化体制改革总体方案》最后以《深圳文化发展规划纲要》出台,已经是2005年。

④ 彭立勋、尹昌龙、黄士芳:《改革开放30年深圳文化发展的回顾与思考》;吴俊忠:《深圳文化发展战略思路的历史沿革:1980—2008》,载《2009年深圳文化蓝皮书》,第31、54页。

化强、高雅精致文化弱；文化复制能力强、文化原创能力弱；文化低端产品强、文化高端产品弱；文化实践能力强、文化理论能力弱；文化硬件强、文化软件弱（人才、作品）等。主动推动的"平衡"与客观存在的"不平衡"之间如何缩短距离，以求早日达致深圳文化的全面发展，无疑，是深圳文化未来发展必须面对的问题。

三 判断三：关于深圳文化的主要成就及特色

综合上面的分析，我们可以尝试得出一些结论：总体来看，经过30年的发展，深圳由"经济特区"到"先锋城市"，其文化获得了快速发展，经由市场的"启蒙"及其基础性作用，深圳文化自出生之日便具有鲜明的现代特征，经由多年来各届政府、知识界和民间的共同努力，深圳文化获得了超常规发展。以"大文化"的眼光加以审视，30年深圳文化取得的主要成就和初步形成的城市文化特色可以简要总结如下。

1. 基本公共文化需求的满足（文化福利、日用文化）层面

回应城市发展需求，具有服务全体市民性质的公共文化服务设施网络、公共文化服务机构获得长足发展，基本实现了全市覆盖、各阶层市民共享。适应社会发展需求，建立了以公共图书馆网络、博物馆网络、文化馆站网络、广播电视网络、报纸杂志网络等媒体、艺术教育机构等为服务平台的，面向全体市民的基本公共文化服务体系，初步满足了市民基本的文化权利，并在某些重要公共服务领域（如图书馆硬件建设）达到了较高的水平。总的来说，深圳的公共文化硬件设施水平及服务手段均已领先全国，并具有现代化的特色。

2. 文化实用功能的开发（产业性质、大众文化）层面

适应市场经济发展，文化与经济迅速结合，文化长期被忽视的经济价值得以发掘。深圳文化产业迅速发展，形成了以印刷等文化制造业为主的文化产业集聚，文化产业创造的经济价值占深圳GDP的比重逐年增加，文化产业实现跨越式发展。2008年，在国际金融危机冲击下，深圳文化产业逆势上扬，保持高速增长，全年增加值550亿元，同比增长15.6%，高于全市经济平均增速3.5个百分点，约占全市GDP的7%。剔除不可比因素，深圳文化产业的平均增速略快于北京和上海，高于全国平均水平，与杭

州、成都、南京、长沙等文化产业发展较快的城市相比，保持了一定的领先势头。[①] 与此同时，深圳文化与科技的融合，不断创造新的经济增长点，文化产业集聚辐射功能显著增强。值得一提的是，由于设计行业的突出表现。深圳还于 2008 年荣膺联合国教科文组织"设计之都"称号。目前，深圳文化产业已经形成了以相关层为主体，核心层和外围层为新兴增长点的产业结构体系，文化产业运行质量不断提升。传统优势产业保持良好的发展势头，新兴产业门类特别是文化科技类产业具有强劲的发展潜力。产业集群发展的特征日益明显，文化产业集聚区对产业发展的带动效应逐步显现。文博会等国际性文化产业交易平台的建立，有望为文化产业的发展的提供了良好的平台。文化制造业强，文化与科技结合是深圳文化产业的重要特色。

3. 专业文化艺术品的创作（审美文化、高雅艺术）层面

虽然与公共文化服务、文化产业相比发展较慢，但深圳的哲学社科研究、专业文化艺术创作、生产、传播等精英文化领域，也获得了长足进步。《文化立市论》的出版，《春天的故事》《走进新时代》等歌曲的传唱、《命运》等电视剧的热播……近年来，深圳的多种原创作品多次获得国家、省级专业奖项。据统计，2000—2007 年 8 年间，深圳的文化项目共获得国际奖 462 项，国家奖 1364 项，省级奖 2054 项。2008 年全市文化项目共获得省级以上奖项 595 项，其中国际级 79 项，国家级 412 项，省级 104 项。[②] 上述精英文化产品，总体上体现了一种杂糅传统与现代、岭南与中原、东方与西方审美尝试，具有深圳创新意识。

4. 价值观（文化底蕴、文化认同）构建层面

以崇尚自由、开拓创新、守时、高效、契约、科学、理性、法治等为代表的，具有鲜明现代特征的深圳精神、深圳价值观已现雏形，并对全国产生重要影响，是深圳核心文化竞争力的重要组成。但是，深圳在总结、分析、传扬深圳价值观的方面力度尚显不足。此外，由于深圳社会人口结构特殊、户籍人口比例太低、贫富分化严重等问题，深圳人的城市文化认

---

① 深圳市文体旅游局提供数据。
② 深圳市文体旅游局提供数据。

同构建、和谐社会建设有待进一步加强。

综上可见,总体来看,特区成立 30 年,深圳对全国的贡献,不仅是经济上的,也是文化上的,尤其是价值观层面的,深圳的观念优势及其影响不容小视。此外,深圳在公共文化建设、市民文化发展、文化产业发展等领域,也为进一步全国提供了很多有益的经验。考虑深圳成长的特殊时代背景和发展历程,深入开展系统研究,以客观评价深圳文化发展成就和存在问题,将为我们推动深圳文化发展,乃至推动中国文化的现代化提供诸多有益的启示。

深圳文化产业四十年发展历程及主要成就*

一 深圳文化产业四十年发展历程

自1980年深圳经济特区创立以来，文化产业伴随深圳的飞速发展，尤其是深圳社会主义市场经济体制、外向型经济，以及高科技城市的发展而迅速发展壮大起来，成为深圳重要的支柱产业。回顾40年，深圳文化产业大致走过了如下四个发展阶段。

（一）改革开放、探索社会主义市场经济制度大背景下，深圳文化产业的萌发期（约1980—1992年）

1980—1992年前后12年的时间，是深圳经济特区的初创时期。作为改革开放的排头兵，深圳经济特区以"杀出一条血路"的开拓创新精神，探索开展了涉及经济制度、社会管理方式、思想文化观念等领域的若干重大探索和变革。走过了1980—1984年"改革开局"阶段和1984—1992年"对传统体制进行重点突破"的阶段。① 深圳勇于探索，放松管制，发挥毗邻港澳的区位优势、以率先开放的市场、土地、人力资源等，吸引大量港资涌入，全面承接中国香港等地产业转移，初步建立起了以劳动力密集型的"三来一补"企业为主体的若干个工业区，各类进出口加工基地，迅速形成"前店后厂"面向国际的外向型经济雏形。

---

* 本文为本书作者主持的深圳市政府委托课题：《深圳市文化产业"十四五"规划前期研究》的部分成果，课题组成员：杨立青、任开碍、宋阳。课题组顾问：熊德昌、何勇。执笔：毛少莹。首次发表于深圳社科院主办《深圳社会科学》2020年第5期，"庆祝经济特区建立40周年专辑"。

① 樊纲等：《中国经济特区研究》，中国经济出版社2009年版，第55—69页。

1992年,"南方谈话"推动了我国以市场取向为主要目标的经济转轨全面展开,"东方风来满眼春",改革开放不可逆转地走向了新的历史阶段。据统计,1979年,深圳GDP只有1.96亿元,到1992年提升到317.32亿元,居内地城市第六位(到1996年这一数字突破1000亿元),深圳迅速成为珠三角"世界工厂"的核心区域和全球市场的有机组成。换言之,大约到20世纪90年代中期,年轻的经济特区深圳基本完成了"一次创业",其工业化、市场化、城市化水平大幅提升。就制度转型的角度看,深圳也在这一阶段先后完成了从"单项突破进展到全面改革的整体制度变迁,初步建立起了经营主体多元化,产权明晰,商品市场发育充分,要素流动相对自由,有一定市场规则,市场中介组织迅速成长的市场经济体制框架,其制度成果不仅领先于全国,并且以一种示范效应将制度信息'外溢'至国内的改革领域和各个地区。"这一阶段被经济学家称为"初步形成市场经济体制阶段"。[①]

就文化产业的情况看,这一阶段由于外向型经济的高速发展,伴随全球化的推进带来的全球市场分工的改变,深圳不断承接中国香港等地产业转移发展起来的大量"三来一补"企业中,包括了不少以印刷、动画、珠宝首饰、玩具礼品等为主的"文化制造业",深圳文化产业开始萌生。当然,这一阶段深圳更为引人注目的是文化市场的蓬勃发展。改革开放前,我国的各种文化产品、文化服务基本由政府主办的文化事业单位"包揽"供给,"文化"与"政治"两大领域高度"领域重合",[②]文化市场付诸阙如。深圳作为率先探索社会主义市场经济体制的"试验场"、对外开放的"窗口",随着港台流行曲、港产片(深圳可轻易收看中国香港电视)、外国原版书、盗版影视光碟等开始大量涌入深圳,文化氛围日益开放。加之大量外商的涌入,新的多元化的文化娱乐需求迅速产生。1980年,深圳率先全国出现了第一家歌舞厅;1993年深圳率先全国首次开展文稿拍卖,把市场竞争机制引入文化生产领域。各种音乐茶座、酒廊、卡拉OK、迪斯科、桌球、

[①] 樊纲等:《中国经济特区研究》,中国经济出版社2009年版,第69—83页。
[②] 参见王南湜《从领域合一到领域分离》,山西教育出版社1998年版。毛少莹:《中国文化政策30年》,原载毛少莹《公共文化政策的理论与实践》,深圳报业集团出版社2008年版,第104页。

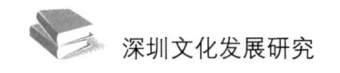

电子游戏机、录像投影厅等如雨后春笋出现，社会办文化娱乐业、文化服务业呈现全面发展态势。① 总体看，文化产品与服务走向了以满足广大市民、外商、外来务工人员的日常休闲娱乐需求的市场化发展之路，事实上，到20世纪80年代中、后期，深圳已经发展起门类齐全的文化市场。繁荣兴盛的文化市场中产生了众多的文化业态，成就了文化产业发展的最初阶段。②

与此同时，深圳传统的文化事业也在这一时期获得了较快的发展，为文化产业的勃兴提供了重要的支持。作为边陲小镇，深圳经济特区建立之初文化基础十分薄弱。③ 在《广东省经济特区条例》"特区举办教育、文化、卫生和各项公益事业"的规定，以及中央关于"精神文明和物质文明两手抓"的要求下，深圳建立起党委领导、政府行政、党政统一的文化行政管理架构；"勒紧裤腰带"兴建了第一批"八大文化设施"，创建《深圳特区报》、深圳电视台、深圳广播电台等重要文化机构，并开始了以"以文养文"为代表的文化体制改革尝试，诞生了文化局下属的"深圳文化企业发展公司"等。④ 需要指出的是，或许正是由于深圳文化基础薄弱，市场机制灵活，社会开放度高，多元文化需求大，深圳这一时期也兴起了"社会办文化"的高潮。诞生了如华侨城集团以"锦绣中华""中国民俗文化村"⑤ 等为代表的文化旅游业；以"博雅艺术公司"为代表的合资文化企业等。而起步较早的深圳印刷业，更是依托市场，到20世纪90年代初期，已经成长为全国重要的印刷中心。印刷业的发展，也带动了深圳平面设计行业等相关行业的发展，为深圳设计业的勃兴奠定了重要基础。⑥

---

① 据不完全统计，1990年左右，深圳仅歌舞厅就达到346家，拥有座位9万多个，从业人员3000多人。参见蔡德麟主编《深港关系史话》，海天出版社1997年版，第335页。

② 1990年，深圳已有录像制品企业12家，录像放映场62处，图书门市部28间，大型游乐场5处，桌球768台，电子游戏机650台，总投资累计5亿多元。参见深圳市委政策研究室编著《深圳特区十年》，海天出版社1990版，第131页。

③ 深圳原为宝安县的一个镇。经济特区建立之初，仅有建于1949年的人民电影院，建于1958年的深圳戏院和建于1975年的深圳展览馆。许多区、镇、村原有的文化室被改造成三来一补工厂。深圳博物馆主编：《深圳特区史》，人民出版社1999年版，第626页。

④ 1988年，这一公司管理的文化企业达到28家，营业额达7705多万元，实现利润929万元，上交各类税金178万元。参见《深圳经济特区年鉴》，广东人民出版社1988年版，第263页。

⑤ "锦绣中华"和"中国民俗文化村"分别于1989年、1991年建成开业。

⑥ 王为理：《从边缘走向中心——深圳文化产业发展研究》，人民出版社2007年版，第31—36页。

综上，改革开放、率先探索社会主义市场经济的特殊角色定位和毗邻港澳的区位优势，推动形成这一时期深圳文化风气开放、文化市场活跃、文化消费多元、文化娱乐业发达，尤其"文化旅游""文化制造业"等文化产业迅速萌生发展。

（二）市场导向为主，外向型经济、高科技城市建设大背景下深圳文化产业的自发成长期（1992—2003年）

1992年邓小平"南方谈话"的发表，推动了我国以市场取向为主要目标的经济转轨全面展开。国际上，20世纪90年代末东欧剧变，冷战结束，和平与发展的时代主题进一步凸显。到2001年中国加入WTO，中国社会全面开放，日益融入经济全球化的时代大潮之中。然而，快速发展的深圳也面临了新的挑战：一方面，发展面临"四个难以为继"——一是土地、空间难以为继；二是能源、水资源难以为继；三是实现万亿GDP需要更多劳动力投入，城市已经不堪人口重负，难以为继；四是环境承载力难以为继的严峻挑战。另一方面，随着改革开放在全国的全面铺开，深圳的优势逐渐丧失。[①] 一时间，平安保险、招商银行、华为、中兴等一批深圳本土产生的金融、高科技企业，以及沃尔玛等一些著名的外资企业即将把企业总部迁往上海、北京的传言不断出现。作为移民城市，深圳城市认同尚待形成，高端人才流失现象不断出现。2002年，一篇《深圳，你被谁抛弃？》的网文很好地表达了深圳当时面临挑战的处境和隐忧。

针对这些挑战，深圳开始了调整产业结构，"增创新优势，更上一层楼"的努力。1995年，时任深圳市委书记的厉有为提出深圳要调整产业结构，发展高端服务业、金融业，发展高新技术产业，进行"二次创业"。1995年全市科技大会提出了"以高新技术产业为先导"的战略思想并推出系列政策。[②] 1996年，深圳开始修编城市总体规划。紧接着的1997年，我

[①] 如上海浦东1990年开发，到2005年综合配套改革试点，吸引了大量的优秀企业和人才。

[②] 1996年公布《深圳市高新技术企业认定办法》；1998年出台《关于进一步推动高新技术及其产业发展的若干规定》（"22条"）为高新技术产业发展提供诸多支持；并开始着力引进重点大学、领军人才，为迅速发展的金融业和高新技术等产业提供人力资源保障。

国互联网产业快速发展，① 1998年，腾讯在深圳诞生，标志着深圳互联网文化企业的崛起。1999年深圳举办了首届国际高新技术成果交易会（高交会）。由于产业转型成效显著，至2001年，深圳首次提出了建设高科技城市的目标。优化的产业结构吸引了大量高素质移民汇集，深圳城市规模远远超出了1986年城市总体规划的预计。2000年获国务院批准的《深圳城市总体规划1996—2010年》提出深圳的新发展目标为"区域经济中心城市、花园式城市和现代化国际性城市"。深圳开始从一个"经济特区"向"现代都市"全面转型。2004年，深圳率先全面推行农村城市化，成为全国第一个没有农村的城市。围绕新的城市发展目标，深圳大量兴建文体休闲设施，城市功能不断完善。移民组成的日益庞大的深圳人群体则率先接受市场经济洗礼和外来文化影响后，其思想观念、精神风貌、生活方式发生迅速的变化，深圳文化进入了一个新的发展阶段。

这一阶段是深圳文化迅速发展，开放多元，不断进行改革探索以适应市场经济的阶段。改革开放之初的思想解放，观念创新，在"不争论""发展才是硬道理"的时代氛围中，转化为"空谈误国、实干兴邦"的实用主义价值取向。整体看，深层次的文化价值观问题暂时被搁置，快速发展的文化市场和不断丰富的社会文化生活，使深圳迅速呈现出世俗化的价值取向和开放多元（乃至崇洋媚外）的文化心态。在市场的主导下，文化的经济功能受到前所未有的重视，以文化制造业、文化旅游业、广告、平面设计、工业设计等为主要组成的文化产业开始迅速发展。

就这一阶段深圳文化产业发展的原因来看，首先，外向型经济的特点和特殊的移民人口，形成深圳人普遍的解放思想，"敢为天下先"的开拓创新、干事创业的拼搏精神，以及"与国际惯例接轨"海纳百川、兼容并包的开放心态。其次，随着社会需求的增长，深圳覆盖面更广、服务更完善的基层文化设施开始，公共服务水平日益提升。复次，适应市场需求，尤其是国际市场产业分工、区域经济发展需求，深圳大量承接中国香港等地文化制造业的转移迅速，印刷、玩具、礼品、包装、动画、黄金珠宝首饰、服装等文化创

---

① 丁磊创办了网易、王志东创办新浪网、张朝阳创办搜狐，引发互联网文创企业创办高潮，中国进入所谓的"互联网元年"。

意产业得到了快速发展，门类日益齐全，规模日益可观，有的甚至占据了全国乃至全球相当大比例的市场份额。最后，随着深圳高科技城市建设的推进，全球性互联网技术的飞速发展，腾讯等一批与高科技相关和内容生产与传播有关的互联网企业开始诞生。与此同时，按中央部署，深圳开展了以文艺院团改革为代表的文化体制改革；同时鼓励以华侨城为代表的文化旅游企业，以及以华强文化科技、环球数码等为代表的文化科技企业另辟蹊径，探索走出了一条依靠市场力量，推动文化资源跨地域"挪用"的文化产业发展之路。

较之20世纪80年代"深圳观念"的全国性影响，90年代深圳的文化影响力多多少少"退步"为文化设施建设、文化与旅游，文化与高新科技、文化与市场等结合的层面。有意思的是，今日回首，时势造英雄，也正是当年的这种文化与经济、文化与科技等的结合，较好地迎合了信息时代迅速到来的全球性文化经济大潮，推动了深圳文化产业融合多个传统行业，形成异军突起之势，文化的服务、赋值功能得以全面彰显，一个文化积淀薄弱的年轻城市，悄然实现着另一种意义上的文化崛起。

（三）政府导向、市场驱动、科技助力三重作用下深圳文化产业的高速成长期（2003—2018年左右）

这一时期可以2012年党的十八大召开为标志，分为两个发展阶段。从20世纪90年代末到21世纪初，随着以美国为中心的世界互联网产业突飞猛进，汉字信息化技术的日趋成熟，中国登上了互联网时代的高速列车。互联网经济日新月异，对传统文化产业构成巨大冲击。1999年马云创办的阿里巴巴，同年马化腾创办的腾讯，李国庆夫妇创办的当当网，陈天桥创办的盛大网络发展公司等，都从不同的角度对传统业态构成巨大挑战。①总之，随着互联网技术的发展，尤其是移动智能终端的发展，互联网全面渗透到社会生活的方方面面，其内容涉及新闻、文学、音乐、视频、电子

---

① 如1999年年初的十大商业网站包括新浪、网易、搜狐、国中网、人民日报网、上海热线、首都在线、雅虎中国等，都是新闻讯类门户网站，对传统的报纸杂志等纸媒造成了革命性的冲击。参见陈少峰等主编《中国文化产业四十年》，浙江工商大学出版社2020年版（下同），第49—50页。阿朱说：《中国互联网20年简史》，http://www.cniteyes.com/archives/33211，2020年5月3日检索。

商务、社交、游戏等,其提供的大量平台、渠道、链接方式,为传统文化企业的转型和新型互联网文化企业、数字内容文化产业的崛起创造了全新的技术条件和产业生态。

2001年,我国加入WTO,经济社会开放程度大幅提高,深圳的发展也随之进一步提速。党中央审时度势,在2002年党的十六大报告中提出将我国经济社会发展的主基调,调整为践行科学发展观、构建和谐社会、保护生态环境、实现包容性增长。2007年,党的十七大则将科学发展观写入了党章。我国的改革开放事业从早期"摸着石头过河",进入了一个注重"顶层设计",以社会体制改革为重点的"全面、系统"的深化及转折阶段。2008年"金融危机"爆发,外贸大幅下滑,经济增长放缓,如何拉动内需,扩大消费,改变经济增长方式成为重要任务。2009年1月,工业和信息化部为中国移动、中国电信和中国联通提前发放3张3G牌照,推动我国移动互联网发展加速进入3G时代。2009年,BAT(百度、阿里巴巴、腾讯)全面崛起,其他移动互联网领域的文化创意企业,也相继全面涌现。2014年6月,中国移动手机上网数量首次超过传统互联网,中国全面进入移动互联网时代。包括文化产业在内的诸多行业,迎来了"跨界融合和互联网转型"的新阶段。①

需要特别说明的是,20世纪90年代以来,由于全球性的产能过剩和信息技术发展带来的"渠道过剩",全球呈现出文化经济快速融合,文化创意产业快速崛起,硬实力与软实力并重的发展趋势。众多国家和城市的发展战略纷纷发生了明显的"文化转向"。如英国、澳大利亚、新加坡、韩国、日本等先后出台国家文化战略。② 作为发展中国家,我国也继2000年正式将"文化产业"写入中央关于第十个五年计划的建议后,于2002年在党的十六大报告中高屋建瓴地指出:"文化的力量,深深熔铸在民族的生命力、创造力和凝聚力之中。"党的十六大报告对文化战略地位的高度重视,成为我国文化政策史上的一个转折点。此后,2003年文化

---

① 陈少峰:《中国文化产业四十年》,浙江工商大学出版社2020年3月版,第51页。
② 参见中宣部文化体制改革和发展办公室、文化部对外文化联络局编《国际文化发展报告》,商务印书馆2005年4月版,第72—104页。

部下发《关于支持和促进文化产业发展的若干意见》；2004年国家统计局出台有史以来首个《文化及相关产业分类》，将文化产业统计纳入国民经济统计范围；2007年党的十七大再次提出推动文化大发展大繁荣，加快构建公共文化服务体系。此后，党的十七届六中全会、党的十八大等的都不断强调文化发展的重要意义，文化在我国国家发展中的战略地位持续提升。

与时俱进，2003年前后的深圳总体上也进入了"综合配套改革阶段"。改革涉及政府行政管理、社会事业管理等广泛的领域。[①] 金融危机更促使深圳在发展高新技术产业的基础上，进一步谋划布局战略性新兴产业。深圳先后出台了一系列促进生物、互联网、新能源、新材料、新一代信息技术产业发展的政策，产业转型升级逐渐取得突出成效。据统计，1993—2012年，深圳GDP年均增长16.8%，高于同期全国10.2%和全省13.0%的平均水平。2010年更突破万亿元大关，是全国内地第四个突破万亿元大关的城市，地方财政实力显著增强，[②] 就业规模稳步扩大，就业结构发生深刻变化。2010年深圳再次修编城市规划，《深圳市城市规划2010—2020》将深圳定位调整为：经济特区、全国经济中心城市和国际化城市。并提出城市双核发展、建设前海中心、存量发展、公共政策引导等要求。

随着深圳城市发展目标、指导思想、产业结构、科技水平、人口结构等的改变，随着政府财政实力的增长和居民收入水平的持续上升，尤其是随着文化在国家和城市发展战略中重要性的大幅提升，深圳于2003年推出了有史以来的第一个文化发展战略——深圳"文化立市"战略，提出"两城一都"建设。[③] 2005年市委、市政府印发《深圳市文化发展规划纲要（2005—2010）》，较为详尽地明确了文化立市战略的指导思想、基本目标

---

① 樊纲等：《中国经济特区研究》，中国经济出版社2009年版，第83页。
② 1979年，深圳一般公共预算收入为0.17亿元，1983年和1988年分别突破1亿元和10亿元，1992年提升至42.96亿元。1980—1992年这一阶段，一般公共预算收入增长248.6倍，年均增长52.9%。1996年、2006年和2010年，分别突破100亿元、500亿元和1000亿元，2012年达到1482.08亿元。1993—2012年这一阶段增长33.5倍，年均增长19.4%。
③ 即图书馆之城、钢琴之城、设计之都。

和战略措施，并提出将文化产业打造为深圳第四大支柱产业。[①]"文化立市"战略的出台，开启了深圳自觉进行文化发展战略定位，主动推进，将城市文化作为城市竞争软实力的新阶段。深圳先后成立了三大国有文化产业集团——报业集团、广电集团和出版发行集团（2004年）；成为中宣部确立的全国文化体制改革试点城市之一；推进"一团一策"的文艺院团改革；与文化部等国家部委联合创办"中国（深圳）国际文化产业博览会"（2004年）；颁布《关于加快文化产业发展的若干经济政策》（2006年），推动文化产业成为第四大支柱产业；2008年12月，深圳获得联合国教科文组织认定的中国首个"设计之都"称号。"设计之都"称号的获得，标志着深圳在文化产业的核心领域取得了国际认可的成绩，进入了中国文化产业发展的第一方阵。2011年，深圳又将文化创意产业定位为重点和优先发展的战略性新兴产业，出台《深圳文化创意产业振兴发展规划（2011—2015年）》及其配套政策，每年财政投入5亿元专项资金予以扶持。

在政府积极的文化经济政策和有力的资金支持下，在较为完善的市场环境下，在高新科技的助力下，深圳文化产业发展迅速，对外文化贸易日益增长，规模效益日益可观。如深圳成为全国高端印刷中心。如小小的大芬油画村成为全国最大的商品油画生产、交易基地。水贝街区自2004年挂牌珠宝产业基地后，汇聚黄金珠宝企业1500多家，出口额占全国的60%以上。以腾讯为代表的互联网文化企业更是发展迅速。腾讯于2004年6月在中国香港联合交易所主板上市，从2009年起，其游戏收入首次超过盛大，成为"游戏之王"。2010年1月，腾讯市值已经高达2500港元，成为全球第三大互联网公司，其利润比阿里巴巴、百度、搜狐、新浪的总和还要多！腾讯2011年开始推出"微信"，当年年底用户数即突破6000万人；

---

① 深圳"文化立市"战略的研制出台过程颇长，早在2002年深圳市政府就将研究制定城市文化发展战略作为年度重点课题，结合推动文化体制改革的研究，课题组由市委、市政府有关领导直接挂帅，由市改革办（后撤销）、市委宣传部、市文化局等单位人员组成，也算是深圳文化政策研究的"豪华阵容"。经过历时2年多的国内外调研，先后提出"文化立市"战略，制定有虽未正式出台但颇有影响的"1+4"文件，以及后来的《深圳文化体制改革总体方案》、最后正式文件《深圳文化发展规划纲要（2005—2010）》出台时，已是2005年。因此，也有文章将深圳文化立市战略的提出时间视为2003年。

2012年4月,"朋友圈"功能推出;8月23日"公众号"平台上线,兼具媒体与电商双重属性的"自媒体"出现,传统媒体雪崩式倒塌,腾讯作为整合商业与文化信息内容运用大平台的地位得到稳固。① 由于拥有科技产业优势,互联网的兴起为深圳文化产业转型升级提供了有力的科技支撑,大批依托互联网的文化企业在深圳崛起,迅速提高深圳文化产业的经济贡献率。据统计,深圳文化产业增加值从2003年的135.3亿元发展到2012年的875亿元,占全市GDP的8%,年均增速高达20%,并逐步形成"文化+旅游""文化+科技""文化+互联网""文化+金融"的深圳文化产业发展模式。

2012年党的十八大召开,中国进入一个承前启后、继往开来,决胜全面建成小康社会、全面建设社会主义现代化强国的新时代。贯彻落实十八大精神,深圳在先进制造业和现代服务业"双轮驱动"下,产业结构持续优化,经济发展的创新性和内生动力明显增强,现代化国际化创新型城市和国际科技、产业创新中心建设步伐明显加快。2013—2017年,深圳GDP年均增长9.2%,高于同期全国7.1%和全省7.9%的平均增速。在经济实现平稳较快增长的同时,居民收入也实现了快速增长。②

这一阶段,文化的战略地位也得到了从"文化立市"到"文化强市"的再次提升——深圳颁布了《中共深圳市委深圳市人民政府关于深入实施文化立市战略建设文化强市的决定》。"文化强市"的主要目标被确定为:"努力实现城市精神凝聚力更强、文艺精品创造力更强、公共文化服务力

---

① 截至2018年,腾讯"联合舰队"包括京东、拼多多、蘑菇街、美丽说、美团、大众点评、摩拜、58同城、快手、知乎、阅文、Webank、搜狗、易鑫车贷、B站、人人车、艺龙网、华谊兄弟、转转、企鹅影业、金山、同程网、韩国CJ Games、盛大游戏等庞大的队伍。更有众多的合作伙伴。参见陈少峰《中国文化产业四十年》,浙江工商大学出版社2020年3月版,第53页。
② 深圳市统计局:1993—2012年,深圳GDP年均增长16.8%;2013—2017年,深圳GDP年均增长9.2%;均高于同期全国和全省的平均增速。2017年,深圳四大支柱产业增加值达到14225.81亿元,占GDP比重达到63.4%,其中,高新技术产业增加值7359.69亿元,占GDP比重32.8%。深圳居民人均可支配收入由1985年的1915元提升至2017年的52938元,32年增长26.6倍,年均增长10.9%。其中1985—1987年为起步期,增长9.2%,年均增长4.5%;1988—1997年为高速增长期,增长7.9倍,年均增长24.4%;1998—2004年为平缓增长期,增长48.5%,年均增长5.8%;2005—2013年为快速增长期,增长1.1倍,年均增长9.6%;2014—2017年为平稳增长期,增长29.3%,年均增长8.9%。

更强、文化产业竞争力更强、改革创新引领力更强、国际文化影响力更强,为当好推动科学发展、促进社会和谐的排头兵提供强大的精神力量和文化支撑。"2016年又出台《深圳文化创新发展2020实施方案》,提出:"在未来五年,逐步将深圳打造成为精神气质鲜明突出、文化创新引领潮流、文艺创作精品迭出、文化活动丰富多彩、文化设施功能完备、文化服务普惠优质、文化传媒融合发展、文化产业充满活力、文化形象开放时尚、文化人才群英荟萃的国际文化创意先锋城市,努力建设与现代化国际化创新型城市和国际科技、产业创新中心相匹配的文化强市"。在上述文化战略的积极引导和推动下,深圳文化产业蓬勃发展,取得了超常规的发展成就。

(四)"人文湾区"与"中国特区社会主义示范区"——深圳文化的新目标、新使命、新征程(2018左右—2035年乃至更长时间)

党的十八大后,我国进入了"承前启后、继往开来,决胜全面建成小康社会、全面建设社会主义现代化强国的新时代"。针对国际国内形势的复杂变化,中央高屋建瓴统筹推进"五位一体"总体布局、协调推进"四个全面"战略布局,进一步推动形成道路、理论、制度、文化"四个自信",积极倡导"人类命运共同体"意识。党的十九大再次重申中国特色社会主义进入新时代的历史判断,并指出新时代我国社会主要矛盾是"人民日益增长的美好生活需要和不平衡不充分发展之间的矛盾",未来要进一步"推动国家治理能力和治理体系现代化",推动我国全面建成小康社会,实现"两个一百年"奋斗目标。

2018年12月26日,在纪念改革开放40周年之际,习近平总书记深刻总结40年改革开放和社会主义现代化建设的成功经验,特别对深圳提出了新的要求,要求深圳朝着建设"中国特色社会主义先行示范区"和"社会主义现代化强国的城市范例"努力。2019年2月,作为国家战略的《粤港澳大湾区发展规划纲要》(以下简称《纲要》)出台;8月,中央《关于支持深圳建设中国特色社会主义先行示范区的意见》(以下简称《意见》)出台。这两份重要文件都对深圳未来发展提出了新目标新要求。就文化领域看,《纲要》要求深圳建设具有世界影响力的创新创意之都;促进人文湾区建设。《意见》则将"城市文明典范"列为深圳五个战略定位之一，要求深圳积极践行社会主义核心价值观，构建高水平的公共文化服务体系，发展更具竞争力的文化产业和旅游业，努力成为新时代举旗帜、聚民心、育新人、兴文化、展形象的引领者。

2020年1月18日，深圳市委、市政府办公厅联合出台了《关于加快文化产业创新发展的实施意见》（深办发〔2020〕3号文。以下简称"意见"）。"意见"提出未来"深圳应抢抓粤港澳大湾区和中国特色社会主义先行示范区'双区驱动'重大历史机遇，发展更具竞争力的文化产业，加快建设区域文化中心城市和彰显国家文化软实力的现代文明之城"。"构建以质量型内涵式发展为特征的高水平现代文化产业体系，推动深圳成为……国际文化创新创意先锋城市。"作为《意见》的配套政策，深圳市政府还同步出台了《深圳市文化产业发展专项资金资助办法》（深府规〔2020〕2号文），进一步规范完善对文化产业的资助、奖励等多元化扶持引导措施。

2019年年末，突如其来的新冠疫情以其划时代的深远影响，深刻地改变着全球化时代世界经济社会发展格局，改变着文化经济面貌，给文化及相关产业的发展提出了巨大的挑战。移动互联网快速发展，云计算、大数据、AR、VR等信息技术在文化领域的应用带来"数字文化产业"异军突起，正全面重塑着文化产业生态。面对"百年未有之大变局"，面向新时代，肩负新使命，在更加深刻、复杂的政治、经济、社会、技术背景下，深圳文化产业正迎来一个新的历史阶段。

二 深圳文化产业的主要成就和特点

四十年来深圳文化产业高速发展取得了令人瞩目的成就并形成了自己的特点，主要体现为以下几个方面：

（一）发展速度快，支柱产业地位日益牢固

40年来，深圳文化产业伴随深圳的高速发展而发展，其核心及相关产业总量规模稳步扩大，特别是2013—2018五年来，我市文化及相关产业更呈现爆发式增长态势，在推动转变经济发展方式和经济高质量发展方面发挥了越来越明显的作用，支柱性产业地位不断巩固。根据深圳市第四次全

国经济普查结果显示，2018年年末，全市有文化及相关产业法人单位102327个，比2013年年末增长272.1%；从业人员102.94万人，比2013年年末增长13.3%；资产总计13776.70亿元，比2013年年末增长148%；全市文化及相关产业增加值为1996.11亿元（规模以上增加值为560.52亿元），比上年增长6.3%，比2013年增长144.9%，占GDP的比重为7.90%，比2013年提高超过2个百分点。①

表1 深圳文化产业增加值及占GDP比重（2010—2018年）

年份	增加值（亿元）	占GDP比重（%）
2010	512.6	5.35
2011	622.5	5.41
2012	726.23	5.61
2013	813.97	5.74
2014	965.90	6.04
2015	1010.11	5.77
2016	1490.18	7.42
2017	1783.45	7.93
2018	1996.11	7.90

资料来源：《深圳市文化产业统计数据及分析报告2018》，"深圳发布"公众号。

（二）市场主体多，产品供给能力强

统计显示，截至2018年，深圳市共有文化产业法人单位10.2万个，从业人员102.9万人，资产总计137671455万元，营业收入94884031万元，主营业务收入78326889万元。其中，腾讯、天威视讯、A8音乐、劲嘉彩印、中青宝网等40多家文化企业分别在境内外上市。规模以上企业单位数为2775个，从业人员530375人，资产总计109902399万元，营业收入达79841649万元。② 总体看，市场主体快速增长，产品供给能力不断增强。

---

① 关于深圳文化及相关产业的增加值及其与2013年的比较，此处采用了《中国文化及相关产业年鉴2019年》数据及公众号"深圳发布"2019年4月15号发布的数据。
② 国家统计局、中宣部：《2019中国文化及相关产业统计年鉴》，中国统计出版社2019年12月版。

（三）综合实力强，综合排名全国前列

从文化产业的主要发展指标看，2018 年深圳文化产业综合实力居广东省第一名，全国"一线城市"第三名，"副省级城市"第一名。

表 2　深圳与"一线城市"文化及相关产业主要指标比较（2018 年）

指标 城市名	法人单位（万个）	从业人员（万人）	资产总计（亿元）	营业收入（亿元）	文化及相关产业增加值（亿元）	占 GDP 比重（％）	在全国文化产业增加值中的占比
深圳	10.23	102.94	13776.70	9488.4	1996.11	7.90	5.2
北京	15.07	121.5	27169.0	13454.8	2700.4（2017 年）①	9.6（2017 年）	7.65（2017 年）
上海	4.47	68.9	14154.9	11080.2	2193.08	6.09	5.7
广州	7.44	67.3	6491.6	4820.1	1161.07（2017 年）	5.40（2017 年）	3.0（2017 年）
香港②	—	21.34	—	—	111766（百万港元）	4.4	2
全国	210.31	2055.8	225785.8	130185.7	38737	4.30	100

数据来源：《2019 中国文化及相关产业统计年鉴》③；《北京文化产业发展报告（2018）》④；《上海文化产业发展报告（2018）》⑤；《广州文化创意产业发展报告（2018）》⑥；"深圳发布"公众号。

---

① 《2019 中国文化及相关产业统计年鉴》未提供分地区的文化产业增加值及 GDP 占比。现有数据根据网络查询获得。北京 2017 年增加值分别有《首都文化贸易蓝皮书 2018》提供的 3908.8 亿元，参见 http://bj.people.com.cn/n2/2018/1221/c82846-32438360.html。以及北京市文化资产管理中心提供数据：2700.4 亿元，http://finance.sina.com.cn/stock/relnews/cn/2019-09-27/doc-iicezuueu8654375.shtml。本文采用了后一数据。

② 香港与大陆对文化产业的称呼和界定范畴略有不同，称为"文化及创意产业"，包括"艺术品、古董及工艺品、文化教育及图书馆、档案保存和博物馆服务等 11 个行业"。本组数据为 2017 年统计数据。参见香港特别行政区政府统计处。转引自国家统计局、中宣部《2019 中国文化及相关产业统计年鉴》，中国统计出版社 2019 年 12 月版，第 191 页。

③ 国家统计局、中宣部：《2019 中国文化及相关产业统计年鉴》，中国统计出版社 2019 年 12 月版。

④ 李建盛主编：《北京文化发展报告（2018）》，社会科学文献出版社 2019 年 8 月版。

⑤ 荣跃明、花建主编：《上海文化产业发展报告（2018）》，上海人民出版社 2018 年 3 月版。

⑥ 徐咏虹主编：《广州文化创意产业发展报告（2018）》，社会科学文献出版社 2018 年 10 月版。

由上表数据可见，2018年深圳文化及相关产业增加值（1996.11亿元）虽然还低于上海（2193.08亿元），但是已经超过广州、香港，位居全国第三，其占GDP的比重（7.9%）则仅低于北京（9.6%），位居全国第二。法人单位数、从业人员数也以10.23万个、102.94万人，位居第二。总体看，深圳文化产业的规模正从全国排名第三发展为排名第二。值得一提的是，自2018年开始，"中国文化及相关产业统计年鉴"开始发布全国15个副省级城市文化产业的主要指标数据。根据《2019年中国文化及相关产业统计年鉴》发布指标数据，深圳除文化服务业数据略逊于杭州外，其余指标均为全国副省级城市第一。

当然，作为一种以文化内容为核心竞争力的特殊产业形态，文化及相关产业的经济指标、量化指标并不能完全说明文化产业的实力。文化产业的实力也常常表现为非经济指标和非量化指标，甚至作为一种精神文化内容而难以用指标衡量。此外，即便就量化指标而言，各城市在进行文化产业统计时也存在对口径认识不一，计算时的差异等。比如，从上表可见，2018年上海的文化及相关产业法人数仅为4.47万个，从业人员仅为68.9万人，深圳相应指标则高达10.23万个，102.94万人，这明显与一般对上海文化产业发展状况的常识性认识是不大符合的。换言之，这一组数据表明两地在统计方法上存在很大差异。总之，深圳不应因为一时的数据领先而过于骄傲自满。

（四）产业门类齐全，特色明显，现代产业体系基本形成

深圳在发展文化产业中，充分尊重和发挥市场在产业资源配置上的决定性作用，注重创意引领和科技支撑，逐步培育起创意设计、动漫游戏、文化旅游、高端印刷、黄金珠宝、文化会展等多个具有较强竞争优势的行业，初步构建了较为齐全的产业门类，形成了"文化＋科技、文化＋金融、文化＋旅游、文化＋贸易"等特色，现代产业体系基本形成。其中，作为国内第一个被联合国教科文组织认定的"设计之都"，深圳平面设计、工业设计、建筑设计、室内装饰设计、服装设计等行业在国内具有较大的竞争优秀，占全国较大市场份额。动漫和游戏业起步早，发展快，涌现腾讯、华强动漫、环球数码、创梦天地等多家具有较强竞争力的龙头企业。文化旅游业引领国内潮流，华侨城、华强方特连续多年入选"全国文化企业30强"，其主题公园入园人数分别位居全球第四和第五。深圳印刷行业产值稳居全国首位，裕同、劲嘉、雅昌等多家企业入选"全国印刷企业百强"，其中裕同科技先后获得了2016年、2017年中国印刷包装企业100强第一名。黄金珠宝业集聚效用强，深圳目前是国内最大的黄金珠宝生产基地，占据了国内60%以上的市场份额。在深圳拥有的超过10万家文化企业中，涌现了如腾讯、华侨城集团、华强方特、雅昌等一批龙头文化企业。华侨城、华强方特等连续多年入选"全国文化企业30强"。深圳与相关部门、机构联合搭建的"中国国际文化产业博览交易会"、深圳文化产权交易所、中国文化产业投资基金等5个国家级产业平台的影响力日益扩大。其中"文博会"成功举办了15届，是全国唯一国家级、国际化、综合性文化产业展会，成为引领中国文化产业发展的重要引擎和推动中华文化走出去的重要平台。

（五）产业结构不断优化，质量不断提升

如前所述，深圳文化产业曾经有相当长一段时间较低端的文化制造业占大比较大。根据2018年数据，这一结构发生了根本性的变化——2018年文化制造业增加值为505.81亿元，占文化及相关产业增加值的比重为25.3%；文化批发零售业增加值为152.79亿元，占文化及相关产业增加值的比重为7.7%；增加值为1337.51亿元，占文化及相关产业增加值的比重为67.0%。文化服务业占比提升较快，文化核心领域贡献较大，成为我市文化产业的主要成分。此外，这一变化从其行业组成也可看出，按照国家统计局文化及相关产业统计指标，2018年深圳文化产业核心领域实现增加值1433.36亿元，占文化及相关产业增加值的比例为71.8%；文化产业相关领域实现增加值562.75亿元，占文化及相关产业增加值28.2%。两组数据显示的深圳文化产业中服务业占比、文化核心领域占比的不断提升，表明了深圳文化产业结构的不断优化和产业质量的快速上升。

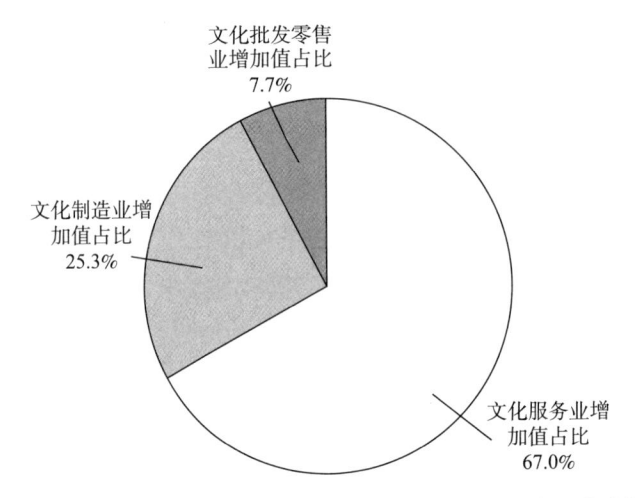

图 1 2018 年深圳文化制造业、文化批发零售业、文化服务业占比结构图

（文化批发零售业增加值占比 7.7%；文化制造业增加值占比 25.3%；文化服务业增加值占比 67.0%）

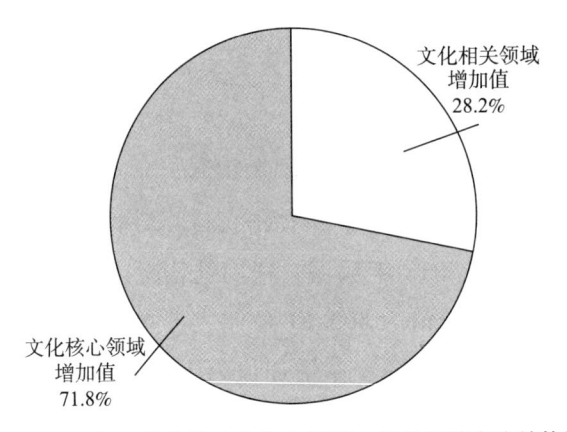

图 2 2018 年深圳文化产业核心领域、相关领域占比结构图

（文化相关领域增加值 28.2%；文化核心领域增加值 71.8%）

（六）数字文化产业等新业态发展速度快，正形成文化科技的深圳优势

多年来，依托高科技城市建设优势，深圳率先探索出"文化＋科技"的发展模式，使文化产业在促进经济转型升级和结构调整中发挥出重要的示范作用。尤其是深圳坚持创新驱动战略，将"文化"与"互联网"作为两大驱动力，推动深圳数字文化产业快速发展。随着腾讯等互联网龙头企业的不断壮大，深圳动漫游戏、网络文化产业（包括网络音乐、网络文学、网络表扬、网络剧）、数字文化装备产业、数字艺术展示产业、虚拟现实产业、混合现实娱乐、智能家庭娱乐等发展迅速。总体看，深圳数字

文化产业等新型业态占比较高。① 深圳新发布的《关于加快文化产业创新发展的实施意见》更提出，将推动深圳市数字文化、创意设计、时尚文化、文化旅游等新型业态到2025年占比超过60%。文化科技的深圳优势正在形成。

（七）文化外贸规模不断扩大，成为我国对外文化贸易和中华文化"走出去"的重要口岸

深圳是我国重要的口岸城市，外贸额长期居全国第一，在文化产品出口方面也位居全国前列。早在2013年，深圳的核心文化产品和服务出口已占到全国的六分之一。② 根据商务部披露的数据，2017年，我国文化产业及服务进出口额达1265.1亿美元，同比增长11.1%，其中，包括深圳在内的东部地区占比高达93.4%，③ 深圳已经成为我国对外文化贸易的黄金口岸和中华文化"走出去"的桥头堡。随着国务院《关于加快发展对外文化贸易的意见》这一系列政策的出台，我国对外文化贸易发展将会迎来又一个春天。深圳对外文化贸易也即将迈入一个快速发展的时期。

综上，以历史的眼光看，短短40年时间，深圳文化产业伴随深圳改革开放以来经济社会的快速发展取得了令人自豪的成就，走过了一条超常规的发展之路，并形成了自己的产业特色和竞争力。以文化发展的眼光看，尽管深圳文化整体发展还存在这样那样的不足，但可以肯定的是，快速发展的文化产业，某种意义上有效地"弥补"了深圳文化积淀薄弱的"短板"，使得深圳这样一个文化的"后发城市"借助文化产业甚至形成了一定的"后发优势"。换言之，**历史的经验启示我们，与北京、上海、广州等文化积淀深厚的城市相比，对于深圳这样一个文化积淀相对薄弱的新兴城市，以产业化手段推动文化发展尤其具有全局性、战略性意义。**未来，面对新时代党和国家赋予的新使命，在建设"粤港澳大湾区"和"中国特

---

① 深圳市统计局、深圳市社科院：《深圳市文化产业统计数据及分析报告》（内部资料）。
② 深圳文化出口居前列 核心文化产品和服务出口占全国六分之一，http://sz.people.com.cn/n/2014/0516/c202846-21218460.html.2020年5月10日。
③ 中国经济网、商务部：2017年文化产品和服务进出口总额同比增11.1%，http://www.ce.cn/culture/gd/201802/08/t20180208_28119417.shtml.2020年5月10日。

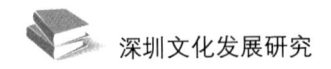

色社会主义先行示范区"征程中，深圳若能进一步自觉主动地借助现代产业手段，积极参与国家重大文化战略，充分激发广大深圳文化企业，乃至每个市民的文化创造力，切实发挥深圳的市场优势、区位优势、创新优势、资本优势和高科技优势，进行跨地域文化资源的开发与利用，推动文化产业要素的优化组合，完全有可能推动深圳文化产业更快更高质量发展，走出自己的"以质量型内涵式发展"之路，形成新的文化竞争优势，在大幅提升深圳文化竞争力和城市文化形象的同时，为中华民族文化的伟大复兴做出深圳应有的贡献。

深圳文化四十年回眸*

深圳自1980年建市至今虽然只有短短40年时间,但却创造了世界城市史的奇迹——成为我国人口密度最大、地均产值最高、国土面积最小的"超大城市",经济总量排名仅次于北京、上海的"一线城市"。作为中国改革开放的时代产物,40余年来,贯穿深圳发展始终的主轴,无疑是开拓创新,深化改革、扩大开放,建立和完善中国特色社会主义市场经济体制,不断推进经济社会发展。伴随这一主轴发展的,则不仅有深圳日益健全的市场体制,法制环境,不断优化的产业结构,不断汇集的移民人口,更有日益完善的城市功能,日趋丰富的物质及精神文化生活。作为一个超高速发展的移民城市,作为全国唯一一个位于南方而讲普通话的移民城市,深圳文化的发展也是超常规的,其既成状况丰富而复杂。文化在城市发展中具有不可或缺的价值引领和精神支撑作用,更是城市竞争力的重要组成和城市形象的重要象征。站在新时代的起点上,要发挥深圳在建设粤港澳大湾区中的"核心引擎"作用,建设"人文湾区",要完成中央赋予深圳建设"中国特色社会主义先行示范区"的光荣使命,有必要对40年来的城市文化发展情况进行总结回顾。

一 四十年深圳文化超常规发展的四个阶段

短短40年时间,深圳文化取得了令人瞩目的成就,走出了一条超常规发展之路,其发展历程大致可分为如下四个阶段:①

---

* 本文原载王为理主编:《深圳文化发展报告(2020)》,社会科学文献出版社2020年版。
① 本文内容部分承袭了本书另外两篇文章《关于深圳文化30年若干基本问题的判断》《深圳的文化资源与文化资本》观点,部分有修改及补充。

(一) 市场与启蒙——深圳文化的萌生期（1978—1992）

这一阶段，深圳经济特区作为改革开放的"排头兵""试验场"，在诸多重要的经济社会领域实现革命性突破的同时，[①] 也在思想文化观念领域进行了若干重大探索和突破。以"时间就是金钱，效率就是生命"为代表的"深圳观念"深深地影响和带动了全国的思想解放，直接推动了追求正当个人利益成为时代的潮流，并引发当代中国思想理论、意识形态、价值观念的深刻反思。[②] 深圳独特的改革开放先锋角色决定了深圳文化的"现代"起点及其"创新"底色。而改革开放及其制度创新则为深圳文化的产生提供了基于市场经济的全新"土壤"。所谓"市场"与"启蒙"的关系在深圳显示出清晰的"互动"线索。这一时期，尽管这一时期的深圳更大程度上是一个大工业区而非严格意义上的城市，但觉醒的个人意识，以及以契约观念、自由竞争、开放多元、科学理性、守时守信……为基本特征的深圳城市文化开始萌生。

(二) 开放包容、多元共存、适应市场——深圳文化的自发成长期（1992—2003 年左右）

这一阶段是深圳文化自发生长，接受开放带来的港台及西方文化的多元影响，追赶先进并不断进行改革探索以适应市场经济的阶段。改革开放之初的思想解放，观念创新，在"不争论""发展才是硬道理"的时代氛围中，转化为"空谈误国、实干兴邦"的实用主义价值取向。整体看，深层次的文化价值观问题暂时被搁置，快速发展的文化市场、不断涌入的外来文化和日益丰富的社会文化生活，使深圳迅速呈现出世俗化的价值取向和开放多元（乃至多少有些崇洋媚外）的文化心态。一种以实用主义、工具理性、个人主义、消费主义（乃至拜金主义）为基本价值取向的、适应市场经济的大众文化快速形成。这一阶段在市场导向下，以文化制造业、

[①] 这些领域主要包括价格闯关、劳动用工制度转轨、市场决定分配、土地使用制度"突宪"、建立外汇市场、国企改革、住房制度改革、与非国有主体合作、建立证券市场、争取特区立法权、财政计划单列等。参见樊纲等《中国经济特区研究》，中国经济出版社 2009 年 1 月版，第 55—69 页。

[②] 毛少莹：《聆听特区文化的时代涛声》，载《人民日报》2009 年 10 月 28 日第 4 版。

文化旅游业、广告、平面设计、工业设计等为主要组成的深圳文化产业开始迅速发展。较之20世纪80年代深圳观念的全国性影响，90年代深圳的文化影响力从思想观念等文化的核心领域，多多少少"退步"为文化设施建设、文化与旅游，与科技、与经济等结合的层面。有意思的是，时势造英雄，正是这种结合，很好地回应了迅速到来的全球性文化经济大潮，推动了深圳文化产业的异军突起，使得一个文化积淀薄弱的年轻城市，实现了另一种意义上的文化崛起。

（三）"文化立市"、文化产业与软实力竞争——深圳文化的自觉发展期（2003—2018年左右）

2003年深圳推出了有史以来的第一个文化发展战略——深圳"文化立市"战略，提出"两城一都"建设。① 2005年市委、市政府印发《深圳市文化发展规划纲要（2005—2010）》，较为详尽地明确了文化立市战略的指导思想、基本目标和战略措施，并提出将文化产业打造为深圳第四大支柱产业。② 由那时起到2012年颁布《中共深圳市委深圳市人民政府关于深入实施文化立市战略建设文化强市的决定》；2016年出台《深圳文化创新发展2020实施方案》；深圳文化发展进入了一个自觉定位，将城市文化作为城市竞争力的重要组成加以主动提升的新阶段。这一时期，随着深圳产业升级优化，人口构成结构变化，城市功能完善，深圳人整体的精神面貌、价值观念、生活方式呈现更加丰富多元、开放包容、融汇中西的现代特征。深圳建立起了完备的公共文化设施网络，文化服务日益完善；文化活动日益丰富多彩；文化人才、文艺精品不断涌现；文化体制改革不断深化，文化治理能力不断提升。尤为可喜的是，深圳文化创意产业异军突

---

① 即"图书馆之城、钢琴之城、设计之都"。
② 深圳"文化立市"战略的研制出台过程颇长，早在2002年深圳市政府就将研究制定城市文化发展战略作为年度重点课题，结合推动文化体制改革的研究，课题组由市委、市政府有关领导直接挂帅，由市改革办（后撤销）、市委宣传部、市文化局等单位人员组成，也算是深圳文化政策研究的"豪华阵容"。经过历时1年多的国内外调研，先后制定有虽未正式出台但颇有影响的"1+4"文件，提出"文化立市"战略（2003年），以及后来的《深圳文化体制改革总体方案》，最后《深圳文化发展规划纲要（2005—2010）》出台时，已是2005年。因此，多数文章将深圳文化立市战略的提出时间视为2003年。

起，涌现了大批优秀的文化企业，创造了可观的产值和增速，文化产业成为了深圳重要的支柱产业，并大幅提升了深圳文化的影响力和城市的竞争力。

（四）"人文湾区"与"城市文明典范"——深圳文化的新目标、新使命、新征程（2018左右—2035年乃至更长时间）

党的十八大后，我国进入了"承前启后、继往开来，决胜全面建成小康社会、全面建设社会主义现代化强国的新时代"。针对国际国内形势的复杂变化，中央高屋建瓴统筹推进"五位一体"总体布局、协调推进"四个全面"战略布局，进一步形成道路、理论、制度、文化"四个自信"，积极倡导"人类命运共同体"意识。党的十九大再次重申中国特色社会主义进入新时代的历史判断，并指出新时代我国社会主要矛盾是"人民日益增长的美好生活需要和不平衡不充分发展之间的矛盾"，未来要进一步"推动国家治理能力和治理体系现代化"，推动我国到2020年的全面建成小康社会，实现第一个百年奋斗目标；到2035年基本实现社会主义现代化；到21世纪中叶建成富强民主文明和谐美丽的社会主义现代化强国。

2018年12月26日，纪念改革开放40周年之际，习近平总书记深刻总结把握过去40年改革开放和社会主义现代化建设的成功经验，特别对深圳提出了新的要求，要求深圳朝着建设中国特色社会主义先行示范区和社会主义现代化强国的城市范例努力。2019年2月，作为国家战略的《粤港澳大湾区发展规划纲要》（以下简称《纲要》）出台；8月，中央《关于支持深圳建设中国特色社会主义先行示范区的意见》（以下简称《意见》）出台。这两份重要文件都对深圳未来发展提出了新目标新要求。就文化领域看，《纲要》要求深圳建设具有世界影响力的创新创意之都；积极推动中外文化合作、促进文化开放，促进人文湾区建设。《意见》则将"城市文明典范"列为深圳五个战略定位之一，要求深圳积极践行社会主义核心价值观，构建高水平的公共文化服务体系，发展更具竞争力的文化产业和旅游业，努力成为新时代举旗帜、聚民心、育新人、兴文化、展形象的引领者等。新时代新使命，光荣而艰巨，深圳文化发展进入了一个新的历史阶段。

二 四十年深圳城市文化的主要成就

40年来深圳文化超常规发展，就一般"看得见"的文化成就来看，主要表现为：

首先，构建了较为完备的现代公共文化服务体系、保障了市民的基本文化权益。40年来，深圳及时回应深圳市民不断增长的文化需求，在全市建立了以广播电视、新闻出版机构以及文化类"三馆一站"（图书馆、文化馆、美术馆或博物馆，街道、社区文化站）等公共文化设施为依托的四级公共文化服务网络。其中，大小公共图书馆（室）600多座，文化馆（站）60多家，博物馆50多家，市级以上美术馆6家，艺术教育机构1家，专业表演艺术场馆12家，各级文物保护单位135处，非遗保护项目100多项。[1] 近年来，深圳还大量涌现了各类民办文艺团队、艺术馆、美术馆、艺术培训机构等文化艺术组织。上述机构、组织为市民提供了包括图书馆、博物馆、文化馆、美术馆、表演艺术、视觉艺术等在内，种类齐全、覆盖全市、较为便利、市民共享的现代公共文化产品与服务。总体看，深圳公共文化服务水平及服务质量较高。其中，10余年"图书馆之城"建设成效显著，逐步构建了一个理念超前、资源丰富、设施先进、服务便利、互通互联的图书馆服务网络。深圳博物馆获评国家一级博物馆，深圳关山月美术馆为国家重点美术馆。福田区获评"国家公共文化服务示范区"。市图书馆首创的"城市街区24小时自助图书馆"；宝安区首创的"文化钟点工"等服务提供了基层公共服务因地制宜的成功经验。丰富多彩的文化活动，满足了市民日常学习、工作、休闲娱乐等方面的基本文化需求。此外，深圳还开展了"读书月""创意十二月""深圳'一带一路'国际音乐季""深圳·香港城市/建筑双城双年展"等各类大型文化节庆活动，丰富了市民生活，形成了城市文化品牌。

其次，开发文化经济功能、促进产业融合，初步建成现代文化产业体系。深圳从20世纪八九十年代在市场导向下承接中国香港产业转移，以"前店后厂"发展起了规模可观的文化制造业（主要是印刷、动漫、广告

---

[1] 参见深圳文化广电旅游体育局网站，http://wtl.sz.gov.cn/。2019年12月26日。

设计、工业设计、服装、珠宝首饰、玩具礼品等行业），到进入21世纪后积极回应全球文化经济浪潮，加大政府导向，推进了文化创意产业快速发展。尤其是抓住深圳高科技产业发展机遇促进文化与科技的融合，促成了深圳文化创意产业的强势崛起。深圳还推动建立了文博会、文化产权交易所、中国文化产业投资基金等国家级产业平台5个。2008年，深圳市正式被联合国教科文组织批准加入全球创意城市网络，并被授予"设计之都"称号，成为中国首个，也是全球第六个"设计之都"。深圳举办"深圳设计周"，设立的"深圳环球设计大奖"等影响日益扩大。深圳还推动文化创意产业集聚化、规模化发展，打造出了48个文化创意产业园区和20个文化创意产业基地，其中，有13家被认定为国家级文化产业示范园区基地，领域覆盖创意设计、文化软件、动漫游戏、新媒体及文化信息服务、非物质文化遗产、高端工艺美术、数字出版、文化旅游等。到2018年，深圳已经拥有文化企业超过5万家，其中，除广电集团、报业集团、新闻出版发行集团等国有文化产业集团外，更涌现了腾讯、华侨城、华强方特、雅昌等一批在全国有影响的龙头文化企业，形成了以"文化+旅游""文化+金融""文化+科技""文化+互联网"的良好产业发展态势。近年来深圳文化产业增加值稳步增长，高于全市同期GDP增速。2018年，全市文化创意产业增加值达2621.77亿元，占全市GDP比重超过10%，[①]形成中的深圳文化产业体系结构优化，数字内容发达，科技含量高，现代特征明显，大幅提升了深圳的文化软实力。

最后，形成文化艺术专业团队，及人文社科研究专业体系，各类优秀人才、作品、成果不断涌现。深圳拥有文联、作协、美协、影视家协会等多个艺术家协会，数千名专业艺术家活跃在深圳。深圳不仅拥有了自己的深圳交响乐团、粤剧团、歌舞剧院，还开放财政资源，扶持发展了数量可观的各类社会办专业文艺团体、机构、文艺活动、项目，初步形成了一定规模的文艺创作、高雅艺术发展的专业团队、群体。深圳"钢琴之城"建设结出硕果，走出了李云迪、张昊辰、陈萨、左章等一批国际著名钢琴家。40年来，深圳涌现了大量的文艺创作成果，以《春天的故事》《走进

---

① 参见深圳文化广电旅游体育局网站，http://wtl.sz.gov.cn/。2019年12月26日。

新时代》等歌曲为代表的多种原创作品多次获得国家、省级专业奖项。深圳还拥有深圳大学、南方科技大学、深圳高职院等高校10余所,以及深圳市委党校、综合开发研究院(中国·深圳)、市社会科学院等人文社科类智库20余家,社科类社会组织80多家。这些专业研究机构、专家学者为深圳文化发展提供着重要的智力支撑。据统计,深圳公开出版各种学术理论专著5000多种,工具书、译著等600多种,在国家级学术报刊上发表重要学术论文3000余篇,全市共获得国家级社会科学成果奖近100项,省部级优秀成果奖近400项,学术影响力日益扩大。[①]

除了以上"看得见"的文化成果,40年来,深圳还积累了大量"看不见"的文化资本,[②] 主要体现为:

其一:"杀出一条血路来"的中国改革开放"排头兵""改革开放第一城"形象具有难以估量的文化价值。被确定为中国改革开放的"排头兵"无疑是深圳命运的转折点,这一历史使命使得深圳文化站在了一个中国任何别的城市都不具备的崭新起点。中国自晚清以来一直在苦苦寻求强国富民,推进古老国家现代转型之路,直到20世纪70年代末,才走上"有中国特色社会主义市场经济"这条现代化之路。深圳以其率先"杀出一条血路来"的改革突围,历史地成了中国现代化之路的一个具体起点。某种意义上,深圳是中国新一轮现代化的缩影。深圳从来都不仅仅是深圳人的深圳,而更是中国人的深圳。深圳记忆是中国改革开放记忆的重要组成。改革开放"排头兵"的城市形象无疑具有丰富文化价值,也是深圳最重要的文化资本。

其二:以"深圳精神"为代表的观念优势对中国人现代化产生重要影

---

① 参见深圳社科联网站:http://www.szass.com/szskzk/kycg/cghb/index.html。2019年12月26日。

② 法国社会学家布迪厄根据资本在不同场所所起的作用,将其分为三种基本形态:经济资本、文化资本和社会资本。后来,又提出"象征资本"的概念,用以指在信用、名望和认可上有用的资源。上述四种资本都有相应的功能以及各自的制度化形式,这四种资本彼此联系,并可以相互转换。杨善华主编:《当代西方社会学理论》,北京大学出版社1999年版;[澳]戴维·思罗斯比:《什么是文化资本》,人大复印报刊资料,2004年第4期。另参见李全生《布迪厄的文化资本理论》,载《东方论坛》2003年第1期,见http://www.docin.com/p-849693.html。2019年12月27日。

响。城市精神是一个城市区别于其他城市的个性表现,更是一个城市的灵魂。作为中国改革的"排头兵""实验场",作为中国对外开放的"窗口",深圳成了中国许多新思想、新观念、新制度的策源地、实践地。深圳的许多观念、口号、做法极大地辐射影响了中国的文化转型,如著名的"时间就是金钱,效率就是生命""清谈误国、实干兴邦"等。20世纪90年代以来,深圳曾进行过三次关于"深圳精神"的大讨论。① 这些讨论和评选,总结出了深圳观念的若干内涵,如"敢为天下先""鼓励创新、宽容失败""开拓创新、团结奉献""求真务实、理性高效"等。对于深圳精神、深圳观念的具体总结表述或有不同,但40年来深圳积累了明显的观念优势是大家的共识。作为改革开放试验场,深圳观念的核心普遍认为是"开拓、创新",其实质,则是面向世界、面向未来、勇于探索、勇于开创的先行者的坚定信念和坚强意志。开拓、创新作为核心价值理念,是深圳区别于其他城市的最重要的文化特征之一,有内地官员就评价到"深圳连空气中都弥漫着创新的味道!"深圳人自己则说"改革创新是深圳的根和魂"。深圳人在注重时间、效率,务实、开放、包容、理性等方面表现出良好的现代素质;"同在一片热土,共创美好明天"的宽阔胸襟,"送人玫瑰,手有余香"大量的义工、义务献血者的涌现;"建筑无限生活,创造丰盛人生"等意识,逐渐影响着深圳人的社会心理,生活方式、行为规范。深圳曾被评为全国"文化竞争力第一"的城市,主要也是"观念的力量"。② 城市观念与城市精神的逐步形成,以其渗透在城市生活方式、市民日常行为、思维方式等方方面面的长远影响,日益成就着深圳的城市文化资本,也促进了深圳人的现代化,并辐射影响带动着中国人的现代化,成就着深圳文化的核心影响力。

---

① 第一次深圳精神大讨论为1995年,总结出"开拓创新、团结奉献"的深圳精神;第二次大讨论为2002年,2010年8月,深圳报业集团组织开展全市进行"深圳最有影响的十大观念"评选活动。深圳精神再次在新的历史语境中被审视。
② 中国科学院倪鹏飞主持:《中国城市竞争力报告》多次高度评价深圳的文化竞争力。参见: https://baike.baidu.com/item/%E4%B8%AD%E5%9B%BD%E5%9F%8E%E5%B8%82%E7%AB%9E%E4%BA%89%E5%8A%9B%E6%8A%A5%E5%91%8A/40609?fr=aladdin,2019年12月1日。

其三，城市综合实力的急剧上升提升深圳的文化资本。深圳建市前后城市实力的迅速发展和城市地位的急剧上升是不争的事实。建市前，深圳在全国几乎没有什么影响，但建市40年来，深圳经济获得巨大发展。以2017年的数据看，本地生产总值由1979年的1.96亿元提升到2017年的22438.39亿元，按不变价计算，38年增长2152倍，年均增长22.4%，高于同期全国9.6%和全省12.7%的平均水平，经济总量全国第三，后来居上，成为全国大中城市中仅次于北京、上海的一线城市，创造了世界城市经济发展的奇迹。与此相应的，是良好的基础设施、雄厚的财政实力、较为健全的公共服务、比较严格的环保措施，乃至遍布城市的大小公园，引人注目的绿化美化……雄厚的经济实力、良好投资环境吸引了大量的文化人才、企业、资金积聚深圳，深圳城市地位的急剧上升，大幅提升了深圳的城市文化资本。

其四，规模庞大、四面八方的移民人口促成海纳百川、兼容并包的城市性格。人是城市的主角。人口构成是深圳城市文化资本提升的重大影响因素。深圳是一个名副其实的移民城市，目前人口规模已经超过1300万，达到特大型城市的规模。深圳超过95%的人口都是来自五湖四海、四面八方的移民，常年有70%甚至更多的常住人口并没有深圳户籍。深圳的城市发展史，某种意义上就是一部移民的创业史。奋发有为、"英雄莫问出处"是深圳人的普遍共识，也成就了深圳人的包容心态。深圳是我国南方唯一一个以普通话为主要交流语言的城市。深圳也被认为是中国最不排外的城市。总之，移民带来的南北差异、多样习俗，成就着深圳与生俱来的海纳百川、兼容并包的城市性格，成为深圳重要的文化资本。

其五，年轻人群造就深圳朝气蓬勃、青春时尚的城市特色。深圳常被看作是一个浮躁的城市，究其原因，一是因为城市历史太短；二则可能是因为人口普遍太年轻。多年来，深圳人口平均年龄仅在25—33岁，且20—39岁的人口占总人口的比重高达60%以上，这在全国大中城市中独一无二。① 年轻的人口构成带来深圳扑鼻的青春气息，"不迷恋旧事物，不拘泥老框框、渴望新生活、乐于走新路、充满青春活力、追求开放与时尚"

---

① 参见深圳统计局网站 http://tjj.sz.gov.cn/zwgk/zfxxgkml/tjsj/tjnj/，2019年12月3日。

等，成为深圳文化的基本元素。随着深圳产业结构的优化，深圳积聚了一大批高素质有激情的中青年创业者，他们多为专业技术人员、博士硕士、海归人员，是深圳人口受教育程度较高的层次。他们视野开阔、思维活跃、观念现代，成为深圳都市流行时尚的追求者和创造者、消费者。深圳因此获得了青春时尚的城市形象。这一形象无疑也是深圳特有的文化财富。

总之，经过40年的发展，深圳成长出富有现代气息的城市文化，深圳文化的基本特征富有现代性；既成文化格局富有开放性；城市形象充满青春活力！最重要的是深圳人普遍崇尚开拓创新、奋发有为；按市场规则办事；尊重科学，求真务实。作为整体的深圳人普遍表现出：乐于接受新生活经验，随时准备迎接社会变革；思想开放，尊重不同意见；讲信用、契约精神强；注重现在与未来；守时惜时；强烈的创业意识和个人效能感；更强的计划性；与国际惯例接轨；重视专门技术；敢于挑战传统，乐于创新；乐于结交新朋友；接受新生活方式；乐于参与社会组织或活动等。无疑，这是深圳与大陆其他城市相比最大的文化差异，也是深圳最重要的文化成就。

此外，作为一个"规划"出来的新城市，[①] 深圳在城市空间布局、生态环境美化优化方面也有很多别的老城市无法比拟的"生态文化优势"。而随着科学技术在人类文明发展中重要地位的日益凸显，深圳作为高科技城市也具备独特的"科技文化优势"。这些都使得深圳充满现代气息。限于篇幅，本文不作展开。

综上，虽然深圳文化还存在这样那样的问题，但40年来取得的文化成就是十分显著的。

建设"粤港澳大湾区"和"中国特色社会主义示范区"，是中央顶层制度设计框架下关于深圳定位、使命的新部署，是深圳新时代下改革开放再出发的动员令、冲锋号。以"两区"建设为新的发展目标，深圳文化也进入了一个新发展阶段。按照中央要求，未来深圳必须努力做到"率先塑

[①] 深圳建市前，几乎是"一张白纸"，建市40年来，分别"与时俱进"做过多次城市总体规划，这些规划促成了深圳城市总体布局的科学性、现代性。

造展现社会主义文化繁荣兴盛的现代城市文明",加快建设"区域文化中心城市",努力成为"彰显国家文化软实力的现代文明之城"。力争到2035年成为我国建设社会主义现代化强国的城市范例,到21世纪中叶成为竞争力、创新力、影响力卓著的全球标杆城市。如何不负期待,不辱使命,是深圳面临的光荣而艰巨的任务。贯彻落实中央部署,2019年12月,深圳市委、市政府印发了《深圳市建设中国特色社会主义先行示范区的行动方案(2019—2025年)》围绕先行示范区建设的战略定位、提出了阶段性的发展目标和重点任务,为全市下一阶段的工作画出了"施工图",制订了"任务书"。其中就文化领域提出了率先塑造展现社会主义文化繁荣兴盛的现代城市文明;规划建设一批重大公共文化设施;开展跨界重大文化遗产保护;建设创新创意设计学院等措施。

  回顾历史,作为文化积淀较为薄弱的年轻城市,过去40年来深圳文化发展实施的主要是一种"追赶"战略。站在新的历史转折点上,面对"示范"的新使命,深圳文化无疑需要"超越"与"引领"的眼光和努力。这既意味着继承,更意味着创新。如何发挥深圳优势、融汇中外先进文明成果、推动中华文化在新的全球化时代和科技带来的"文化汇流""文化转型"中"创造性转化、创新性发展",以最终完成"示范"与"标杆"的使命,深圳正任重道远。

辑 二
观念优势与深圳文化

深圳：市场经济与文化价值观演变[*]

引言

在中国这样一个有着古老的文化传统，又备受现代冲击的转型社会里，文化价值观正在发生着巨大的变化。深圳是中国率先改革开放的经济特区，在深圳"基本建立社会主义市场经济框架"的今天，考察深圳人的价值观念，正是意在尝试描绘伴随"经济"转型带来的文化和价值观念转型。作为由闭锁走向开放，由计划经济转向市场经济、由农业社会转向工业社会这一社会转型的"试验地"，深圳的高速发展，市场经济体制的率先建立，大量的流动人口，毗邻港澳的特殊地理位置与发达的传媒资讯，使得价值观的演变过程在这里得到了充分浓缩式的展示；同时，随着"将深圳建成率先实现现代化的示范市"口号的提出，深圳的发展经验正被"模式化"、被推广到全国，研究深圳人的价值观演变无疑很有意义。但是，这方面的工作成果却不多，现有的一些文章，多从如何开展"精神文明建设"出发，具有较浓的主流意识形态色彩。本文拟从市场经济体制冲击、移民人口结构、大众文化影响、消费与身份认同等角度，对"市场"如何影响深圳人的价值观粗略勾勒概貌。

一 文化价值观与中国人价值观的历史演变

文化价值观是人们对好与坏、善与恶、美与丑、正确与错误、值与不值、公正与不公正、得体与不得体等进行判断的标准。换言之，价值观是一种对生活的终极意义和相应的该如何生活的一种信念或解释。价值观是

---

[*] 本文写于 2001 年，获深圳市文化局发起的"深圳文化大调研"征文二等奖。

文化的核心，一个特定社会的价值观念为人们的思想观念、行为方式提供了一套被广泛认可的关于"正确"与否的基本准则。价值观以不同的方式影响着社会、个人、政府、企业的发展理念、行为方式。价值观问题的重要性引起了很多学者的关注，关于价值观的研究成果很多，著名的如许烺光对中国、美国、日本、印度等国进行的文化比较研究；① 英格尔斯（A. Inkeles）开展的跨国性的人的现代化研究；② 斯托策尔（J. Stoetzel）等人所做的对欧洲九国价值观的研究，③ 日本学者千石保对当代日本青年价值观念的研究④等。

价值观念是不同国家、民族之间文化差异的重要标志，常说的西方人尊重个人权力，向往自由、崇尚平等，东方人则相对更有"团队精神"，注重维护等级、顺从权威，尊重长辈等，就是一种东西方不同价值观的比较，价值观也是不同社会发展阶段历史演进的重要指征。文化转型、时代变迁往往表现为价值观的转变。反之，价值观的重大变化也标志着某种旧时代的终结，新时代的开始。中国人的价值观就经历过一个发展演变过程。古代，孔子等人的儒家学说将中国社会导向一种伦理取向的价值观，"仁""义""君子""小人""义"与"利"等的提出与此后长期的论争诠释，强调推广，对中国人传统价值观产生了深远的影响。清代末期，尤其是鸦片战争后，中国进入一个民族整体危机阶段，中西文化之争，开放与闭锁，科学与民主，引发中国人价值观念的现代转型，"五四"新文化运动将其推向一个高潮。但特殊的历史背景下，中西文化之争迅速被民族救亡的时代主题所取代。1949 年中国革命胜利后，相当长一段时间，由于对马克思主义的片面理解，中国社会过度推行"以阶级斗争为纲"的价值观，衡量一切的标准都是政治。1978 年，十一届三中全会的召开，党和国家的工作重点转向经济建设。随着建立"社会主义市场经济"提法的确

---

① 参见许烺光《美国人与中国人》，华夏出版社 1989 年版；《宗族，种性，俱乐部》，华夏出版社 1990 年版。
② ［美］阿列克斯·英格尔斯：《从传统人到现代人》，中国人民大学出版社 1992 年版；《人的现代化素质探索》，天津社会科学院出版社 1995 年版。
③ ［法］让·斯托策尔：《当代欧洲人的价值观念》，社会科学文献出版社 1988 年版。
④ ［日］千石保：《日本的"新人类"》，上海社会科学院出版社 1989 年版。

认，改革开放，建立市场经济体制，加快建设现代化步伐，"与国际惯例接轨"等成为推进中国经济和社会发展的有效原则，也极大地影响、冲击着中国人的价值观念，一度出现的全民经商现象，就显示出不同时代价值观的巨大变化。

作为一个有着深厚民族文化传统的后发现代化国家，在"全球化""信息时代"等背景下，中国正在进行的艰难的现代化过程经受着种种复杂的文化冲击，传统价值观面临种种挑战。20世纪80年代以来中国大陆社会价值观的演变引起了许多学者的重视，开展过不少这方面的研究，较有影响的研究成果有沙莲香教授主持的"中国人民族性格和社会改革"（1986），中国社会科学院社会学所主持的"当代中国青年价值观演变"（1993），[①] 南京大学社会学系翟学伟等开展的"经济转型期各社会群体的价值取向与社会心理承受力"（2000）研究等。[②] 在这些研究中，特区作为改革开放试验地这一重要个案，其价值观演变情况，以我有限的目力所及，尚未得到足够的重视。[③]

深圳是中国建立市场经济的"试验地"，追求现代化的急先锋。开放改革20年来，深圳现代化建设取得了相当大的成就。被总结为：综合经济实力迅速增强；经济外向型程度不断提高；城市枢纽服务功能不断完善；科学技术创新能力日益增强；建立起市场经济体制基本框架；人民生活达到宽裕的小康水平；城市文明程度明显提高7大方面。[④] 综观深圳有关资料，翔实的数据显示，深圳经济发展已基本达到现代化通常的指标。[⑤] 政

[①] 参见沙莲香《中国国民性（二）》，中国人民大学出版1992年版；中国社会科学院社会学所"当代中国青年价值观演变"课题组：《中国青年大透视——关于一代人的价值观演变研究》，北京出版社1993年版。

[②] 此外有关著述还有中国台湾学者杨国枢主编《中国人的性格》，桂冠图书公司1988年版；《中国人的价值观》，桂冠图书公司1993年版；杨中芳、高尚仁主编：《中国人·中国心》，远流出版公司1991年版等。

[③] 笔者曾参与中山大学章海山教授团队调研撰写《梦想与奋斗——特区人的价值观研究》一书（中山大学出版社1995年8月版），但当时限于资料，研究深度不够。深圳市委宣传部白天等主编：《深圳精神文明建设》丛书（海天出版社1999年8月版）中有部分研究文章。

[④] 参见白天主编：《走向现代化——深圳20年探索》，海天出版社2000年10月版，第35页。

[⑤] 通常将人均国内生产总值（GDP）达4000美元作为现代化的一个经济指标，深圳1999年人均国内生产总值达35908元人民币（约4327美元），居全国首位。

治方面,深圳在受制于中国整个政治体制改革的总体部署与大格局的前提下,运用立法权等特殊政策,进行着民主化的有益尝试,正在探索"有中国特色之路"。文化方面,深圳20年来大力推进文化建设,文化艺术事业稳步发展,精品频出,取得了不少令人瞩目的成就,社区文化、企业文化等蓬勃开展,方兴未艾。人们的生活方式、思想观念更是发生了翻天覆地的变化。那么,究竟是那些因素促成了深圳人的价值观发生了怎样的变化呢?

二 率先建立市场经济体制引发的价值观念转变

率先探索和建立社会主义市场经济体制,是引发深圳人价值观改变的现实契机。深圳人崭新的价值观念与特区相伴而生。改革开放之初,中国从长期的思想禁锢中解放出来,在深圳等地创建经济特区,通过中国香港等"媒介",学习、认识并尝试建立社会主义市场经济体制,引发了一系列重大的观念突破。以蛇口为例,作为深圳最早的工业区,蛇口首当其冲"下海",进入市场。没有国家拨款,完全靠自筹资金、银行贷款建设的蛇口工业区,在市场的摸爬滚打中率先(1981年)喊出了"时间就是金钱、效益就是生命"这两句在全国影响甚广的口号。[1] 对时间的重视,创业的紧迫感与对效率的追求,体现了浓重的工业文明社会化大生产的特征。蛇口提出的另一句值得骄傲的口号是"空谈误国,实干兴邦"。掷地有声,干净利落的口号,对长期耽于空洞的理论之争的中国,可谓切中时弊,深得人心。蛇口也是率先进行干部人事制度改革的地方。[2] 20世纪80年代,白手起家的深圳,百业待兴,百事待举,创业需要真抓实干,真才实学。于是有了"英雄不问出处,只论素质才能"求贤若渴的说法。对传统论资

---

[1] 此口号最早由蛇口"掌门人"袁庚提出,1981年,口号被写在巨大的广告牌上,醒目地矗立在蛇口的一个主干道口,引来许多议论。1984年,邓小平到蛇口视察看到这一口号并加以肯定后,报刊予以报道,一时间全国争诵,议论纷纷。中共中央将其作为整党工作的重要指导思想。同年庆祝建国35周年天安门举行国庆游行,该口号被悬挂在蛇口工业区制作的大型彩车上,通过央视向全国播出,影响深远。

[2] 在一次人员调动中,蛇口首任"掌门人"袁庚勇于向僵化的人事制度挑战,大胆提出"上海不放户口,蛇口不要户口;上海不放档案,蛇口重做档案;上海单位若因此给予处分,蛇口对这类处分不予承认"。参见董滨、高小林《突破——中国经济特区启示录》,武汉出版社2000年版。

排辈,等级观念提出严峻挑战,知识、人才得到了真正的重视。"打破平均主义,推动科技进步""不求虚名,只求实干"等口号,无不表达出同样的价值取向——"开拓进取,干事创业"。值得深思的是,不同于中国以往历次政治运动常见的口号,这些口号并非政府号召,硬性宣传推广,相反,往往出自民间、企业,却不胫而走,深得民心。

随着改革开放的推进,新观念逐渐深入人心,深圳与大陆其他城市在价值观上的距离开始拉开。发生于1988年的著名的波及全国的论争:"蛇口风波"成为新旧观念冲突极具代表性的一次表现。李燕杰等青年教育专家在与蛇口青年座谈时的演讲没有获得惯常的掌声,而是引发激烈的观念冲突。双方的争论主要围绕几个问题:什么叫到特区做"淘金者",如何评价对个人利益的追求;爱国与为自己谋生赚钱的关系如何;传统的政治思想说教是否适合深圳的实际情况;落后国家应否实事求是面对自己,勇于向先进国家学习;改革的根本问题何在;允不允许青年人独立思考,发出自己别样的声音,等等。蛇口青年不是理论家,但是他们敢以"淘金者"自居,对传统的"义利观"提出挑战;个人主体意识觉醒,对个体与国家关系进行重新思考;热爱自由独立,提出"改革的根本问题是体制问题"等,无疑展示了社会主义市场经济洗礼后特区青年崭新的精神面貌和新价值观取向。尤其是争论过程一些具体细节显出①蛇口青年不畏权威,自由独立的思考与不同观念的表达,震惊三位专家,也震动了全国。"蛇口风波"以其深远影响,一再被言说深圳的人提及。② 而就此袁庚引用的一句:"我可以不同意你的观点,但我誓死捍卫你发表不同意见的权力",

---

① 当时李燕杰等人问发言的青年敢不敢报上姓名等,蛇口青年,马上递上名片……参下注。

② 从《蛇口通讯》至《人民日报》,以《青年教育家遇到青年人挑战》《蛇口:陈腐说教与现代意识的一次激烈交锋》等报道了此事。蛇口青年敢以"淘金者"自居,"对祖国的爱有各种各样的方式""改革的根本问题是体制问题"等说法引发了激烈的争论,以致1988年8月6日,《人民日报》及其海外版刊发长达7000余字的《"蛇口风波"答问录》,8月8日,该报又开辟《关于"蛇口风波"的议论》专栏,到9月14日结束。讨论引发全国读者及大小媒体的热烈参与,参见1988年2月1日《蛇口通讯》之《蛇口青年与曲啸、李燕杰、彭清一坦率对话——青年教育家遇到青年挑战》;2月12日《羊城晚报》之《热门话题和它的余波——记蛇口青年的一次座谈会》;3月28日《蛇口通讯》之《蛇口:陈腐说教与现代意识的一次激烈交锋》;1989年3月号《文汇》月刊之《"蛇口风波"始末》等文。参见董滨、高小林《突破:中国特区启示录》,武汉出版社2000年8月版。

让我们看到了平等与民主的影子。

"蛇口风波"的发生是必然的,它不过是开放改革带来的观念变化与新旧价值观冲突较有戏剧性的一幕而已。蛇口还有许多值得计入史册的创举,如率先举行官员民主直选等。20世纪80年代,率先建立市场经济体制的深圳,确实不仅是经济改革发展的龙头,也是观念更新突破的前沿。正当的个人利益意识、主体意识、政治民主意识的觉醒成为这种观念突破的一个标志。年轻的深圳,思想解放,观念前卫,在全国独树一帜,一时间,可谓"出尽风头"。中国人价值观的现代嬗变,在深圳留下了浓重的痕迹。蛇口,为中国的改革开放史写下了醒目的一笔。90年代后由于种种原因,蛇口未能保持改革的领先地位,影响逐渐减小,但是,从蛇口开始的观念改变却如一股潜流,源源不断,一株小苗,悄然长高。事实上,特区市场经济的实践不断引发着争论,深圳,从她诞生之日起,命中注定就是一座有争议的城市。每一次争议都不同程度地触动着中国人的价值取向。从"蛇口风波"到"南方谈话";从干部人事制度改革等具体问题,到姓"资"还是姓"社"等意识形态领域的大问题;从经济到政治;从社会到文化;深圳伴随着争论成长。难怪作家梁晓声会说:"即使我自己,观念也由深圳的影响变得相当的矛盾,相当的分裂。有时我主张或者赞同什么,往往会说:'深圳便是那样的!'有时抵触或反对什么,也往往会说:'能像深圳那样么?!'"[①]

到90年代后期,随着"建设有中国特色的社会主义市场经济理论"的提出、到率先实现现代化示范市目标的确立,深圳20年的市场经济实践全面获得了来自官方、民间、国内国外的普遍赞赏,在物质水平发展和制度建设取得巨大成就的基础上,深圳人的整体价值取向也在冲突中逐渐实现着从传统到现代的全面转变。在1996年所作的《深圳市民思想道德状况调查分析报告》[②]中我们可以看到一些明确的结论:关于"人活着就该做什么"的问题,67%的人选择"不断接受新的挑战";关于奉献精神,

---

[①] 梁晓声:《九五随想录》,新疆人民出版社1996年1月版,第203页。
[②] 深圳市精神文明调研与规划课题组:《深圳市民思想道德状况调查报告》,载《深圳市精神文明建设》,第503页。

89%的人选择"利己又利人"——而非传统的"毫不利己、专门利人";关于人最重要的品质,82%的人选择"诚实"作为人最重要的品质;在选择职业的态度上,55%的人选择"拼搏开拓、实现自我";在工作要求上,67%的人"力争上游";对于与自己不同的看法,能采取宽容态度并试着理解的达到78%,72%的人具有较强的自我保护意识……可见,较早建立市场经济基本框架的深圳,人们的价值观发生了巨大的变化。开放宽容,乐于接受新经验、新观念、准备接受社会的改变和变化取代了传统的闭锁与保守;利己利人,互惠合作取代了传统的"毫不利己,专门利人"的过高要求;理性,注重现在与未来,守时守信,追求强烈的个人效能感,对人和社会的能力充满信心,办事讲求效率,注重知识,重视专门技术,愿意根据技术水平高低来领取不同报酬等富有现代色彩的价值观念获得了大多数深圳人的认可。

三 移民,开放心态、拼搏精神、创新意识的形成与自我身份的重新寻找

考察深圳与其他城市的异同,最大的特征是移民。作为全市人口95%以上为外来人口的典型的移民城市,深圳的移民文化特征引起了研究者的广泛关注。[①] 移民为主体的特殊的人口构成,影响着深圳人的价值观。深圳的移民大多来自大陆各省份,早期,特区的创业者多为五六十年代出生的人,中后期,更多年轻人涌入了这个年轻的城市,形成深圳"两头大中间小"——一头是高学历的年轻人,一头是数目惊人的打工者,中间是比例较小的中老年人,平均年龄不到30岁[②]的特殊人口结构。城市主体人口占绝对优势的移民化,年轻化,形成了深圳迥异其他城市的精神风貌,引来"浮躁""有活力""进取""开放"种种评价。

移民确实带来了心态的开放与宽容。面对陌生的自然和社会环境,移

---

① 参见王京生、尹昌龙《深圳与香港:移民文化的比较分析》《移民主体与深港文化》,载《邓小平文艺理论与广东文化实践》,花城出版社2000年1月版,及《深圳精神文明建设》,海天出版社1999年8月版。

② 参见历年《深圳年鉴》,深圳市年鉴编辑委员会编,深圳年鉴社出版。

民们兴致勃勃地开始着从语言、饮食、日常生活习惯、风俗礼仪到思想观念的改变与适应。五花八门的饮食与衣着、大量的流动人口、发达的资讯、一年数次的搬家或"跳槽"经历、各种变动不安的说法，尤其是急剧推进的改革步伐带来许多新的制度、"游戏规则"、运作方式……如何应对，心态的开放包容与学习接纳、消化吸收成为必然。这无论在企业家、机关干部还是外来劳务工身上都表现得十分明显。深圳也因而成为最不排外的城市。《深圳青年》杂志原主编、时任深圳市文化局局长王京生的那句："这里的握手比较有力，这里的微笑比较持久"，最好不过地展示了深圳兼容并包的开放姿态。许多打工者、旅游者自述深圳经历时对此交口称赞，感慨万端。① 移民，这种从衣食住行、礼仪风俗到深层思想观念的全方位改变无疑是影响深远的，加之毗邻港澳的"窗口"位置，深圳处于内地与沿海、中与西的文化交流冲撞之中，深圳人已然形成了一种开放包容的现代心态。这种开放几乎是全方位的，包括生活方式、价值观、审美观、性别意识等方面，加上多为年轻人等因素，大多数深圳人十分乐于接收新的生活经验、思想观念和行为方式，处在一个改革变动中的社会，深圳人渴望变革与进步，对未来充满希望与憧憬。

移民不仅具有"文化融合的开放性"，还具有"移民主体的进取性"，这种进取性，正如王京生、尹昌龙在《深圳与香港：移民文化的比较分析》中所言，表现为"搏命与拓荒"，坚持"理想主义抱负"的移民精神。深圳初期的创业者白手起家，恶劣的自然环境与充满各种压力的制度创新环境，让开拓者们饱尝艰辛，一时甚至有"不是进医院，就是进法院"②的流行语。回顾特区创业史，真有"杀出一条血路来"的悲壮。难怪有研究者言："世上的移民大都是勤快、矢志改善生活、敢于承担风险的自我甄选（self-selected）人士"，③ 本着搏命创新的精神，深圳创造了许多值得自豪的"全国之最"，如"全国第一个对外开放工业区""全国首

---

① 参见杨宏海主编《打工世界：青春的涌动·打工者的文学》，花城出版社2000年版。
② 进医院是太累，进法院是可能触犯了传统体制的陈规陋习。深圳有"累死"的好干部贺方军等人，在举办诸如第一次土地拍卖等改革行动中，改革者都是冒着"进法院"的危险。在纪念深圳特区成立20周年的大型舞台剧《祖国，深圳对您说》中，表达过类似的情节。
③ 林洁珍、廖柏伟：《移民与香港经济》，商务印书馆有限公司1998年版，第3页。

次公开转让国有企业""全国首次拍卖土地""全国首次拍卖文稿""全国第一家保税区"等。① 没有搏命、拓荒精神,就没有深圳的今天。支撑拼搏、开拓精神的,正是移民特有的理想主义抱负。"移民是梦想的产物。"很多移民来深圳,往往不是集体的安排,而是出于个人的选择,一种对新新生活、新身份的追求。"深圳移民的拓荒适应着中国改革开放的国家战略,并且担当着敢闯敢拼的先锋角色……带有一种与制度创新和经济创业相关的理想主义抱负。"这种理想主义抱负,就城市整体而言,90年代后期,被明确确定为率先实现有中国特色的社会主义现代化示范市的目标;而就每个个人而言,则意味着人生新的定位,对一种新身份的追求。很多表现深圳生活的文艺作品,都将深圳作为一个寻梦之地,很多人也确实在深圳实现了自己的梦想。而作为一个经济特区、工商城市的主体——企业界更是敏感地意识到了自己在中国工业化、现代化大潮中扮演的角色。例如著名企业"万科"公司提出的培养"职业经理人"口号、《万科》周刊推出"白领"文集,无不指向一种新身份的寻找与定位。②

以移民为主体的城市人口构成,率先推进市场经济体制的现实变革,使得深圳人普遍形成了一种开放、拼搏、创新,面向现代化、面向世界、面向未来的观念和视野。种种观念及其落实为其对"现代人"身份的追求实践,在中国改革开放,追求现代化的语境中具有理想、先锋、示范的意义。

四 大众文化的兴起、资讯、港台影响与价值观、审美观的鄙俗化

大众文化主要是指与当代大工业生产密切相关,与市场经济密切相关,以工业方式大批量生产、复制消费性文化商品的文化形式。大众文化主要表现为畅销小说、商业电影、电视剧、各种形式的广告、通俗歌曲、休闲报刊、卡通音像制品、营利性体育比赛、时装模特表演等。大众文化

---

① 参见深圳市计划局编著《深圳的全国之最》,海天出版社1990年8月版,及《深圳年鉴》等。

② 参见《万科》周刊,万科企业股份有限公司主办,网址 http：www.vankeweekly.com《白领》(上、下卷),花城出版社1999年版。

产品是在买卖关系中实现自己文化价值的商品。深圳率先建立市场经济体制，文化传播媒介的技术化和商业化程度很高，80年代中后期，随着物质生活水平提高，消费娱乐观念改变，社会流动频繁、闲暇时间增多，文化市场迅速形成，大众文化迅猛发展。

自港资最早在深圳投资兴办歌舞厅开始，一种文化工业，文化消费的机制就被引入了深圳。深圳大众文化市场投资和消费主体都十分多元化，生产经营模式则仿效港台。大众文化发达的港台提供了文化工业的经验，商业的发达，资金的充足，"与国际惯例接轨"的做法为大众文化的引进和兴起创造了很多有利条件。深圳毗邻港澳，岭南文化素来就有讲实用，重感官享受，饮食娱乐的传统；中国香港大众文化异常发达，港台地区海外文化通过多种渠道影响深圳——如深圳最大的影业公司"南国影联"，引进国外通行的"院线"制度，与中国香港同期上映最新影片。一度，深圳人必看的电视节目是明珠台晚上9:30分的节目，这一时间档播出的往往是好莱坞的影片。除了经常看香港电视节目，深圳人还听粤语流行曲，看香港歌星表演，关心香港娱乐新闻、消费大量盗版光碟。从80年代中后期起，深圳出现了大量种类繁多的大众文化消费和生产场所，有数目惊人的歌舞厅、酒楼高级宾馆、DISCO、酒吧、电子游戏机室、广告公司、动画片制作公司、网络公司等。[①] 每天的《深圳特区报》《深圳商报》、深圳电台、电视台等主要媒体登载播放大量广告。进口高级休闲类、时尚类报刊在深圳有很好的销路。随着上网人数的迅速增加，网络更是速度惊人地传播着大众文化。这样，建市20年来，深圳市政府文化部门一直都在努力"弘扬主旋律，以高雅艺术陶冶广大市民的情操"，也取得了相当的成效，但不可否认伴随商品社会消费大潮的大众文化，可谓来势凶猛，对深圳文化影响至深。

大众文化产品正是打破传统的文化与经济的界限，以买卖"文化"、消费"文化"来谋取利润的特殊商品。事实上，大众文化的兴起并非深圳独有的现象，改革开放20年来，整个中国大陆都出现了"文化的商品化"

---

① 参见潘震宙等主编《中国经济特区文化研究》之第三章"经济特区的社会主义文化市场"，宁夏人民出版社1999年版，第40页。

趋势。大众文化提供休闲娱乐，一定程度上，体现了民众的文化需求和文化权力，并促成了文化领域多元化、多层次格局的形成。这种状况表明，市场经济的发展不仅给深圳等发达地区带来了物质生活的改善，也拓展了精神生活的空间。大众文化某种意义上成为传统的主流文化与精英文化二元文化结构之间的一个中间地带，对长期遭受种种思想禁锢的中国人而言，不无积极的"解放"意义。

但是，大众文化带来的诸多问题却是不容忽视的。影响日广的文化研究理论、结构主义和后结构主义对大众文化的解读，尤其是法兰克福学派对大众文化的猛烈抨击，哈贝马斯关于"公共领域"的论述，都提醒我们必须重视大众文化的复杂影响。[①] 里查德·汉密尔顿曾把大众文化的特征归纳为：普及的、短暂的、易忘的、低廉的、大量生产的、为年轻人的、性感的、欺骗性的……[②] 洛文塔尔认为："在现代文明的机械化生产过程中，个体的衰微导致了大众文化的出现，这种文化取代了民间艺术和雅艺术。通俗文化产品全无任何真正的艺术特征：标准化、俗套、保守、虚伪，是一种媚悦消费者的商品。"[③] 正如贝尔指出，大众文化塑造了一批缺乏终极关怀，艺术趣味粗鄙、空虚麻木的文化大众。[④] 就深圳人尚在形成中的价值观而言，大众文化的繁荣至少导致了价值观、审美观的鄙俗化倾向。其实，以整个中国来看，大众文化是伴随社会由市场经济推进的"文化转型"而日渐形成的以感官享受、现实利益和初级关怀为主要内容的价值观、意识形态的反映。它以各种方式解构着传统价值观，也是种种"道德滑坡"和文化鄙俗化现象的推波助澜者。随着市场经济的深入推进，如何在大众文化无孔不入的"包围"中发展高雅艺术和独具特色的民间文

---

① 法兰克福学派的阿多尔诺、霍克海姆等人在描述大众文化的生产过程时创造了"文化工业"这个深具批判力的概念，认为文化产业生产劳动大众不必思考而消费的文化，这种文化具有意识形态功能，麻痹操纵大众对现状心满意足，从而维护资本主义制度。参见（美）马丁·杰伊著：《法兰克福学派史》，单世联译，广东人民出版社1996年4月版。

② 引自（美）丹尼尔·贝尔《资本主义文化矛盾》，赵一凡等译，生活·读书·新知三联书店1989年5月版，第120页。

③ 转引自陈刚《大众文化与当代乌托邦》，作家出版社1996年9月版，第22页。

④ 参见[美]丹尼尔·贝尔《资本主义文化矛盾》，赵一凡等译，生活·读书·新知三联书店1989年5月版，第128页。

化，是深圳文化建设面临的重任，是深圳人建构文化身份，提升文化品位，保持其在社会文化转型中的领先地位必须完成的任务。更进一步，这也是即将加入"WTO"，进入"全球化语境"，整个中国文化建设面临的严峻挑战。

五 消费与身份认同——阶层分化与以经济取向为主的价值观的逐渐形成

由于深圳经济建设取得巨大成就，深圳人较早地"富裕"起来了。高经济增长带来了高消费，随着深圳社会日益加快商业化步伐，与国际惯例接轨——实际上是与跨国市场接轨的速度也越来越快。全球普遍的消费主义文化[①]浪潮，正在影响着深圳人的生活方式、身份认同及价值观念。

人均GDP过4000美元，深圳人率先全国进入小康，一批"先富起来"的人们更是引领消费时尚。在深圳，买房、豪华装修、经常性地上酒楼吃饭、从内到外穿名牌等，已不是少数人的特权。各式各样的消费场所提供着五花八门的消费服务，日常用品的消费水平更是突飞猛进地提高，这从零售业在深圳的飞速崛起可见一斑。深圳的零售业原先是没有什么基础的，特区成立后的前几年，也仅有天虹、国际商场等少数港资企业进驻。但短短十几年后，特别是近一两年。深圳街头出现了大小不等的无数零售商店。其中，仅大型的就有全球最大跨国零售商沃尔玛（美国）、第二大零售商家乐福（法国）以及华润万方（中国香港）、百佳（中国香港）、万佳（深圳）、茂业（深圳）、民润（深圳）等的多间分店，及"国茂""女人世界""新大好""友谊城"等多处购物场所。正如一个深圳人所言，"如果有大陆的亲友到深圳来，去旅游景点当然是要的，但是，要让他更好地了解深圳人的生活，我会带他到商场，大超市去购物。"确实，各式各样的商场，琳琅满目的商品，大规模的购物，在深圳人的生活中占

---

① "消费主义文化—意识形态"概念首先由 L. Sklair 在他的著作 *Sociology of Global System* 中提出。他认为在资本主义的全球化实践中，文化总是具有服务于这个体系的意识形态功能，在这个领域所有跨国文化实践毫无例外地同时属于意识形态的实践，因此可以将消费主义叫作"消费主义文化—意识形态"。参见 L. Sklair, *Sociology of Global System*, Harvest Wheatsheaf, 1991, 第41—42页。转引自陈昕、黄平《消费主义文化与中国社会》，载《上海文学》2000年12月号。

据着越来越重要的位置。正如商业广告所言,"我们售出的不仅是一种产品,更是一种生活方式!"现代跨国公司出售的各种商品背后,是一种模式化的现代生活方式——不计成本地追求便利、快捷、高效、西化。"用最方便的、买最好的、尝试最新的、选择最快的"往往是深圳人消费的尺度或理由。深圳人的衣着,往往求名牌、求时尚;食,净菜、全加工或半加工好的熟食、方便食品等是首选,大大减轻缩短了做饭的劳动强度和时间;普遍使用的煤气、微波炉、洗衣机(很多人家还有洗碗机)、吸尘器(还有"钟点工"),减轻了主妇的工作;住,深圳人均居住面积已达15平方米,中等人家一般都有三房两厅,除煤气、水电、分体空调、有线电视等一应齐全(有的社区还开始有了直接可供饮用的纯净水)外,很多人家都做装修,买高档电器;行,以车代步为数不少,很多家庭拥有私家车,有的家庭甚至有不止一部。日常交通,使用单位车辆的也不在少数。以上种种,加上资讯的发达,观念的开放,使得深圳正在形成一种消费型的都市化生活方式。

消费深刻地影响着深圳人的自我身份认同和价值观取向。身份困惑一直是深圳人的一个问题。这固然由于移民带来了身份的变动,但更是因为市场经济、自由竞争带来了社会阶层的重新分化。如果说社会阶层是指"基于社会资源的不平等分配的地位划分",① 那么,就深圳这样一个处于急剧变革、发展迅速的社会中,由于"收入、威望、权力、教育、机遇"等的不同,深圳人正在分化为不同的阶层。中国传统的干部、知识分子:工人、农民这样的群体划分似已难于解释深圳的各种群体。深圳人大致分化出"企业家群体(新兴的商业精英)""白领"(高级文员、技术人员、新"买办"、机关公务员等)、"个体经营者""外来劳务工"等社会群体,他们占有不同的社会资源,拥有不同的社会地位和生活方式。② 在一个人员流动频密、移民而互不知根底的城市,阶层、身份的区分往往是由消费来实现的。你穿什么衣服、到什么场所购物,往往成为辨识身份的标志。在深圳女性的日常交谈中,去什么样商场购物,到哪个酒楼吃饭,穿什么

---

① [日]富永健一:《社会结构与社会变迁》,云南人民出版社1988年版,第21页。
② 参见毛少莹:《深圳的三类人》,载《深圳商报》1997年11月27日。

品牌，用哪一种化妆品，到哪里去做美容……是长盛不衰的话题，谈论这样的话题，形成各种各样的消费圈。购物，成为花费很多时间与精力，也让人从中获得很多乐趣或烦恼的事情。越来越多的人似乎越来越热衷于逛街，正培养起日益膨胀的"欲购情节"。或许可以初步判断，在推行市场经济推行及改革开放的大背景影响下，在20世纪愈演愈烈的"全球化"的浪潮冲击下，作为第三世界国家的先进开放地区，深圳，首当其冲地从生产社会进入消费社会，深圳既有生产社会的特点，又有消费社会的特点。[①] 在消费主义文化影响下，在各式各样铺天盖地的广告的百般诱惑下，越来越多的人被卷入越来越多的必要或不必要的购物行为中。

换言之，消费开始超出了深圳人的生活所需，具有了更加耐人寻味的意义。人们所消费的商品不但有使用价值，而且还具有符号象征价值，地位、品味、时尚、美好生活、理想世界似乎都与消费有关，都由消费决定。在关于购物与消费的比较中，"消费"多多少少正成为深圳人一种自我身份识别认同的途径——深圳人来自全国各地，通过消费，他们指认自己的深圳身份；先富起来的"成功人士"，高消费多少让他们体会到了一种优越感。毫无疑问，在与跨国市场接轨的开放改革过程中，作为外来移民，作为率先实现现代化的先行者，深圳人对自己的城市、对个人身份的认同，与消费建立了密切的联系。更进一步，消费深刻地影响了深圳人的价值观，消费的重要意义必然地决定了消费不可或缺的金钱的重要性。"赚钱第一"，使早期深圳人艰苦创业的拼搏奋斗之风受到冲击。讲吃、讲穿，奢侈浪费现象绝不鲜见，很多人甚至走向了拜金主义的泥潭不能自拔。所谓"用毁坏良心的手段去赚钱，又用毁坏健康的办法去花钱"，一种以经济取向为主的价值观在悄然形成。

结语：市场经济对中国是"新生事物"，改革开放这一重大社会变革引发了价值观的深刻变化。从市场体制的基础性作用、移民影响、大众文

---

① 所谓消费社会是与生产社会相对而言的。生产社会的主要特征是商品稀缺，社会的主要目标是增加生产满足社会需求；消费社会的主要特征是生产能力相对于适度与节俭的传统生活方式而过剩，为了生产方式自身的生产和再生产，社会就要不断地刺激消费，使大规模的消费成为这种社会的基本生活方式。参见 Jean Baudrillard, *Selected Writings*, Edited by Mark Poster, California: Stanford University Press, 1988. 转引自陈昕、黄平《消费主义文化与中国社会》。

化、消费等角度对深圳人价值观的初步考察表明,市场经济为价值观转变奠定了物质和制度基础,所谓"启蒙"与"市场"之间的关系①在深圳清晰可见,一种与市场经济相适应的新的价值观正在深圳逐渐形成:传统的"重义轻利"被"义利并重"、合理报酬甚至少部分人的唯利是图所取代;相应地,"正当谋私"取代"大公无私","发财致富"取代"安贫乐道";而"因循守旧,与世无争"则被"开拓进取,自强不息"所取代。求实高效、创新、重视人才、积极竞争、守时守信、法制观念、机遇观念、信息观念、管理观念、环保意识等成为在深圳获得普遍认同的"深圳观念",并影响全国。这些观念——恰如诺贝尔奖获得者库兹涅兹所言:"经济增长的同时必定伴随流行价值观念的迅速变化。这种变化既是经济增长的结果,又是推动经济进一步增长的原因"②。变迁中的价值观成为深圳经济可持续发展的重要动力。

更进一步,如果我们将这些正在形成中的观念与英格尔斯等人关于现代人应具备的价值观念相比较,③ 我们可以看到现代性在深圳人身上的迅速成长。如果说现代性(文化)是现代化(经济)对应的精神状态,那么,"经济现代化"已经初步实现的深圳,其"文化现代化"也在大步迈进。无疑,年轻的城市确有可能完成被委以"率先实现现代化"的重任。市场经济条件下深圳人的价值观状况典型地显示出在向现代转型的过程中,中国人价值观向经济、理性、世俗倾向转化的情形。与此同时,所谓

---

① 参见戴锦华《隐形书写——90年代中国文化研究》,江苏人民出版社1999年9月版,第64页。

② [美]西蒙·库兹涅兹:《现代经济的增长:发现和反映》,载《现代国外经济论文选》第二辑,商务印书馆1981年版,第23页。转引自茅于轼《中国人的道德前景》,暨南大学出版社1997年版,第100页。

③ 英格尔斯将现代人具备的价值观念归纳为:"1. 现代人准备和乐于接受他未经历过的新的生活经验、新的思想观念、新的行为方式。2. 准备接受社会的改变和变化。3. 思路开阔,头脑开放,尊重并愿意考虑各方面不同的意见、看法。4. 注重现在与未来,守时惜时。5. 强烈的个人效能感,对人和社会的能力充满信心,办事讲求效率。6. 在公众生活和个人生活中趋向于制订长期计划。7. 注重知识。形成个人对世界的看法和意见时,注重对事实的考察和尽可能去获得知识、探索未知领域。8. 可依赖性和信任感。9. 重视专门技术,有愿意根据技术水平高低来领取不同报酬的心理基础。10. 乐于让自己和自己的后代选择离开传统所尊敬的职业。对教育的内容和传统智慧敢于挑战。11. 相互了解、尊重和自尊。12. 了解生产及过程。"

"现代化与现代性的矛盾"也在这里显现。大众文化和消费主义文化对深圳人价值观、审美观的极大影响,其所导致的"单向度的人"、拜金主义、审美鄙俗化等现象,则应当引发我们对现代性的反思。总而言之,有关深圳文化价值观的演变,无论是本文提到的四个方面,还是本文基本没有提及的,涉及政府主导的精神文明建设、文化建设和对科技的大力投入对深圳人价值观的引导和影响,都值得进一步深入研究。

深圳是现代国家政治、经济和社会运行的产物,是中国自晚清特别是"五四"以来追求现代化第一次比较成功的实践成果,深圳高速发展的短暂历程,浓缩了太多值得探寻的东西。在20世纪末全球化语境下的改革开放实践中,深圳这片热土已经萌生成长起来的观念亟待理论总结,而那些实践中的教训也必须总结汲取,只有这样,那些曾经或正在影响深圳人选择、冲击中国人思想的宝贵观念,才能得到提炼结晶,并获得持久的力量和真正的合法性。也唯有如此,深圳才可能真正发挥自己应有的先锋作用。

聆听特区文化的时代涛声*

——市场经济与深圳观念

从1979年建市，1980年建立经济特区，深圳经济特区肩负改革开放的"窗口""试验场""排头兵"重任，率先开展了建立社会主义市场经济的伟大探索。经济基础决定上层建筑，市场经济的探索带来了深圳观念的开放与变革，并辐射影响全国进而形成一定的观念优势。深圳观念及其影响预示了深圳文化的萌芽。

改革开放30年来，随着市场经济体制的建立和中国社会的全面开放，我国的文化价值观发生了巨大的历史变迁。以深圳为代表的经济特区是改革开放的产物，分析特区文化及其蕴含的价值观，正是观察中国人文化价值观变迁的最好视角。

20世纪80年代，特区被赋予率先探索建立市场经济体制的历史使命，正是市场交换、自由竞争，引发特区人价值观改变并辐射影响全国。以深圳最早的工业区蛇口为例，作为"第一个吃螃蟹的人"，蛇口人在市场的摸爬滚打中，于特区建立的第二年就堂而皇之地将"时间就是金钱、效率就是生命""空谈误国、实干兴邦"的口号挂到了大街上！今天的人可能难以想象，那对当时被极"左"思想禁锢日久又耽于空洞理论之争的中国，是何等的振聋发聩、切中时弊！还是蛇口，1988年，北京来的教育家与蛇口青年发生了一场关于义与利、个人主义与集体主义的争论，影响之大而被冠以"蛇口风波"之名。追求正当个人利益从此成为时代的潮流。而特区引发的关于"姓资姓社"的疑问，更是从地方"惊动"中央，带来对意识形态的深刻反思。

---

* 本文为纪念改革开放30周年应邀而作，发表于《人民日报》2009年10月28日。

外向型经济的特点和特殊的移民人口,形成兼容并包、"与国际惯例接轨"的开放心态及开拓创新、干事创业的拼搏精神。进入90年代,由于全球化的加速和全球市场分工的改变,得益于毗邻港澳的区位优势,开放的特区迅速成为全球市场的有机组成,珠三角地区成为"世界工厂"。外向型经济使得特区人最早提出了"与国际惯例接轨"的口号,并形成了面向世界的开放心态。而早自80年代起,深圳等地率先打破僵化的人事政策,自由的劳动力市场引来前所未有的移民潮。大批移民面对陌生的城市,在适应语言、饮食、不同风俗礼仪,尤其是急剧推进的改革步伐带来的新制度、新规则的同时,不单日常生活方式发生改变,心态的开放和包容也成为必然。"英雄不问出处",深圳因此被视为中国最不排外的城市(深圳也是中国唯一一个以普通话为通用语言的南方城市)。

文化的市场化带来大众文化的兴起、西方文化的冲击和审美取向的多元化。自80年代深圳出现第一家歌舞厅、开展第一次文稿拍卖开始,文化市场迅速在全国发展起来,文化开始与政治"相对分离",更多地走向满足老百姓的日常娱乐需求。各种流行歌曲、外国大片、DISCO卡拉OK、盗版碟、明星新闻让人眼花缭乱。到90年代,中国人审美取向多样、价值观多元、文化消费多层次,西方观念冲击传统观念,大众文化"排挤"精英文化的格局已悄然形成。

消费与身份认同——以经济取向为主的价值观逐渐形成。特区作为"先富起来"、拥有大量外来人口的新城市,贫富分化相对明显,职业乃至住所变更都十分频繁。在一个"遇见陌生人的地方",我是谁?我从哪里来,到哪里去?是继续待在这里还是选择离开?都成为很多特区人面临的问题。然而,这些问题在给农村的老家寄钱、带外地来的亲友到豪华商厦消费的自豪中逐渐有了模糊的答案。更进一步,人们的身份、地位、品味、美好生活、理想世界似乎也在消费之中获得了提升与实现。脱贫致富,中国人几千年来的梦想仿佛第一次在如此多的人身上实现。

综上不难看出,市场经济是触发特区及中国人价值观变迁最主要的因素,所谓"启蒙"与"市场"的关系在30年的发展脉络中清晰可见。时至今日,市场经济带来的竞争原则、合理的义利观、追求个人财富的正当性、科学理性、开放多元、尊重个性、守时守信、环保等价值观念已为人们普遍接受。

中华人民共和国成立60年,中国正和平崛起,人类也正进入全球化带来的发展突变期。经历了市场经济洗礼的中国人,如何克服同样是市场带来的功利主义、工具理性、消费主义等负面影响,在吸纳西方先进文明成果的同时弘扬优秀民族文化传统,无疑,是最终完成中国人价值观现代转型、重建中华文化独特形态,贡献人类社会的关键。特区文化应进一步发挥特区优势,在这一历史过程中做出新的贡献。

"深圳精神""深圳价值观"的形成、影响及意义*

回顾改革开放30年来,具有市场驱动性、制度创新性、开放多元性、本土人文性等鲜明现代特征的"深圳精神""深圳价值观"对中国在精神、价值观领域的引领带动作用不容忽视。它也对深圳城市文化及其有中国特色的新城市文明的形成,发挥着积极影响。

(一)"深圳精神""深圳价值观"的形成

1. 改革开放的驱动

"深圳精神"和"深圳价值观"一定程度上是我国"文化大革命"结束、拨乱反正、改革开放、时代大变革的产物。1978年,十一届三中全会召开,中国终于实现了从"以阶级斗争为中心"向"以经济建设为中心"的国家战略性转变,开启了改革开放之路。改革政策的核心是"分权化"——打破原来计划集权体制,让地方拥有经济发展自主权。深圳等经济特区的成立正是地方分权的结果之一。与地方分权同步进行的是增加个人的自由选择权,充分发挥个人和企业的自主性。30年的发展证明,正是让个人的自主性得到充分发挥,即:人们获得了一点个人自由。① 才造就了中国经济崛起的

---

* 本文为深圳市发展与改革委员会委托课题:《深圳"十二五"规划前期研究之:城市文化发展策略研究报告》部分内容缩写。课题负责人(组长):毛少莹;课题组成员:黄士芳、杨立青、魏甫华、宋阳、李奇。艾传荣等人对本文的观点有贡献。本部分执笔:魏甫华、毛少莹。

① 参看周其仁《邓小平做对了什么》,2008年芝加哥大学"中国改革30年"论坛会议论文。在我们看来,改革也好,开放也好,其实还只是手段,其目的是为广大的个体创造追求自由的条件和环境。所以,我们认为,深圳的特区精神的根本内核还是自由的精神,是对个人自由的渴望和追求。如深圳市公共艺术中心主任孙振华认为,深圳梦是一个关于新生活的梦;当年许多人奔赴深圳,是因为深圳在体制上、观念上、生活方式上有许多与内地迥然有异的地方,在一段时间里,深圳曾经是一个新大陆;把深圳梦界定为淘金梦是不准确的,深圳梦的核心是人的自由和解放。参见谢湘南《深圳梦:一个伟大城市的重新期许》,南方网,2010年03月01日。

世界奇迹!

换言之,自1978年以来的改革,其实质是政治权力逐渐退出社会经济领域,重新调整国家与社会的关系,释放出10多亿中国人个人自由的巨大能量。可见,启动中国经济改革的根本力量,是政治改革。在中国经济改革背后有着深刻的政治逻辑。① 深圳经济特区是中国改革开放的产物,改革开放既是深圳经济特区合法性的前提,也是进行各种制度创新的前提,更是"深圳精神""深圳价值观"产生的基本前提。

2. 市场启蒙的结果

晚清以来,在西方军事、经济入侵后,中国文化传统断裂,甚至被抛弃。1919年,"五四新文化运动"高举"科学、民主"的大旗,点燃了中国文明复兴的火炬。但由于国力积弱和极"左"路线的推行,中国文明复兴之路一波三折。中国真正意义上的启蒙运动是由深圳等经济特区的建立而启动的。纵观历史,中国的历次启蒙运动基本上属于思想(理论)层面的启蒙运动,在社会结构方面的影响十分有限。1978年以来中国以改革开放推动的新启蒙运动,其最大的特点在于,它不是由学院知识分子而是由市场来推动的。而深圳等经济特区为改革开放"杀出一条血路"的成功实践,则第一次在实践、而非理论的层面,实现着现代启蒙,并引发社会基本结构的革命性改变。

成立经济特区以来,深圳确立了以市场化为基本路向的经济改革进程。市场的本质是竞争,而竞争的本质就是自由。"时间就是金钱,效率就是生命"宣示的不仅仅是对金钱欲望的肯定,更是一种启蒙精神下的经济自由理性。哈耶克强调,"个人自由的政策乃是唯一真正进步的政策"。改革开放30年深圳所取得的巨大成果,也印证了经济自由是保证其他自由行使的基本条件,它是达到马克思所指出的"人的全面自由和解放"的关键一步。深圳等特区以行动,启蒙并推动了改革开放在全国的展开。

3. 经济、人口与区位的影响

形塑一个城市的精神和文化性格的力量,除了政治之外,主要还有人口结构和经济结构。在深圳95%以上的深圳人都是移民。移民的流动带来

---

① [美]谢淑丽:《中国经济改革的政治逻辑》,加利福尼亚大学出版社1993年版。

了文化的流动,而庞大的移民也构成了多元和冲突的城市文化性格。这种城市文化的多元性还由于毗邻港澳等区位优势,带来外来多元文化的冲击。中国香港是中西文明交汇嫁接的桥梁,毗邻香港的深圳也是中西文化的桥头堡。如何吸纳文化的多元性和化解文化的冲突性,构成了"形塑"深圳城市文化性格的两股张力。

深圳经济是典型的外向型经济,经济对外依存度非常高。[①] 这种经济结构决定了深圳城市文化的性格具有高度的开放性和外向性。而这种以国际惯例和跨国企业的制度规则为"游戏规则"的开放性和外向性,使得深圳文化具有很强的国际化和全球化特征。中国社会科学院中国城市竞争力项目每年评选最具竞争力的城市,深圳都位居国内城市之首,其中一个非常重要的因素就是,深圳的制度化和规范化程度高。[②]

4. 消费与深圳城市认同

城市文化形成的重要标志之一是市民城市身份认同的建立。作为一个移民众多的城市,深圳人的身份认同的建构还在进行当中,并借助消费行为得到加强。

特区作为"先富起来"、拥有大量外来人口的新城市,贫富分化相对明显,职业乃至住所变更都十分频繁。在一个"遇见陌生人的地方",我是谁?我从哪里来,到哪里去?是继续待在这里还是选择离开?都成为很多特区人面临的问题。然而,这些问题在给农村的老家寄钱、带外地来的亲友到豪华商厦消费的自豪中逐渐有了模糊的答案。更进一步,人们的身份、地位、品味、美好生活、理想世界似乎也在消费之中获得了提升与实现。脱贫致富,中国人几千年来的梦想仿佛第一次在如此多的人身上实现。于是,"赚钱""发家致富"——当代中国以经济取向为主的价值观逐渐形成。消费行为(包括特有消费美学观念的建立)也成了深圳人建构自己和深圳这座城市的身份关系,并形成自己作为"深圳人"的身份感与自豪感重要方式。[③] 消费对身份认同的建构不仅是在深圳,对整个中国来说也是一次革命性的价值

[①] 参见乐正主编《深圳经济发展报告》,"序言",社会科学文献出版社2010年版,第2页。
[②] 参见倪鹏飞等撰写的由社会科学文献出版社出版的系列《中国城市竞争力蓝皮书》。
[③] 毛少莹:《聆听特区文化的时代涛声》,载《人民日报》2009年10月28日。

颠覆。但需要警惕的是，消费文化在一定程度上会对未来深圳城市文化性格产生巨大影响，它会对早期深圳城市的启蒙精神形成解构。

5. "飞地"文化与岭南文化的杂糅

广东人把广东之外的人都叫作北方人。依此，讲普通话的深圳，其文化就是北方文化的"飞地"文化与岭南文化交合的杂糅文化。中国香港文化学者陈冠中曾指出，香港城市具有杂种世界主义的特征，"杂种，就不是单种或纯种，杂种文化不是单一文化，就较有可能不执迷文化上的终极的纯正，故亦较有可能不对文化做出本质主义和不准质疑的理解，也就较不容易出现所谓原教旨主义。换个角度说，有了宽容，才有了杂种"①。就这个角度而言，深圳文化也是一种杂糅文化。从深圳本地人口的构成来看，深圳传统文化底色主要是客家文化和广府文化。而深圳主体文化是以移民为主的北方文化，或者说大中华文化。在某种意义上，也正是因为这种文化的杂糅特征，使得深圳文化具有宽容的精神气象和自由的心理空间。

但由于外来文化的"强势"，深圳文化存在某种"二元性"，即本地客家文化和广府文化很大程度上限于在本地人中自我循环。这种"二元性"对深圳文化的建构产生怎样的影响还不好估量。但本地文化的自我封闭会导致它自身文化活力的丧失，而主流移民文化对它的排斥也会使得深圳文化缺少本土——岭南文化的滋养。未来，深圳文化如何连接本地传统接，接通"地气"，② 以"新的传统，活的文化"形成深圳新本土文化，是深圳城市文化建设面临的重要任务。

6. 政府和市场双轮推动文化发展

如前所述，一方面，深圳文化政府干预较少，它的主要动力因素是市场，是企业，是移民。但另一方面，相比内地城市来说，深圳文化又是政府干预最多的文化。"文化立市"战略、"实现市民文化权利""深圳读书月""市民文化大讲堂"以及"两城一都一基地"等活动的举办和发展目

---

① 陈冠中：《城市九章》，上海书店出版社2009年版。
② 形成本土文化，始终是深圳文化发展需要解决的问题。见毛少莹《大力开掘城市文化资源》，载王京生主编《文化立市论》，海天出版社2008年8月版，第二章。

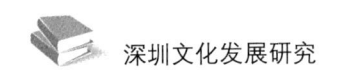

标的提出，无不打上了政府对深圳文化"形塑"的鲜明烙印。可见，深圳文化是在政府和市场双轮驱动下才发展起来的。

（二）"深圳精神""深圳价值观"的主要精神传统和思想资源

我们如果以一个同心圆来表示深圳精神及深圳价值观的精神传统和构成要素，那么，其最核心层是以儒家为代表的中国文化传统，第二层是"五四"以来的启蒙思想传统，第三层是中国共产党建立的社会主义文化传统，第四层是改革开放以来的市场经济文化传统。

1. 以儒家为代表的中国文化传统

5000年的中国文化是世界上唯一没有中断的文明，它是我们成为中国人的最基本文化基因。中国文化传统是一个以儒家为主的多元文化体，儒家文化丰富的思想内容及其对其他文化的回应与吸收，构成了中国文化传统的主流力量。儒家文化的包容性和适应性以及强烈的入世精神和治国平天下的使命感，也是中国文化得以不断发扬和存续的重要根由。[①]

以儒家为主体的中国文化传统无疑是深圳文化最深层的思想资源，儒家的入世精神等，不仅可以深刻地解释了深圳特区早期建设者的那种敢闯敢试的大无畏精神和历史使命意识，也深刻地影响了深圳30年改革开放的进程，成为深圳精神得以形成的深层精神传统和思想资源。

2. "五四"新文化运动以来的"启蒙"传统

"五四"新文化运动是当代中国重要的思想启蒙运动，它提倡的"德先生"和"赛先生"，到现在仍然是我们热烈欢迎的两位"先生"。从精神源流角度看，"深圳精神"可以说是"五四精神"最大的继承者和发扬者。"五四运动"是中国现代化道路的重要里程碑。中国现代化从洋务运动的器物技能层次，到维新变法、辛亥革命的制度层次，再到新文化运动的思想文化层次，显示出中国现代化认识的不断深化过程。然而，中国的现代化的真正转折点是1978年开始的改革开放。而作为其前沿阵地的深圳经济特区，无疑是承续"五四精神"再次启动中国现代化探索之路的历史扳道夫。

---

① "天行健，君子以自强不息"等，儒家文化其实是一个入世的传统。余英时先生专门分析了中国的"士"的传统，它最接近西方的知识分子传统。参看余英时《士与中国文化》，上海人民出版社1983年版。

从精神层面看,早期参与特区建设的那群人都是"五四"之子。① 而深圳精神和"五四精神"的契合,不仅表现在它继续高扬科学和民主的旗帜,更重要的是它身体力行,把"五四精神"内化为深圳改革开放的内在动力。当然,特区精神既是对"五四"启蒙精神的传承,又是对它的历史超越。"五四运动"基本上是属于知识分子内部的一场思想运动,对中国民间社会的影响不大,因此具有其自身的局限性。即便是1980年的"文化热"和1990年的"人文精神大讨论",其启蒙层次仍是在知识理性层面,主要还是知识分子群体内部自我循环,对社会结构层面触动很少。② 从社会结构变动的角度上考察,深圳经济特区带头建立市场经济的实践,推动了中国当代真正意义上的启蒙运动。

3. 中国共产党建立的社会主义传统

借用著名匈牙利经济学家科尔奈的概念,中国共产党创建的社会主义传统一定程度上构成了特区文化建设的硬约束。③ 这个传统的主要特点是强调平等和正义。甘阳指出,毛泽东时代的平等传统从1990年中后期以来表现得非常强劲,并已经成为当代中国人生活当中的一个强势传统。④

特区精神继承了最优秀的社会主义精神传统。首先"特区"概念,就是从中国共产党在解放区创造出来的。⑤ 被称作特区精神的"敢闯敢干""杀出一条血路"的大无畏精神,可以说是来自早期共产党创建的陕甘

---

① 大量对早期深圳特区的先行者的访谈中,可以强烈地感受到这一代人的家国情怀和五四精神的自觉意识。20世纪80年代创办的《深圳青年》,其办刊方针就秉承了五四新文化运动的《新青年》思想传统。

② 参见许纪霖、罗岗《启蒙的自我瓦解:1990年代以来中国思想文化界重大论争研究》,吉林出版集团2007年版。

③ 企业一旦发生亏损,政府对其追加投资、增加贷款、减少税收、并提供财政补贴,这种现象被著名转型经济学家雅诺什·科尔奈(Kornai, 1986)称为"预算软约束"。而所谓"预算硬约束"是:决策者要自己承担决策的后果,特别是决策失误后所造成的损失。我们在这里使用"硬约束"概念,强调社会主义文化传统是特区文化建设的政治合法性根源,20世纪80年代以来多次特区文化的争论,其实都跟特区文化的社会主义文化政治性质有关。

④ 甘阳:《中国道路:三十年和六十年》,《读书》2007年第6期。

⑤ 国务院原副总理谷牧在谈特区这一概念的由来时讲,"我记得广东的特区刚搞起来名称很多,有的叫来料加工区,有的叫自由贸易区,五花八门,什么都有,我就请示小平,说现在他们叫了各种各样的名字,恐怕中央要统一定一个名。邓小平连一分钟都不到就说:就叫特区嘛!延安开始时就叫特区嘛!",《谷牧讲述特区名称由》,载《南方日报》2009年11月6日。

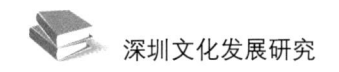

宁特区精神传统。其次中国共产党开创的社会主义平等传统在深圳特区得到了很好的发展。这个发展跟特区实现市场经济密切相关。只有落实到市场经济，社会主义文化传统里的平等思想才可以说真正地扎下了根。否则很容易演化成为各种政治运动。在这方面，我们已有不少惨痛的教训。

4. 1978年改革开放以来的市场经济传统

30年来形成的社会主义市场经济传统，虽然时间很短，但很多观念都已深入人心，基本上形成了以"市场"为中心延伸出来的新中国文化传统。

以市场机制和法治规则为核心的传统是深圳精神最具活力的一部分，是深圳城市竞争力的重要部分。在未来，深圳应该更加注重市场机制对资源的配置左右，完善社会主义市场经济体系，加快法制建设，进一步促进和巩固社会主义市场传统。

（三）"深圳精神""城市价值观"的基本内涵、主要特征

20世纪80年代，深圳人把自己的城市精神概括为"开拓、创新、献身"。90年代，深圳人把自己的城市精神扩充为"开拓、创新、团结、奉献"。进入21世纪，时任深圳市委书记王荣指出，"必须重新焕发特区拓荒牛那种激情和胆魄，放下包袱、轻装上阵、迎难而上、克难而进，勇立潮头、再创新业，以'杀出一条血路'的勇气，在新的起点上'走出一条新路'！""在全市上下特别是党员干部队伍中大力弘扬'想干、敢干、快干'的精神……在特区建立30年的新起点上再造一个激情燃烧、干事创业的火红年代！"

1. 深圳精神及深圳价值观的基本内涵

自成立经济特区以来，深圳进行了几次比较大的关于深圳特区精神的大讨论。20世纪80年代深圳人集中展现的是敢闯敢试、艰苦奋斗、勇于牺牲的精神；90年代，深圳人及时因应了外来人口逐步增多的移民城市特点，在价值观上体现讲团结、讲奉献。八九十年代的深圳精神及其价值观虽然粗犷，但是最具活力和开拓精神，充分展示了早期深圳精神的自由之力量美。进入21世纪后，2002年，通过"深圳精神如何与时俱进"的大讨论，"以人为本"等内涵得到进一步关注，如深圳市委市政府认为：第一，深圳精神必须包含高尚的社会主义人文精神。要以人为本，重视人，尊重人，关心人，发展人，实现"人的全面发展"。第二，深圳精神必须具有强烈的科学理性精神。要率先促进科学理性精神的成长，逐步形成充分反映民意、广泛集中民智的决策机制，建立重大决策出台前征询公众意见的制度，推进社会主义民主政治建设。第三，深圳精神必须具备坚韧不拔的开拓进取精神。深圳人应该有放眼世界的大视野，有不甘人后的进取心，有勇于面对挑战、主动承担历史责任的使命感，要坚决克服小进则满的落后心态。

与此同时，一篇《深圳，你被谁抛弃》①即反映出改革开放二十多年后国人对特区命运的关注，使深圳人从集体无意识的迷惘中发展为有意识的、自觉的自我批判与反省。这次讨论正在向纵深发展，使网络言论的广度向主流舆论的高度和理论研究的深度转化。

总的来看，我们认为，**深圳精神、深圳价值观的内涵**主要包括："自由精神"——正是自由，释放出了每个深圳人、整座城市乃至整个国家追求富裕和幸福的梦想，从而焕发了巨大的生产力和创造力。"科学、理性精神"——正是对市场经济规律的科学认识，本着理性的精神，深圳人能够在中国拨乱反正的改革开放中，率先走出自己的发展道路。"包容、宽容、开放、平等精神"——不以牺牲别人的权利为前提下实现自己欲求的自由，必然与包容、宽容等联系在一起。深圳是国内最具包容性和宽容力的城市。一个城市的宽容度是这座城市自由度和开放性的最重要标志。深圳的宽容度一方面是中央分权化的结果，另一方面，它也是深圳的移民文化所催生出来的。深圳是国内最重视个人隐私的城市，也是最具平等感的城市。"法治精神"——法治本身是市场规则的重要组成部分。"创新精神"——在自由、宽容、平等和法治的基础上，深圳展示出了特区的高度创新精神和创新能力，深圳是中国的国家级创新型城市，深圳是我国申请发明专利最多的城市。

---

① 参看《特区不特，五大名企疑"迁都"，〈深圳，你被谁抛弃〉引爆集体情绪》，载《南方都市报》2010年4月8日。

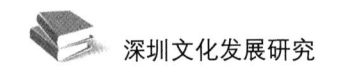

2. 深圳精神及深圳价值观的主要特征

第一，市场驱动性。深圳精神及深圳价值观最具有活力的一个根本原因就在于它的市场驱动性。市场是最具有效率的资源配置方式。恩格斯早就指出，商品经济是天生的平等派。市场所具有的这种平等性，保证了深圳精神和深圳价值观的健康性。可以这么说，如果哪天深圳精神和深圳价值观开始衰落了，一个重要的原因肯定是深圳城市的市场驱动性在逐步退化。

第二，制度创新性。市场驱动性是一种扩张性的能力，它必然提出制度创新的要求。深圳精神的制度创新性不仅表现在它最早提出土地流转拍卖并推动宪法相关条款的修订，或最早建立市场交易制度上，更重要还在于它本身对制度创新的敏感性上。深圳在一系列的市场制度上进行的大胆试验和创新，不仅极大地推进了深圳的经济体制改革，而且使制度创新性凝结成深圳特区最重要的精神内核之一。

第三，开放多元性。深圳精神及价值观的开放性和多元性与深圳的移民城市和外向型经济结构密切相关。首先，市场是深圳人口结构流动配置的最主要力量。受市场的驱动，深圳是中国城市人口结构倒挂最严重的城市，其次，开放性与外向型经济结构紧密相关。经济依存外贸出口，制度上和"国际惯例"接轨。市场经济体制的建立与发展，成为深圳精神的开放多元性的内在根源。

第四，本土人文性。深圳精神及深圳价值观具有世俗化的本土人文性。跟香港文化的长期殖民文化不同，深圳本身是中国文化的一部分。中国文化是从根本上说一种世俗化的人文文化。正因为中国文化的世俗化人文特征在当代历史中的延续，使得深圳特区发展从一开始就在市场、物质和个人层面获得内在的驱动，一方面破除传统社会主义对个人需求、个人欲望的压制，另一方面也开启了当代中国以经济发展、生活改善来推动社会转型的世俗化进程。

（四）"深圳精神""深圳价值观"的功能、影响及意义分析

一座城市如果没有自己的精神，没有自己的核心价值观，就好比一个人没有灵魂。随着深圳城市从渔民小村到一座国际性的海滨新城，深圳精

神及价值观也经历了自发到自觉地逐步成熟过程。不同时期的深圳精神和深圳价值观也有其不同的表现形式和功能。

1. "深圳精神""深圳价值观"的功能

城市的精神和价值观具有城市凝聚力，城市认同感以及提升城市文化软实力，增强城市竞争力等功能。它主要表现在以下方面：

第一，是使城市的发展从自发走向自觉。早期的特区精神和价值观指向比较单一，导致了早期深圳城市文化单向度发展。2000年后，深圳在城市文化定位和城市精神的塑造上提倡人文理性和科学理性，首倡政府的文化责任，满足市民文化需求，实现市民文化权利，推动了城市发展走向自觉，走向成熟。第二，是城市文化发展的根本动力。经济为城市发展提供了城市源源不断的物质力量，而精神和价值观则为城市文化的发展提供精神动力。随着世界城市竞争从"拼经济"到"拼文化"的转变，精神和价值观的动力系统作用就越加凸显。第三，是价值取向。城市精神及城市价值观对城市文化发展具有目标导向作用，决定着城市文化发展未来可能形成的样式。深圳不仅是一座经济中心城市，更是中国道路的探索者，所以未来的特区在政治和文化体制改革与创新方面的含义将会愈加凸显，一定程度上将呈现政治体制改革中心城市和区域性文化中心城市的特征。第四，城市精神和价值观还对城市发展具有规范和调节功能。美国著名社会学家丹尼尔·贝尔认为技术经济领域的轴心原则是功能理性，政治领域的轴心原则是合法性，文化则指通过文学、宗教等想象形式来揭示或表达人类存在意义的努力，它关注的是自我以及整个人类的超验的自由。正是因为三者遵循不同的轴心原则，使得文化在一定程度上存在对政治和经济的规范和调节作用。[①]

在过去30年里，深圳文化发展的历史脉络深刻打上了深圳精神和城市价值观的烙印。那么，深圳城市精神和价值观念到底是如何影响其文化发展的呢？我们认为主要体现在以下几个方面：

第一，城市精神及其价值观是城市文化发展的尺度。

从特区成立起，决策者们就强调特区既要搞好经济，也要搞好文化，

[①] 参看［美］丹尼尔·贝尔《资本主义文化矛盾》，生活·读书·新知三联书店1989年版。

把文化提到了跟经济一样重要的地位。这首先与早先特区决策者的个人经历有关。老一辈开拓者凝聚的特区精神和城市价值观对深圳城市发展规划产生了极大的影响。深圳经济特区从一开始就存在很深刻的内在政治文化逻辑，首先是对传统计划体制的反动，其次是对个人价值和自由选择权的尊重和保障。从特区建设开始，决策者就不仅仅是要建设一个加工贸易区，而是一座现代化之城。价值理念决定了城市规划对城市资源的配置。

深圳市委市政府在早期文化建设中就加大地方财政投资文化建设的比例，促进文化建设。1983年，深圳市委市政府确定新建八项重点文化设施，这是开拓者对国家和民族的文化命脉传承以及城市未来构想的精神产物，促使深圳文化从特区成立早期就有了一个非常高的起点，集中体现了早期特区精神和城市价值观。

第二，城市精神及其价值观是评价文化发展得失的标准。

文化发展背后的驱动力总是来源于社会的文化需求，城市文化发展最终的评判标准也由城市精神及城市价值观来决定。一段时间以来，深圳城市的文化发展紧扣社会文化需求，在"社会办文化"（即基础文化设施由政府办，娱乐性文化设施由社会力量办）以及市场化运作等方面远远走在了全国前列，走出了一条文化发展的新路子。而20世纪80年代开始，政府对文化领域采取"自由放任"态度，政府财政投入文化建设的经费大大减少。邓小平南方谈话之后，使经济理性摆脱了政治和文化理性的控制，并反而成为宰制文化理性的一种工具理性。在文化方面，尤其表现在消费主义精神的扩张，它在一定程度上影响了深圳城市文化的性格，解构了早期深圳城市的启蒙精神。

深圳30年来的文化发展对文化的社会化、市场化运作以及大众化等方面做出了重要贡献，但仍存在文化形式单一、娱乐性消费文化丰富、高端精英文化不足的现象。深圳市委市通过系列举措，满足市民不断增长的精神文化需求，促进城市市民的文化权利的实现和城市文化品位的提升。这也说明，城市的文化发展必须根植于城市的文化需求，但它需要立足于一个更高层面的精神和价值观来对市场化乃至过度市场化的文化发展模式进行平衡和纠偏，简言之，城市精神和文化价值观应成为衡量城市文化发展水平的尺度，只有坚持健康、积极向上的价值取向，城市文化才会更繁荣、更美好。

第三，城市精神及其价值观是指引城市文化发展的路标。

在深圳30年的文化发展历程中，每次文化发展的井喷期，几乎都要经历一次城市精神和价值观的大讨论和精神蜕变。20世纪80年代的"蛇口风波"，在理论上解决了个人主义精神在社会发展中的合法地位，推动了个人自主创业的风潮。邓小平南方谈话后，深圳经济进入了井喷式的发展期。2002年特区精神大讨论，特区政策和区位优势的丧失，直接催生了深圳"文化立市"战略的出台和实施。

长期以来，对文化和经济的认识，基本上是在"文化搭台，经济唱戏"的思想框架下，文化是被经济主导的副产品。随着近年来深圳推出系列公共文化政策，尤其是"十一五"期间"文化立市"战略的出台，标志着深圳把文化上升到了城市发展的战略高度，作为城市竞争的一种软实力，其城市精神及其城市价值观正成为指引城市文化发展的路标。

2. "深圳精神""深圳价值观"的影响及意义

第一，深圳的价值观念引领了当代中国的价值观转型。

要深入理解深圳价值观的影响和意义，就要把它放在一个更广阔的历史比较视野。深圳价值观念引领了当代中国的价值观转型，甚至在一定程度上，它是当代中国的价值观发展的"风向标"，是中国改革开放30年来的价值观念变迁的缩影。

从南京大学社会心理学教授周晓虹对30年来中国人的价值观和社会心态的历史演变阶段（十年"文化大革命"造成的传统价值观的断裂、传统价值观断裂后的价值观空白状态、现代价值观和社会心态的萌生、顿挫期、价值观复苏阶段和价值观和社会心态发展期六大阶段）[①]来看，深圳的价值观和社会心态方面至少领先于大陆其他城市两个阶段的演变时期，已走在了全国前列，为全国提供了一个典范样本，引领了全国价值观的变迁和重建。

第二，深圳的制度创新引领了当代中国的制度变革。

特区30年，可以说是中国国家制度重建的缩版。中华人民共和国的成

---

① 周晓虹：《30年来中国人的价值观和社会心态的历史演变》，载潘维主编《聚焦中国当代价值观》，生活·读书·新知三联书店2008年版。

立，完成了国家和民族独立主权的政治制度方面的建设。1978年十一届三中全会建立社会主义市场经济体系，基本上完成了国家经济层面的制度重建。十一届三中全会之后，国家许多经济、社会和文化制度方面的建设工作，首先是在深圳完成的。从制度变迁角度看，制度变迁最大的成本就是学习成本（包括试错成本），通过特区较小范围内的制度试验，成功后再推广到全国，可大大缩减国家制度建设方面要付出的巨大制度成本。

从某种意义上说，30年的改革开放和特区"摸着石头过河"的试错经验，不仅大大减低了制度变革的成本，还大大增加了党和国家的学习能力，为中国社会主义市场经济的建立和相关的制度建设做出了突出的贡献。

第三，推动"中国模式"从经济模式走向文明模式。

一个国家经济上的崛起，并不能算是真正的崛起，文化上的同步崛起才算是真正崛起。撒切尔夫人认为中国经济崛起并不可怕，因为中国只是输出制造商品，不输出思想观念。中国文化应当面对文化全球化的同质化挑战，努力为人类文化多样化提供更多的经验。但目前理论界争论沸沸扬扬的"中国模式"，在很大程度上还仅是发展中国家的经济发展模式，距离创造现代文明模式还有很长的距离。

作为国家先行先试的经济特区和综合改革实验区，深圳不仅要在经济制度方面做出有力探索，还必须在中国文化现代化层面做出更多的思考和探索，努力承担起推动中国模式从经济发展模式走向文明模式的责任。历史的发展说明，深圳的文化精神不仅是深圳的，也是国家的、民族的。今天，站在时代的高度上，深圳展示了自己的文化自觉，提出要建立一种"创新型、智慧型、力量型"的城市文化形态，在中国文化复兴的过程中，当仁不让地自觉承担起了探索的使命。

社会的成熟标志之一就是社会公民文化建设的状况。文化自觉落实到个人层面，就是公民文化权利的实现，即公民文化权利的充分表达。深圳是国内最早提出创建公共文化服务体系、落实公民文化权利的城市，但要真正建立一种健全的、全方位的实现公民文化权利的新模式，还需要深圳的进一步探索，更需要整个国家的探索。

总之，深圳已进入全国经济发达城市之列，但这并不是深圳发展的最终目标，其最终目标是从经济发达走向文化繁荣，为国家的文化繁荣、为中华民族的文化复兴做出自己特有的贡献。为此，我们必须全面继承深圳精神、进一步丰富和完善深圳价值观体系，为中国价值观的重建、为中国文化现代转型的完成，做出更多应有的贡献。

深圳文化的精神指纹与观念内核*

2014年公布的《国家新型城镇化规划（2014—2020年）》中，将1000万人口以上的城市为称为超大城市。按官方公布数据，深圳至2014年常住人口已达1077.89万人，考虑深圳大量的非常住人口，深圳的实际人口数则可能高达1400万甚至更多，是典型的超大型城市。事实上，随着深圳经济社会的快速增长和其他城市发展指标的可喜表现，深圳多年来一直名列中国一线城市行列，所谓"北上广深"，已成通行说法。无疑，作为一个建市时间只有短短35年的城市，深圳是城市成长史令人瞩目的一个奇迹！其中，经济奇迹自不待言，文化，一种带有鲜明深圳色彩的"深圳文化"也已现雏形，堪称中国城市文化发展的独特样本。观测深圳文化发展的基本情况，辨识其独特的精神指纹与观念内核，无疑将给当代城市文化发展带来有益启示。

一 已现雏形的深圳文化——从文化统计的角度看

近年来，由于文化领域，尤其是公共文化服务和文化创意产业领域的出色表现，深圳文化日益受到关注。已现雏形的"深圳文化"[①]到底怎么样，我们不妨再做些分析。

关于"文化"的界定很多，理论分析容易流于发散。这里，想借用一个更具操作性的方法，对深圳文化的"模样"进行大体勾勒。大约从20

---

* 本文为深圳市"十二五"社科规划课题"深圳精神与深圳文化"（课题编号：125A120，课题负责人：毛少莹）阶段性成果之一，发表于《特区实践与理论》2015年第4期。

① 毛少莹：《关于30年深圳文化发展历程研究的几点思考》，载彭立勋主编《深圳文化蓝皮书》，中国社会科学出版社2011年版，第125页。

世纪 50 年代开始，文化陆续被世界各国纳入政府施政领域。基于文化管理和行业发展的需要，世界各国及多个国际组织，从便于行政职权划分、行业数据统计分析的角度，探索对"文化"内涵及发展情况进行观测评估的新方法，文化统计遂成为文化应用性研究的前沿课题。① 具体就城市文化而言，透过文化统计数据来观测城市文化的发展，也正方兴未艾。2008 年出版的《伦敦：一项文化审计》报告，即通过量化测评的方式，比较了伦敦、纽约、巴黎、东京、上海五个城市。2012 年，相关机构联合调查了全球 12 座代表性城市的文化设施和文化活动情况，并于 8 月发布《2012 年世界城市文化报告》。这 12 座城市均为文化中心城市，具有相当高的代表性，分别是上海、柏林、伊斯坦布尔、约翰内斯堡、伦敦、孟买、纽约、巴黎、圣保罗、新加坡、悉尼和东京。调查的内容设计为"文化遗产、阅读文化、表演艺术、电影与游戏、创意人才、文化活力和多样性"六大方面，涉及 60 多项指标。报告根据指标获得的数据，勾勒这些重要城市的"文化肖像"。②

总之，世界各国、各类组织等都在积极探索建立一种更有利于文化行政管理、行业统计、文化发展状况评估的文化测评方式，这些探索为我们从一些量化或非量化指标入手，评判一个城市的文化发展状况提供了某种工具和可能性。也为我们评估深圳的文化发展状况，提供了重要的方法论参考。限于深圳现有文化统计数据的有限性，这里，我们尝试选取一些常见的城市文化指标，来看看深圳的情况：

——文化遗产状况是常见的文化统计指标，对于一个新新城市来说，文化遗产发掘保护是弱项，但深圳积极开展文物发掘和文化遗产保护等工作，发展博物馆服务。截至 2014 年（以下数据均为截至 2014 年的统计），③ 深圳拥有 1090 处不可移动文物，36 个博物馆。其中，国家级文物保护单位 1 处、省级 11 处、市级 34 处、区级 76 处。博物馆拥有藏品近 6

---

① 常见文化统计指标，参见毛少莹、李奇《国内外公共文化服务绩效评估指标体系的现状及问题》，载于平、傅才武主编《中国文化创新蓝皮书》（2012），社会科学文献出版社 2012 年版。

② ［英］罗伯特·保罗·欧文斯等：《2012 年世界城市文化报告》，黄昌勇等译，同济大学出版社 2013 年版，"摘要"。

③ 以下数据引自王京生主编《文化深圳大数据》，深圳报业集团出版社 2015 年版。

万件。深圳另有市级以上非物质文化遗产保护项目52项。

——阅读情况也是公认的重要文化指标。从阅读文化情况看，深圳拥有公共图书（室）643个（其中市级馆3个，区级馆8个，街道及基层图书馆632个），全市另有200台自助图书馆遍布各社区，此外，深圳人均购书量连续25年保持了全国第一。2013年，深圳获得了联合国教科文组织"全球全民阅读典范城市"的称号。

——文化馆作为一个有中国特色的公共文化服务的机构，在城市文化的发展中也扮演着不容小视的角色。深圳的文化馆事业发展也十分迅速，现有的市、区级文化馆7个，全部达到国家一级文化馆标准。55个街道文化站（文体中心）则全部达到"省一级"以上行业。

——表演艺术领域：深圳的演出机构、场馆发展十分迅速，现有包括深圳音乐厅、深圳大剧院、深圳保利剧院、华夏艺术中心等大型演出场馆8个。

——电影电视音乐等领域，深圳拥有影视制作机构327家。深圳作家每年出版文学书籍70多部。深圳交响乐团、深圳音协合唱团享誉全国乃至世界。

——文化类社会组织方面：深圳拥有200余家民办文艺社团。此外，深圳拥有各类文化志愿者16900名。

——文化节庆方面：深圳拥有读书月、创意十二月、鹏城金秋艺术节、国际钢琴协奏曲比赛、合唱节、中国国际文化产业博览交易会等大型文化节庆、赛事、展会多项。部分具有国际影响力。

——就文化创意产业产出情况看，近年来，深圳文化创意产业以年均超过20%的速度快速发展，已成为增强城市文化软实力和综合竞争力、创造深圳质量、加快转变经济发展方式、带动深圳经济快速健康发展的重要引擎之一。2014年文化创意产业增加值1560亿元，增速15%，约占GDP的9.8%。2014年，全市文化创意企业4万多家，从业人员超过90万；有国家级文化产业平台4个，市级以上文化创意产业园区42家，其中国家级文化产业园区、基地13家；全市年营业收入超亿元的文化创意企业超过100家，年营业收入超10亿元的企业超过20家。

——文化与科技结合方面：深圳在发展文化创意产业中特别注重创意

引领和科技支撑,重点发展创意设计、文化软件、动漫游戏、新媒体及文化信息服务、数字出版、影视演艺、文化旅游、非物质文化遗产开发、高端印刷、高端工艺美术十大领域,产业综合实力不断提高。

——新闻出版业领域:深圳新闻出版业年产值超过 400 亿元。深圳卫视覆盖国内人口近 9 亿。

——深圳电影票房居全国大城市第三名。

——深圳文化产权交易所交易额达 300 多亿元。深圳参股的中国文化产业投资基金累计投资金额达 20 亿元。

——深圳拥有印刷企业 2000 多家,是中国重要的高端印刷中心。

——深圳黄金珠宝交易、深圳工业设计等,占全国市场份额均高于 60%。深圳服装、钟表、玩具礼品、家具等创意产品均在全国具影响力……

——从文化创意人才看,深圳市文联 12 个协会拥有各类专业人才会员近 7000 人。深圳还拥有发达的设计业(6000 多家)和众多优秀的设计师(仅平面设计人才就多达 3 万名),成为中国第一个获得"设计之都"称号的城市。①

……

按照这些文化统计指标来看,深圳无疑已经是一个颇具活力的文化都市,其文化发展的整体水平和影响力日益提升。一个简单的例子就是,由深圳市文化创意产业发展专项资金资助、深圳市"设计之都"推广办主办、市创意文化中心承办、联合国教科文组织创意城市网络协办的首届联合国教科文组织创意城市网络大会及"2013 深圳创意设计新锐奖"(2013 年 6 月征稿至 2014 年 3 月颁奖),吸引了来自全球 16 个创意城市 2000 多名青年设计师参与。

二 深圳文化的精神指纹——深圳精神成长史

当然,正如本文题目所示,本文关注的焦点不是深圳的文化肖像,而是想追溯深圳文化的精神指纹和观念内核,追索深圳长成今天这个模样背后的非物质原因。

---

① 上述深圳数据,参见王京生主编《文化深圳大数据》,深圳报业集团出版社 2015 年版。

"精神"(英文为 spirit;mind)指人的精气、神志、观念、心灵状态。① "精神"是人的内在气质、品格乃至灵魂的表现或者说总称。古人对"精神"的重要性已有深刻认识,(清)刘大櫆《见吾轩诗序》:"文章者,古人之精神所蕴结也。"所以,"精神"也指实质,要旨,事物的精微所在。② "城市"是人类社会化生存的高级形式,今天,越来越多的人生活在城市中,世界平均城市化率已超50%,个别达国家甚至接近90%。③ 我国作为后发现代化国家,城市化率也于2012年超过了50%,④ 总体看,作为人类走向成熟和文明的标志,现代城市承载了复杂的功能,城市生活是人类最重要的生活方式。关于城市问题的研究很多,就城市的本质属性而言,正如著名学者刘易斯·芒福德指出的:"仅仅从城市的经济基础层面是没有办法发现城市的本质的。因为,城市更主要是一种社会意义上的新事物。城市的标志物是它那目的性很鲜明的、无比丰富的社会构造。城市体现了自然环境人化以及人文遗产自然化的最大限度的可能性;城市赋予前者(自然环境)以人文形态,而又以永恒的、集体形态使得后者(人文遗产)物化或外化。……从这个意义上说,城市是文化的容器。"⑤ 所谓"城市精神",正是某个特定的城市这一特定的"文化容器"所盛满的文化(包括可以用文化指标量化衡量的诸多维度,以及难以用量化指标衡量的更纯精神的、心理的无形的维度)之精髓,是一个城市的内在气质与核心灵魂!

作为一种精神文化现象,城市精神是城市历史发展的结果,是城市文化积淀升华的结果。无疑,城市精神是抽象的,犹如人的精神一样,难以描述。(宋)王安石《读史》诗:"糟粕所传非粹美,丹青难写是精神。"

---

① http://baike.baidu.com/subview/417711/16476803.htm。
② http://www.zdic.net/c/e/142/311777.htm。
③ 城市化率是衡量城市化、城镇化水平的重要指标,通常以城镇人口数占总人口数的比重来计算。部分国家如英国和阿根廷等,城市化率接近90%,我国于2012年达到51.3%,城市化进入关键时期。http://wenku.baidu.com/view/fce087e8172ded630b1cb62f.html。
④ 李璐颖:《城市化率50%的拐点迷局》,载人大复印报刊资料《区域与城市经济》2013年第11期。
⑤ [美]刘易斯·芒福德:《城市文化》,宋俊岭等译,中国建筑工业出版社2009年版,第5页。

但是，城市精神也是具体的，它可以表现为城市人的各种观念，包括城市理想、城市身份认同、文化偏好、风俗习惯、人文关怀、审美风格、市民精神风貌等。我们依然可以"借一斑略知全豹，以一目尽传精神"。犹如人与人可以依照不同的指纹区分一样，不同的城市与城市，也应该有足以标识自身独特性的精神指纹——城市精神的独特性。

不同城市有不同的成长动力和发展过程，影响着城市精神、市民观念的形成。从动力机制来看，世界城市化进程可以划分为三种主要模式："第一种是工业化驱动型，这是最主流的一种模式。英、德等老牌资本主义国家通过早期的殖民手段完成最初的原始积累，随后的城市化进程直接依托产业革命带来的基础工业崛起。美国是以第二次世界大战为契机迅速崛起的新兴资本主义国家，同样属于典型工业化背景下的城市化进程。日本在第二次世界大战后大力发展煤炭、钢铁产业，并依托美国的资金技术迅速复苏；第二种模式是外来移民驱动型，以拉美国家为典型。20世纪30年代之前，巴西的城市化主要靠外来移民推动，城市化长期领先于工业化，呈现过度城市化现象，20世纪30年代之后工业化的起步才进一步推进了城市化；第三种模式是混合驱动型，指工业化、全球化、信息化和政治时局等多种动力因素综合作用的城市化，以正处于第三次城市化浪潮中的中国和印度等发展中国家为代表。三种模式的共通点在于，都是以基础工业为核心动力开启快速城市化阶段，都受到历史背景、意识形态和产业发展的深刻影响。"[①]

从深圳的历史不难看出，深圳城市发展的动力是混合驱动型的——作为中国最早的经济特区，早期的深圳就是一个大工地，工业化、市场化是其主要的驱动力。而作为一个新兴城市，深圳建市之初人口大约只有30万（若不含当时并未划为特区的原宝安县，深圳只有3万人）。短短35年时间，深圳人口已经暴增至1400万，是典型的移民城市，其发展也有很强的移民驱动因素。当然，作为后发现代化国家改革开放的窗口、试验场，起步于20世纪80年代的深圳，其经济的快速起飞，城市的迅速发展，也明

---

① 李璐颖：《城市化率50%的拐点迷局》，载人大复印报刊资料《区域与城市经济》2013年第11期。

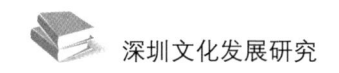

显与全球化、信息化和地缘政治格局等多种因素驱动的相关。那么，深圳是否有自己独特的精神指纹？我们不妨做些简单的回顾。①

（一）"敢为天下先""时间就是金钱、效率就是生命"——80 年代，市场经济制度的率先探索，带来横空出世的"深圳观念"，辐射影响全国

20 世纪 80 年代，改革开放伊始，百废待兴，深圳被赋予率先探索建立市场经济体制的历史使命。探索建立市场经济制度，开展自由竞争，引发了深圳人的观念革命，并辐射影响全国。以深圳最早的工业区蛇口为例，作为"敢为天下先""第一个吃螃蟹的人"，蛇口人在市场的摸爬滚打中，于特区建立的第二年就堂而皇之地将"时间就是金钱、效率就是生命""空谈误国、实干兴邦"的口号挂到了大街上，一种后来被称为"深圳观念"的新理念，横空出世！今天的人可能难以想象，那些观念对当时被极"左"思想禁锢日久又耽于空洞理论之争的中国，是何等的振聋发聩、切中时弊！还是蛇口，1988 年，北京来的教育家与蛇口青年发生了一场关于义与利、个人主义与集体主义的争论，波及全国，影响之大，被冠以"蛇口风波"之名。并因此开启了对追求正当个人利益的思考此。而深圳特区引发的关于"姓资姓社"的疑问，更是从地方"惊动"中央，带来对意识形态的深刻反思。直至 1992 年邓小平"南方讲话"发表后，全国迎来一轮波澜壮阔的思想解放与改革开放大潮！

然而，率先建立市场经济制度，也给深圳文化打下了深刻的市场至上、功利主义的烙印。从政府到民间，急于求成、"深圳速度"，一扫农业社会的慢节奏、田园牧歌，在带来了经济快速发展的同时，也促成了普遍的急功近利的做事风格和社会氛围，深圳人甚至讲电话的语速都明显更快些。深圳逐渐形成的以功利主义为基础、以冰冷的契约关系为人际纽带的商业文化，撕掉了传统社会的人情面纱。这也是早年深圳虽然思想解放、观念"前卫"，但是，一度被形容"深圳不相信眼泪"，被视为"文化沙漠"的原因之一。

---

① 以下关于深圳精神发展的梳理，参见本书《聆听特区文化的时代涛声》一文。原文限于篇幅过于简单，本文略作补充性展开。

(二)"英雄不问出处,来了就是深圳人""与国际惯例接轨"——90年代后,外向型经济的特点和特殊的移民人口,形成深圳海纳百川、兼容并包的开放心态及开拓创新、干事创业的拼搏精神

进入20世纪90年代,由于全球化的加速和全球市场分工的改变,得益于毗邻港澳的区位优势,开放的深圳迅速成为全球市场的有机组成,珠三角地区成为"世界工厂"。外向型经济使得深圳人最早提出了"与国际惯例接轨"的口号,并形成了面向世界的开放心态。而早自80年代起,深圳等地率先打破僵化的人事政策,自由的劳动力市场引来前所未有的移民潮。大批移民面对陌生的城市,在适应语言、饮食、不同风俗礼仪,尤其是急剧推进的改革步伐带来的新制度、新规则的同时,不单日常生活方式发生改变,心态的开放和包容也成为必然。"英雄不问出处,来了就是深圳人",深圳因此被视为中国最不排外的城市(深圳也是中国唯一的一个以北方普通话为通用语言的南方城市)。

当然,作为移民城市,深圳不可避免地遇到移民社会的种种问题。大量的移民孤身来到深圳,白手起家,衣、食、住、行均需从头开始,在一个名副其实的"遇见陌生人的地方",孤独感、漂泊感长期难以消除。一度深圳人际关系冷漠、个人奋斗盛行。而每逢节假日返乡大军走后,空空荡荡的大街总在提醒着你,这是《别人的城市》!独立的个体奋斗,也让来深圳的作家写出了《我的生活与你无关》。[①] 显然,深圳人长期并没有形成对自己城市的身份认同,来深圳赚点钱回老家,曾经是很多人的想法。

(三)文化市场化带来大众文化的兴起、西方文化的冲击和价值观念、审美取向的多元化,并促进了深圳文化创意产业的崛起

自80年代深圳出现第一家歌舞厅、开展第一次文稿拍卖开始,文化市场迅速在全国发展起来,文化领域开始与政治相对"领域分离",[②] 更多地走向满足老百姓的日常娱乐需求以及具有市场前景的文化行业。曾几何时,港台流行歌曲、港产片(深圳一直可以收到香港电视台节目,举家围

---

① 深圳打工作家张伟明小说:《别人的城市》,缪永小说:《我的生活与你无关》,一度是闯深圳的人追捧的作品。

② 王南湜:《从领域合一到领域分离》,山西教育出版社1998年版。

坐观看粤语长片曾是深圳人最常见的家庭娱乐方式）、歌舞厅、迪斯科广场、卡拉OK、盗版碟、外国大片、明星八卦新闻、过洋节（圣诞节等）等让人眼花缭乱。大众文化悄然兴起，西方文化通过港台直接影响深圳，冲击着传统的价值观、审美观、人生观。事实上，到90年代，价值观念多元（《我的生活与你无关》）、审美取向多样、文化消费多层次、流行时尚冲击传统，大众文化"排挤"精英文化的格局已悄然形成。

相比较迅速兴起的文化市场，深圳传统意义上的文化服务、文化精品创作（精英文化）基础是比较差的。80年代才开始兴建基础文化设施、大学少，文化机构少，研究机构少，吸引容纳的专业人士也十分有限。早年深圳，基本公共文化服务供不应求，① 文艺精品创作、人文社会科学研究相对落后，至今这一状况仍然存在。② 当然，文化的市场化，也促进了文化与经济的结合，大量的资本、劳动力进入传统文化领域，深圳也在承接外来动画、服装、广告、玩具礼品、包装印刷、珠宝首饰等加工的过程中，领先全国，搭建了文化创意产业最早的框架。某种意义上，深圳的文化创意产业起步于"三来一补"产业转移过来的带有文化创意内容的加工制造业，并非如英国等发达国家，其创意产业转型更多源自对时代发展趋势的自觉意识。至今，深圳的文化创意产业还有很强的制造业的成分。

（四）消费与身份认同——以经济取向为主的价值观逐渐形成。

深圳作为"先富起来"、拥有大量外来人口的新城市，贫富分化相对明显，职业乃至住所变更都十分频繁。离土离乡，在这样一个"遇见陌生人的地方"，"你是哪儿的人？"深圳人相互这样问时，都会说自己老家是哪儿的。而深圳人被外地人这样问时，一般会说"我是深圳的，不过老家是……"对呀，我是谁？我从哪里来，到哪里去？是继续待在这里还是选择离开？无可否认，很长一段时间，如何建立对深圳的认同感和归宿感，始终是深圳人的一大心病。然而，不知从何时开始，我们开始产生出对这座城市的依恋，对深圳人这一身份的自豪。或许，是在给农村的老家寄钱

---

① 深圳图书馆一度需要通宵排队申领图书证就是一例。
② 毛少莹：《关于30年深圳文化发展历程研究的几点思考》，载彭立勋主编《深圳文化蓝皮书》，中国社会科学出版社2011年版，第125页。

时？或许是出差回来下了飞机走在宽敞的深南大道时？或许是开车私家车带外地来的亲友到豪华酒楼商厦一掷千金时？模糊的答案是像种子一样慢慢长出来的。更进一步，人们的身份、地位、品位，关于美好生活、理想世界的想象——所谓的"深圳梦"，似乎也在消费之中获得了某种提升与实现。脱贫致富，中国人几千年来的梦想仿佛第一次在如此多的人身上实现。"赚钱""发家致富""通过个人奋斗实现人生价值"等观念开始逐渐形成。

进入后工业社会，消费主义的兴起本来有着深刻的时代和原因复杂的社会后果。作为先富起来的少数城市而言，作为"英雄不问来路"的移民城市，深圳人的消费与身份认同的关系尤其密切，进一步放大了深圳文化中的急功近利因素。高消费、拜金主义成为一般民众的追求，这无疑对深圳人文精神的培养，带来了一定的消极作用。

总之，在国家改革开放政策的支持下，某种意义上，深圳可谓单兵突进，走过了"杀出一条血路来"奋斗拼搏的历史，一路突围与风雨坎坷，让深圳人的精神指纹，深深地刻上了中国特色的烙印、改革开放的烙印、市场经济的烙印、天南地北移民的烙印、四面八方全球化的烙印。这些烙印犹如年轮、犹如指纹，深深地镌刻、生长在深圳这座城市的"身体"与"精神"之中。也因此，深圳老博物馆门前一尊名为"突破"的雕塑，和市委大院门前一尊名为"拓荒牛"雕塑，被普遍视为深圳精神最恰当的象征。

三　深圳文化的观念内核——深圳精神大讨论、深圳价值观念及其现代特征

有感于深圳特区建立后，"杀出一条血路来"筚路蓝缕的艰辛与触及灵魂的变革，为总结改革开放经验，凝聚城市力量，1995年和2002年，在市委市政府的引导和社会各界的配合下，深圳开展过两次大规模的"深圳精神大讨论"。1995年，第一次深圳精神大讨论后，市委市政府将"深圳精神"归纳为"开拓、创新、团结、奉献"八个大字。时隔7年，由于上海浦东新区等发展带来的竞争，以及深港合作遇到的调整等，深圳面临城市发展方向、定位的重新思考。市委市政府再次发动了"深圳精神如何

与时俱进"的大讨论。"开拓、创新、团结、奉献"的"老深圳精神"在新的历史语境中被重新审视,在市民的广泛参与下,提炼出了多达数十条词条在媒体公布,努力寻求一个关于深圳精神的恰当表达。甚至还发动以市民以投票的方式进行表决,最终结果公布为"开拓创新、诚信守法、务实高效、团结奉献"的"新深圳精神"。显然,总结略显乏力,反响并不大。

除了官方组织之外,也有不少民间人士在进行关于深圳的讨论与思考。其中,影响较大的一次是2002年11月,著名网文《深圳,你被谁抛弃?》发表,① 引起广泛讨论。虽然说文章主要是关于深圳发展方向与定位的质疑,但是,由于文章传播方式现代(网络传播)、社会影响大、官方与民间参与互动层次高,这次讨论也促进了深圳人关于城市精神的思考。随着深圳的发展,越来越多类智库型的民间组织、研究会正在深圳成长起来,他们所代表的民间精英的声音(比如"深商精神"② 的提出、"深圳主义"③ 的倡导等)成为研究深圳精神不可忽略的存在。

2010年,深圳媒体再次主持开展的"深圳观念"评选,深圳观念被总结为如下"十大观念",并对相关历史背景做了注释:④

1. 时间就是金钱,效率就是生命

这条观念最早由深圳经济特区蛇口工业区在1981年提出,1984年10月1日出现在庆祝中华人民共和国成立35周年盛大庆典的游行队伍中,从此在全国广泛传播。它折射出"发展就是硬道理"和"效率优先"这两个核心理念,直接催生了蛇口速度、深圳速度。后来,这个口号发展成为最有代表性、最能反映特区建立早期深圳精神的观念。可以说,这一观念的

---

① 2002年11月,一位自称"我为伊狂"的网民,在"人民网""强国论坛"发表了题为"深圳,你被谁抛弃"的文章。这篇网文一开始通过网络在民间快速传播,经《南方都市报》报道后在深圳乃至全国引起了极大的反响,也引起了时任深圳市市长的关注。市长"破例"与文章作者呙中校——一个"70后"的普通年轻人进行了对话和探讨,一时轰动。2003年7月,国务院调研组到深圳调研,该网文作者亦以民间代表的身份应邀参加了座谈。
② 参见老亨《深商的精神》,海天出版社2007年版。
③ 参阅http://www.ycwb.com/ePaper/ycwb/html/2012-07/04/content_1431058.htm。
④ 参见《深圳特区报》2010年11月8日;王京生主编:《深圳十大观念》,深圳报业集团出版社2011年版。限于篇幅,本文引用时有删节。

出现是中国社会主义市场经济破壳的标志，是深圳精神的逻辑起点。

2. 空谈误国，实干兴邦

"空谈误国，实干兴邦"是1992年年初在蛇口竖起的标语牌，如今这块蓝底白字的标语牌仍然矗立在蛇口南海大道边。"空谈误国，实干兴邦"这个口号旗帜鲜明地倡导一种新的价值观和发展观，就是减少争论，多干实事，"堵饶舌者之利口，壮实干家之声色"，呼应了"发展才是硬道理"的时代主题，为排除思想上的干扰、推进改革开放的探索与实践发挥了重要作用。

3. 敢为天下先

1992年春，邓小平同志视察深圳经济特区，鼓励深圳"大胆地试，大胆地闯"。"敢为天下先""先走一步""敢闯敢试"等观念迅速流行起来，成为深圳自我激励、勇做改革开放排头兵的坚定信念。

4. 改革创新是深圳的根、深圳的魂

2005年3月25日，中共深圳市委工作会议上提出了"改革创新是深圳的根、深圳的魂"，提出深圳未来的发展仍然要向改革创新要发展动力，要发展优势，要发展资源，要发展空间。此后颁布了《深圳经济特区改革创新促进条例》。

5. 让城市因热爱读书而受人尊重

从2000年开始，深圳市每年11月举办"读书月"。在这座城市的最中心位置，屹立的是世界一流的书城和图书馆。热爱读书，让我们这个城市更加文明，更加时尚。深圳因为热爱读书而受人尊重。

6. 鼓励创新，宽容失败

"鼓励创新、宽容失败"是深圳精神的体现。改革开放初期，正是靠这种精神和理念，催生出深圳大大小小的"吃螃蟹"之举。今天，在制度、理性上，"鼓励"和"宽容"，深圳努力再造一个激情燃烧的改革年代。

7. 实现市民文化权利

2000年11月首届深圳读书月期间，深圳在全国率先提出"实现市民文化权利是文化发展根本目的"的理念，使深圳在进入21世纪后文化的地位和影响力大幅提高。

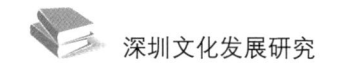

8. 送人玫瑰，手有余香

这句源于古印度谚语的话，早已成为深圳义工的独特理念，不但清晰地树立起了深圳义工的形象，并让义工理念迅速传播开来。

9. 深圳，与世界没有距离

这是深圳申办世界大学生运动会的一句口号，后来广为传播，契合了深圳人的一种具有世界眼光的追求。

10. 来了就是深圳人

这句简单质朴的口号散发着浓浓的草根味道，表达着居住在这个城市里的人们内心一种深深的对归属感的呼唤，也代表着深圳的包容性格以及移民城市的独特气质。

此后，官方没有再次组织过深圳精神讨论，民间关于"深圳你将被谁抛弃？"的疑问也从今日深圳持续快速的发展中获得了令人安慰的答案。深圳，已经从原来的经济特区，市场经济的试验场，快速成长为超大型综合型城市。其地理位置优越、自然环境宜居，以高科技产业为龙头的产业优势明显。整体看，城市从原来更侧重政治、经济功能（改革开放的排头兵、市场经济的试验场），转型为日趋综合型的大都市，并向国际化城市迈进。相应地，近年来，深圳人的城市认同也日渐形成，一个明显的标志就是越来越多的深圳人开始制作转发赞美深圳的微信——图文并茂，蓝天白云下的深圳散发迷人的城市之光。

考虑深圳的复杂性，已经总结评选出的"深圳观念"未必完全准确地反映深圳人价值观的全貌，这些观念，以系统的价值观理论来看，也尚未完全定型，但是，深圳精神、深圳观念的独特性显然不容否认。尤其，当我们将深圳价值观初步形成的30年时间，置入整个中国改革开放的历程看，深圳观念更是折射出了中国价值观变化的重要信息。深圳，也因其价值观念的"领潮流之先"，为其城市文化的形成奠定了第一块基石。

结语

一个城市的精神风貌、精神境界、文化价值观，当然不是政府倡导或学者归纳就能得出的，城市精神是千千万万个市民以自己一日日的行为、奋斗、坚守，以油盐柴米的日常生活方式，以每个人在种种挑战面前的思考和选择最终凝聚而成的。一个城市的精神气质、文化魅力往往也不是语言可以表达的，犹如一个人的魅力，可意会而难以言传。随着时代的发展和城市的成长，深圳越变越大、越变越复杂，深圳文化的丰富性、深圳人价值观的复杂性正进一步生成并逐渐显现。身处其中，深圳人自己如何清醒地认识这种丰富性和复杂性，无疑，是进一步促成深圳形成自己独具特色的城市精神、城市风格、城市气质、城市价值观，推动深圳文化发展，及未来进一步参与全球化城市竞争的关键。关于深圳精神、深圳价值观的研究还应与时俱进，继续努力不断推出更好的成果。

―――― 辑 三 ――――
深圳的公共文化与文化产业

公共文化服务体系的界定、一般模式及研究意义[*]

众所周知，文化（Culture）是一个十分常用但界定起来并不容易的概念，其内涵和外延可以随着语境的不同而有很大的差异。[①] 在本书中，考虑研究的针对性，我们将"文化"界定为一个主要包括高雅艺术、大众娱乐（文化市场）、新闻出版、广播电影电视、文物博物等范围的所谓"中文化"或"小文化"概念。也即一般文化行政管理部门施政的范围。

"公共"（Public）一词说来似乎并不复杂，不过是"公有的、公用的、公众的、共同的"，但却颇有值得解释之处，因为传统意义上的"公"的概念和现代意义上的"公共"概念有很大区别。在中国传统中，"公"与"统治者"几乎是等价，如"公田"指的是"收获物全部缴纳给统治者的土地"。[②] 这种"公"以"君权神授"等理论为基础，将整个国家、包括所有老百姓都看作是最高统治者的私有财产，即所谓"家天下"。"普天之下莫非王土，率土之滨莫非王臣。"同样，西方文化传统中"公共"一词，虽然从词源学上看它强调个人能够超出自身的利益去理解并考虑他

---

[*] 本文是作者为《公共文化服务体系研究》一书所写的"引言"。该书为我国第一本关于公共文化服务体系研究的学术专著，由深圳报业集团出版社出版于2006年4月。文中首次对"公共文化服务体系"这一具有中国特色的新概念做了界定分析，并对其研究框架的确立进行了展开，具有填补学术空白的意义。深圳也在率先全国开展公共文化服务体系研究中形成了一定的学科优势。本次选编除少部分内容略加修改外，基本保持了文章的历史原貌。

[①] 如美国学者克罗伯和克拉克洪在《文化，概念和定义的批判回顾》中列举了欧美对文化的一百六十多种定义。而中国传统文化界定的"文化"一词，所含"文治教化"之意也十分的宽泛。

[②] 《辞海》1999年版。

人的利益，所谓具备公共精神是一个人成熟并能够参与公共事务的标志。①但"公共"也常用来代表国家，是实现统治阶级私利的手段，为维护其统治和利益服务。随着时代的发展，一般意义上代表多数人的，或关系多数人利益的"公共"概念，大约迟至17、18世纪，在欧洲等发达国家才逐渐形成。根据哈贝马斯的分析，只有在清晰的产权制度下，有了受法律保护的"私"才有真正的同样受法律保护的"公"。在确立"私人领域"后才能区分出"公共领域"，才出现公共事务和私人事务的分别，诞生了公共领域和真正意义上的"公共性"。② 可见，现代意义上的"公共"（或曰"公共性"）概念，是指建立在公/私二元对立基础之上的独特概念，其基础是清晰的产权制度和市场经济体制。公共性涉及"公共需求""公共领域""公共精神"等诸多问题。公共部门（通常即政府，其所拥有的公共权力由个人的部分权力让渡而来）通过提供"公共服务"，满足或实现公共需求，并进而保证公民权利的实现。

所谓"公共服务"是公共部门与准公共部门为满足社会公共需求，③共同提供公共产品的服务行为的总称。它分为提供纯公共产品的公共服务和提供准公共产品的公共服务。④ 公共文化服务即指：由公共部门或准公共部门共同生产或提供的，以满足社会成员的基本文化需要为目的，着眼于提高全体公众的文化素质和文化生活水平，既给公众提供基本的精神文化享受，也维持社会生存与发展所必需的文化环境与条件的公共产品的服务行为的总称。从公共管理学角度看，公共文化服务属于公共服务中的社

---

① "public"一说是源于古希腊词汇（pubes or maturity），强调个人能够超出自身去考虑他人的利益。同时以为着具备公共精神和仪式是一个人成熟并且可以参加公共事务的标志；另一说是源于古希腊词汇（Koinon），英语中"共同"（common）一词亦源于此，意为人与人之间工作、交往和相互照顾与关心的一种状态。转引自王乐夫、陈干全《公共性：公共管理研究的基础与核心》，《社会科学》2003年第4期。

② ［德］哈贝马斯：《公共领域的结构转型》，曹卫东等译，学林出版社1999年版。

③ 现代社会通常可以区分为三大部门：即第一部门（公共部门）——政府，是照顾大众利益的公共治理部门；第二部门（非公共部门）——企业，是应用社会资源创造经济价值的部门；第三部门（准公共部门），即凡不属于政府、企业以外的团体组织，如事业单位、社会团体、公益机构、民间组织等非政府、非营利组织都可统称第三部门或准公共部门。

④ 李军鹏：《公共管理学》，首都经济贸易大学出版社2005年版，第5页。

会性公共服务。① 公共文化服务体系简单地讲就是为满足社会的公共文化需求，向公众提供公共文化产品的服务行为及其相关制度与系统的总称，它是公共服务体系的有机组成部分。

世界各国由于历史、国情和公共管理哲学的差异，形成了不同的公共服务模式。目前，公共服务模式大致可分为三种类型：一是以美国和德国为代表的自保公助模式，又称"最低保障与兼顾效率型"公共服务模式；二是以英国与北欧各国为代表的国家福利模式，又称"全面公平型"公共服务模式；三是以新加坡和智利为代表的自我积累模式，又称"效率主导型"公共服务模式。② 就公共文化服务而言，各国也形成了不同的模式，从历史上看比较成熟的模式大致也可分为三种：一是以法国和日本等为代表的"中央集权"或"政府主导"模式，这种模式从中央到地方政府均设有文化行政部门，各级政府的文化行政部门为社会提供比较完善的公共文化服务，对文艺团体、非营利文化组织给予一定的资助；二是以美国、加拿大与瑞士等为代表的"市场分散"或"民间主导"模式，中央和各级政府并不设置专门的文化行政部门，政府主要是通过政策法规对各类文化团体、组织或机构进行管理，并给予优惠，以使其在市场中生存和发展，公共文化服务的提供主要由大量的非政府组织（NGO）或非营利机构（NPO）即所谓的第三部门承担；③ 三是以英国、澳大利亚等为代表的政府与民间共建的"分权化"模式，政府以"一臂之距"（Arm's Length Principle）原则，与民间"建立伙伴关系"进行文化资源的分配、文化事务的管理和文化服务的提供。④

不同公共文化服务模式的产生和形成，是不同的政治体制制约的结果。通常"中央集权"式的公共文化服务模式，主要出现在中央集权制的

---

① 公共服务一般可分为维护性公共服务、经济性公共服务和社会性公共服务三种。参见李军鹏《公共服务型政府》，北京大学出版社2004年版，第5页。

② 李军鹏：《公共服务型政府》，第170页。

③ 凡不属于政府、企业以外的团体组织，如社会团体、公益机构、民间组织等非政府、非营利组织都可统称第三部门。

④ 所谓"一臂之距"，即中央政府部门在其所接受拨款的文化艺术团体和机构之间，设置了一级作为中介的非政府的公共机构，亦即所谓"官歌"，负责向政府提供政策咨询、负责文化拨款的具体分配、协助政府制定并具体实施政策等。

国家,而后两种模式,则主要出现在联邦制国家。① 不同的公共文化服务模式,表现为不同的文化行政管理方式,如"中央集权"模式通常是通过设立国家文化部或类似的中央文化行政主管部门②,建立中央领导地方的文化管理体系。在这种体系中,中央文化管理部门可以通过受其领导的地方文化行政组织,执行国家文化政策,分配国家文化财政资源、提供公共文化服务。典型的例子是法国,自1959年成立文化部后,法国一直实行"中央集权"式的公共文化服务模式。而后两种行政管理通常采用国家艺术理事会(或基金会)制,理事会(或基金会)作为中央"准行政机构",进行文化资源的调配,通过对国家艺术基金的评估、审批和分配,达到文化管理、文化服务的目的。

进入20世纪后20年,随着文化向政治、经济领域的快速"扩张",随着国际文化交流和对外文化贸易活动规模的日益扩大,西方各国政府与时俱进,调整国家文化政策;与此同时,改革国家公共管理体制,推行"政府再造"运动等,当代西方公共文化服务模式呈现出明显的整合趋势,即无论是中央集权制还是联邦制的国家,都开始根据实际情况,灵活地采用上述不同的国家文化管理与服务模式,多种管理与服务模式并存或整合的情况越来越多。如英国1946年即创立"大不列颠艺术理事会",开创了西方国家艺术理事会的模式,为国家文化基金的使用建立了一种独立于政府系统之外的专门机构与通道。但是,1992年,梅杰政府成立了国家遗产部,将原来分散于艺术和图书馆部、环境部、贸工部、就业部、内政部和科教部的文化行政职能集中起来,初步建立了中央政府的文化行政主管机构(1997年更名为"文化新闻体育部"Department of Culture Media and Sport),这样,英国事实上实行的是国家艺术理事会分配文化资源、中央文化部门适度"集权"、政府与民间"分权"共建的综合型公共文化服务模式。

---

① 西方发达国家虽然普遍采用立法、行政和司法三权分立的政治体制,但具体看,其国家政治结构形式又可以分为"中央集权制"(单一制)和"联邦制"。参见周民峰主编《西方国家政治制度比较》,华东理工大学出版社2001年版。

② 各国中央文化部门的名称或不同,但职能大致相同。如挪威、新西兰称文化事务部,英国先称国家遗产部,后改为文化新闻体育部(管辖范围有扩大),荷兰是教育文化科学部……

公共文化服务体系的界定、一般模式及研究意义

公共文化服务体系作为一个崭新的课题，其理论背景可追溯至20世纪80年代兴起的"新公共管理"或"政府再造"及后来由反思"新公共管理"之不足而兴起的"新公共服务"运动①。尽管不同的公共文化服务模式，会相应地体现出不同的特点，但可以肯定的是，建立完善公共文化服务体系的根本目的，即实现与满足公民享受文化成果、参与文化活动、从事文化创造等多层次、多样化的文化权利；建立完善公共文化服务的核心在于"公共性"。"公共性"是一个有着丰富内涵的概念，"公共性"的生成，有赖于自主性、公共空间、公共权利，有着基本的制度前提和重要的社会基础，即民主法治与公民社会的形成。②正因为如此，虽然公共文化服务的模式各有不同，可分可合（事实上，整合已成为世界性的潮流），但发达国家采用的公共文化服务模式，都可归结为现代公共管理学意义上的"共同治理（Governance）模式"（或称"多边治理模式"）③，除了政府部门，发达国家都有大量的民间非营利组织，参与公共文化服务的提供，形成政府与社会共同提供公共文化服务、共同管理公共文化事务的格局。因此，公共文化服务体系主要包括以下几个方面：

（一）**种类齐全、服务质量稳定、能满足不同社会群体基本文化需求的公共文化产品和服务**。如图书馆、文化馆、博物馆等服务。（二）**健全的文化政策法规及体制机制**。健全的政策法规是供文化服务体系的重要组成。科学的公共文化服务管制体系，包括公共政策决策机构及机制。发达国家往往通过建立各类文化咨询委员会、召开文化政策听证会、公布咨询文件等方式，吸纳专家及公众参与公共文化服务的决策和文化产品、服务的提供。（三）**高效的公共文化服务提供主体**。包括政府文化行政部门和

---

① 见［美］珍尼特·V.登哈特、罗伯特·B.登哈特《新公共服务，服务而不是掌舵》，中国人民大学出版社2004年版。

② 关于公民社会，各国学者提出了许多不同的定义，它们大体上可以分为两类：一类是政治学意义上的，一类是社会学意义上的。两者都把公民社会界定为民间组织，但强调的重点不同。政治学意义上的公民社会概念强调"公民性"，即公民社会主要由那些保护公民权利和公民政治参与的民间组织构成。社会学意义上的公民社会概念强调"中间性"，即公民社会是介于国家和企业之间的中间领域。

③ 根据全球治理委员会的界定，所谓"治理"即是各种公共的或私人的机构管理其共同事务的诸多方式的总和，它是使相互冲突的或不同的利益得以调和并且采取联合行动的持续的过程。

主要由公共财政提供经费的公益性文化服务机构，如图书馆、文化馆、博物馆等，也包括大量的非政府组织。发达国家往往通过鼓励各种文化协会等非营利组织、非政府部门发展，促进公共文化服务的市场化和社会化，以形成政府与社会共同提供、管理公共文化、提供公共服务的社会服务结构。**（四）合理的公共资源配置**。公共资源包括公共财政、土地、城市空间、人力资源等诸多方面。合理配置公共资源，妥善使用文化资源是建设和完善公共文化服务体系的重要前提。如发达国家和地区的经验表明，公共文化服务水平的维持和提高，需要公共财政拿出相当于其总支出1%左右比例的经费用于文化投入。在特别重视文化发展或文化基础薄弱的地区，这一投入比例可能还比较大。[①] 当然，对非营利组织实施减免税收等优惠政策，鼓励社会捐赠以提高公共文化服务的总体投入，也构成公共投入的必要补充。而发达国家也往往在城市规划、土地使用、人才引进等多方面，对公共文化需求给予倾斜性优惠政策。**（五）科学的绩效考核制度**。发达国家往往通过收支分离、年报、财务审计、综合绩效审计等方式，科学考评公共文化服务机构的绩效，并通过行政、经济、法律等手段，对其进行调控。

一般来看，公共文化服务体系应有五个基本特征：一是公共文化服务的公平性。也称均衡性，指公共文化服务和资源的公平分配问题。如要对公共文化设施和活动进行均衡布局、同步开展，使得所有人都能公平地享受到政府提供的同等程度的公共文化服务。二是公共文化服务的便利性。政府提供的公共文化服务应是近距离的、经常性的服务，随时随地都能方便获得，因而应具有便利性。三是公共文化服务的多样性。包括两个方面含义，第一是公共文化服务和产品的品种、层次、特色的多样化；第二是

---

① 根据关于各国和地区文化支出占公共开支的统计，由于统计口径不一和数字不全，没有专项调查和研究，这里无法全面展开。但是，根据我们看到的资料，法国文化预算占国家财政预算的比例，1995—1999年，一直占0.95%—1%（苏旭：《法国文化》，文化艺术出版社2001年版），芬兰、澳大利亚、加拿大、德国、荷兰、瑞典等国也在1%左右甚至更高，韩国、我国的台湾地区也于1999年和2000年立法规定文化开支不得少于公共开支的1%。这里所说的文化预算，一般不包括文化基础设施场馆等的建设和维修成本。（参见《香港人均艺术经费的国际比较》，香港艺术发展局，2000年。）

服务对象的多样性，即服务要考虑惠及不同群体，对社区居民、白领、外来工、未成年人、老年人、残障人等，提供不同的多样化的文化服务。四是公共文化服务的公益性。政府提供的公共文化服务主要应是着眼于公共需求的公益服务，应是免费的。当然也不排除一些活动收取一定的费用，但可以透过政府补贴，体现其公益性质，实现对人的精神生活的普遍关怀，促进人的素质的提高和全面发展。五是公共文化服务的基本性。政府提供的公共文化服务属于满足人民群众基本文化生活需求的服务。超出基本公共文化服务范围的需求，可以通过文化市场获得。

公共文化服务属于政府公共服务的重要组成部分，其责任主体是政府，所以政府必须承担构建公共文化服务体系、促进公民文化权利的职责，调动资源，深化改革，增强活力，提供高效优质的公共文化服务。如前所述，在我国，随着政府由传统管制型向现代公共服务型的转变，公共服务被确定为政府最基本的职能之一，构建公共文化服务体系因此也成为公共服务型政府建设的重要内容。但是，作为发展中国家，我国的社会主义民主法治建设还有相当艰难的路程，就我国国情来看，公共文化服务体系建设存在很多困难，也必然有其独特的途径和模式。在目前的国情条件下，中国提出公共文化服务体系建设的理论依据到底是什么？公共文化服务体系建设究竟包括哪些内容？存在什么问题？其突破口何在？保障体系是什么？一系列的问题，摆在理论工作者、政府官员、文化事业从业人员的面前。

作为一种初步的理论探索，《公共文化服务体系研究》一书分上、下两篇。其中……（略）。

深圳是我国改革开放的试验场，排头兵，作为深圳的理论工作者，我们希望能够立足深圳、放眼全国、面向世界，以应用性研究，让理论与实践互动，努力为我国公共文化服务理论的深入研究提供现实的基础，也为复杂现实语境中的艰难实践提供理论的总结与指导。当然，限于水平和其他种种因素，这种努力还是初步的，粗浅的，存在许多不足之处，如对我国公共文化服务发展的历史回顾与总结，对目前发展现状分析与评估，对国外经验的介绍和借鉴等，都没能充分地展开。

构建公共文化服务体系，是全面贯彻党的十六大和十六届三中、四中

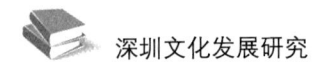

和五中全会精神,加快全面推进小康社会建设的迫切要求;是全面落实科学发展观、建设和谐社会的基本内容;是检验政府执政为民的绩效和衡量人民群众实现文化权利的重要标尺,是推进我国民主法治建设的重要突破口。我们期望这些初步的研究成果可以抛砖引玉,让更多的有识之士投入到公共文化服务体系这项刚刚开始的有意义的研究工作中来。

2011年深圳公共文化服务发展报告[*]

自党的十六大把政府职能归结为"经济调节、市场监管、社会管理和公共服务"后,"服务型政府"建设就成为我国政府职能转变和机构改革的主要目标。与此相适应,"公共文化服务体系"自2002年前后提出以来也经历了近十年的发展,取得了诸多方面的成就,成为我国新时期文化发展繁荣的重要标志。从发展格局和历史趋势来看,目前我国的公共文化发展,正进入一个中央统筹推动、地方积极探索的新阶段。在这一阶段,作为公共文化服务体系建设的主体力量,地方政府在其中的地位和角色特别引人注目,这一方面是因为地方政府在公共文化服务方面担负着主要职责,另一方面在于地方政府是公共文化产品和服务的直接提供者和制度创新者。在此意义上,研究中国的公共文化服务发展,不能不以"地方"为中心。基于此,我们从今年开始,撰写《深圳公共文化服务发展年度报告》,这既是为深圳公共文化发展情况进行年度性扫描,同时也透过对深圳一地经验教训的年度总结,希望对我国公共文化服务的发展进程有所启示和推动。

一 深圳公共文化服务发展的背景与基础

谈论深圳公共文化服务发展的历史与现状,自然离不开宏观上的"国家背景"。

2002年,党的十六大报告提出"坚持和完善支持文化公益事业发展的

---

[*] 自2011年开始,应《深圳文化蓝皮书》之邀,我和同事杨立青合作为其撰写深圳公共文化服务年度报告,本文即为第一份年度报告,原载彭立勋主编:《深圳文化蓝皮书(2012)》,中国社会科学出版社2012年版,第169页。

政策措施，加强文化基础设施建设，发展各类群众文化"。2005年10月，十六届五中全会通过的"十一五规划的建议"中第一次出现"加大政府对文化事业的投入，逐步形成覆盖全社会的比较完备的公共文化服务体系"这样的政策表述。2007年6月，胡锦涛同志主持召开中共中央政治局会议，专门研究公共文化服务体系建设问题。中共中央、国务院随后于2007年8月下发了《关于加强公共文化服务体系建设的若干意见》，就如何建立、健全公共文化服务体系提出了具体要求。而2007年10月党的十七大则强调要深化文化体制改革，完善扶持公益文化事业的政策，坚持把发展公益文化事业作为保障人民基本文化权益的主要途径，加大投入力度，加快建立和完善覆盖全社会的公共文化服务体系。

2010年7月，中共中央政治局就深化文化体制改革问题进行第二十二次集体学习，提出要加快构建公共文化服务体系，按照体现公益性、基本性、均等性、便利性的要求，坚持政府主导，加大投入力度，推进重点文化惠民工程，加强公共文化基础设施建设，促进基本公共文化服务均等化。2011年10月召开的十七届六中全会着眼于推动社会主义文化大发展大繁荣，提出必须坚持政府主导，加强文化基础设施建设，完善公共文化服务网络，构建公共文化服务体系，加快城乡文化一体化发展。

通过上述简要回顾，可以看到，公共文化服务体系建设已上升为一种国家文化战略，而其基本动因，一是就国际而言，全球化的发展浪潮及其带来的国家竞争压力，促使中国在经济、政治和军事之外，越来越将文化看作是中国未来的基本战略力量，二是就国内而言，建设公共文化服务体系，在国家宏观文化政策层面，已成为党的十七大报告所说的"使人民基本文化权益得到更好保障，使社会文化生活更加丰富多彩，使人民精神风貌更加昂扬向上"的重要手段和结构功能支撑点。[①]

假如说中央的高度重视构成了深圳公共文化服务体系建设的宏观国家背景，那么与此相关的地方决策则成为影响其具体进程的基本因素。这些决策主要有：2000年深圳提出"实现市民文化权利"的公共行政理念，公

---

① 参见陈威主编：《完备的公共文化服务系统研究·引言》，深圳报业集团出版社2010年版，第2—3页。

共文化服务体系建设成为实现这一理念的基本途径；2003年，深圳被中央确定为全国文化体制改革综合试点地区，建立完善的公共文化服务体系成为深圳文化体制改革的重要目标；2004年，深圳正式提出"文化立市"战略，公共文化服务体系建设成为实施这一战略的主要推手；2008年，《珠江三角洲地区改革发展规划纲要（2008—2020）》颁发，对珠三角地区提出了打造"全国性的公共文化建设示范区"的要求；2009年，广东省委、省政府出台了《广东省基本公共服务均等化规划纲要（2009—2020）》；同年获得国务院通过的《深圳市综合配套改革总体方案》，也明确了"深化文化体制改革和完善公共文化服务体系"的任务；2010年，广东省委第十届七次全会提出"文化强省"，并颁发了《广东省建设文化强省规划纲要》，与此相适应，深圳市委五届三次全会提出建设"文化强市"的战略目标，要求建立和完善充分体现公益性、基本性、均等性、便利性的公共文化服务体系，成为全国公共文化建设的示范区。

可以看到，在这些地方性文化决策当中，公共文化服务体系建设无疑都是其中的战略支撑点。而对于深圳来说，加强公共文化服务体系建设的基本原因大致有：第一，深圳是座新城市，文化基础差，历史起点低，只有大力发展文化，特别是通过政府投资推动公共文化事业发展，才能奠定城市发展的文化基础、弥补相应的文化差距；第二，目前深圳公共文化发展的水平，还满足不了城市快速发展的需要，尤其是对于深圳超过1300万人口的庞大规模而言，已有的文化设施、机构和活动都还远远不能满足日益增长的精神文化需求；第三，由于公共文化服务体系由政府主导并建立在一定的公共财政能力的基础之上，[①]而深圳经济发达，2011年地方一般财政收入有望突破1500亿元，具备良好的经济基础支撑作为一个完整体系的公共文化服务发展。

而事实上，经过30多年的努力，深圳文化的确实现了跨越式发展，其中的突出体现，就是深圳公共文化服务体系建设的水平已处于全国大中城市的前列，为未来的进一步发展完善奠定了良好的基础，体现在：

---

① 章建刚、陈新亮、张晓明：《中国公共文化服务发展的历史性转折》，载《中国公共文化服务发展报告》（2007），社会科学文献出版社2007年版，第9页。

（一）深圳公共文化服务的研究水平位居全国前列。

深圳公共文化服务体系建设的一大特色，就是实践和理论的同时推进，甚至理论先行，以研究来获得新的理论和发展视野，在全国形成了一定的优势。其标志是如下四本书的出版：一是 2005 年出版的《文化权利：回溯与解读》。① 该书从理论和历史角度回顾、探讨了"文化权利"问题，它既是深圳 2000 年前后提出"实现市民文化权利"命题的理论深化，也为深圳公共文化服务发展提供理念基础。二是 2006 年出版的《公共文化服务体系研究》。② 这是国内第一本关于公共文化服务体系的研究专著，着眼于公共文化服务体系与公民文化权利、服务型政府的关系，系统论述了该体系的主要构成、支持与保障系统、绩效管理与评估等问题，在全国引起了广泛的影响。三是 2010 年出版的《完备的公共文化服务体系研究》，③ 该书作为前一本书的深化，在对全国公共文化发展情况以及发达国家和地区发展经验进行总结的基础上，着眼于深圳建设"全国性的公共文化建设示范区"的目标，提出"完备的公共文化服务体系"的新命题，并通过指标研究提出完备的、示范区的指标数值以及国内外的参考数据。四是从 2007 年开始，深圳市文体旅游局、特区文化研究中心与中国社会科学院文化研究中心联合组织编撰的《文化蓝皮书：中国公共文化服务发展报告》。④ 该书是国内第一本关于公共文化服务的年度发展报告，全书以"总报告"全面总结展示我国公共文化服务发展状况、分析存在问题和面临机遇挑战，并对未来发展进行预测和建议。同时，书中设立的"理论探讨""案例研究"等栏目，还为我国公共文化服务体系相关研究和学术交流提供了良好的平台，并进一步扩大了深圳在全国公共文化服务领域的影响力。该蓝皮书与《文化蓝皮书：中国文化产业发展报告》成为"姊妹篇"，均由社会科学文献出版社出版。已于 2007 年、2009 年分别推出两本，受

---

① 艺衡、任珺、杨立青：《文化权利：回溯与解读》，社会科学文献出版社 2005 年版。
② 陈威主编：《公共文化服务体系研究》，深圳报业集团出版社 2006 年版。
③ 陈威主编：《完备的公共文化服务体系研究》，深圳报业集团出版社 2010 年版。
④ 李景源、陈威主编：《文化蓝皮书：中国公共文化服务发展报告》（2007、2009），社会科学文献出版社 2007、2009 年版。

到了有关部门和社会各界的高度关注。

（二）深圳公共文化设施网络建设全国领先。

建市以来，深圳高度重视文化设施的规划、投入和建设，目前已形成较为完善的市、区和基层公共文化服务设施网络。近17年来，市级财政先后投入52亿元，规划建设了14个市级文化设施，其中1997年开始在市中心区规划建设了博物馆新馆、图书馆新馆、音乐厅、中心书城等一批新文化设施，政府投资达30多亿元，形成了面向21世纪的代表城市形象和水平的文化设施群落。2011年，深圳全市已建有群艺馆和文化馆（站）62个，公共图书馆（室）631个，全市公共图书馆藏书总量达到2200余万册（件），人均达2册，各级各类文化广场381个，各类博物馆28个；广播电视覆盖率达到100%。其中福田区从2002年开始投入13亿元构建"一公里文化圈"，让市民出户一公里就能享受到公益性文化设施提供的服务。南山区积极打造"十分钟公共文化服务圈"，盐田区基本建成"十分钟公共图书馆服务圈"，宝安区开展了创建文化先进街道活动，龙岗区大力实施"753"工程，在区、街道、社区分别兴建了7个、5个、3个文化基础设施。

（三）深圳已形成全国性、区域性的公共文化活动品牌。

深圳目前已拥有节庆文化系列、周末文化系列、流动文化系列、高雅艺术系列和社区文化系列等五大系列文化活动，每年上万场的文化展演不仅丰富了公共文化服务的内容，而且逐渐形成了深圳读书月、市民文化大讲堂、社科普及周、创意十二月等活动品牌效应，提升了城市的文化影响力。以深圳读书月为例，自2000年创办以来，目前已连续举办了12届，以其活动的丰富性和参与的广泛性，受到了上级部门、领导的高度肯定和市民的热烈欢迎，其创新经验和品牌效应日益在全国扩展，成为深圳实现市民文化权利和公共文化服务发展的经典案例。

（四）深圳公共文化服务机制创新相对领先。

以文化免费服务为例，早在1986年深圳图书馆开馆之初，深圳就试行免费开放图书阅览服务，2003年起，深圳决定在市属公益文化场馆推行青少年集体参观和残疾人、老年人的免费开放服务，2007年在全国率先实行全部市属公益文化场馆在参观、阅读、音乐、培训、电影、讲座、鉴定等方面的免费开放服务,此举被《中国文化报》誉为"文化界的一次示范实践",开启了全国性的公共文化场馆免费开放的潮流。2008 年,免费开放范围继续延伸到各区属公共文化场馆。在图书馆服务上,深圳不仅在全国较早实现了图书馆、文化馆(站)等场馆的总分馆制,而且利用高新技术发达的优势,开发了"24 小时街区自助图书馆",该项目被列入首批国家文化创新工程。

此外,在体制创新上,深圳大胆转变思路,转换机制,采取政府采购、委托承办等社会化运作方式,发挥深圳"藏艺于民"的优势,积极引导和调动民间文艺团体等社会资源参与公共文化服务,也取得了良好的成效。据不完全统计,目前深圳共有近 200 多个注册民间文化社团,成员超过 10000 人,专业人员约 2000 人。近几年涌现出登上央视春晚舞台的福永民工街舞团,力夺金钟奖的羊台山青工合唱团骨干成员"部落组合",它们展示了深圳民间文艺团体参与公共文化服务方面蓬勃的生机活力。

总之,深圳在公共文化服务的理论与实践上的积极探索及所取得的成果,为未来的公共文化服务体系的进一步完善奠定了基础性条件。

二 2011 深圳公共文化服务的探索与成果

2011 年是中国共产党成立 90 周年、大运会的举办之年,也是"十二五"的开局之年和特区范围扩大后新一轮发展的起步之年。在这样的年度背景下,深圳的"文化强市"建设开局良好,体现在公共文化服务体系建设上,就是取得了如下新进展:

(一)理论研究进一步深化。

这主要体现在系列研究成果的推出。如前所述,深圳在公共文化服务研究领域,曾率先全国,于 2006 年推出了《公共文化服务体系研究》一书,填补了学术空白,也形成了一定的研究优势。2011 年,随着我国公共文化服务体系建设热潮的来临,深圳市文体旅游局、社会科学院等政府有关部门、学术机构等,都将公共文化服务体系的研究作为了一个重要的研究领域,深圳市宣传文化事业专项基金、社科基金等也对此类课题进行了积极资助，从各个角度探讨公共文化服务所面临的问题。这里，仅以深圳市研究中心为例，该中心2011年开展了系列相关课题研究，其中，特别值得一提的是"公共文化绩效考核评估体系研究"和"社会文化组织与公共文化服务研究"课题。① 前一个课题是文化部"国家公共文化服务体系制度设计研究"五个重点课题之一。课题组在公共组织绩效评估理论的基础上，借鉴国外、国内各种文化评价指标，尝试创立一个符合中国国情和现阶段发展需求的，可量化、可比较、可测评的公共文化服务体系建设绩效的评估指标体系。课题成果已于2011年7月提交文化部并获得了相关部门的肯定。未来，课题成果可望对我国公共文化投入产出、公共文化资源合理利用等情况提供评估依据。后一个课题"社会文化组织与公共文化服务研究"，是研究中心2011年度的重点课题，课题主要就我国社会管理创新和文化体制改革深化背景下，针对目前我国公共文化服务体系建设过于依赖政府一元主体的制度性缺陷，从"治理"（"善治"）的角度探讨了社会文化组织与公共文化服务的内在关系，通过总结国内外发达国家、地区和深圳的实践经验，提出大力发展社会文化组织对于形成公共文化服务体系"多元共建"治理结构的重要意义，课题成果已完成，并获得了相关部门和领导的好评。

（二）继续加快推进文化设施建设。

2011年是推进特区一体化的关键一年，深圳市文体旅游局抓住这一契机，研究制定了《深圳市文化体育设施建设"十二五"专项规划》，提出在"十二五"期间，再规划建设一批具有带动和示范效应的标志性文化设施，不断完善各区的基层文化设施网络，掀起深圳第三次文化设施建设的新高潮。据此专项规划，在2011年，在深圳文化部门的积极推动下，市、区两级43个文体设施建设项目纳入"市规划和国土资源委员会"相关规划；制定了《深圳市基层公共文体设施规划与建设标准指导意见》，规范

---

① 前一课题由深圳市特区文化研究中心学术总监、文化部"国家公共文化服务体系建设专家委员会"毛少莹研究员主持，联合研究中心、社科院等单位研究人员完成。后一课题由研究中心主任黄士芳博士亲自担任课题组长，杨立青副研究员具体主持，联合研究中心、市文体旅游局相关人员完成。

基层公共文化设施建设；启动基层文体设施普查工作；投资5.1亿元、建筑面积4.3万平方米的"深圳文学艺术中心"项目正式奠基建设；深圳艺术学校新正式移交建筑工务署开工，画院及交响乐团改造项目前期工作顺利完成；完成图书馆调剂书库立项工作，全年新增20台"24小时街区自助图书馆"服务机，全市总量达到160台；积极推动当代艺术与规划展览馆、宝安书城、龙岗书城等建设。

（三）精心组织策划重大文化活动。

围绕中国共产党成立90周年和"大运之年"等重大事件，2011年深圳精心策划组织举办了多项重大文化活动。如为纪念建党90周年，组织了"放歌深圳唱响心声"群众歌咏活动和"迎风飘扬的旗"音乐会，推出深圳地方党史展览，全面梳理深圳红色旅游资源，设计系列红色旅游线路，开展"忆峥嵘岁月走红色之旅"大型红色旅游宣传推广活动。为配合"大运会"在深圳举办，市文体旅游局抽调45人组建了总人数达1600人的大运村文体服务部，推出23台室内外演出以及9个展览项目，为各国参赛人员提供了高品位的文化展演展示和互动体验活动，体现了中国传统文化与深圳本土文化的魅力；成功举办"大运会艺术节"，集中推出35台50场高水准的舞台艺术精品和36个精品展览；组织运动员568人次前往关山月美术馆、深圳博物馆和锦绣中华民俗文化村等游览参观，加深了运动员对深圳的了解。

（四）实施三大特色文化工程，开展丰富多次的群众文化活动。

2011年，深圳努力实施"城市文化品位提升""市民文化艺术素养提升"和"劳务工文化服务"三大文化工程，并开展了各类文化艺术活动、项目。2011年的市民文化大讲堂坚持"鉴赏·品位"主题，全年共举办74场讲座，真正成为"市民文化、市民参与、市民享用"的文化殿堂。第九届深圳社科普及周，以"纪念建党90周年和辛亥革命100周年"为主题，举办了一系列宣传普及社科知识活动。而在文博会艺术节期间，29台46场次高水平舞台艺术精品演出成为第七届文博会的一大亮点。深圳还成功举办了第十届"鹏城金秋社区文化艺术节"，8个重点活动丰富多彩，观众超过10万人次。与此同时，深圳的"钢琴之城"建设稳步推进，成功举办了第二届中国深圳国际钢琴协奏曲比赛，13名国际钢琴大师担任评委，吸引了15个国家和地区近70名选手参赛，进一步提升了深圳的国际化程度和文化影响力。第七届"创意十二月"的"市民创意设计大赛"等14个活动展现了设计之都的魅力"设计之都"影响力进一步提升。实施劳务工文化服务工程，深圳成功举办第七届外来青工文体节，组织300余项近千场丰富多彩、形式多样的文体活动，成为广大外来青工展示风采的舞台。此外，深圳还继续办好"周末系列"文化活动，共举办周末剧场49场，"美丽星期天"44场，"戏聚星期六"30余场。开展流动系列文化活动，组织流动演出、展览、讲座、京剧、粤剧进校园、进社区等活动263场。

（五）"图书馆之城"建设成效显著，全民阅读活动扎实推进。

2011年，深圳颁布了《深圳市建设"图书馆之城"（2011—2015）规划》《深圳市人均公共图书馆图书藏量指标考核实施方案》，协调完成了2011年国家文化部基层图书馆评估定级达标工作。继续推进图书馆总分馆制建设，深圳图书馆、龙岗区图书馆、盐田区图书馆及自助图书馆已实现全市统一服务，实现了资源共享。深圳大学和深圳科技图书馆部分文献加入到图书馆之城统一服务平台。自助图书馆项目得到国家主要领导人的高度肯定，全年新增20台24小时自助图书馆服务机，全市总量达到160台。全市全年图书馆进馆2200万人次，图书借阅890万册次。

为贯彻2010年颁布的《关于深入开展全民阅读活动推进学习型城市建设的若干意见》和《深圳读书月发展规划（2011—2020年)》，第十二届深圳读书月以"文化深圳，从阅读开始"为主题，成功举办读书论坛、年度十大好书评选等各类活动530项。举办"世界读书日"系列活动75项，参与读者达30多万人次，覆盖了全市各主要社区、学校和工厂。其中特别值得关注的是深圳民间阅读团体的崛起。在深圳读书月12年不遗余力的倡导下，阅读正在由最初的政府引导走向民间，各类民间读书会、读书沙龙、公益阅读推广组织、志愿者团体开始萌芽、成长与壮大，出现了三叶草、公益小书房、深圳读书会、后院读书会、小津概念书房和"99人书库"等一批有影响的读书会、读书团体，深圳民间阅读呈现出良好的发展

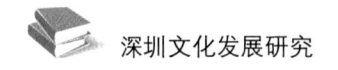

势头。扶持民间阅读，重视基层参与，也成为本届读书月的重要亮点。

（六）广播影视公共服务进一步完善。

在提供常规广播影视服务的同时，2011年深圳协调推进工业区广播电视覆盖试点工作，内容平台、信号传输测试工作基本完成，着力满足劳务工收看广播电视节目的需求。不断提升公益电影管理和服务水平，建立全市首家公益电影义工放映队，推进各区将公益电影服务引入星级影院，拓展公益电影放映渠道。继续实施"万场电影惠市民"活动，全年完成12926场放映任务，观影人次达567万次人。

（七）加大文化遗产保护力度，全面提升文化遗产保护及博物馆服务水平。

2011年，深圳积极推进大鹏所城、大万世居、观澜古墟等文物古迹保护工程，继续做好深圳博物馆改革开放历史等文物征集工作，新增"南山法律文化博物馆"等3家博物馆，使深圳的博物馆总量达到28家。加强非物质文化遗产保护，下沙祭祖习俗、坂田永胜堂舞麒麟、大船坑舞麒麟和松岗七星狮舞等4个项目入选第三批国家级非物质文化遗产保护项目名录。举办《辛亥革命在广东》《纪念辛亥革命100周年图片展——孙中山与辛亥革命》等展览，全景式展现广东辛亥革命发展历程，受到社会各界的广泛关注。精心组织"丝路遗韵——新疆出土文物展""契丹风韵——内蒙古辽代文物珍品展"等10余个文物精品大展。继续开展免费文物鉴定服务，举办免费文物鉴定、知识讲座、收藏沙龙等17场。

（八）深化文化体制改革，积极推进政府职能转变，支持文化中介机构和文化行业协会发展，进一步实现"办文化"到"管文化"的转变。

继文化、体育、旅游合并为文体旅游局等改革措施后，2011年，深圳继续深化文化行政审批制度改革，进一步下放审批权限，审批和服务事项由原来的43项减至31项，减幅达29%，并实现100%网上申报。编制了《文化市场行政审批法规汇编》，进一步完善文化市场综合执法机制。加强文化立法工作，探索公共文化服务保障和文化产业促进立法。完成20家事业单位岗位设置改革工作，实现由员工的身份管理转为岗位管理。进一步完善图书馆法人治理结构改革试点工作，提出理事会理事人选，并选举产生理事会和召开了第一次理事会会议,审议通过了理事会章程等相关配套制度。支持转企改制经营性文化单位建立现代企业制度,提高运营管理水平,增强市场开发能力。完善对转企文艺院团和演艺场所的扶持机制,加大对其进行政府购买服务的力度。探索在基层文化单位实行雇员制和员额制,充实基层公共文化服务机构人员。完善调动社会力量参与文化建设的政策环境,探索建立多元化的文化发展投入机制。按照一个艺术门类扶持一个品牌团体的思路,扶持一批民间专业性文化组织和团体,加大对社区基层文化社团的资助。探索对高层次文化人才实行协议工资制、项目薪酬制、年薪制等多种分配形式,探索推行高级雇员制;探索"不求所有,不求所在,但求所用"的新型用人机制,采用客座制、签约制、特聘制等灵活形式吸引优秀文化人才,并通过委约创作、项目合作和在深设立工作室等方式,加强与国内外优秀文化人才的合作,为深圳文化发展注入新鲜活力。

三 深圳公共文化服务的不足、问题与面临的机遇和挑战

2011 年深圳的公共文化服务虽然保持了快速发展的良好局面,但是由于特殊的城市发展历史和人口构成带来了"先天不足""发展失衡"等问题,反思其存在的不足、问题,是深圳在"十二五"时期,乃至今后更长一段历史时期提高公共文化服务水平的必要前提。而正确分析形势,认清深圳所面临的机遇和挑战,更是未来进一步调整、制定公共文化政策、加快公共文化服务体系建设、推进深圳文化强市战略的重要基础。

(一)与城市经济的快速发展和市民公共文化需求的急剧增长相比,深圳公共文化服务的发展仍相对滞后。

2011 年是深圳经济特区建立的第 31 个年头,经过短短 30 余年的建设,深圳经济飞速发展,成为中国大陆经济效益最好的城市和重要的经济中心城市。2010 年深圳全年本地生产总值 9510.91 亿元,经济总量继续多年居内地大中城市第四位,其中外贸出口总额更是连续十八年位居全国大中城市榜首。从经济规模来说,深圳的经济总量已经相当于国内的一个中等省份。与此同时,深圳也被视为大陆最具活力的城市之一。2010 年 11 月,美国布鲁金斯学会和伦敦政治经济学院联合发布全球城市经济活力报

告对全球150座大城市的经济活力进行排名，研究结果显示，深圳的经济活力排名全球第二，中国第一。而根据2011年深圳市统计局公布的情况，在全球金融危机影响下，深圳经济仍然保持了持续增长的良好势头。① 由于城市的高速发展，深圳迅速集聚了大量的移民人口，包括文化需求在内的公共需求急剧增长。1979年，深圳建市之初，总人口只有31.41万人，到2010年，深圳的总人口已经飞涨至1322万人，是建市时的40多倍！随着城市规模的迅速扩大，居民物质生活水平的快速提高，深圳市民精神文化生活的需求迅速增长，虽然很遗憾，深圳市至今尚未对公共文化服务需求进行一个全面科学的调查，缺乏数据性的支持，② 但是，广大市民公共文化服务需求在30余年中呈现出的快速增长之势却是有目共睹的。

诚然，正如本文前面所总结的，30余年来，深圳文化发展的速度也十分惊人，公共文化产品正日益丰富，服务水平也正在快速提升，但是，总的来看，深圳的公共文化服务与深圳的经济和城市规模、人口等的发展相比，无论是从公共文化设施的规模、布局，产品的种类、服务的水平乃至文化影响力、竞争力的大小，文化人才的集聚、民间文化资源的开掘利用等方面来看，仍显不足。显然，城市经济社会的快速发展，既为深圳公共文化服务发展提供了良好的经济支持和发展空间，但同时，也对深圳的公共文化服务提出了挑战，如何满足快速增长的公共文化需求是摆在深圳公共文化建设面前的重要任务。

（二）与深圳"文化强市"战略目标要求、《珠三角规划纲要》要求、国家公共文化服务体系建设要求相比，深圳的公共文化服务发展水平仍有相当距离。

自2003年以来，深圳相继提出了"文化立市""文化强市战略"，其中，对公共文化服务体系建设提出了较高的要求。③ 而国家发改委于2008

---

① 参见 http://www.sztj.com/main/xxgk/ywgz/tjfx/7660.shtml, http://www.sztj.com/main/xxgk/ywgz/tjfx/7481.shtml, 2010年12月12日。

② 2010、2011年，深圳市特区文化研究中心曾两次拟开展此项专题研究，后因故未能进行。

③ 参阅《深圳市文化体制改革综合试点方案》《深圳市进一步完善公共文化服务体系方案》。参见深圳文化网。

年颁布的《珠江三角洲地区改革发展规划纲要（2008—2020）》中，明确要求深圳打造"全国性的公共文化建设示范区"。就全国的形势来看，在文化部的积极推动下，公共文化服务体系建设更是如火如荼，争先恐后。2010年以来，文化部采取系列积极措施，推动公共文化服务体系建设。先是组建了我国历史上首个"国家公共文化服务体系建设专家委员会"，紧接着提出系列"公共文化服务体系制度设计研究课题"并在全国启动相关研究工作。之后，文化部更与财政部联合发文，开展"国家公共文化服务体系示范区（项目）创建工作"（文社文发〔2010〕49号），并于2011年6月，公布了首批31个创建示范区、47个创建示范项目名单。①遗憾的是，作为全国公共文化服务体系建设较为领先的城市，深圳未能加入首批国家公共文化服务体系示范区创建行列。②

当然，"示范区（项目）"评选工作两年后还将再次进行，而且，与"示范区"这一"名誉"相比，更重要的是实质性的工作推进。根据国家公共文化服务体系示范区（项目）创建工作文件提出的目标，是"按照公益性、均等性、基本性、便利性的要求，在全国创建一批网络健全、结构合理、发展均衡、运行有效的公共文化服务体系示范区，培育一批具有创新性、带动性、导向性、科学性的公共文化服务体系项目，为我国公共文化服务体系建设探索经验、提供示范，推动公共文化服务体系建设科学发展"。面对这一形势，深圳如何发挥好特区的优势，在保持和发扬公共文化服务体系理论研究和实践推进方面的领先优势的同时，显然，深圳作为全国改革开放的试验场、排头兵，有责任为我国公共文化服务体系建设提供先行一步的经验。

（三）公共文化服务不够均衡、普惠不够全面，特区公共文化服务一体化、均衡化的道路仍然比较漫长。

根据国务院的批复，从2010年7月1日起，深圳经济特区的范围扩大

---

① http://www.ccnt.gov.cn/xxfbnew2011/xwzx/ggtz/201111/t20111121_133943.html。
② 按照国家公共文化服务示范区创建相关申报文件的规定，示范区创建"以地级市为主"，深圳作为副省级城市故未以"市"的名义参与申报，而仅以福田区为申报单位提出申报，但落选。广州因为同样的原因以"越秀区"申报落选，最终，广东省入选城市为东莞市。

到深圳全市，即把原特区外的四个区（宝安区、龙岗区、光明新区、坪山新区）全部划入特区范围，深圳由此进入大特区时代。但是，目前老特区（原特区内）和新特区之间的公共文化服务存在严重的不均衡问题，具体包括新老特区公共文化基础设施布局、设施机构、服务半径、活动总量质量的不均衡；新特区农村城市化后的新市民与老特区的城区市民公共文化服务的不均衡；新特区比较偏远的厂区和工业区的外来建设者与一般市民获得的公共文化服务的不均衡。以文化设施机构为例，全市市一级的公共文化设施和公共文化机构全部集中在老特区的福田和罗湖两区；新特区的街道中有7个未建街道文化站，新特区的街道社区图书馆建设比例远远低于老特区。如宝安的社区总计178个，而社区图书馆总数为133个，社区图书馆所建比例为74.7%；龙岗区社区总数147个，社区图书馆只有86个，所建比例为58.5%；市一级的重大活动、大型节庆基本上都集中在老特区范围内举行，新特区的市民享受和参与这些大型活动，必须付出比老特区的市民更高的综合成本。总的来看，特区公共文化服务一体化，均衡化发展的道路仍比较漫长。

（四）公共文化设施等资源使用效率不高，运营效率不善，共享程度不够，存在严重的资源浪费现象。

公共文化设施等资源使用效率不高的情况主要表现在一些大型场馆存在使用率偏低，甚至空置的现象。以深圳大剧院和深圳音乐厅为例。该两大设施，是深圳市重要的演出场地，承担着重要的公共文化服务职能。但是，据市审计局对改制后深圳大剧院、深圳音乐厅进行的绩效审计报告显示，"深圳大剧院的大剧场近三年来近三分之二的天数空置，深圳音乐厅2007年10月底开业以来，演奏大厅2008年至2009年全年一半以上天数空置。深圳大剧院、深圳音乐厅的小场使用率更低，全年80%以上的天数空置"[①]。此外，深圳大剧院和音乐厅的运营和专项资金的使用效率上也存在多项问题，从2007年到2010年三年期间政府累计补贴大剧院2358万元，

---

① 而上海大剧院、中国香港文化中心的大中小三个场地2009年每个场地演出均达到220场以上，与之相比，深圳场馆使用率偏低。深圳市审计局：《深圳市2010年绩效审计工作报告》，参见 http://www.sz.gov.cn/sjj/szssjj/sjyegz/jxsj/gzbg/201101/t20110110_1629075.htm，2011年1月3日。

补贴深圳音乐厅4041万元，主要用于场馆运营和公益演出。但在剔除财政补贴收入后，深圳大剧院和音乐厅三年累计亏损分别达到了2050万元和2172万元。① 此外，其他一些隶属政府部门的公共设施，如市民中心礼堂、深圳会堂等，除党委、政府主办的重要会议使用或偶有他用外，一年中的大部分时间也是空置的，造成公共场馆资源的严重浪费。

总体来看，与中国香港等地相比，深圳的公共文化设施缺乏统一管理，是公共文化设施资源难以统筹使用、高效管理的重要原因。目前政府投资兴建的大型公共文化场馆主要分属两个部门管理，第一类如音乐厅、深圳大剧院、深圳体育馆、深圳体育场、深圳戏院等，原来归口市文体旅游局管理，但2010年起划归市投资控股公司管理；第二类如市民中心会堂、深圳会堂等，则属深圳市机关事务管理局管理。由于管理统属关系不一，体制不同，这些由政府投资兴建的公共文化场馆资源普遍存在利用效率不高，并存在部门、单位利益化的倾向。而与之形成对比的是，大量的民间文化组织或因缺乏足够的资金支付场地租金，或因其民间性质，难以找到必要的排演场地，影响了公共文化服务的发展。此外，管理体制不顺畅也是影响运营单位经营管理的重要因素，也不利于发挥场馆的公益作用。仍以深圳大剧院和音乐厅为例，两家运营单位转制为企业后，场馆划归市财政委管理；演出业务受市文体旅游局管理；经营由深圳市投资控股公司管理，经营利润成为主要考核指标，使场馆在公益性和市场性方面难以平衡。再有，资产产权未分割明确，导致资产管理的责权利不清，不利于场馆的长久正常运营。②

（五）公共平台不足，现有人才、产品、服务等难以实现交流共享。

由于过去较长时间特区内外体制不同，加之市、区、街道三级管理体

---

① 2005年年底深圳市政府投资1.21亿元完成大剧院主体改造，不到五年时间，场馆的舞台、走道、大堂、贵宾厅等处存在着雨水渗漏、表皮脱落、发霉等现象，已经影响了场馆的运营使用。同上。

② 审计指出：2010年运营单位停止托管转入深圳市投资控股公司后，市财政停止拨付场馆运营费用补贴，新的补贴方案至审计结束时仍未确定，继续由运营单位承担场馆维护费用。审计调查还发现，市财政委未根据《深圳市事业单位体制及行政事业性国有资产监管体制改革领导小组会议纪要》的要求，办理场馆及相关资产的分割和移交工作。

制以及区与区之间、街道与街道之间沟通不畅等原因，深圳市目前现有的公共文化人才、产品与服务等未能实现在全市范围内的流动共享，影响了公共文化资源的增值利用和推广应用。如，市一级的优秀节目难以深入各区、街道、社区演出，某一区的节目资源无法流动到别的区或者街道演出，造成节目资源和人才的浪费。罗湖区戏剧小品在全国有相当的影响力，多次在群星奖比赛中夺得金奖，罗湖区的《大话环保》《守候》《成长》等小品意义深刻，主题鲜明，演员也非常优秀，但是往往在本区演出几场后就不能继续打磨和推广演出，别的区、街道或者社区因为信息不对称不了解而无法安排演出，而同时各区和街道可能需要大量的这样的优质节目资源。可见，缺乏公共平台，推动人才、节目等产品及服务的全市共享，已经成为制约深圳公共文化服务体系发展的问题。

（六）社会参与公共文化建设的积极性未能得到调动，民间资源进入公共文化的路径不够畅通，未能形成全社会支持参与公共文化建设的良好局面。

深圳市场体制发育较早，经济比较发达，形成"藏财于民""藏才于民""藏艺于民"的资源优势。面对这种优势，公共文化建设就应在坚持政府主导的前提下尽力调动民间力量积极参与支持公共文化建设。近年来市、区文化部门先后制定了相关政策调动民间资源参与公共文化。如南山区于2010年年初颁布了《南山区文化艺术活动资助实施细则》，支持鼓励辖区内文化机构、社会艺术团体开展非营利公益文化艺术活动，至2010年年底共接受了55个申请，安排资助资金700万元。但从全市的总体情况来看，目前民间力量参与公共文化事业的路径还不够畅通，表现在几个方面：一方面是企业支持参与的积极性不高，尤其是企业直接赞助资助公共文化活动的事例和经费不多。据市文体旅游局初步调查，全市企业组织赞助资助公共文化活动的经费每年不超过1500万元，占全市公共文化带来投入经费的比例不到2.5%，这一比例远远低于中国香港、台湾的比例；另一方面是社会文化组织的身份认证问题使其难以通过合法的途径进入公共文化。目前对社会文化组织的管理存在双重管理，而民政部门对这些组织的管理也存在三种模式，即行业协会、学会和民办非企业组织，另外还有大量的民间的自发的业余的组织。而现有的资助规则主要是针对已注册的民间组织，乃至大量的活跃的民间自发组织无法从政府得到合法正当的支持。还有就是企业或者民办文化组织参与公共文化的回报受益政策机制不够完善。所以市委市政府在关于加快转变经济方式的决定和全市社会建设工作会议中都特别强调加强社会建设，规范发展社会组织，形成多元化的公共服务供给模式。

四 深圳未来公共文化服务发展的前景及政策建议

在去年我们完成的《完备的公共文化服务体系研究》一书中，我们曾对深圳公共文化服务的增长模式进行了探讨。指出，未来推动深圳公共文化服务的增长，应切实把握市民公共文化需求，在保障基本文化权利满足的基础上，根据深圳实际发展需要，在不同的发展阶段，区分不同的轻重缓急，有重点、有步骤地发展不同领域的公共文化服务，推动公共文化产品的种类和服务的内容、数量与质量的有序增长。实现公共文化服务的"重点发展与全面发展相结合的科学增长模式"。[①]

2011年是深圳实施"十二五"的开局之年，未来一两年，是实现深圳"十二五"规划目标重要时期。随着党的十七届六中全会的召开，随着我市文化建设"十二五"规划的颁布实施，[②] 深圳可望迎来新的公共文化服务建设的高潮，尤其是新一轮文化设施建设的高潮，未来，深圳应着力解决好前述问题，建设完备的公共文化服务体系，保障各阶层市民文化权利的实现，将深圳打造成为全国性的公共文化建设示范区。为推动这一目标的早日实现，我们特提出建议如下：

1. 适度调整现有的分级财政投入公共文化服务体制机制，统筹全市公共文化投入，为实现公共文化服务均等化创造保障条件。 考虑历史"欠账"带来公共文化设施布局不够合理等问题，建议深圳采取有关措施，按照大特区的标准对原特区外的两个区及新成立的四个新区，加大公共文化建设投入，其中市一级的财政投入可考虑采取重大项目支持和转移支付的

---

① 陈威主编：《完备的公共文化服务体系研究》，深圳报业集团出版社2010年版，第161页。
② 据悉，《深圳市文化发展"十二五"规划》已经通过市委、市政府审议并将公布实施。

方法，支持原特区外的公共文化服务建设，为实现公共文化服务均等化创造条件。

2. 新设施选址重点考虑原特区外，进一步推动公共文化服务的均等化。特区扩大到全市后，原特区外的宝安区、龙岗区和光明、坪山、大鹏及龙华等新区，空间大、地域广，原有主要文化设施是按以前的农村镇级区划建设的，自2005年实现城市化后滞后的问题已显突出，下一步应按现代化先进城市的标准、特区内外一体化的标准规划建设公共文化设施，把未来大型公共文化设施的规划建设重心适度放在新特区范围内，同时可考虑并鼓励市一级的公共文化机构图书馆、群众艺术馆、美术馆、博物馆等在原特区外地区设立分馆，形成覆盖全市的系列总分馆设施网络，加快全市公共文化服务一体化的进程。

3. 结合城市更新改造，推动现有公共文化设施的提升完善。深圳城市化的加速发展以及农村城市化的转变，造就了大量的"城中村"，这些"城中村"虽然在一定的历史阶段发挥了重要的城市功能，但从长远看，与深圳城市的整体发展不相适应，应通过渐进式的更新逐步适应城市新的发展要求。2009年12月1日，市政府通过的《深圳市城市更新办法》正式实施，这是深圳城市发展转型的一个重要标志。推行"城市更新"，通过对用地效益低下的城市区域和产业空间有计划地进行整合改造、挖掘潜力，可以促进老城区活力重振与新城区结构优化，促进全市产业布局优化和产业结构调整，促进社会结构优化调整；通过城市更新改造，进一步完善市政配套设施建设，可以实现城市功能的提升与转变，改善人居环境、提高生活质量。[①] 未来三至五年时间，正是深圳率先建成公共文化建设示范区的关键时期，而城市更新为部分滞后的文化设施完善创造了机会，所以建议政府文化部门与其他部门协调配合，共同促进现有公共文化设施的更新改造，达到新的国家标准，保持领先地位。

4. 学习中国香港经验，推动文化设施统一管理。针对前述公共文化设

---

① 据了解，全市已经列入改造计划的各类拆除重建项目共计200项，其中城中村全面改造项目137项，旧城改造项目32项，工业区升级改造项目31项，计划改造用地面积16.5平方公里。目前，已批准各类改造专项规划58项。

施缺乏统一管理,资源空置、浪费等问题,建议学习中国香港由康文署统一管理公共文体设施的良好营运经验,开展重大演出场馆等设施资源的普查、统计,并建立统一的管理营运、使用协调乃至绩效评估机制,进一步提高公共文化设施的综合利用率。

5. **开放政府资源、改变政府文化投入范围**。建议在保证国有公益性文化机构、项目等获得必要投入的前提下,政府的公共文化资源(如深圳市宣传文化基金)逐步加大向民间机构组织的开放程度,使每年占文化预算一定比例的公共财政经费,可用于资助民办非营利文化机构,促进深圳社会办非营利文化机构的发展,最终,形成政府与民间共同建设公共文化服务体系的理想模式。

6. **转变政府职能,推动公共文化服务的社会化与市场化**。政府是公共文化服务的重要主体,但NPO、NGO等"第三部门"也是公共文化服务体系的重要主体,要实现政府文化行政管理职能的"三个转变",调动社会力量参与公共文化服务建设,必须大力推动公共文化服务的社会化、市场化,以有效补充政府职能的不足,丰富公共文化产品种类,提高公共文化服务质量。因此我们建议:

(1)发挥深圳地方立法权优势,率先全国出台专项法规,改革有关民办非营利文化机构、社团、个人工作室等的登记管理办法。在我国《社会团体登记管理条例》(1998)、《民办非企业单位登记管理暂行条例》(1998)、文化部与民政部联合制定了《文化类民办非企业单位登记审查管理暂行办法》(2000)以及文化部《社会团体管理办法》(2004)等规定的基础上,根据2008年9月深圳市出台的《关于进一步发展和规范我市社会组织的意见》的相关规定,建议深圳率先全国出台专项法规,改革有关民办非营利文化机构、社团、个人工作室等的登记管理办法,简化审批或核准手续,促进各种民间文化艺术团体、文化行业协会、文化基金会及海外文化机构等社会团体的发展。

(2)鼓励成立文化基金会。文化基金会作为非会员制的公益组织与一般的社会团体相比有着本质的区别,与经济类基金会也有所不同。根据国务院2004年3月公布、2004年6月1日正式实施的《基金会管理条例》,深圳应采取更加积极的措施,鼓励建立各类文化基金会,如"外来工文化服务基金会""残疾人文化服务基金会""少年儿童文化服务基金会"等，吸引社会资本，参与公共文化服务。

（3）进一步完善《深圳市文化局重大公益文化活动实行社会化运作试行办法》，在公益性文化节庆、文化活动、影视节目、舞台演出、展览等方面，以"政府主导、社会参与、市民监督、共建共享"为原则，通过采取社会捐赠、政府采购与项目外包、补贴、授权等方式，进一步探索政府文化采购的种类、管理方式，以公开、公平、公正的精神，规范管理，扶持公共文化服务领域第三部门的发展，推进公共文化服务的社会化与市场化。

7. 建立文化艺术人才库、节目展览等服务的交流平台和中介组织，为公共文化资源在全市的统筹使用，提供基础。 针对深圳公共平台不足，现有人才、产品、服务等难以实现交流共享的问题，建议相关部门充分发挥"深圳文化网"、图书馆公共数据库、"深圳文化地图"、文化行业组织等的作用，建立我市文化艺术人才库、节目、展览等服务的交流平台和中介组织，为公共文化资源依据社会需求在全市的自由流动，创造良好条件，进一步实现公共文化资源的互惠共享。

正如2011年《深圳市人民政府工作报告》指出的：过去30年，深圳迅速崛起，创造了举世闻名的"深圳速度"，打造了全国领先的"效益深圳"，为迈向更高层次的发展奠定了坚实基础，现在，深圳已站在一个全新的历史起点上，相信随着深圳"十二五"文化规划的实施，未来，深圳将以更丰富的公共文化产品、更高质量的服务，不但适应深圳经济社会的发展，满足深圳人民公共文化需求的增长，并不断为我国公共文化服务体系建设提供新鲜经验，为促进我国文化大发展、大繁荣作出深圳应有的贡献。

2012 年深圳公共文化服务发展报告[*]

2012 年,深圳总体经济社会发展形势良好,经济水平稳步增长,消费市场持续畅旺,公共财政实力大幅增强,1—10 月,全市实现公共财政预算收入1314.86 亿元,增长9.2%;公共财政预算支出1160.91 亿元,增长8.4%。[①] 人民生活不断改善的同时,公共文化需求也在不断增长。

2012 年,我国公共文化服务体系建设迎来重要的一年。继2011 年10 月党的十七届六中全会提出深化文化体制改革、推动社会主义文化大发展大繁荣号召之后,2012 年2 月,《国家"十二五"时期文化改革发展规划纲要》公布;7 月《国家基本公共服务体系"十二五"规划》公布;11 月党的十八大的召开……上述中央级的重要会议和文件,都以不同的方式提出进一步完善公共文化服务体系,推动公益性文化事业进步,促进文化与经济社会协调发展的战略要求。各地积极响应,就我省和我市的情况看,广东省在2009 年制定出台的《广东省基本公共服务均等化规划纲要(2009—2020 年)》等重要政策的基础上,更于2011 年9 月推出《广东省公共文化服务促进条例》(2012 年1 月1 日起施行)。该条例作为全国首部公共文化服务体系建设的综合性地方法规,以地方立法的形式,界定了公共文化服务的内涵和外延,确立了政府主导、社会参与等公共文化服务原则,明确了公共文化服务的管理体制和总体要求,提供了加强公共文化服务体系建设立法的整体思路,在广东省公共文化服务体系建设史上具有重要意义。深圳则于2012 年1 月颁布了《深圳市文化发展"十二五"规划》,4 月

---

[*] 本文与杨立青合作,原载彭立勋主编:《深圳文化蓝皮书(2013)》,中国社会科学出版社2013 年4 月版,第103 页。

[①] http://www.sz.gov.cn/cn/xxgk/tjsj/tjfx/201212/t20121210_2084846.htm,2012 年12 月22 日。

颁布《关于深入实施文化立市战略建设文化强市的决定》（深发〔2012〕4号）。上述情况，构成了深圳 2012 年公共文化服务体系发展的重要背景。

一 理论研究新探索

深圳早在 2005 年就提出了"实现市民文化权利"的先进文化理念，为公共文化服务的开展，做出了较好的理论准备；2006 年率先出版了《公共文化服务体系研究》一书，在全国引起广泛影响；2010 年出版《完备的公共文化服务体系研究》，进一步对公共文化服务体系的若干基本问题进行深化研究。为继续保持深圳在公共文化服务体系的理论研究方面的领先地位，2012 年，深圳还开展了若干新的探索，继续保持了深圳在公共文化服务理论研究领域的相对优势。

1. 参与编撰完成《文化蓝皮书：中国公共文化服务发展报告（2012）》的出版工作，[①] 打造公共文化服务理论研究的国家级公共平台。

自 2007 年开始，深圳市文体旅游局、特区文化研究中心就与中国社会科学院文化研究中心，联合编撰出版了《文化蓝皮书：中国公共文化服务发展报告（2007）》一书。该书作为国内第一本关于公共文化服务的年度报告，为全国公共文化服务体系研究，搭建了重要的公共平台，广受关注。本书计划两年一本，并于 2009 年推出了第二本《文化蓝皮书：中国公共文化服务发展报告（2009）》，影响进一步扩大。2011 年，因合作单位调整等原因，未能及时推出第三本蓝皮书，至 2012 年，深圳市文体旅游局、深圳市特区文化研究中心参与，与文化部公共文化司、国家公共文化服务体系建设专家委员会合作，推出了《文化蓝皮书：中国公共文化服务发展报告（2012）》。

作为公共文化蓝皮书的第三本，《文化蓝皮书：中国公共文化服务发展报告（2012）》与"公共文化蓝皮书"2007 年、2009 年本相衔接，以年度报告的形式，全面展示了 2011 年、2012 年以来我国公共文化服务的建设成就和重点工作进展，深度分析现阶段存在问题、面临机遇与挑战。对一些事关我国公共文化服务体系建设全局、制度设计的重大现实问题，组织专家开展

[①] 蔡武、杨志今、于群、李国新主编：《文化蓝皮书：中国公共文化服务发展报告（2012）》，社会科学文献出版社 2012 年版。

深入探讨。对各地鲜活的实践经验，进行及时总结提炼。总体看，公共文化蓝皮书已经成为全国性的公共文化服务研究与交流的重要公共平台、公共文化政策决策的重要参考。深圳直接参与了蓝皮书的编撰工作，包括参与撰写"总报告"《中国公共文化服务体系建设的历史性转折》、提交论文《公共文化服务绩效指标体系若干基本问题思考》《发达国家和地区的公共文化服务及其发展趋势》等，保持了深圳在公共文化服务理论研究领域的优势。

2. 顺利完成文化部"国家公共文化服务体系制度设计研究"重点课题：《公共文化服务绩效评估指标体系研究》。

2010年上半年，按照"三三制"的原则，文化部组织了高校科研单位、文化行政部门和公共文化单位的学者和专家，成立了"国家公共文化服务体系建设专家组"，后来又升格为"国家公共文化服务体系建设专家委员会"，并确定了"国家公共文化服务体系制度设计研究课题"，启动实施了国家公共文化服务体系制度设计研究工作。深圳市特区文化研究中心，与北京大学、清华大学、中国传媒大学一起，作为文化部公共文化司的理论研究合作机构，参与了公共文化服务体系制度设计研究工作的总体策划，并承担了其中的重点课题《公共文化服务评价考核体系研究》的研究。

在包括政府文化管理部门与各类公共文化服务机构在内的公共组织的评价考核与管理过程中，绩效评估是最关键的环节。公共文化服务绩效评估，有利于改善和加强对公共文化服务的监督，有利于政府职能的转变，有利于提高公共文化服务的质量和水平，是公共文化管理的有效工具。因此，2006年《国家"十一五"时期文化发展规划纲要》提出，今后要建立健全公共文化机构评估系统和绩效考评机制。2007年中办、国办颁布的《关于加强公共文化服务体系建设的若干意见》中强调要根据各类公共文化服务机构的特点，"分类制定建设标准和服务标准，加强绩效评估"。2011年党的十七届六中全会决定也指出，要"制定公共文化服务指标体系和绩效考核办法"。然而，由于公共文化服务涉及领域众多以及"文化绩效"问题的特殊性，[①]《公共文化服务评价考核体系研究》的研究是一个研

---

① 毛少莹：《公共文化服务绩效指标体系研究若干基本问题的思考》，载于群、李国新主编《中国公共文化服务发展报告》（2012），社会科学文献出版社2012年版。

究难度较大的课题。在深圳市特区文化研究中心为主的课题组成员的共同努力下，课题组克服种种困难，于2011年6月完成了相关成果并顺利通过文化部评审，现已结题。该课题研究成果在充分吸纳绩效评估理论、科学借鉴发达国家经验的基础上，构建了我国地方政府公共文化服务绩效评价指标体系，并提出了切实可行的评估办法，具有一定的创新性，一定程度上填补了我国公共文化服务绩效评估指标体系研究的学术空白。作为国家公共文化服务制度设计课题，课题成果有望能为文化部提供决策参考，对未来我市推动公共文化服务的绩效评估也具有重要的指导意义。

国家公共文化服务体系制度设计研究系列课题，是针对当前公共文化服务体系建设存在的突出问题，对涉及全局性、战略性的重大问题进行研究，提出相关政策建议和具体解决方案。按照"决策参考、指导实践、推动立法"的目的要求，至2012年来，全国各省（区、市）文化厅（局）和专家学者结合现阶段我国国情和文化发展实际，开展了多项课题研究，为公共文化服务体系建设实践工作提供了有力的理论支撑和智力支持，提升了全国公共文化服务体系研究的总体水平。

3. 推动国家社科基金重大项目："农民工文化需求与城市公共文化服务体系建设"课题研究工作。

2003年以来，随着农民工问题的日益凸显，国家社会科学研究指导部门通过课题招标或指南方式，引导学术界开展有关农民工问题的重大项目研究。2012年，深圳大学牵头组织，联合香港中文大学、深圳市特区文化研究中心、深圳市社科院、广东商学院等科研机构，组成联合课题组，积极申请并获得国家社科基金重大项目："农民工文化需求与城市公共文化服务体系建设研究"的立项资助。[①] 农民工是一个庞大且不断扩大的群体，我国长期的城乡二元经济结构下，农民工群体在社会文化生活中处于边缘化的状况；同时，政府公共文化服务的责任主体职能的缺失和面向农民工

[①] 课题首席专家：深圳大学传播学院教授吴予敏，七个分课题负责人为：周林刚（深圳大学教授）、王晓华（深圳大学教授）、邱林川（香港中文大学副教授）、毛少莹（深圳市特区文化研究中心研究员、国家公共文化服务体系建设专家委员会委员）、刘佐太（广东商学院教授）、徐道稳（深圳大学教授）、王为理（深圳社会科学院研究员）。

的文化供给不足也加深了农民工的文化边缘化，这种情况严重影响着社会的稳定与和谐。深圳作为一个农民工数量庞大的城市，近年来在如何满足农民工的文化需要，改善其文化生活状况做出了不少积极的探索。未来，我国怎样建立政府主导、企业资助、文化单位供给和市场扶持协同运作的长效机制，保障农民工的文化权益，逐步积累其人力资本和社会资本，成为日益紧迫的现实问题。

本课题作为国家社科基金重大项目，在2012年5月正式获准立项后，已经组织开展相关调研工作，课题计划于2015年年底完成，并拟在以下方面获得有价值的成果：（1）获得我国各类农民工的不同层次、不同特点的文化需求的数据，并对其文化需求现状和趋势进行评估；比较分析我国农民工在文化需求方面体现的民族、地域、职业、代际、性别、宗教等特点，揭示农民工的文化需求层次、规模、结构和质量；（2）分析新生代农民工的在网络信息时代的文化需求和文化活动特点；（3）分析在全球化、市场化、信息化的趋势下，农民工的媒介素养、文化诉求和社会参与度的特点和规律；描绘农民工的信息化生活图景、参与文化娱乐、教育培训、社会活动的方式，研究对农民工进行信息化社会管理的途径；（4）分析总结各地各级政府为农民工提供公共文化服务的政策导向、制度条件、机构组织、财政保障、资源配置和绩效评估的经验成败，提出最优选择方案；（5）提出在社会结构转型期、社会管理改革的背景下，对农民工提供公共文化服务的社会参与协作的行动框架；（6）根据农民工文化需求的特点，规划公共文化产品供给的类型、质量、规模、渠道和服务方式；（7）总结各地城市（特别是农民工集中、经济先发展地区和公共文化服务示范区）的创新实践，从中进行理论总结、制度创新总结，丰富公民文化权益理论和公共管理、公共服务理论，提出满足我国农民工文化需求，保障公民基本文化权益，将农民工尽快纳入城市公共文化服务体系的策略和路径。预期课题成果将为我国制定相关政策提供重要决策参考。

4. 承担文化部"全国基层文化队伍培训教材"《公共文化服务体系概论》一书的写作。

本书是文化部主持编撰的"全国基层文化队伍培训教材"的核心教材之一，深圳市特区文化研究中心受文化部直接委托承担本书的编撰任务。

在该中心成员为核心的研究人员的共同参与下，本书的初稿计约30万字已经基本完成，书稿计划进一步修改完善后于2013年上半年出版。本书围绕公共文化服务的权益主体、责任主体、供给模式、政策法规与制度设计、保障体系、发展水平的测度与绩效评估、公共文化服务的社会化、公共文化服务的国际经验以及我国公共文化服务的发展等问题进行全面论述，大体涵盖了公共文化服务体系建设涉及的种种基本理论问题和较为迫切的现实问题，是努力全面反映国内外公共文化服务理论研究的最新进展和公共文化服务实践的最新尝试。我国文化管理与文化政策研究起步较晚，关于公共文化管理、公共文化政策的教材或专著十分缺乏，本书的出版，将一定程度填补我国缺乏同类教材的空白。本书也是深圳继《公共文化服务体系研究》和《完备的公共文化服务体系研究》基础上，进一步推动公共文化服务体系研究系统化、公共文化政策研究学科化的一次有益努力。

4. 完成"非政府文化资源整合利用与公共文化服务发展研究"课题。

本课题是深圳市特区文化研究中心获"深圳市宣传文化发展专项资金"资助的年度重点研究课题。研究内容主要包括：非政府文化资源与公共文化服务；发达国家、地区及我国的非政府文化资源与文化发展；深圳的非政府文化资源参与公共文化服务体系发展的背景、现状、问题及建议。该中心之前开展的《公共文化服务体系研究》《完备的公共文化服务体系研究》等研究，以及国内有关公共文化服务体系研究的成果，都主要是围绕政府在公共文化服务体系建设的地位、责任，探讨政府公立公共文化服务机构的公共文化产品供给等问题。换言之，以前的成果尽管也有涉及社会力量参与公共文化服务的问题，但未对非政府文化资源的整合和利用问题做专门性研究，理论上不够系统完整，本课题即着眼于这一认识，深化系统化相关问题研究而提出的。本课题对国内外文化类非政府资源参与公共文化服务情况的全面梳理，一定程度填补了相关领域的研究空白，对公共文化服务体系理论研究的系统化做出了积极努力。课题报告提出的深圳下一步推动非政府文化资源参与公共文化建设的政策建议，具有较强的现实针对性和可操作性。

二 实务领域新进展

2012年,深圳的公共文化发展,除了在理论上继续探索深化,在实践上也不断取得新进展。这主要体现在公共文化设施网络的完善、公共文化产品及服务供给能力的提高以及体制机制的创新等方面。

(一) 公共文化设施建设

对于快速发展的深圳而言,公共文化服务体系的完善,市民文化需求的满足和文化权利的实现,都必须依赖于覆盖全社会的公共文化设施网络的建立。在此意义上,如同全国的情形,公共文化设施建设依然是深圳公共文化服务发展的关键。深圳文化主管部门对此有着充分的认识。正如深圳市文体旅游局在2012年工作会议提出的那样,深圳将加大政府投入,掀起了第三轮文化设施建设高潮,争取到2015年实现文化设施面积新增170万平方米,达到1095万平方米;人均拥有文化设施面积由目前0.89平方米增加到1平方米。

1. 加快重大文化设施建设,努力打造标志性文化设施。

为此,一方面深圳市文化部门2012年稳步推进深圳艺术学校新址、深圳画院维修改造、交响乐团翻新等重点文化工程,在深圳美术馆新馆、图书馆调剂书库、非遗展示中心、博物馆老馆改扩建等项目前期工作也取得实质性进展:市文体旅游局与龙华新区初步商定,将市群艺馆新馆、市美术馆新馆、市图书馆分馆及调剂书库、市交响乐团演艺中心建设项目选址于龙华新区民治街道,新区则拿出深圳北站附近的一块四万平方米的土地用于这四个项目建设。12月12日,总建筑面积超过8.8万平方米、总造价约16亿元深圳市当代艺术馆与城市规划展览馆开工建设,标志着年度市级文化设施建设获得了突破性进展。而作为深圳"十二五"期间60个标志性重大建设项目的"两馆"之一,当代艺术馆是以当代艺术的展示、收藏、研究、推广、教育为主要功能的大型公益性艺术机构。

2. 基层文化设施建设取得重大进展,"特区一体化"发展得到进一步体现。

另一方面,在区、街道等基层文化设施建设上,市文体旅游局等部门联合印发了《深圳市基层公共文体设施规划和建设标准指导意见》，并完成全市文体设施普查任务，进一步规范基层文体设施建设。可以说，纵观全年，深圳公共文化设施建设的最大亮点无疑是基层文化设施的兴建热潮，主要体现在：(1) 5月30日，龙华文化艺术中心正式启用，该中心占地面积28184平方米，建筑面积26133平方米，总投资1.21亿元，内设图书馆、影剧院、群艺馆，其设施设备堪与原特区内标准看齐。(2) 全国最大的县区级博物馆——南山博物馆，目前主体建筑已完工。该馆用地面积1.9万平方米，建筑面积4.2万平方米，计划投资18933万元。而另一重大项目南山区文化馆的设计方案深化优化工作也已完成，并于2012年年底开工建设。该馆占地面积6120平方米，建筑面积18975平方米，预计投资约2.7亿元。(3) 7月4日，坪山新区图书馆开馆仪式正式举行，在新区成立三年后，坪山终于有了首家区级图书馆。该馆建筑面积约3000平方米，设有读者座位168个，图书设计藏量20万册，每日可接待读者1500人次。(4) 7月30日，总投资6.15亿元的宝安中心区图书馆顺利封顶，该项目含博物馆和展览馆，总用地面积31854平方米，总建筑面积48000平方米，其中图书馆37270平方米，图书设计容量150万册；博物馆面积6400平方米，展览馆4330平方米。(5) 8月15日，在光明新区迎来建区五周年之际，光明新区文化馆、图书馆、体育中心正式启用。"两馆一中心"总投资2.5亿元，用地面积近10万平方米，建筑面积达5万平方米，是光明新区区级投资最多、建设规模最大的文体设施。

据初步统计，截至2012年年底深圳共拥有公共图书馆（室）643个，24小时街区自助图书馆全年新增40台（原特区内19个，原特区外21个），总量达到200台，群艺馆和文化馆（站）62个，各类博物馆29个，文化广场381个，公共文化设施网络进一步完善。

(二) 公共文化产品与服务

1. 普惠型公益性文化服务更加配套完善。

2012年，在传统的图书馆、博物馆、文化站等公益性文化机构服务外，市、区、街道文化部门继续推出了五大系列文化服务活动，即节庆文化系列、周末文化系列、流动文化系列、高雅文化系列和社区文化系列，进一步办好深圳读书月、市民文化大讲坛、外来青工文体节等品牌活动，采取有力措施调动本市文艺工作者的积极性和创造性，推出了一大批文艺精品，满足了多层次、多样化的公共文化需求，使深圳公共文化产品和服务内容供给能力不断提高。

在群众文化活动的组织开展上，2012年年初共策划组织了1000余场元旦、春节系列文化活动；继续实施外来工文化服务工程，举办第八届外来青工文体节，20项丰富多彩的文化活动吸引了上万名外来青工参与；全年组织420场"流动大舞台"演出、文化进社区及京剧粤剧进社区、进校园等文化活动；继续实施公益电影放映工程，全年放映公益电影超过15000场，观影人次超600万。在公益艺术培训上，近16万人次参加了86班次的培训。周末系列文化活动有序开展，全年举办132场周末剧场、美丽星期天、戏聚星期六等活动。市属美术机构共举办展览332场，参观人数达127万人次。在"图书馆之城"建设上，新增自助图书馆40台，坪山新区图书馆、光明新区图书馆建成开放，全市公共图书馆馆藏总量超过2591万册，全年进馆2263万人次，借阅910万册次。在博物馆服务上，深圳博物馆新设世界野生动物标本展，引进《石渠宝笈　旷代风华——辽宁省博物馆藏中国古代书画名品展》等24个高水平文物精品展览，全市文博系统共举办各类展览90个，接待观众220多万人次。在阅读推广上，成功举办首期阅读推广人培训班，成立国内第一家阅读联合组织——深圳市阅读联合会，全民阅读向民间化、专业化迈出重要一步，全年开展阅读推广活动超过1200场。

2. 大型文化活动、文艺精品创作品牌化、专业化程度提升。

在大型文化活动的策划组织上，第八届文博会艺术节、第十三届深圳读书月、市民文化大讲坛、创意十二月、第十届少儿艺术花会、第二届深圳钢琴公开赛等为市民提供了丰富的文化大餐。各类大型文化活动的品牌化、专业化程度得以进一步提升。其中第十三届读书月，不仅推出了594项系列活动，而且突出了阅读的全民性、群众性和专业化。

在文艺精品创作上，2012年深圳组织完成交响乐作品《人文颂》创作并成功试演，歌曲《迎风飘扬的旗》获得中宣部"五个一工程"奖，原创舞蹈《我们的生活》登上央视《我要上春晚》舞台，原创群口快板《好人的故事》荣获第七届中国曲艺"牡丹奖"文学奖,填补了深圳曲艺史的空白;《走路上学》等8部电影、电视剧获广东省"五个一工程"奖,纪录片《发现少校》获美国休斯敦第四十五届国际电影节金奖,电视动画片《小鸡不好惹》《憨八龟的故事》被文化部认定为重点动漫产品。

正是由于深圳公共文化产品和服务供给能力的提高,深圳相关文化部门公共服务的公众满意度也得到了提升。广东省情调查研究中心2012年2月的测评结果显示,2011年深圳公共文化服务公众总体满意度比上年提高8.6分,在全部公共服务事项满意度排名中由第二位跃升至第一位。同时,一些公共文化服务机构和个人也因此受到褒奖。如深圳关山月美术馆获授"国家重点美术馆",成为首批九个国家重点美术馆之一;深圳博物馆成为"国家一级博物馆";深圳市群众艺术馆和福田、罗湖、南山、盐田、宝安、龙岗区共7家区文化馆被命名为国家"一级文化馆";关山月美术馆馆长陈湘波相继获得"尼泊尔文化部长奖""斯洛伐克驻华大使特别奖"。

(三)服务体制机制创新

自2003年成为全国9个文化体制改革综合试点地区之一,深圳在文化体制改革方面进行了积极探索,在转变政府文化职能、建立"大文化"管理体制、推进文化事业单位和国有文化资产监管体制改革等方面取得了很大进展,屡次受到中央肯定。2月17—18日,全国文化体制改革工作会议在山西太原举行,深圳第三次获得"全国文化体制改革工作先进地区"称号。在以往改革成果基础上,深圳文化体制改革在2012年继续有所深化,体现在公共文化服务体制机制的创新上,主要有如下几点:

1. 鼓励社会资金投入公共文化服务体系建设。

首先,在公共文化投融资体制改革上,深圳市文体旅游局在2010年颁发了《关于鼓励和引导文体旅游领域社会投资的相关配套政策措施》(深文体旅〔2010〕690号),积极鼓励社会资本进入文化投融资领域。2012年发布的《深圳市公共图书馆总分馆体系建设指导意见》也鼓励社会力量参与公共图书馆建设,并提出政府与社会合作办馆的具体运作方式。而在文化设施投融资方面,深圳在2012年有了突破性的进展。如龙岗区区委、区政府决定"三馆一城"(龙岗科技馆、青少年宫、公共艺术馆及深圳书城龙岗城）的投资与建设将采用市场化方式引入社会资金，采用捆绑开发模式投资兴建。这一模式在当代艺术馆与城市规划展览馆的建设上也得到了运用（与佳兆业公司合作，采取了 BOT 建设方式）。这一方式极大地改变了过去单纯依赖政府投入的传统做法，既有利于充分利用社会资金，也减轻了政府的财政负担，从而推动了深圳文化设施建设和文化的发展繁荣。

2. 鼓励社会力量参与公共文化服务供给。

其次，在整合、利用非政府文化资源，尤其是在鼓励社会组织的力量参与公共文化服务的提供上，2012 年对于深圳也是一个重要的年份。2012 年 2 月 28 日市委、市政府颁布《关于深入实施文化立市战略建设文化强市的决定》，提出建立"政府主导、社会参与、机制灵活、政府激励"的公共文化服务供给模式，重点在具备竞争市场的公益事业领域向有资质的社会组织"购买服务"，积极引导社会力量参与公共文化服务。为此，2012 年深圳市文化部门投入 385 万元对承办文化团体进行资助，共有 284 场次公益文化活动面向社会公开招标和采购。再以民间博物馆发展为例，深圳市有关部门 8 月印发了《深圳市民办博物馆扶持办法》，使得深圳民办博物馆将获得经费支持、建馆用地、寄展服务、业务帮扶、人才引进和税收优惠等多方面扶持，其中门票补贴每年最高可达 50 万元。这一举措将极大地促进深圳民间博物馆的发展。据统计，深圳目前登记在册的博物馆共 29 家，其中国有博物馆 14 家，民办博物馆 15 家，民办博物馆已成为深圳博物馆事业的重要力量。

3. 转变政府职能，提高政府管理水平。

复次，在转变政府文化职能，实现"三个转变"方面，2012 年也有所进展。在过去，由于管理体制和运营机制相对滞后以及对"以费养事、以馆养人"模式的探索缺乏细化标准和完整监控，文化行政部门既"管文化"又"办文化"，职责不清晰，文化场馆创新力不强、经营性项目无序扩张并对场馆公益性造成了较深侵蚀等各种问题日益凸显，严重制约了文化场馆的功能发挥，影响了文化事业全面发展。为此，福田区大胆地提出实行"管办分离，各司其职"，在全国率先成立了福田区公共文化体育发展中心，并以此为突破口，推动政府职能转变，实现了文体事业"政事分

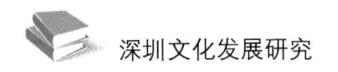

开、管办分离"，由区文化体育局负责"管文化"，区公共文化体育发展中心负责"办文化"，这无疑是一种体制上的创新。

4. 不断完善公共文化服务运行机制。

最后，在公共文化服务的运行机制上，2012年也出现了制度化、规范化和创新性的发展。如在免费开放上，《深圳市公益性美术馆、公共图书馆、文化馆（站）免费开放工作实施方案》要求在2012年年底前全部实现市、区、街道、社区四级公益性美术馆、公共图书馆、文化馆（站）的免费开放。在信息服务上，《深圳市公共文化服务指引2012》在市、区公共图书馆及文化场馆、火车站、机场、口岸等免费派发，全面介绍深圳市文化机构的基本情况、服务内容、服务方式、服务时间、联系方式等服务信息。在图书馆服务上，《深圳市公共图书馆总分馆体系建设指导意见》明确了深圳公共图书馆总分馆体系建设的总体目标、总分馆定义及总馆、分馆职责、建设模式和工作要求，也是深圳公共图书馆建设中的创新性措施，对推进"图书馆之城"统一服务平台建设、实现全市图书资源共享极具意义。

三 深圳公共文化服务建设存在问题、面临机遇、挑战及未来发展建议

（一）存在问题及挑战

深圳公共文化服务体系建设取得了很大成就，在某些方面已经位居全国前列，受到全国的关注和中央、省、市领导的肯定。然而，由于特殊的城市历史、人口构成以及体制机制等方面的原因，深圳公共文化服务体系建设还存在不少问题。这些问题多数在我们去年发表的《2011年深圳公共文化服务体系发展年度报告》中已经提出。当然，提出问题容易，解决问题困难，事实上，很多问题延续到2012年依然存在，比如：与城市经济的快速发展和市民公共文化需求的急剧增长相比，深圳公共文化服务的发展仍相对滞后的问题；与深圳"文化强市"战略目标要求、《珠三角规划纲要》要求、国家公共文化服务体系建设要求相比，深圳的公共文化服务发展水平仍有相当距离的问题；公共文化服务不够均衡、普惠不够全面，特区公共文化服务一体化、均衡化的道路仍然比较漫长的问题；公共文化设

施等资源使用效率不高，运营效率不善，共享程度不够，存在严重的资源浪费现象的问题；公共平台不足，现有人才、产品、服务等难以实现交流共享的问题；社会参与公共文化建设的积极性未能得到调动，民间资源进入公共文化的路径不够畅通，未能形成全社会支持参与公共文化建设的良好局面等问题。[①]

一直以来，作为改革开放的先锋城市，深圳较早提出"保障市民文化权利"的理念，并凭借较强的地方财政实力，开展了公共文化服务体系建设的理论和实践探索。与全国比较而言，深圳也形成了在文化投入、硬件设施建设、政策配套、公共文化服务的社会参与、社区公共文化服务、公共文化服务理论研究等领域的相对优势。然而，近年来，随着全国公共文化服务体系建设热潮的普遍到来，尤其是随着文化部、财政部首批"国家公共文化服务体系建设示范区（项目）"创建工作的开展，[②] 各地争先恐后，加大投入、兴建设施、扩大社会参与、提升服务质量、打造服务品牌、加强理论研究，相形之下，深圳显得"动作慢了"，公共文化服务发展的相对优势正在减弱。这里，结合2012年的情况，我们对发现的一些新问题及挑战做简要分析，主要有：

1. 公共文化投入的领先优势有所减弱。

地方财政实力相对雄厚，公共文化投入力度较大，一直是深圳较为明显的优势。但是近年来不少地方的公共文化财政投入增幅较大，有后来居上之势。如深圳的近邻兄弟城市东莞，该市于2011年制定出台的《东莞市建设全国公共文化服务名城实施意见（2011—2015）》就提出，2011—2015年，东莞仅市级财政即计划投入总额为16亿元的专项建设资金，用于"公共文化服务名城"建设。[③] 江浙等多个城市，也纷纷加大公共文化投入力度，加快公共文化设施建设步伐。上海仅2012年，就安排"上海

[①] 毛少莹、杨立青：《2011年深圳公共文化服务发展年度报告》，见彭立勋主编《深圳文化蓝皮书》（2012），中国社会科学出版社2012年版，第178页。

[②] 参见于群、李国新主编《文化蓝皮书：中国公共文化服务发展报告（2012）》，社会科学文献出版社2012年版。

[③] http://wgx.dg.gov.cn/publicfiles/business/htmlfiles/dgwhj/s2090/201103/312324.htm，2011年3月1日。

市公益性演出专项资金"和"上海民办博物馆扶持资金"各1000万元。相形之下,深圳未设立专门的公共文化服务专项资金,公共文化领域投入领先的相对优势有所减弱。

2. 公共文化服务政策优势有所减弱。

随着国家将公共文化服务体系建设纳入文化发展战略,尤其随着2011年首批"国家公共文化服务体系建设示范区(项目)"创建工作的开展,公共文化服务领域的政策创新出台速度很快,不少地方,在把握中央精神的前提下,结合自身实际,出台了不少公共文化服务政策,为公共文化服务管理体制改革、运行机制创新、服务质量提升等,提供了较好的政策法规依据。如上海市于2012年11月颁布了《上海市社区公共文化服务规定》(以下简称《规定》)。《规定》是国内首部面向社区的公共文化服务地方性法规,对于提升社区公共文化服务水平、保障人民群众享受基本文化权益、推进上海市公共文化服务体系建设具有重大意义。[①] 北京市也推出了《北京市基层公共文化设施服务规范(试行)》,[②] 对提升基层公共文化设施的服务水平及规范化程度具有重要意义。相形之下,深圳自2007年推出《深圳市进一步完善公共文化服务体系实施方案》及2011年制定《深圳市文化发展"十二五"规划》,2012年发布的《深圳市公共图书馆总分馆体系建设指导意见》外,未出台专门的公共文化服务政策。文化政策是公共文化服务体系建设的重要保障,文化政策优势的减弱,势必影响深圳公共文化服务体系的发展。

3. 管理体制尚需进一步理顺、公共文化服务"治理"模式有待进一步形成。

随着我国文化体制改革的深化和服务型政府建设的推进,公共文化管理体制的改革与创新也成为重要课题,文化部成立了公共文化司,各地也在积极探索公共文化服务管理体制的创新。就深圳的情况看,2009年我市实行了"大部制"行政管理体制改革,此后,2012年,多局合成的深圳市

---

① http://shcci.eastday.com/r/20130107/u1a7111069.html,2012年12月28日。
② http://www.ccitimes.com/zhengce/zhengce/2011-10-28/500071319782853.html,2012年12月28日。

文体旅游局又调整内设处室，成立了"公共文化服务处"，专门负责公共文化服务的行政管理工作。然而，由于种种原因，除图书馆外的市群众艺术馆等公共文化服务机构，未能归口"公共文化服务处"管理。这样，市一级的公共文化管理职能实际上分散于不同的处室，这样的管理架构，在于"条条管理"中的省文化厅、国家文化部工作"对接"中，存在一定问题。加之我市各区文化管理体制不同，市、区管理职能的衔接、资源的共享也存在问题。总之，整体看，我市的公共文化服务行政管理职能尚需进一步理顺。此外，深圳前几年就开展尝试建立"公共图书馆委员会"等体现社会参与、共同"治理"的公共文化服务模式，然而，作为公共文化服务"关键性制度安排"[①]的"治理"模式有待进一步形成。

4. 公共文化服务的绩效评估工作亟待开展。

鉴于公共文化服务绩效问题的日益凸显，全国多个城市都正在积极开展公共文化服务的绩效评估工作。如浙江省，早自2010年开始，就建立网上填报系统，动态搜集全省基层公共文化服务评估指标数据，对全省90个县（市、区）的基层公共文化服务评估各项指标进行了评估和排名。此举极大地推动了浙江省公共文化服务体系的建设。上海自2012年开始，也初步建立了行政管理部门、社会第三方、广大市民和媒体等共同参与的多维监管评估机制。其中包括，一是全面实施公共文化设施登记工作，建立起完整的基础数据库。登记范围包括全市社区文化活动中心、文化馆、图书馆、美术馆、博物馆等公共文化设施。二是委托市民巡访团每半年开展一次以市民满意度为主要内容的公共文化设施暗访工作，并邀请媒体对市民寻访团暗访的评分结果进行广泛报道。三是全面完成社区文化活动中心中央信息管理平台项目建设工作。四是委托第三方机构建立"一月一点一查"的全市社区文化活动中心日常巡查机制。这些做法，促进了市民参与了社区文化活动，提升了市民对公共文化服务的满意度。[②] 此外，北京朝阳区、山东青岛等地市，也陆续开展不同形式的公共文化服务绩效评估，

---

① 毛少莹：《论公共文化服务的"共同治理"结构》，载彭立勋主编《深圳文化蓝皮书（2008）》，中国社会科学出版社2008年。

② http://shcci.eastday.com/r/20130107/u1a7111069.html，2012年12月28日。

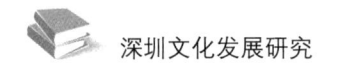

以提升公共文化服务的效率和质量。相形之下，深圳显得有些落后了。

5. 公共文化服务的社会参与程度有待进一步提高。

社会组织参与公共文化服务，是公共文化产品与服务丰富多样、机制灵活的重要保障。然而，深圳目前存在文化类社会组织自身发展能力较弱、政府扶持政策、相对缺失，尤其是扶持经费相对不足，缺乏有效制度保障等问题。党的十七届六中全会通过的《中共中央关于深化文化体制改革　推动社会主义文化大发展大繁荣若干重大问题的决定》，提出要"采取政府采购、项目补贴、定向资助、贷款贴息、税收减免等政策措施鼓励各类文化企业参与公共文化服务"，"引导和鼓励社会力量通过兴办实体、资助项目、赞助活动、提供设施等形式参与公共文化服务"，要"发挥人民群众文化创造积极性"，"支持群众依法兴办文化团体，精心培育植根群众、服务群众的文化载体和文化样式"。深圳作为改革开放的先锋城市，如何鼓励发展社会文化组织、团体发展，提高公共文化服务的社会参与程度，提供公共文化社会参与的深圳经验，值得努力探索。

（二）深圳公共文化服务建设面临的机遇及未来发展建议

尽管存在种种问题和挑战，但未来我市公共文化服务体系建设也面临着难得的发展机遇：一是随着深圳快速城市化、人口规模的迅速扩大和人民物质生活的大幅提升，公共文化需求快速增长，为公共文化服务的发展提供了重要的需求基础；二是深圳文化产业的振兴发展，为公共文化服务基础性作用的发挥，拓展了广阔的空间；三是中央省市的高度重视，为深圳公共文化服务体系建设提供了重要的政策依据。近年来，中央从国家战略高度重视公共文化服务体系建设，党的十七届六中全会提出构建社会主义核心价值体系、提升国家文化软实力、推动社会主义文化大发展大繁荣的要求，党的十八大报告从扎实推进社会主义文化强国建设出发，提出要完善公共文化服务体系，提高服务效能，丰富人民精神文化生活。广东省颁布了《广东省建设文化强省规划纲要》《广东省基本公共服务均等化规划纲要》《广东省公共文化服务促进条例》，致力于珠江三角洲的区域一体化和公共服务均等化，而《珠江三角洲地区改革发展规划纲要》对深圳"一区四市"的定位，则为我市公共文化服务体系建设提供了新契机。深圳市颁布了《关于深入实施文化立市战略建设文化强市的决定》等政策文件，提出推动特区一体化、公共服务均等化发展。上述中央、省、市的战略部署，不仅为我市未来公共文化服务发展创造了广阔的发展空间，而且也为我市早日建成"国家公共文化服务示范区"提供了强大推动力。

针对上述问题和挑战，结合发展新形势，我们对未来深圳公共文化服务体系建设提出如下建议：

1. 探索建立公共文化服务需求状况及满意度调查制度。

需求决定供给。为更好地确立公共文化服务的总体规模、设计公共文化产品种类、提高公共文化服务质量、提升市民对我市公共文化服务的满意程度，建议探索开展我市公共文化服务需求状况及满意度调查工作。该项工作可先选择1—2个区开展试点，之后逐步推开，逐渐建立规范化的调查制度，每年或每两年调查一次。相关调查数据，可邀请专业团队进行深度分析、补充调查等，最后，提供对我市公共文化服务富有参考价值的调查报告并逐步建立相关数据库。

2. 加大公共文化投入，加强公共文化财政投入的绩效评估与管理。

结合深圳公共文化发展需求及发展趋势，开展我市公共文化投入规模及其使用情况的专项研究，通过比较发达国家和地区投入状况，结合我市地方财政水平情况，依照中央有关文件精神，加大公共文化投入，并逐步建立规范的投入绩效评估分析与管理，对重大专项资金投入，有必要建立专门的绩效评估制度，不断提高公共文化投入的产出效益。

3. 加强文化设施建设，继续保持深圳公共文化服务硬件设施建设优势。推进不同区域、行业公共资源共享。

适应深圳现代化、国际化城市建设和推进特区一体化需要，把握建设"文化强市"历史机遇，掀起深圳第三轮文化设施建设高潮。按照既相对均衡又相对集中的思路，统筹考虑，形成特色，力争建成若干达到国际一流水准的标志性文化设施，打造一两个国际化、高端化的文化核心区，继续保持深圳在公共文化服务硬件设施建设上的优势。推进全市各区文化资源、节目、团队、场馆间的合作；推动高校、科研机构的图书馆、文化场馆向社会开放，推进区域之间、行业之间公共文化服务资源的整合利用，并提升其综合效益。

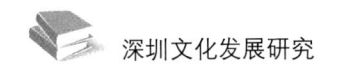

4. 深化文化体制改革，建立公共文化管理中的"共同治理"结构。

如果说文化权利是公共文化服务的核心理念，那么，"治理"或曰"善治"就是公共文化服务的关键性制度安排。深圳要贯彻"党的十八大精神"，不断深化文化体制改革，借鉴发达国家和地区的有益经验，探索尝试公共文化服务机构管理的"理事会制度"，理事会成员除了政府官员、专业人士，应吸纳一定比例的普通市民代表，为公民参与公共文化服务决策搭建良好的制度平台，建立公共文化管理中的"共同治理"结构。

5. 鼓励社会参与、推动公共文化服务的适度社会化。

积极鼓励社会参与公共文化服务，加大对民间文化社团的扶持和骨干人员的培训力度，通过"购买服务"等方式调动民间文艺社团参与公共文化服务的积极性，增强民间文艺社团的自我发展能力。完善公益性文化项目的社会化运作招投标制度，逐步扩大公益性文化项目的政府采购、项目资助等运作范围，推动公共文化服务适度社会化。

应贯彻《中华人民共和国公益事业捐赠法》（1999）及财政部中宣部《关于进一步支持文化事业若干经济政策的通知》（国办发〔2006〕43号），制定出台《深圳市公益性文化事业捐赠条例》，鼓励社会资本参与公共文化服务。

6. 适时开展公共文化服务机构的绩效评估工作。

开展绩效评估，既是提升公共文化服务绩效的重要手段，也是提高公共文化管理水平的必要环节，建议未来充分借鉴各地开展公共文化绩效评估的经验、做法制定出台《深圳市重要公共文化服务机构绩效评估管理办法》，以科学的绩效评估与管理方法，逐步推进各级各类公共文化服务机构进一步明确功能定位与服务目标，挖掘潜力，提高服务的综合绩效。

7. 继续加强公共文化服务体系理论研究及政策法规工作。

深圳在公共文化服务体系理论研究及政策制定方面，曾领先全国，形成了一定的优势，2012年理论研究工作亦获得不少推动。未来，应进一步加强公共文化服务体系理论研究及政策法规制定工作，进一步巩固深圳研究优势，形成优长学科，为构建深圳学派，迈出踏实的努力；为发挥深圳立法权优势，提高深圳公共文化服务的法治化程度，做出更多的探索。

2013年深圳公共文化服务发展报告[*]

2013年对于我国而言,是延伸与转折之年。随着党的十八大召开、新一届政府执政,尤其是党的十八届三中全会《中共中央关于全面深化改革若干重大问题的决定》(简称《决定》)的颁布,标志着我国各项事业的改革发展进入全面深化阶段。在文化领域,《决定》着眼于建设社会主义文化强国、增强国家文化软实力,提出必须坚持社会主义先进文化前进方向,坚持中国特色社会主义文化发展道路,以激发全民族文化创造活力为中心环节,进一步深化文化体制改革;要构建现代公共文化服务体系,建立公共文化服务体系建设协调机制,统筹服务设施网络建设,促进基本公共文化服务标准化、均等化。而经过多年特别是近十年的高速发展,深圳在公共文化服务体系建设上进入了一个相对平稳的发展阶段,基础设施网络、公共文化活动系列及相关体制机制日趋成型,未来将进入进一步挖掘潜力、深化改革的新时期。

一 2013年深圳市公共文化服务发展回顾

概而言之,对于深圳市2013年公共文化服务的发展状况,我们大致可从如下几个方面进行勾勒:

(一)公共文化设施建设

1. 完善大型文化设施布局和网络

迄今为止,深圳的公共文化设施建设尽管还存在区域不均衡等问题,但已经基本形成了市、区、街道、社区四级网络系统。随着土地资源的进

---

[*] 本文与杨立青合作,原载彭立勋主编:《深圳文化蓝皮书(2014)》,中国社会科学出版社2014年版,第165页。

一步匮乏，深圳大型文体设施的增量建设在未来尽管会有所推进，如2013年7月占地8500平方米、总建筑面积3.8万平方米的深圳书城宝安沙井城开工建设，但在可见的将来已不再是深圳文化设施建设的重点，而转向网络完善、激发活力的阶段。

2013年，除了在建的"当代艺术馆和城市规划展览馆"，深圳还完成了艺术学校新址主体工程和深圳画院维修改造、交响乐团翻新工程建设，推进了深圳美术馆新馆、图书馆调剂书库、深圳博物馆老馆改扩建等项目立项；南山文体中心、盐田图书馆新馆等区级文化设施建设进展顺利，其中盐田图书馆新馆总建筑面积近2万平方米，2013年年底基本竣工；龙岗区"三馆一城"（即科技馆、青少年宫、公共艺术馆及深圳书城龙岗城，占地面积2.5万平方米，项目建筑面积3.9万平方米）将于2014年元旦后开工建设；龙华新区的版画艺术博物馆（占地面积1.76万平方米，总建筑面积1.86万平方米，总概算1.179亿元）已完成土建结构主体工程，这些均可视为深圳大型文化设施网络的完善化发展。

2. 推动多元主体参与中小型文化设施建设

本年度，深圳文化设施建设更值得关注的是基层中小型文体设施建设所取得的进展。如宝安区通过开展基层社区公共文体设施现状调查，准备利用区宣传文体事业发展专项资金和体彩基金，进一步完善社区公共文体设施体系。龙岗区根据"先急后缓、减大保小、多举并用"方针，整合资源主推"使用小资金、利用小场地、建设小设施"的"三小"工程，着力完善文体设施"三级网络"，2013年通过整合市、区体彩公益金约800万元，新建70处社区小型文体项目，新增4万多平方米的文体设施。福田区实施的"公共文体设施空间提升计划"，将对全区公共文化设施核查建档，推行"建后服务"，做到平时有人管，坏了有人修，公共文体设施从重建设到建养并重；同时将设施修缮写入区政府公共服务白皮书，把"在各街道增设一批健身路径和乒乓球台，对损坏的设施予以彻底修缮"作为白皮书中民生保障的工作目标，该项目年度安排立项资金为1314万元。

另外，在文化设施尤其是博物馆建设上，深圳市文体旅游局等部门于2012年联合颁布《深圳市民办博物馆扶持办法》等政策、加大了扶持民办博物馆发展以来，在2013年有5家民办博物馆共获得220万元门票、展览补贴，进一步推动了多元主体共同参与文化设施建设。招商局与全球最大的设计艺术史类博物馆——英国国立维多利亚与阿尔伯特博物馆合作，由招商地产投资9亿元建设深圳蛇口海上世界设计博物馆，该馆占地面积2.62万平方米，总建筑面积5万平方米；至正艺术博物馆京基100新馆8月正式开展，该馆是深圳目前最大的民间博物馆，面积近3000平方米，分成西方艺术和中国艺术两个板块。水围实业股份有限公司斥资1200万元、福田区政府扶持资金500多万元，在水围文化活动中心——恒春园内，兴建一座占地面积1500平方米的雅石艺术博物馆。可以说，鼓励并调动社会力量参与基础文化设施建设，将成为深圳公共文化服务未来发展的方向。

（二）公共文化产品与服务

1. 文化惠民工程提升市民文化福利

公共文化服务体系的建立与完善，与市民文化福利水平息息相关。为实现市民文化权利，提升市民文化福利，2013年深圳文化部门继续实施文化惠民工程，在加快完善公共文体设施网络的同时，将更多资源投入到公共文化产品和服务的提供上来。

——全年策划组织新春文化艺术关爱系列活动400余场；实施外来工文化服务工程，第九届外来青工文体节22项丰富多彩的文化活动吸引了5万名外来青工参与，被评为"全省群众性文化活动优秀品牌"；实施民办专业艺术团体展演计划，25场文艺展演吸引了3万多观众参与，展示了民办艺术团体风采；组织"流动大舞台"演出、文化进社区、进校园等文化活动近300场，丰富了基层群众文化生活。

——完善"图书馆之城"统一服务平台建设，首次将高校图书馆纳入统一服务平台，市、区图书馆及其分馆共212家主要公共图书馆和200台自助图书馆实现一证通行、通借通还，该平台7月被授予"广东省特色文化品牌"。深圳图书馆新增电子图书数据库《中华数字书苑》，该数据库现有60多万册电子图书提供在线浏览和借阅。全市公共图书馆馆藏总量超过2823万册，全年进馆2710万人次，借阅1072万册次。

——大力实施市民艺术素养提升工程，全年开办公益美术、音乐、舞蹈等培训班250班次4万余课时；深入开展高雅艺术进社区活动，组织戏曲名剧名家深圳展演月暨文化部第二批保留剧目巡演活动；全年举办周末剧场、美丽星期天、戏聚星期六等活动175场，丰富了市民周末文化生活；

——深圳博物馆引进"湖南省博物馆藏商周青铜器精品展""四川南北朝隋唐佛教石刻文物展"等20多个文物精品展览，全市文博系统共举办各类展览90多个，接待观众230多万人次，举办免费文物鉴定咨询、文物知识讲座10余场，为2000多名收藏爱好者提供鉴定咨询服务，鉴定物品达1万件，深圳博物馆完成国家一级博物馆运行评估，并被评为"广东省最具创新力博物馆"，宝安劳务工博物馆和罗湖古生物博物馆通过国家三级博物馆评审，全市拥有国家三级以上博物馆达6家。市属美术机构共举办展览330余场，参观人数达130万人次。

——稳步推进三网融合，网络电视业务汇聚了外省市28个电视台的节目，成为跨区域的新媒体内容服务平台，IPTV用户达到了34万户，增长50%。加大公益电影放映力度，加快建立相对固定的放映场所，并根据社区劳务工需求调整放映时间和内容，全年放映公益电影超过15000场，观影人次超600万。

2. 文化品牌、精品生产扩展城市文化影响力

在组织大型文化活动方面，成功举办文博会艺术节、鹏城金秋社区文化艺术节等大型文艺活动，策划举办第六届"芳吟杯"古筝比赛、深圳市各界人士迎春茶话会文艺表演、获奖文艺节目及2012年深圳市音乐工程重点推荐歌曲汇报演出等系列重大活动，展示了深圳文艺事业发展成果。成功举办第八届深圳国际水墨双年展、第七届深圳国际水墨论坛、深圳画院院展等系列美术活动，"城市记忆——深圳美术馆藏深圳本土艺术家精品展"入选2013全国美术馆馆藏精品展出季，"深圳水彩画双年展"展出国内外260幅水彩画作品。关山月美术馆完成20世纪名家等193件美术作品的收藏工作，深圳美术馆收藏300件郑中健摄影作品，填补了20世纪五六十年代深圳纪实摄影的空白。策划组织"4.23世界读书日"系列活动，119项活动吸引了近10万人次参加，进一步营造了全民阅读的社会氛围。成功组织第十四届读书月500余项活动，评选第二批深圳市全民阅

读示范单位、示范项目、优秀推广人，举办全市阅读推广人公益培训班。深圳获联合国教科文组织授予的"全球全民阅读典范城市"称号，这是该组织授予全球城市关于全民阅读的最高荣誉，深圳也是迄今唯一获此殊荣的城市。

在文艺精品创作方面，大型儒家主题交响乐《人文颂》经多轮打磨，在联合国教科文组织总部成功演出，受到境内外嘉宾和媒体高度评价。《城市节奏》《传人》等5个作品获第十届中国艺术节群星奖。原创舞蹈《二泉随想》和《寞夜》分别获得第十届全国舞蹈比赛"文化舞蹈节目"三等奖和优秀创作奖。福永杂技团《青春律动晃圈》《牡丹柔术》双双夺得第十二届古巴国际夏季杂技节比赛金奖，并荣获"最受观众喜爱奖"和"最佳创意奖"等多项殊荣。民办文艺演出团体参加第九届全国杂技（魔术）比赛，获1银3铜的佳绩；戏剧《找鸟》作为广东省唯一参展剧目入选2013年全国小剧场戏剧优秀剧目展演；15件作品参评第十届中国艺术节全国优秀美术作品展，占广东省参展数量一半。19个作品获得2012年度全省群众文艺作品评选三等奖以上奖项，总分居广东省第二。舞蹈《让美丽一起飞翔》《我不做胖子》分别获得广东省第二届少儿舞蹈比赛金奖、银奖，12个少儿节目入围第九届广东省少儿艺术花会并获得5个金奖。大型现代粤剧《雷雨》、话剧《我不认识你》等多部作品参加第九届戏剧文化奖优秀剧目调演并获奖。宝安区实验曲艺团《打虎之后》获CCTV小品大赛银奖，罗湖区小品《结画》、盐田区小品《吓死你》获得第五届"中国戏剧奖·小戏小品奖"优秀剧目奖。

（三）服务体制机制创新

1. 服务体制机制的规范化

2013年，深圳加强了对全市公共文化服务体系建设的统筹指导，通过印发《深圳市公共文化服务体系建设规划（2013—2015）》《深圳市基层公共文化服务规定》，为基层公共文化服务提供制度保障。发布3.2万册《深圳公共文化服务指引》（2013版），并在市、区公共图书馆、文化馆、街道文化站及中心书城U站等地免费派发，方便广大市民和来深游客更好地享受深圳的公共文化服务。制定《深圳市文化志愿服务促进办法》，开通全市文化志愿者管理和服务平台。组织"文化志愿服务促进"专题培训，举办全市文化志愿服务成果巡展，推进提升文化志愿服务水平。召开全市基层文化工作现场会，总结推广全市基层文化工作先进经验。落实"三馆一站"免费开放奖励经费380万元，加大免费开放服务经费保障。尤其值得提及的是，福田区2013年作为广东省唯一代表成功取得第二批创建国家公共文化服务体系示范区创建资格，显示了深圳公共文化服务体系建设的水平和实力。

出台《深圳市广播电视安全播出管理实施办法》，健全传统媒体和新媒体并重的安全检查制度，完善安全播出隐患登记台账，确保广播电视安全播出。深入开展抵制低俗之风和违规广告整治活动，及时查处非法传播视听节目网站22家，净化声频荧屏和网络节目。完善公益电影放映公示制度，推进公益电影放映规范化、制度化和标准化。完善新闻出版监管机制，加强对重点期刊巡查和纪律宣传教育，完善出版物兼职审读员工作制度和审读意见反馈制度，规范出版物审读工作的管理，确保宣传导向不出问题。出台《深圳市出版物鉴定规程》，规范操作细则，指导各区成立音像制品鉴定委员会，举办全市鉴定业务培训，提高鉴定业务水平。

2. 服务体制机制的创新

深圳市相关部门印发《深圳市文化改革创新三年行动计划（2013—2015年）》，推出12项文化领域的重点改革创新项目，掀起新一轮文化体制改革热潮。在这方面，深圳除了继续鼓励社会资本投入文化建设、转变政府职能提高文化管理水平以及不断完善服务运行机制，2013年的重要举措加强了文化惠民活动的政府采购力度，推广文化义工、文化社工和文化钟点工，创新公共文化服务体系，实现市民文化需求与产品质量和数量的合理平衡，逐步扩大市民免费享受文化成果、参与文化创作等活动的便利性和受众面。作为"文化钟点工"的全市首创地，宝安区2013年全面实施"文化春雨行动"，加强文化义工、文化钟点工、文化辅导员等三支队伍建设，尤其是通过从具有某项文艺特长、热爱广场文化和街头艺术的社会人士中采购签约"文化钟点工"，弥补了政府公共文化服务的不足，探索了公共文化服务新路径。宝安目前有2000多名文化义工、200多名文化钟点工，根据宝安现有人口的群众文化需求，到2015年"文化钟点工"

布点将达到450个、采购450人，实现社区、广场、公园、工业区全覆盖，按照每个活动点平均每晚参与人数200人、全年330天进行计算，每年服务人群达2970万人次。

3. 公共文化服务数字化建设

深圳公共文化服务创新还体现在积极利用新技术、新媒体推动公共文化服务的转型发展。如在公共阅读数字化服务方面，根据已印发的《深圳市公共图书馆文献资源建设优化工作方案》，由深圳大学城图书馆、深圳大学图书馆、深圳图书馆联合创建的723家图书馆文献共享的移动图书馆，以"深圳文献港"为基础，对各个图书馆的中外文图书、期刊、报纸、学位论文、标准、专利等文献进行了全面整合，实现手机、PAD等移动终端设备访问，为广大市民提供数字资源服务和图书馆综合服务。在利用新媒体提供服务上，深圳图书馆除了购置触摸屏读报机、开展网上服务，还开通了手机短信服务，读者不仅可订制服务公告和外借到期提醒，也可通过短信进行图书续借和读者证挂失等；同时该馆还开通了新浪微博和微信公众号，可实现书目查询、自助绑定读者证号、图书续借、缴纳滞还费等功能。而由民营企业开发推出的一米阳光社区书屋商务驿站（智能化书屋），是标准化企业式管理的综合智能社区服务平台，它既是集社区书屋、智能信息发布、多种媒体媒介于一体的全新智能化社区服务平台，也是为读者提供最便利购书条件的实体服务终端，预计到2014年，智能化书屋将覆盖深圳250个社区。

在文博数字化服务方面，深圳博物馆的手机网站已上线运行，并完成了公共区域触摸屏升级改造，数字化服务水平不断提升。体现在展览等公众服务上，则是通过时下最新的二维码技术的应用趋势，提出基于二维码技术应用的展览推广平台解决方案，针对展览重点藏品制作了对应的二维码，观众扫描二维码就能立即获得藏品的详细展示信息如藏品中英文简介、高清图等，令每一位观众都拥有自己的贴身导览员；通过引进国际先进的3D体感摄影机，同时导入即时动态捕捉、影像辨识、麦克风输入、语音辨识等功能，将互动娱乐引入展览，依靠体感摄影机捕捉三维空间中使用者的运动，通过简易操作的系统界面吸引大众目光。

二 存在的问题、面临的机遇与挑战

回顾2013年,深圳公共文化服务体系建设在取得可喜成绩的同时,也存在不少问题、面临诸多机遇与挑战。

(一)存在的主要问题

此前10年,深圳无论在公共文化服务的理论研究还是实践探索领域,一直处于全国领先位置。但是,近一两年来,随着全国公共文化服务体系建设热潮的高涨,各地建设力度加大,深圳公共文化服务体系建设显得相对滞后了。主要表现为:

1. 未能建立必要的公共文化需求反馈机制,未开展公共文化服务满意度调查。 需求决定供给,满足人民群众不断增长的公共文化服务需求,以保障其基本文化权益,是公共文化服务开展的逻辑起点和现实归宿。公共文化服务满意度调查,也是对公共文化需求及其满足程度的一种重要测评方式。有鉴于此,近年来,随着公共文化服务体系建设的深入开展,不少城市都在探索建立公共文化需求反馈机制,以便及时把握群众需求的增长与变化情况,更好地进行公共文化产品与服务的供给。然而迄今为止,深圳尚未就此问题进行系统研究,科学的需求反馈机制尚未建立,也没有开展过公共文化服务满意度调查,相比之下显得落后。

2. 与先进地区相比,"公共文化服务示范区"创建步伐稍慢。 2010年12月,文化部、财政部正式下发《关于开展国家公共文化服务体系示范区(项目)创建工作的通知》,启动了第一批示范区(项目)创建工作。国家公共文化服务体系示范区(项目)创建工作的基本要求是:按照公益性、均等性、基本性、便利性的要求,在全国创建一批网络健全、结构合理、发展均衡、运行有效的公共文化服务体系示范区,培育一批具有创新性、带动性、导向性、科学性的公共文化服务体系项目,为我国公共文化服务体系建设探索经验、提供示范,推动公共文化服务体系建设科学发展。创建工作的根本目的是推动各地研究和解决公共文化服务体系建设面临的突出矛盾和问题,探索建立公共文化服务体系可持续发展的长效保障机制,为同类地区提供借鉴和示范,为国家制定相关政策提供科学依据和实践经验。经过严格的申报、评审等程序，2011年5月，第一批创建示范区（项目）全国共有31个城市（区）获得示范区创建资格，28个项目获得示范项目创建资格。这些获得创建资格的城市，公共文化服务投入加大，建设力度大幅加强，创新举措频出，公共文化服务体系建设整体速度加快，进步很大。由于种种原因，深圳没能入选第一批示范区（项目），较为遗憾，直到2013年福田区才获得第二批"国家公共文化服务体系示范区"创建资格。相比其他领先城市，深圳略显落后。

3. 公共数字文化发展和上海等地相比已经落后，与深圳高科技信息化城市地位不相符。近年来，随着科学技术的快速发展，在数字化、信息化、全球化的时代背景下，如何深刻认识并准确把握国内外形势新变化新特点，结合人民群众不断增长的精神文化需求，将信息技术、数字技术、网络技术等现代科技和传播手段应用于公共文化服务体系建设，进一步加强公共数字文化建设，成为我国适应时代发展的必然要求和战略选择。2011年11月，文化部、财政部联合下发《关于进一步加强公共数字文化建设的指导意见》（文社文发〔2011〕54号）；2013年9月，工信部根据《2006—2020年国家信息化发展战略》再推出国家《信息化发展规划》（工信部规〔2013〕362号）。上述中央文件，把公共文化数字化、信息化工作放在重要战略位置，提出了诸多要求。根据国家要求，上海等城市积极开展公共文化数字化建设，不断提升公共文化服务的信息化水平。2012年8月，上海市委宣传部与上海科学技术委员会联合发布了其共同编制的《上海推进文化和科技融合发展行动计划（2012—2015）》（以下简称《计划》）。根据《计划》，到2015年，上海预计将建成数字化网络化的公共文化服务体系，完成全市580万户下一代广播电视网建设，市、区两级图书馆和全市主要博物馆的数字化和网络化建设，以及全市250家社区文化活动中心的数字化改造；同时围绕电影、电视、舞台和公共文化服务网等文化消费主流项目，推出七大示范工程，包括互联网原创影视创作及传播、立体电视内容制播设备和系统等。① 与之相比，深圳公共数字文化发展已

---

① 王磊：《上海2015年将建成数字化网络化公共文化服务体系》，《文汇报》2012年8月23日。

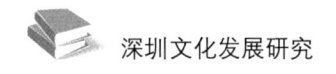

经落后，与深圳高科技城市和国家信息化先进城市的地位不相符。

4. 制约公共文化服务管理水平和服务效能的体制机制障碍没有彻底解决，公共文化管理体制机制亟待改革创新。深圳文化管理体制改革虽然在不断进行，较早成立了公共文化服务处、开展事业单位岗位设置管理等，但从总体看，公共文化服务的主要机构，如图书馆、文化馆等，仍沿用传统的事业体制，不同程度地存在文化事业单位普遍存在的资源配置计划化、事业单位行政化、事业人才"干部化"等情况。资源配置计划化使得文化资源的配置不是按照社会需求，而是按行政计划与行政命令配置，效率低下。事业单位的行政化导致事业单位"事出多门"，重复建设。事业人才的"干部化"则导致"大锅饭""铁饭碗"，能上不能下，能进不能出，缺乏激励机制等问题。这些问题，严重地制约着公共文化服务水平的提高和服务效能的提升。制约公共文化服务管理水平和服务效能的体制机制障碍没有彻底解决，公共文化管理体制机制亟待改革创新。

5. 未能充分利用绩效评估等管理工具，提高公共文化服务效能。近年来，随着绩效评估管理工具的引入和在政府等公共部门的应用，公共文化服务的绩效评估与管理也成为重要发展趋势。北京、上海、浙江、山东等省市都先后开展了不同形式、不同范围的公共文化服务绩效评估工作。如上海市较早开展的社区文化中心绩效评估；北京市朝阳区2012年联合专业机构开展以"2+5指标评价及绩效考核体系"为标准对全区43个街乡公共文化服务建设情况的绩效测评等。[①] 深圳虽然早在2006年起就率先全国开始了公共文化服务绩效问题的研究，但迄今为止，却迟迟没有开展公共文化服务绩效评估的应用，殊为遗憾。

（二）机遇与挑战

新的一年开始了，快速发展的国际国内形势正发生着很多变化，深圳的文化建设也面临诸多机遇与挑战。

1. 深圳人民群众文化需求急剧增长带来的挑战与机遇

2013年在全球金融危机影响下，深圳经济仍然保持了持续增长的良好

---

① 华错：《朝阳自测公共文化服务建设》，《北京日报》2012年10月12日。

势头。由于城市的高速发展,深圳集聚了大量的移民人口,2013年,面积仅有2000平方公里的深圳市总人口已经飞涨至超过1800万!城市人口的迅速增长,带来包括文化需求在内的公共需求急剧增长。总体来看,深圳的公共文化服务与深圳的经济和城市规模、人口等的发展相比,无论是从公共文化设施的规模、布局,产品的种类、服务的水平,还是文化影响力、竞争力的大小,文化人才的集聚、民间文化资源的开掘利用等方面来看,均显不足。尤其流动人口大多处于"半城市化"状态,难以像本地户籍居民那样享受到较为均等、充足的公共文化服务。如何不断提高公共文化服务的人口全覆盖,提升文化发展和文化服务的公平性、均衡性,是深圳未来文化建设应当着力解决的问题,也是新的发展机遇。

2. 原特区内外区域发展不平衡带来的挑战与机遇

深圳的历史特殊,原特区内外发展程度不同,区域文化发展水平差异很大,体现在经济规模、人口素质(受教育程度)、社会结构、文化传统、居民消费能力等多个方面。就文化建设来看,主要体现在发展条件不同,基础性公共文化设施发展水平不一、文化需求不一、公共文化事业投入力度、公共文化产品和服务的丰富性不一等诸多问题。显然,这种区域发展不平衡的状况,为未来深圳文化建设带来了很大的挑战和机遇。基于不同区域的文化发展水平差异,如何调整一些涉及全局性的重大文化决策或扶持政策,需要慎重考虑。同时,如何针对各地不同的实际,确定适当的发展目标,实现全市的资源共享(如市一级资源应适当向原特区外倾斜)、错位竞争,各具特色,也是一个需要面对的问题。

3. 科技和现代传播手段不断创新带来的挑战与机遇

深圳是我国高新技术产业的重镇,得益于高科技发展优势,深圳文化创意产业初步形成了"文化+科技"的发展模式,诞生了以"腾讯""华强文化科技"等为代表的一大批著名高科技文化企业。但在公共文化服务领域,特别是公共数字文化服务方面,深圳的发展已经落后上海等先进城市。公共数字文化服务具有辐射面广、传播速度快、资源广泛共享等特点,有利于解决当前制约公共文化服务体系发展的突出矛盾和问题,对公共文化服务体系建设具有十分重要的意义。如何结合深圳高科技城市和国家信息化先进城市发展优势,贯彻落实中办、国办下发的《2006—2020年国家信息化发展战略》以及文化部、财政部颁发的《关于进一步加强公共数字文化建设的指导意见》等战略决策，是深圳公共文化服务水平进一步提升的关键。

4. 财政实力增长、服务型政府建设带来的挑战与机遇

2013年深圳财政年终结算数据显示，深圳市地方公共财政收入1731亿元，增长16.8%；公共财政预算支出1671亿元，增长6.5%。地方财政实力的增长，意味着深圳能够拿出更多的财力来促进文化发展。挑战主要体现为两个方面：一是如何提高文化投入效率的问题。由于公共管理水平不高，我国普遍存在文化投入效率不高的现象，这也是影响各级政府投入文化建设积极性的重要原因。公共文化服务由于其公益性，尤其需要公共财政的投入，如何在加大投入的同时，提高投入使用效率和综合效益，真正让纳税人的钱用到实处，是文化建设面临的一大挑战。二是来自财政体制自身。由于市、区两级财政"分灶吃饭"，如何处理好两级政府之间的关系，区分两者在文化建设中承担的各自职责，将财权与事权进行更好的划分和结合，最终实现资源合理配置、高效使用，值得认真研究。此外，我国服务型政府建设为公共文化服务体系建设也带来了挑战和机遇。党的十六大以来，以建设服务型政府为目标的政府转型成为我国行政体制改革攻坚的中心和重点环节。建设服务型政府的关键在于逐步形成惠及全民、公平公正、水平适度、可持续发展的现代公共服务体系。而公共文化服务作为其中的重要组成部分，政府在履行相关职责的过程中，需要迎接行政管理转型的挑战。

5. 构建社会主义核心价值体系带来的挑战与机遇

价值观塑造人心、引领风尚、服务大众，是民族凝聚力的重要源泉，更是民族共有的精神家园。如何建设这一精神家园，凝聚人心，塑造文化认同，实现在继承中华优秀文化传统基础上的文化现代化，是我国初步现代化后面临的重要命题，也是文化建设的根本任务。深圳作为改革开放的排头兵、试验场，在20世纪80年代就曾以"深圳观念"辐射影响全国，推动着中国文化价值观的现代化转型，也初步形成了深圳自身的文化优势。党的十七届六中全会通过的《中共中央关于深化文化体制改革、推动社会主义文化大发展大繁荣若干重大问题的决定》，提出了"社会主义核

心价值体系是兴国之魂,是社会主义先进文化的精髓,决定着中国特色社会主义发展方向"的重要论断,深刻揭示了社会主义核心价值体系在文化建设中的灵魂作用,体现了我党对文化建设规律以及当代错综复杂的文化价值观博弈状况的深刻认识。2013年12月,中共中央办公厅印发《关于培育和践行社会主义核心价值观的意见》,并发出通知要求各地区各部门结合实际认真贯彻执行。公共文化服务如何不仅仅满足于提供休闲娱乐、读读写写、唱唱跳跳,而是在文化内容的选择、文化产品的提供等方面,围绕社会主义核心价值观的构建,不断提升服务水平和服务质量,是深圳面临的又一挑战。

三 未来推动深圳公共文化服务发展的政策建议

综上,未来推动深圳公共文化服务发展,应结合深圳经济社会发展形势,切实把握市民公共文化需求,切实领会中央有关方针政策,根据深圳所存在的问题及实际能力,区分轻重缓急,有重点、有步骤地推动公共文化产品种类和服务的内容、数量与质量的有序增长,实现公共文化服务重点发展与全面发展相结合的科学增长,使深圳公共文化服务体系建设迈上新台阶。为此,我们特提出建议如下。

1. 探索建立公共文化需求反馈机制和绩效评估制度

探索建立公共文化需求动态反馈机制,科学测评公共文化需求增长状况、了解公众需求状况,可以为公共文化产品与服务的生产和供给,提供科学的决策依据。2013年,深圳市宣传文化事业发展专项基金资助开展了深圳文化需求调查研究课题,这是深圳有史以来第一次比较正式的文化需求调研,2014年课题成果即将提交,建议市文化主管部门在此项调研成果基础上(必要时进行补充调研),探索建立公共文化需求动态反馈的长效机制,以便在公共文化政策的决策过程中,充分考虑公共文化需求的动态变化。此外,应在公共文化服务绩效评估理论研究的基础上,学习借鉴北京、上海等城市已开展的公共文化服务绩效评估实践经验,制定科学的评估指标,并开展绩效评估试点工作。试点可选取重要文化服务机构(如图书馆或文化馆)或部分社区文化中心,也可在已入选示范区创建资格的福田区选择部分文化服务机构,为深圳尽快全面开展公共文化服务绩效评估积累经验，力争到2015年建立公共文化服务绩效评估制度，为提升公共文化服务综合效能提供制度保障。

2. 加快国家公共文化服务示范区创建步伐

如前所述，深圳在国家公共文化服务示范区创建方面略显滞后。2013年，福田区在进行国家公共文化服务示范区创建资格申报时，提出了一个很好的口号——"福田申报，深圳创建"，显然这非常符合深圳作为"一线城市"、公共文化服务基础较好、地方财政实力较为雄厚等特点，也符合中央对深圳的期待。然而，与示范区高标准相比，深圳还有差距。口号提出容易，切实做到却需要踏实的努力。在接下来两年的创建周期中，如何真正落实这一口号，严格按照公共文化服务示范区创建的"东部标准"，加快深圳包括公共文化设施建设、服务产品供给、服务效能提升等方面的发展，将深圳真正建设成为名副其实的国家公共文化服务示范区，并为全国示范区创建提供可资借鉴的深圳经验，需要专门研究制定实施方案，落实相关责任，提供必要的保障措施。

3. 深化文化体制改革，探索建立公共文化服务的共同治理结构，提升文化治理水平

我国文化体制改革正进入深水区，就公共文化服务领域来看，深化政府文化管理体制改革，创新文化事业单位运行机制，提升公共文化治理水平是建立现代公共文化服务体系的迫切需要。为此，深圳应探索建立公共文化服务的共同"治理"结构，这也是我们在前几年的报告中曾经呼吁过的问题。公共文化服务涉及公共资源的配置与使用（如公共财政投入分配、公共空间的合理使用、公共频道资源配置等）、公共需求的判断与满足（如服务人群的界定，服务重点的确立），公共权利的使用等，是一个典型的公共管理问题。不同于传统的统治或管理，"治理"是政府与非政府组织的合作，是公共部门与私人部门的合作。这类合作具有两大作用：一是补充，即公共部门达不到的地方，由私人部门弥补，如志愿者服务就在某种程度上解决了政府处理公共事务上人手不足的问题。二是竞争，即公、私机构都可承担的领域，则以效率为准开展竞争，如果私人部门能提供更为价廉物美的产品以及服务，那么政府就可以从中退出。可以说，建立一个合理的治理结构，实现公民的文化权利，是实现高质量公共文化服

务的关键性制度安排。① 建议深圳在前几年成立的"深圳市图书馆管理委员会"等的基础上，进一步探索以"管理委员会"或"理事会"为形式的公共文化服务机构管理体制，推动公共文化机构组织"共同治理"结构的形成，以此为突破口带动深化文化体制改革，提升公共文化服务管理水平，实现政府公共管理职能的现代转型和公共文化事务的共治共享。

4. 采取有力措施，推动公共文化服务适度社会化

政府是公共文化服务的重要主体，但 NPO、NGO 等"第三部门"也是公共文化服务体系的重要主体，在推动公共文化服务"共同治理"结构的过程中，建议采取有力措施，推动公共文化服务的适度社会化。总的思路是按照"小政府、大社会"格局和建设有限政府、责任政府和服务型政府的要求，把社会可以自我调节和管理的职能交给社会文化组织和文化企业，重视发挥文化行业协会服务、管理、自律功能，扩宽文化行业组织的发展空间。具体包括：明确政府购买文化服务的范围；明确政府购买文化服务的标准；完善政府购买服务机制；拓宽公共文化资金来源。

根据 2011 年 11 月广东省民政厅印发《关于广东省进一步培育发展和规范管理社会组织的方案》，深圳可在已开展的"公益性文化项目政府购买"等实践的基础上，进一步制定政策，鼓励文化类社会组织成长；完善政府公共文化服务购买制度，编制政府购买公共文化服务的详细目录；扶持鼓励成立独立第三方咨询机构作为社会组织承接政府职能转移和购买服务的咨询服务平台。此外，建议由民政、财政、文化等行政职能部门共同协商，进一步拓宽公共文化资金来源和市宣传文化事业发展专项基金的资助范围，适当降低资助门槛；设立扶持社会文化组织的专项经费和奖励资金，奖励那些制度完善、自我发展能力强的社会文化组织。总之，政府承担职责，社会参与承接运作，通过定向委托、公开招标、合同管理、评估兑现等方式，建立一整套科学合理的项目信息发布、运作跟踪、结算支付、绩效评估等机制，切实将可以适度社会化的项目交由社会文化组织、文化企业和个人承担，形成政府、社会组织、企业、个人积极参与的良好

---

① 毛少莹：《"文化权利"与"治理"——公共文化服务的核心理念与关键性制度安排》，http://www.cpcss.org/_d271156909.htm，2013 年 12 月 4 日。

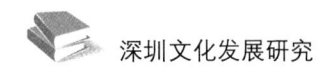

局面。

5. 制定出台深圳公共数字文化发展规划

考虑深圳在公共数字文化发展方面略显落后的状况，应充分认识推动公共文化服务与高科技，尤其是信息技术融合的重要意义，让深圳的公共文化服务体系建设如同文化创意产业发展一样，插上科技的翅膀，确保深圳能以先进发达的公共文化服务在未来的城市竞争中保持领先。为此，建议市文体旅游局会同市经济贸易和信息化委员会，以及市科技创新委员会，贯彻落实《2006—2020年国家信息化发展战略》和《关于进一步加强公共数字文化建设的指导意见》等中央文件，联合研究制定《深圳市公共数字文化发展规划》，发挥深圳高科技城市、信息化程度较高等优势，整合政府、社会资源，推动深圳公共数字文化高速发展，确保深圳在信息时代新一轮的城市竞争中，立于不败之地。

2014年深圳公共文化服务发展报告[*]

2014年是我国改革发展的重要年份，一方面经过持续30多年的快速增长，国民经济进入中高速的发展轨道，成为可见将来的新常态；另一方面，改革事业迎来一个新的勃发期，户籍、土地、城镇化、依法治国等一系列重大的制度改革获得新突破，制度创新所带来的改革红利成为引领中国未来的新动力，2014年因此也被称为"全面深化改革元年"。而党的十八届三中全会关于全面深化改革、推进国家治理体系和治理能力现代化以及党的十八届四中全会关于依法治国的精神，在文化领域也得到集中的贯彻和体现，如何推进文化治理体系、实现文化治理能力现代化，也必将成为未来文化体制改革、现代公共文化服务体系建设及文化产业发展的重要议题。

对于深圳的公共文化服务发展而言，经过以往十多年的大规模扩展，目前也已到了相对平稳的阶段，虽然每年都有一些增量，但总体上进入盘活已有存量、创新体制机制、提升服务水平的发展状态。需要说明的是，从2011年开始，我们就以年度报告的形式，进行深圳公共文化服务年度发展情况总结与未来发展趋势前瞻，今年是第四年了。从长远积累观察、跟踪相关问题变化等考虑，本文的写作将延续以往几篇报告的视角、维度，并努力形成相对固定的写作框架乃至统计数据。我们期待在2015年写年度报告时，能对深圳五年来公共文化服务的发展情况进行一次中长时段的回顾总结，并期待在长时段研究的基础上，提出更好的政策建议。

---

[*] 本文与杨立青合作，原载彭立勋主编：《深圳文化蓝皮书（2015）》，中国社会科学出版社2015年版，第121页。

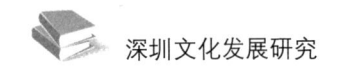

一 2014年深圳市公共文化服务发展回顾

延续本报告一贯的观察视角，大致而言，对于深圳市2014年公共文化服务的发展状貌，我们可从如下几个方面进行描述：

（一）公共文化设施建设

1. 设施布局的分散化和网络化

在大型文化设施的分布上，深圳始终存在着某种不均衡状态，即市级的大型文化设施如深圳图书馆、深圳音乐厅、深圳博物馆、中心书城、报业大厦、广电大厦、出版（海天）大厦、现代艺术馆等，无不集中在福田区，尤其是CBD周围，这一方面有利于形成类似于伦敦西区或纽约布鲁克林区的文化集聚效应，提升城市的文化形象；但另一方面这种完全依托政府城市规划之手人为打造出来的文化集聚，却对公共服务的便利性和均等性并无助益，特别是文化中心区寸土寸金，已难以再有新的发展空间。由此我们在2014年可以看到城市文化地理某种新的变化，即大型文化设施从中心区向周边区域的转移，这成为透视深圳文化肌理的新角度。如囿于福田、罗湖等中心城区的人口高度集中、土地空间有限，一些老的设施正谋划新的搬迁计划：作为深圳未来重点发展的次中心，龙华新区已吸引深圳图书馆调剂书库、深圳群众艺术馆新馆、深圳美术馆新馆落户，相关的规划建设工作正紧锣密鼓地进行。而深圳艺术学校也已从福田区搬到南山区，学校新址主体工程2014年已顺利完工，项目用地面积50000平方米，总建筑面积51129平方米，包括音乐楼、舞蹈美术楼、综合教学楼、综合剧场及音乐厅等。

在大型文化设施的建设上，除了市级的在建设施如当代艺术与城市规划展览馆建设正稳步推进、博物馆老馆维修改造前期工作进展顺外，2014年的一大亮点是区级大型文化设施的兴建及投入使用。如南山区投入巨大财力加快区级重点文体设施建设，目前总投资8亿元、占地面积3.96万平方米的南山文体中心改造项目已投入使用，投资2亿多元、建筑面积4.2万平方米的南山博物馆也已封顶，预计2015年2月竣工，投资3亿多元的文化馆新馆年底将开工建设。在坪山新区，投资10亿元、规划建筑面积

15万平方米的坪山中心区文化综合体项目正式奠基，包含图书馆、书城、展览馆、美术馆、文化活动中心、剧院等。而由深圳出版发行集团2014年竞得的深圳书城龙岗城项目，用地面积11241平方米，建筑面积25000平方米，未来将与龙岗区公共艺术馆、青少年文化宫、科技馆构成三馆一城。

在中小型文化设施建设上，国内最大的版画专业博物馆——中国版画博物馆在龙华观澜正式开馆，同时继龙华文化艺术中心后，观澜、大浪、民治文化艺术中心等文化重点设施建设正积极推进。在南山区，各街道文体中心建设列入规划、分期实施，其中面积4000平方米的桃源社区文化中心开始改建，西丽体育中心改造正进行项目前期工作。为创建国家公共文化服务体系建设示范区，福田区在两年内将投入8亿元打造"十大文化功能区"，包括主题文化馆功能区、图书馆阅读功能区、博物馆功能区、广场文化功能区、公园文化功能区、地铁文化功能区、现代戏剧文化功能区、公共艺术功能区、街道特色文化功能区和数字文化功能区。在宝安区，位于深圳（宝安）劳务工博物馆内的打工文学博物馆已筹备完成并对外开放，集中展示深圳地区打工文学成果，全面翔实地记录改革开放30多年来打工文学的面貌和发展脉络。

2. 设施投资主体的多元化

在投资主体上，深圳近年多元化的发展趋势日趋明显，如上面提及的投资10亿元的坪山中心区文化综合体项目，参照当代艺术与城市规划展览馆的建设模式，由招商地产代建。而位于深圳蛇口、占地面积26000平方米、总建筑面积45000平方米的中国首个大型设计博物馆——海上世界文化艺术中心正式破土动工，它是集美术馆、高端商业、小剧院、画廊、滨海多功能发布厅为一体的综合性建筑。该中心由招商局集团投资建设，并与英国V&A博物馆在创意设计、展示、研究收藏交流等领域进行深度合作，同时吸引著名收藏家马未都创办的我国规模最大、分布最广、馆藏最多的民营博物馆——观复博物馆落户。

此外，民间社会力量进入博物馆、美术馆、艺术馆等文化艺术领域在2014年取得新进展的例子还有：雅昌（深圳）艺术中心于2014年年底正式落成启用，该中心位于南山区，总建筑面积42000平方米，是融中国艺术品数据中心、艺术图书博物馆等为一体的综合性建筑。宝安区一雍紫砂博物馆、展览馆正式开馆，馆内展示有700余件紫砂藏品及数百块奇珍异石。位于深圳龙华、由艺之卉时尚集团创办的艺之卉新锐美术馆正式对外开放，致力于展示当代最前沿和优秀的艺术和设计潮流。由中国香港《亚洲新闻周刊》杂志社与深圳星火一号文化传播有限公司联合创建的深圳一号美术馆，展厅面积3000平方米，具有展览、研究、教育、收藏、交流五大功能。全国首家以军装为主题的博物馆——华夏军装博物馆在大浪时尚创意城开馆，并正式免费对外开放。从多个视角、不同侧面展示宋代陶瓷成就与特色的宋代陶瓷博物馆在龙岗区开馆。据统计，深圳2014年新增民办博物馆6家，使全市民办博物馆增至27家。

（二）公共文化产品与服务

1. 文化惠民工程

——深入推进全民阅读。策划"4.23世界读书日"系列活动，组织市民阅读座谈会、中华商务图书文化一百年展览等95项172场。成功举办第十五届深圳读书月，开展主题活动718项，读书月"高贵的坚持"使其品牌辐射力和影响力进一步扩大。筹备成立深圳阅读推广人协会，举办阅读推广人培训班。少儿图书馆"喜阅365"亲子共读计划荣获全国图书馆员绘本讲读大赛三等奖。2014年全市范围新增20台自助图书馆，推出监控与统计分析平台，从2008年开始至今，深圳共有200多台自助图书馆服务点遍布全市街道、社区以及大型工业区，它们和全市212家公共图书馆实现了"统一服务"和通借通还，累计图书借还量已接近1000万册次，展现了作为"全球全民阅读典范城市"的文化活力。

——持续开展系列群众文化活动。精心组织新春艺术关爱系列活动，深入开展公益文化进社区活动。周末剧场、美丽星期天、戏聚星期六、剧汇星期天等周末系列活动，丰富市民周末文化生活，深受市民欢迎。实施外来工文化服务工程，成功举办第十届外来青工文体节，将高雅艺术送到市民家门口。组织京剧合唱系列专场音乐会、戏曲名剧名家展演、戏曲讲演汇活动，策划举办"宝安戏曲娃"文化活动周，推动普及戏曲艺术。开展"南粤幸福周"系列活动71项，丰富基层群众的业余文化生活。

——加强文化遗产保护和文博服务。大鹏所城二期保护工程正式开工；客家围屋大万世居工程维修施工、茂盛世居整体保护工程前期工作进展顺利；推荐"咸头岭遗址"等4处不可移动文物为第六批市级文物保护单位；重新认定全市26项省级非遗项目保护单位，评选出18位市级非物质文化遗产项目代表性传承人。深圳博物馆成功举办第八届客家文化节，引进"洛杉矶郡艺术博物馆藏印度文物精品展"等10多个国内外精品文物展览，接待观众250多万人次。积极指导和扶持民办博物馆发展，推动民办博物馆兴办热潮在深圳的兴起。全市共认定国有藏品近7万件，全年征集近代文物及改革开放史实物300多件（套），100件（组）被认定国家二级、三级文物。

——广播影视服务不断完善。完善监管工作机制，落实行业人员审查、隐患排查整改等监管措施，确保安全播出。探索运用GPS系统加强对公益放映情况的监管，进一步完善公益电影服务。推进在龙岗、大鹏、盐田等区建设固定放映点，试行由观众选择电影节目及放映时间，更好满足群众需求。围绕"中国梦"主题指导制作高品质公益广告，两部电视公益广告获得省专项扶持资金。

2. 文化品牌、精品生产

成功举办文博会艺术节、第三届深圳合唱节、中国（深圳）童话节、深圳儿童戏剧节、第五届深圳粤剧周、第二届青少年粤剧粤曲大赛、第十五届深圳读书月等系列重大活动，影响力进一步扩大，深圳市民文化大讲堂入选全国"2014年终身学习活动品牌"。第三届国际钢琴协奏曲比赛、第四届深圳钢琴公开赛、第二届深圳钢琴音乐节在2014年集中成功举办，"钢琴之城"品牌建设不断取得新进展，国际影响力不断提升。第九届创意十二月系列活动设置135个项目，举办深圳国际水墨双年展、深圳创意设计新锐奖比赛等30个重点活动，引导和鼓励广大市民关注创意、参与创意、享受创意，深圳"设计之都"建设不断涌现新成果。

全年各文化艺术门类获国际奖项85个，国家级奖项128个。其中深圳市委常委、宣传部长王京生继2013年获得由联合国教科文组织颁发的"孔子奖章"后，2014年因对文化可持续发展的研究和推动而获得联合国"全球可持续发展基金"的"人类文化可持续发展成就奖"。不断打磨的大型儒家主题交响乐《人文颂》成功赴国外和中国港澳台地区演出。《风起同仁堂》获第九届中国评剧艺术节"优秀剧目奖"和个人表演"优秀表演奖",市群众艺术馆群星合唱团获第十六届中国老年合唱节最高奖。青年演员赵梓琳荣获中国曲艺最高奖——第八届中国曲艺牡丹奖新人奖,填补了深圳在该艺术奖项上的空白。张炜参加第八届柴可夫斯基国际青少年音乐比赛小提琴比赛获得第四名。歌曲《放飞梦想》、电视剧《有你才幸福》、电影《熊出没之夺宝熊兵》《全民目击》,广播剧《疍家小渔村》共五部作品获得第十三届"五个一工程奖",成为全国大赢家。陈诗哥的童话作品《风居住的街道》获第九届全国优秀儿童文学奖20部(篇)"青年作者短篇佳作奖"。广播剧《信人》获中国广播剧研究会专家奖金奖。舞蹈《传人》、快板《好人的故事》,打击乐《城市节奏》、小品《打虎之后》获第十届中国艺术节群星奖。杂技《青春律动晃圈》《牡丹柔术》夺得第十二届古巴国际夏季杂技节比赛金奖。

(三) 体制机制创新

2014年,深圳市文体旅游局出台了《深圳市文体旅游局全面深化改革实施方案(2014—2016年)》,提出以公共文化服务建立协调机制、推动公共文化服务供给多元化、文化场馆建立法人治理机构这三大重点项目为抓手,再次吹响深圳文化体制改革的号角,推动公共文化服务的体制机制创新。

1. 服务体制机制的规范化

为进一步推动深圳的全民阅读,经过数月的起草、讨论,《深圳经济特区阅读促进条例(征求意见稿)》6月23日起正式在深圳市法制办官方网站公示,公开征求意见。这部法律包括十个章节,61个条款,其中不仅对阅读资源、阅读推广、阅读保障、未成年人及困难人群阅读、成立市区两级全民阅读委员会等做出相应规定,同时探索成立深圳市全民阅读基金,不仅以法治化来推动深圳全民阅读未来的发展,使深圳成为因热爱阅读而受人尊重的城市,而且作为我国第一部地方阅读法,它也将对全国产生积极的影响。

为方便广大市民和来深游客更好地了解深圳的公共文化服务体系,享受丰富的精神文化生活，深圳市文体旅游局2014年编印的共计32000册的《深圳市公共文化服务指引2014》，在市、区公共图书馆、文化馆、街道文化站、中心书城U站等地免费派发。同时，为实现2011年深圳市委、市政府在全国首次提出的建设"志愿者之城"的目标，在目前已有1.7万文化志愿者的基础上，进一步扩大文化志愿者队伍，弘扬公民的志愿精神，深圳市文体旅游局与团市委联合发布《深圳市文化志愿服务促进办法》（以下简称《办法》），这是深圳市就文化志愿服务出台的第一个部门规范性文件。《办法》在以往的基础上，更加明确了深圳文化志愿服务的目的、职责、人员条件及吸纳对象、招募方式、组织机构、服务内容、激励措施、管理要求等，推动了文化志愿服务的制度化和规范化。

2. 服务体制机制的改革创新

党的十八届三中全会提出全面深化改革、推进国家治理体系和治理能力现代化的战略目标。而在公共文化服务领域要实现这一目标，重点是公共图书馆、博物馆、文化馆、科技馆等文化机构形成以理事会制度为核心的法人治理结构，这也是党的十八届三中全会部署的构建现代公共文化服务体系的重点任务之一。我国结合事业单位分类改革开展建立文化事业单位法人治理结构试点，深圳市先后于2011年和2014年在深圳图书馆、关山月美术馆建立了理事会制度。试点单位在建立立足现实、面向未来的理事会组织架构、运行机制等方面做出了有益探索。如在决策主体上，由主管部门变为理事会，实现自主管理；在决策方式上，由领导决策变为理事会决策，决策更加科学合理；在监督体系上，由以行政监督为主变为多渠道、多层次监督，增加了监督的透明度。[1] 按有关部门计划，市少儿图书馆、博物馆、群艺馆、美术馆等四家单位也将于近期召开理事会成立大会。

在这方面，2014年福田区也进行了创新性探索：不仅正式成立了区公共图书馆理事会，而且深入推进文化事业项目理事会制度改革，制定《理事会章程》和四个配套制度，以及理事会运行成效评价指标体系等制度。同时，福田区还创设了"文化议事会"制度，组建了"文化议员"队伍。

---

[1] 刘琼：《文化创新，请看深圳》，载《深圳商报》2014年12月30日，第A14版。

"议员"由有政府工作背景的领导和专家、文化理论研究专家学者、文化营运专家人士和社区文化工作者三大类人员组成,各占总数的三分之一。"议员"对福田区重大文化项目、重大决策进行事先调查研究、咨询论证和事后跟踪评估等相关工作。福田区文化议事会制度建立后,将明确例会制度,有常设办事机构专人办事,此外还将建立健全"议事会专家库",成为推动福田未来文化发展的智囊机构和思想库。这一体制机制创新,将成为福田区国家公共文化服务体系建设示范区(项目)创建的重要内容。而南山区在推动推动公共文化服务供给多元化以及文化运营体制机制上也做出了积极探索:佳兆业文化体育(深圳)有限公司与深圳市聚橙网络技术有限公司联合,以1元中标区域内体量最大的文化设施南山文体中心的运营。这意味着,今后市民在南山文体中心享受的文化服务,将由专业的文化公司负责提供。而政府借助市场力量,实现运营成本最小化与效率最大化,是市场与政府的双赢举措。这也是南山近年来构建现代文化市场体系和现代公共文化服务体系的逻辑结果。

深圳公共文化服务体制机制的创新还体现在:一方面大胆实施优秀民办专业表演团体原创作品展演计划,为优秀本土原创舞台作品搭建展示平台,另一方面通过政府采购和社会化运作等方式举办部分公益性活动,每年向社会公布文化项目,吸引和鼓励社会团体、企事业单位和民间文化团体参与承办。如在2014年,市级文化部门共投入650.4万元购买从2014年4月到2015年3月共4个大项344场次的公益文化活动,有力促进了深圳艺术团体的发展和文化服务的繁荣。

二 存在的问题、面临的机遇与挑战

回顾2014年,深圳公共文化服务体系建设在取得可喜成绩的同时,也存在不少问题、面临诸多机遇与挑战。

(一)存在的主要问题

近十年来,无论在公共文化服务的理论研究还是实践探索领域,深圳一直都走在全国前列,2013年福田区还荣获"国家公共文化服务体系示范区创建"资格。然而,相比于全国公共文化服务体系建设热潮的高涨,各地建设力度的加大,深圳公共文化服务体系建设与全国比较,从去年看,就显得有些滞后了,今年看,这一情况仍然没有全面改观。主要表现为:

1. **仍未能建立必要的公共文化需求反馈机制,未开展公共文化服务满意度调查**。需求决定供给,满足人民群众不断增长的公共文化服务需求,以保障其基本文化权益,是公共文化服务开展的逻辑起点和现实归宿。几年前,我们就提出了开展公共文化服务需求及满意度调查的建议。但迄今为止,除个别区对一些专项服务(如宝安区"文化春雨"行动)进行了需求及满意度调查或绩效评估外,全市的相关调查可以说是付诸阙如。对市民需求不了解,政府公共文化服务的供给,就难免一厢情愿,供需错位。深圳人口构成特殊,社会组织多元,随着深圳经济社会的快速发展,公众的多样化文化需求日益上升。如何提供符合深圳公众实际需求的公共文化产品与服务始终是值得关注的重要问题。就全国情况看,随着公共文化服务体系建设的深入开展,不少城市都在探索建立公共文化需求反馈机制,以便及时把握群众需求的增长与变化情况,更好地进行公共文化产品与服务的供给。相形之下,深圳无论就公共文化需求问题的系统研究,还是科学的需求反馈机制的建立,必要的公共文化服务满意度调查等,都尚未开展,显得落后。

2. **制约公共文化服务管理水平和服务效能的体制机制障碍没有彻底破除,体制机制亟待改革创新**。深圳文化管理体制改革虽在不断进行,2009年就实行了"大部制"行政管理体制改革,2012年市文体旅游局又调整内设处室,成立了"公共文化服务处",开展事业单位岗位设置管理,开展公益性文化项目社会招标等,但总体上看,公共文化服务的主要机构如图书馆、文化馆等,仍沿用传统的事业体制,不同程度地存在文化事业单位普遍存在的资源配置计划化、事业单位行政化、事业人才"干部化"等情况。资源配置计划化使得文化资源的配置不是按照社会需求,而是按行政计划与行政命令配置,效率低下。与此同时,事业单位的行政化导致事业单位"事出多门",重复建设。事业人才的"干部化"则导致"大锅饭""铁饭碗",能上不能下,能进不能出,缺乏激励机制。这些基本问题,涉及深层次的管理体制与机制,制约着公共文化服务水平的提高和服务效能的提升。如何进一步深化文化体制改革,消除制约公共文化服务管理水平和服务效能提升的体制机制障碍,深圳应以既往的改革开放勇气,进行更具突破性的多方面创新,并为全国提供探索经验。

3. 公共文化服务"治理"模式有待进一步形成,治理能力有待进一步提高。我国整体经济社会发展已进入新的历史阶段,为进一步深化体制改革、建设服务型政府,党的十八届三中全会提出了构建国家治理体系、推动国家治理能力现代化的要求。为此,2014年文化部提出了构建文化治理体系、提升文化治理能力的工作目标,并于9月确定了10个省(市)作为试点地区。深圳虽在2011年就尝试建立市图书馆理事会制度,但本次未参与文化部试点申报,未获得国家试点资格。就目前已建立的市图书馆理事会来看,其实际治理能力和治理效果并不理想。而新成立的关山月美术馆理事会、福田文化理事会、福田区文化议事会等,展示了深圳积极响应中央号召的积极努力,但其治理能力与效果也还有待进一步观察。总之,尽管深圳早在2008年就提出了文化治理的概念,[1] 并进行了文化机构理事会制度构建的尝试,但迄今尚未建立起相对完整的文化治理体系,文化治理能力尚有待提升。其中,很多问题值得深入研究,如公共文化服务机构理事会权责与传统文化事业单位、文化主管部门权责的关系等。作为公共文化服务"关键性制度安排"[2]、具有深圳特色的"文化治理"模式有待进一步形成。

4. 国家公共文化服务体系示范区"福田申报,深圳创建"的步伐仍需加快。自2010年12月文化部、财政部正式下发《关于开展国家公共文化服务体系示范区(项目)创建工作的通知》,启动了第一批示范区(项目)创建工作以来,在文化部主持下,已先后开展了两批国家公共文化服务体系示范区(项目)创建工作。深圳市福田区于2013年成功申报,获得第二批"国家公共文化服务体系示范区"创建资格。福田区申报时,以"福田申报、深圳创建"为口号,提出了在示范区创建中,不仅福田,整个深圳也将开展相关创建工作,带动全市公共文化服务整体水平全面跃升

---

[1] 陈威主编:《公共文化服务体系研究》,深圳报业集团出版社2006年版,第四章。
[2] 毛少莹:《论公共文化服务的"共同治理"结构》,载《深圳文化蓝皮书(2008)》,中国社会科学出版社2008年版。

的设想，获得评委们的一致好评，大家对这一申报创建设想充满期待、寄予厚望。时至今日，第二批示范区两年的创建周期已经过半，如何全面对照示范区要求，按照公益性、均等性、基本性、便利性的要求，全面推动深圳健全公共文化服务网络、合理调整公共产品与服务结构、均衡发展针对不同社会需求的公共文化服务，培育具有创新性、带动性、导向性、科学性的公共文化服务体系项目，为我国公共文化服务体系建设探索经验、提供示范，以便更好地实现申报时的初衷和承诺，深圳应当加快步伐。

5. **公共文化数字化发展水平相对落后，不适应互联网时代的发展需求**[①]近年来，随着科学技术的快速发展，尤其是移动互联网技术的飞速发展，传统的电视机、电脑等信息设备，都向手机这一网络设备终端发展，打破了计算机上网一统天下的局面，4G时代的开启以及移动终端的凸显为移动互联网的发展注入巨大的能量，2014年移动互联网产业获得了前所未有的飞跃式发展。电子商务、电子政务、远程教育、网上娱乐、新媒体等技术日趋成熟，不断降低使用者对专业知识的要求和经济成本投入。移动互联网络服务体系迅速形成，革命性地改变着传统的服务理念和手段，并正日益完善社会化的各类现代服务体系（如金融服务、电子商务服务等）。如何深刻认识并准确把握国内外文化信息化发展新变化，结合人民群众不断增长的精神文化需求，将信息技术等现代科技和传播手段全面应用于公共文化服务体系建设，推动公共文化数字化建设，成为我国适应时代发展的必然要求和战略选择。2011年11月，文化部、财政部联合下发《关于进一步加强公共数字文化建设的指导意见》（文社文发〔2011〕54号）；2013年9月，工信部根据《2006—2020年国家信息化发展战略》再推出国家《信息化发展规划》（工信部规〔2013〕362号）。上述中央文件，把公共文化数字化、信息化工作放在重要战略位置，提出了新的发展要求。上海等城市积极响应，2011年所申报的《城市公共文化服务集成平台研究》入选"2011年国家文化科技提升计划"；2012年8月，上海市委宣传部与上海科学技术委员会联合发布了《上海推进文化和科技融合发展行动

---

① 在去年的报告中，我们就指出了这一问题，考虑今年改进不大，而需求日显迫切，故此再提。

计划（2012—2015）》。根据该"计划"，到2015年，上海预计将建成数字化网络化的公共文化服务体系，完成全市580万户下一代广播电视网建设，市、区两级图书馆和全市主要博物馆的数字化和网络化建设，以及全市250家社区文化活动中心的数字化改造；同时围绕电影、电视、舞台和公共文化服务网等文化消费主流项目，推出七大示范工程，包括互联网原创影视创作及传播、立体电视内容制播设备和系统等。① 与先进城市相比，深圳公共数字文化发展已经落后，与深圳高科技城市和国家信息化先进城市的地位不相符，亟待急起直追。

6. 未能充分利用绩效评估等管理工具，提高公共文化服务效能。近年来，随着绩效评估管理工具的引入和在政府等公共部门的应用，公共文化服务的绩效评估与管理成为重要发展趋势。北京、上海、浙江、山东等省市都先后开展了不同形式、不同范围的公共文化服务绩效评估工作。如上海已连续三年委托第三方专业机构（上海东方公共文化评估中心），开展全市社区文化中心的绩效评估工作。北京朝阳区早在2012年，就联合专业机构开展以"2+5指标评价及绩效考核体系"为标准对全区43个街乡公共文化服务建设情况的绩效测评。② 2014年9月，东莞也正式出台了《东莞市公共文化服务绩效评估办法》，③ 推动公共文化服务绩效评估工作。深圳虽然早在2006年就率先在全国开始了公共文化服务绩效问题的研究，并先后承担国家相关课题研究，取得一定成果。但迄今为止，却迟迟未能开展公共文化服务绩效评估的实践应用，未能及时取得这一领域的领先经验，颇为遗憾。党的十八大报告提出了"提高公共文化服务效能"的总体要求，推动公共文化服务各行业各部门及时开展绩效评估工作，无疑是提升公共文化服务效能的有效途径，值得尽快尝试。

（二）机遇与挑战

新的一年开始了，2015年是"十二五"规划的最后一年，也是国际国

---

① 王磊：《上海2015年将建成数字化网络化公共文化服务体系》，《文汇报》2012年8月23日。
② 华错：《朝阳自测公共文化服务建设》，《北京日报》2012年10月12日。
③ http://zwgk.gd.gov.cn/007330010/201409/t20140926_548671.html，2014年9月27日。

内形势发生重大变化的一年,如何正确研判和积极应对快速发展的形势对深圳带来的机遇与挑战,是能否全面实现深圳"十二五"文化发展规划预定目标,推动现代公共文化服务体系建设全面迈上新台阶的关键。

1. 深圳经济社会快速发展、人民群众文化需求急剧增长带来的机遇与挑战

2014年全国经济进入稳增长、调结构的新常态,部分城市甚至出现了经济指标下滑,但深圳经济仍然保持了持续增长的良好势头:全年GDP增长约10%,高于全国全省平均增速,提前一年完成1.5万亿元的"十二五"规划目标,地方一般公共预算收入达到2082亿元,同比增长20.3%。① 由于经济运行情况良好,深圳2014年仅常住人口就达到1062万,加上大量流动人口不断流入,深圳市总人口仍然呈现较快增长状况,这带来了包括文化需求在内的公共需求急剧增长。总体来看,深圳的公共文化服务规模与深圳经济总量、城市人口规模等的发展相比,就硬件设施数量、布局以及公共文化产品的种类、服务的范围等来看,尽管近年来发展很快,仍显不足(受限于公共文化服务机构的数量和编制等限制,有的区大型公共文化设施盖好后却缺乏足够的人手管理)。尤其是广大流动人口多处于"半城市化"状态,难以像本地户籍居民那样享受到较为均等、充足的公共文化服务。如何不断提高公共文化服务的人口全覆盖,提升公共文化服务的公平性、均等性,仍然是深圳未来相当长时间应当着力面对的挑战。但这一需求大于供给的状况,也为深圳公共文化服务的创新发展带来了新的机遇。

2. 贯彻落实中央精神,发挥公共文化服务应有的价值导向和历史担当作用带来的机遇与挑战

2014年10月,习近平总书记在全国文艺工作座谈会上发表重要讲话,深刻阐述了文艺和文艺工作者的重大使命,高屋建瓴地回答了事关我国文艺繁荣发展的一系列重大问题。讲话对公共文化服务体系建设也具有很强的针对性和指导性。文化的核心是价值观,公共文化服务作为一种特殊的社会性服务,其所提供的各种产品和服务内容,必然蕴含着一定的价值导

---

① 参看《今年深圳GDP拟增长8.5%》,载《深圳商报》2015年9月,第3版。

向和审美理念,公共图书馆、文化馆、博物馆等,可谓全民共有的有形的精神家园和城市重要的文化空间,它们在休憩身心、塑造心灵、引领风尚、凝聚认同等方面,具有不可替代的重要作用。今天的中国,正重新走向世界舞台的中央,正为实现"两个一百年"目标和中华民族伟大复兴的中国梦而奋斗,总书记的讲话精神既反映了中央高度的文化自觉,也对文化工作提出了新的要求——面对新的历史时期,文化工作应有新的历史担当和使命,应主动顺应时代进步的潮流,主动发挥文化在提升人文素质、引领社会风尚、推动科学发展方面的重要作用,实现在继承中华优秀文化传统基础上的文化现代化。深圳作为改革开放的排头兵、试验场,在20世纪80年代就曾以"深圳观念"辐射影响全国,推动着中国文化价值观的现代转型,也初步形成了深圳自身的文化优势。此后,经济起飞的深圳,又以优良的公共文化设施、快速崛起的文化创意产业引人瞩目。贯彻中央精神,公共文化服务不应仅仅满足于提供休闲娱乐、读读写写、唱唱跳跳,而如何在文化内容的选择、文化产品的提供等方面,围绕社会主义核心价值观的构建和中华文化的伟大复兴,不断提升服务水平和服务质量,是深圳面临的又一机遇与挑战。

3. 推动公益性文化事业与文化创意产业融合发展带来的机遇与挑战

2014年文化领域最引人瞩目的现象之一,是国家文化创意产业政策空前密集的出台。据统计,从1月22日李克强总理部署推进文化创意和设计服务与相关产业融合发展算起,国家先后发布了产业融合、文化金融、文化贸易等10个文件。[①] 特别是3月份,一口气发布了4个鼓励文化产业发展的国家级政策文件。这一情况表明,在我国经济进入"新常态"的历史新时期,文化创意产业在促进经济结构调整和驱动创新发展中的重要作用

---

① 十个中央文件为:《关于推进文化创意和设计服务与相关产业融合发展的若干意见》《关于印发〈藏羌彝文化产业走廊的总体规划〉的通知》《关于加快发展对外文化贸易的意见》《关于深入推进文化金融合作的意见》《关于印发文化体制改革中经营性文化事业单位转制为企业和进一步支持文化企业发展两个规定的通知》《关于大力支持小微文化企业发展的实施意见》《关于推动特色文化产业发展的指导意见》《关于知识产权支持小微企业发展的若干意见》《关于继续实施文化体制改革中经营性文化事业单位转制为企业若干税收政策的通知》《关于继续实施支持文化企业发展若干税收政策的通知》。

正日益凸显，并越来越成为新的经济增长点，受到各级政府及广大企业的重视。长期以来，针对文化的不同属性，我国形成了公益性文化事业与经营性文化产业管理的二分格局。因此，我国现阶段公共文化服务体系建设的内容，也主要侧重于狭义的公共服务，即公众日常生活文化娱乐需求的公共文化服务，而那些针对文化产业发展的更具生产性公共服务性质的文化服务——如文化创意产业的公共信息平台、投融资平台等的服务，则没有纳入传统公共文化服务的范畴。事实上，文化事业与文化产业是交织融合的，公益性文化事业为文化创意产业的发展提供着重要的基础性作用，二者均是文化发展繁荣相辅相成、不可或缺的组成部分。面对我国文化创意产业发展黄金时代的来临，公共文化服务如何突破传统界限，更好地为文化创意产业的发展提供应有的服务，如何促进公益性文化事业与营利性文化创意产业的有机融合，无疑也是深圳面临的机遇与挑战。

4. 推动公共文化服务标准化与均等化、提升公共文化服务效能、公共文化服务重心下移带来的机遇与挑战

为贯彻落实党的十八届三中全会关于"构建现代公共文化服务体系"的要求，根据中央有关工作部署，2014年文化部将推动公共文化服务标准化、基层综合性文化服务中心建设、公共文化机构法人治理结构建立等三项工作，以之作为现代公共文化服务体系建设的重要抓手。基本公共文化服务标准化，是推动基本公共文化服务均等化的重要措施，也是我国财政实力提升后，进一步提高全民文化福利的表现。基层综合性文化服务中心建设，体现了随着公共文化服务体系的基本建成，公共文化服务重心下移的时代要求。公共文化机构法人治理结构的建立，涉及传统行政管理权与事业单位自治权、公民参与权等的复杂博弈等，则是推动公共文化事务实现"善治"的关键性制度安排。显然，这三项工作，将是未来相当长一段时间，既是我国公共文化服务体系建设的工作重点，也是其中的难点。如何针对自身实际，构建适合深圳发展水平的地方公共文化服务标准体系，努力实现公共文化服务均等化；加强基层尤其是原特区外地区、农村城市化社区、外来工聚居区、城中村等地区综合性文化服务中心建设，实现文化资源合理共享；推动公共文化事业单位理事会制度不流于形式，真正发挥"治理"作用，也是深圳面临的机遇与挑战。

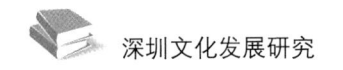

三 未来推动深圳公共文化服务发展的政策建议

综上所述,未来推动深圳公共文化服务发展,应切实把握市民公共文化需求,切实领会中央有关方针政策,结合深圳经济社会发展形势和所存在的问题及面临的机遇与挑战,有针对性地推动深圳公共文化服务重点发展与全面发展相结合,使深圳在提升公共文化服务水平的同时,为我国现代公共文化服务体系建设以及国家文化治理能力的现代化,提供深圳的探索经验和可能贡献。为此,我们特提出建议如下。

1. 探索建立公共文化需求反馈机制和绩效评估制度

探索建立公共文化需求动态反馈机制,科学测评公共文化需求增长状况,为公共文化产品与服务的生产和供给提供科学的决策依据。有鉴于此,我们多次呼吁开展全市性的公共文化服务需求调研。可喜的是,2013年深圳市宣传文化事业发展专项基金开展的绩效评估工作,其中部分涉及深圳的文化需求调查。此外,深圳大学承担的国家社科基金重大项目"农民工文化需求与城市公共文化服务体系建设研究",也开展了专门针对外来工的文化需求调查。建议市文化主管部门在上述调研成果的基础上(必要时进行补充调研),借助现代科技手段,探索建立公共文化需求动态反馈的长效机制,以便在公共文化政策的决策过程中,充分考虑公共文化需求的动态变化。此外,应在公共文化服务绩效评估理论研究的基础上,学习借鉴北京、上海等城市已开展的公共文化服务绩效评估实践经验,制定科学的评估指标,开展绩效评估试点工作。试点可选取重要文化服务机构(如图书馆或文化馆)或部分街道、社区文化站,也可选取已获得示范区创建资格的福田区部分文化服务机构,为深圳尽快全面开展公共文化服务绩效评估积累经验,逐步建立公共文化服务绩效评估制度,为公共文化服务综合效能的提升提供制度保障。

2. 探索建立健全有深圳特色的基本公共文化服务标准体系

2014年,随着我国经济社会发展进入"新常态",包括文化工作在内的经济社会发展各领域,全面转向以提高发展质量和效益为中心,文化部提出了推进国家公共文化服务标准化建设的工作目标,计划以公共文化服务标准化试点工作为突破口,进一步深化文化管理体制改革,创新公共文化管理和服务方式,到 2015 年年底,围绕制定实施保障标准、技术标准和评价标准,在国家和试点地区两个层面,初步建立科学、规范、适用、易行的标准体系,形成一批适合不同地方特点的工作模式,推动全国公共文化服务标准化工作全面深入开展。深圳日前召开"深圳质量大会",也提出率先构建大标准体系的设想,提出了标准建设的顶层制度设计。根据以 2015 年市政府 1 号文发布实施的《关于打造深圳标准构建质量发展新优势的指导意见》以及《打造深圳标准构建质量发展新优势行动计划(2015—2020)》要求,[①] 未来,深圳要着力提升文化发展标准水平,健全基本公共文化服务标准体系。要研究制定基本公共文化服务保障、管理和评价标准,建立健全普惠型、多样化、高质量的基本公共文化服务标准体系。提高基层公共文化设施覆盖率和服务效能,推动公共文化服务均等化。由于文化的特殊精神属性,文化服务标准的制定存在特殊的难度,深圳应发挥自己在公共文化服务研究领域的优势,结合福田区创建"国家公共文化服务体系示范区"工作,抓紧研究制定,争取及早出台有深圳特色的基本公共文化服务标准体系,为我国建立基本公共文化服务标准体系,推动公共文化服务均等化做贡献。

3. 探索公共文化服务机构理事会有效运作机制,切实提升文化治理水平

深化文化体制改革,建立文化事业单位法人治理结构,创新文化事业单位运行机制,是提升公共文化治理水平,建立现代公共文化服务体系的迫切要求。为此,文化部正组织全国开展文化事业单位法人治理结构试点。作为改革开放的试验场,深圳早在 2011 年就已在市图书馆成立理事会,尝试建立法人治理结构。2014 年,又在关山月美术馆等单位建立了理事会制度,下一步还将在少儿图书馆、博物馆、美术馆、工人文化宫、青少年活动中心等单位建立理事会制度,探索实行法人治理。从目前深圳及其他城市公共文化服务机构理事会的运行情况来看,由于政府部门(发改、人事、财政、文化等部门)仍然依照传统体制,对事业单位的重大项目、人、财、物等行使实际的管理权(理事会成立前后没有任何改变),理事会事实上大多被局限于发挥咨询功能,并不能直接参与或影响决策,

---

① 参见《深圳特区报》2015 年 1 月 4 日,第 A7 版。

事实上并不是严格意义上的法人治理结构。据了解,在有的地方,理事会甚至有名无实,一年开不上两次会,形同虚设,流于形式,严重影响了理事参与公共文化事务治理的积极性。针对这种情况,政府如何进一步下放权力、事业单位如何进一步扩大自主管理权,创新运行机制,真正让理事会发挥应有的作用,真正建立起适应市场经济、适应不断发展的改革发展需求的法人治理结构,全国都还在探索。建议深圳在充分借鉴学习发达国家和地区公益性文化机构理事会制度的基础上,发挥自身优势,进行理事会制度有效运作机制的详细制度设计,以此为抓手,开展相关体制机制改革,确保理事会发挥应有的法人治理结构功能,真正推动文化决策的民主化、科学化,切实提升文化治理水平。

4. 因势利导,助推民间文化发展

随着市民物质生活水平的提升和文化素质的提高,深圳民间文化组织发展迅速,种类繁多,公众参与面广,文化活动日趋活跃。从2014年的情况看,一大类是民间公益性阅读组织,它们不仅举办一般意义上的小规模阅读活动,还策划举办了一系列具有公共文化性质的大活动,如"后院读书会"举办的"城市萤火虫"换书大会,吸引了600多名书友携书参与。[1] 再如"彩虹花公益小书房亲子阅读组织",[2] 全年举办各类亲子读书会、读书宝贝秀、家长沙龙、大型绘本文化节等各类活动300多场,还邀请老师到社区、学校举办亲子阅读推广讲座50场。除了活跃的民间阅读组织外,深圳民间文艺社团也十分活跃,据不完全统计,深圳共有民间文艺社团2000多家,[3] 这些社团参与或组织举办各类文化活动,极大地活跃了深圳的公共文化生活。此外,雅昌艺术中心、越众影像资料馆、望野博物馆等各类民间博物馆的建成开放,更是显示了深圳民间旺盛的文化活力!政府是公共文化服务的重要主体,但NPO、NGO等"第三部门"也是公共文化服务体系的重要主体。而随着后工业社会的来临和文化创意时代的发

---

[1] 11月2号在深圳湾海德广场举行,活动获得了南山文体局的支持。http://www.sznews.com/news/content/2014-11/10/content_10658518.htm,2014年12月4日。

[2] 创办于2011年,与各大图书馆、学校、社区、幼儿园等联合建立了20个分站,拥有义工560人。

[3] http://sztqb.sznews.com/html/2011-10/15/content_1782348.htm,2014年12月4日。

展，文化创造、传播与服务的传统分工边界正在交织消融。针对深圳民间文化组织活跃的发展态势，建议政府抓住时机，因势利导，通过开放政府资源、加大政府购买力度，政府与民间合作等多种方式，助推民间文化发展。根据2011年11月广东省民政厅印发《关于广东省进一步培育发展和规范管理社会组织的方案》和深圳已开展的"公益性文化项目政府购买"实践，建议编制政府购买公共文化服务的详细目录；由民政、财政、文化等行政职能部门共同协商，进一步拓宽公共文化资金来源和市宣传文化事业发展专项基金的资助范围，适当降低资助门槛；设立社会文化组织奖励资金，奖励那些制度完善、自我发展能力强的社会文化组织。总之，建立机制，使得深圳尽快形成政府切实承担职责，社会文化组织、文化企业和个人可以公平参与竞争、承接运作的公共文化发展新局面，使深圳的文化生态更趋良好。

5. 制定出台深圳公共数字文化发展规划

深圳在公共数字文化，或者说公共文化的数字化领域，本有技术优势（如深圳图书馆较早开发的 ILAS 系统），深圳城市的整体信息化水平亦处于全国前列。但深圳在公共数字文化发展方面的发展，目前看确实略显落后。因此，今年我们再次建议：应充分认识推动公共文化服务与高科技尤其是信息技术融合的重要意义，让深圳的公共文化服务体系建设如同文化创意产业发展一样，插上科技的翅膀，使深圳在未来的城市竞争中能以先进发达的公共文化服务保持领先。为此，建议市文体旅游局会同市经济贸易和信息化委员会及市科技创新委员会，贯彻落实《2006—2020年国家信息化发展战略》和《关于进一步加强公共数字文化建设的指导意见》等中央文件，联合研究制定《深圳市公共数字文化发展规划》，发挥深圳高科技城市、信息化程度高等优势，整合政府与社会资源，推动深圳公共数字文化高速发展，确保深圳在信息时代新一轮的城市竞争中立于不败之地。

深圳公共文化服务实践与中国公共文化服务模式创新[*]

2005年以来，深圳率先全国，研究公共文化服务问题，制定公共文化政策，开展公共文化服务实践，取得了一定的成果，积累了一定的经验。构建公共文化服务体系，满足公民文化权利，既是随着我国经济社会发展带来的文化发展的必然要求，也是我国建立市场经济体制后，政府由"传统管制型"向"现代服务型"转型的必然要求，具有重要的理论和现实意义。作为发展中国家，我国怎样建立符合中国国情的"现代服务型"政府，怎样创新包括文化服务在内的公共服务模式，是值得深入探讨的重要问题。本文拟在公共服务理论指导下，分析发达国家和地区的公共文化服务模式，提出公共文化服务可能的理想模式，并以深圳公共文化服务实践探索为案例，提出对创新中国公共文化服务模式的思考。

一 公共文化服务的一般模式

在2006年的研究成果中，我们曾经指出，世界各国由于历史、国情和公共管理哲学的差异，形成了不同的公共服务模式。目前，公共服务模式大致可分为三种类型：一是以美国和德国为代表的自保公助模式，又称"最低保障与兼顾效率型"公共服务模式；二是以英国与北欧各国为代表的国家福利模式，又称"全面公平型"公共服务模式；三是以新加坡和智

---

[*] 本文为本人承担的深圳市社科基金课题"深圳公共文化服务实践与中国公共文化服务模式创新"的阶段性成果，原发表于《南方论丛》2009年第4期。

利为代表的自我积累模式,又称"效率主导型"公共服务模式。① 就公共文化服务而言,各国也形成了不同的模式,从历史上看比较成熟的模式大致也可分为三种:一是以法国等为代表的"中央集权"或"政府主导"模式,这种模式从中央到地方政府均设有文化行政部门,各级政府的文化行政部门为社会提供比较完善的公共文化服务,对文艺团体、非营利文化组织给予一定的资助;二是以美国等为代表的"市场分散"或"民间主导"模式,中央和各级政府不设置专门的文化行政部门,政府主要是通过政策法规对各类文化团体、组织或机构进行管理,并给予优惠,以使其在市场中生存和发展,公共文化服务的提供主要由大量的非政府组织(NGO)或非营利机构(NPO)即所谓的第三部门承担;② 三是以英国等为代表的政府与民间共建的"分权化"模式,政府以"一臂之距"(Arm's Length Principle)与民间"建立伙伴关系"进行文化资源的分配、文化事务的管理和文化服务的提供。③

上述模式的总结,今日看来,显得过于笼统,也存在不够准确的地方。从公共服务学理论及公共文化服务的历史发展过程来看,公共服务模式还可以从供给、支出、消费、增长等多个角度进行更为细致和准确的概括,以便于研究比较。下面,我们就尝试进一步将公共文化服务按照供给模式、支出模式、消费模式、增长模式等多种角度进行理论上的细分、命名,并结合发达国家和地区的实践加以分析总结。

(一)"**供给模式**",指公共文化服务的组织提供模式,包括其制度安排、政策制定、产品生产与提供等。由于公共文化服务的供给理论上可以由不同的主体承担,事实上不同的国家在不同的历史阶段,也曾经出现过不同的公共文化供给主体,因此,可以以供给主体的不同来区分公共文

---

① 李军鹏:《公共服务型政府》,北京大学出版社2004年版,第170页。
② 凡不属于政府、企业以外的团体组织,如社会团体、公益机构、民间组织等非政府、非营利组织都可统称第三部门。参见陈威主编《公共文化服务体系研究》,深圳报业集团出版社2006年版,第15页。
③ 所谓"一臂之距",即中央政府部门在其所接受拨款的文化艺术团体和机构之间,设置了一级作为中介的非政府的公共机构,亦即所谓"官歌",负责向政府提供政策咨询、负责文化拨款的具体分配、协助政府制定并具体实施政策等。

服务的不同模式。①

表1 以"供给模式"划分的公共文化服务模式

模式名称	特征	代表性国家或地区
权威型	以权威部门（政府）为主承担公共文化服务（产品）的生产和提供	法国、中国等。采用权威型公共文化服务供给模式的国家，多为中央集权型的国家，政府也往往扮演全能型政府的角色
市场型	以市场或私人企业为主承担公共文化服务（产品）的生产和提供	美国、德国等。采用这一模式的国家，多为信奉自由主义的市场经济国家，其政府扮演有限政府的角色，同时，社会组织也较为发达
志愿型	以志愿者或组织为主承担公共文化服务（产品）的生产和提供	除了早期的美国等市场经济国家，② 目前几乎没有纯粹以志愿者或志愿组织为主体承担公共文化服务的国家或地区。但志愿者在很多国家的公共文化服务中扮演着必不可少的角色，如诸多的非营利文化组织、文化义工等
多中心型	政府、企业和社会团体、个人共同承担公共文化服务（产品）的生产和提供	英国、澳大利亚等大多数国家。事实上，多中心供给模式正成为通行的公共文化供给模式

事实上，进入20世纪90年代，随着社会文化需求的普遍高涨、文化重要性的凸现、公共服务型政府的建立和公民社会的成长，纯粹只采取上述某一模式的国家几乎找不到了，大多数国家都采用了多中心的公共文化服务供给模式，但是，政府始终承担着提供公共文化服务的基本职责，可见，**以政府为主要供给者的"权威"＋"多中心型"供给模式可以说是公共文化服务的理想供给模式。**

（二）**"支出模式"**，指按公共文化服务支出所需资金来源的不同而划分的模式。本来"资金"也可以归入"供给"的范畴，但是，考虑到公共

---

① 参见周晓丽、毛寿龙《论我国公共文化服务及其模式选择》，载李景源、陈威主编《中国公共文化服务发展报告》（2007），中国社会科学出版社2007年版，第149页。

② 美国政府一直没有介入公共文化服务，直到1965年美国国会通过《1965国家艺术人文基金会法案》。但在此之前，私人赞助公益性文化设施、团体不乏其例，如1846年接受詹姆斯·史密森遗留的藏画，成立史密森学会，收藏艺术品供公众参观。参见孙维学《美国文化》，文化艺术出版社2004年版，第141—142页。

财政投入的重要性，这里仍然单独分析。事实上，大多数国家在公共文化服务的实践中，也往往将财政用于公共文化的资金成立专门的艺术基金会（名称或有不同，但目的则一）进行独立运作，同时，也专门制定鼓励社会赞助公共文化的政策法规。

表2 以"支出模式"划分的公共文化服务模式

模式名称	特征	代表性国家或地区
公共财政支出型	公共文化服务的资金来源以公共财政为主，甚至只有公共财政来源	法国、中国。法国从1959年成立文化部以来，就一直为公共文化发展提供充裕的资金，1995年文化预算更是保持在占国家公共预算大约1%的比例①
社会赞助型	公共文化服务的资金来源以企业、私人赞助为主	历史上的美国、德国等。美国政府一直没有介入公共文化服务，直到1965年美国国会通过《1965国家艺术人文基金会法案》。但在此之前，私人赞助公益性文化设施、团体不乏其例，如1846年接受詹姆斯·史密森遗留的藏画，成立史密森学会，收藏艺术品供公众参观
政府与民间伙伴关系型	由公共财政和企业、个人共同提供公共文化服务的资金来源	英国、澳大利亚等多数国家。包括原来主要依赖私人赞助发展公共文化的美国、德国等，也建立了政府与民间伙伴关系型的公共文化支出模式

目前，较为成熟的市场经济国家，大多奉持自由主义下的"有限政府"理念，公共文化服务的提供，其资金来源往往是多元的（有政府财政投入、亦有社会资金以赞助捐赠等多种方式的投入）。而在一些转型国家，限于公共财政不足、相关政策法规不完善等原因，尚未形成良好的社会赞助机制。从长远看，在政府主导或引导下，**建立政府与民间伙伴关系型的公共文化支出模式是多数国家的选择，这也是公共文化服务较为理想的支出模式。**

（三）**"消费模式"**，指按公共文化受益者的不同、受益方式的不同来进行划分的模式。公共文化服务体系的建立与完善，其模式的形成，有一

---

① 苏旭：《法国文化》，文化艺术出版社2001年版，第31—32页。

个历史的发展过程,这一过程最直接的表现,就是公共文化受益者范围的逐渐改变,比如博物馆开放范围的扩大、公共图书馆开放范围的扩大、高雅艺术观众群体的扩大等。在联合国教科文组织出版的《公共图书馆宣言》(1994年修订)中明确指出:平等、自由地利用图书馆、享受图书馆服务是现代社会中每一个公民的一项基本"权利"。

表3 以"消费模式"划分的公共文化服务模式

模式名称	特征	代表性国家或地区
公平型	以公平为公共文化服务的首要原则,注重公共文化服务的福利性,面向各阶层社会公众广覆盖,适度水平	历史地看,几乎很难找出纯属公平型的公共文化消费模式。北欧的一些高福利国家,以及我国等一些社会主义国家的基本文化服务广播、城乡电影放映队、书店、图书馆等可视为讲求公平的公共文化服务
效率型	以效率为公共文化服务的首要原则,注重公共文化服务的发展性或某些领域的特殊需求,发展重点领域,高水准	19世纪的法国。英治时期的香港(发展图书馆等基本文化服务设施外,偏重发展表演艺术)
兼顾公平与效率型	兼顾公平与效率,开展公共文化服务,既注重公共文化服务的福利性,也重视公共文化服务的发展性	目前多数国家的选择

在和平与发展成为时代主题,人权意识普遍高涨的今天,维护和实现每个公民的文化权利,是现代政府的重要职责。因此,开展公平的、面向全民的公共文化服务,即**兼顾公平与效率的公共文化服务模式成为多数国家的选择**。

(四)**"增长模式"**,指按照公共文化服务优先增长领域来进行划分的模式。公共文化服务包括图书馆、博物馆服务,广播电视服务,新闻出版服务等众多领域,在公共资源有限的条件下,需要有优先发展某些领域,确定公共服务增长先后的考虑。因此,按照增长情况,也可以区分不同的模式。

表4 以"增长模式"划分的公共文化服务模式

模式名称	特征	代表性国家和地区
全面均衡增长型	全面发展公共文化服务的各个领域,推动公共文化服务(产品)的均衡增长	我国采取"标配式"的公共建设模式,中央、省、市、县(区)、街道(乡镇)、村均有相应的公共文化设施、机构。近年来还尝试推行基本公共文化服务标准化,是较为典型的全面均衡增长型
重点领域优先增长型	有选择地发展公共文化服务的某些领域,以使某些领域的公共文化服务(产品)获得较快增长	不同国家在不同阶段,也会采取针对性的发展措施,以促进某些重点领域的优先发展,有利于满足特殊需求或促进形成地方文化特色
消极对待型	政府不主动,但亦不干涉公共发展的发展,任其自生自灭	如英治时期的香港,采取消极不干预的文化政策
萎缩型	不主动发展甚至限制公共文化发展,使得公共文化领域不但不增长反而萎缩	当国家或地区处于战乱或极端贫困的状况下,公共文化服务往往缺失或萎缩的情况

以全面发展为长远目标,**在特定的历史阶段根据国家和地区发展需要有所偏重,是多数国家采取的公共文化服务增长模式。**

综上,在现代市场经济和民主法治条件下,公共文化服务的**一般模式**或者说**理想模式**应是:政府为主要供给者的"权威"+"多中心型"供给模式(其中,主要由政府为责任主体提供公共文化服务,政府同时承担公共文化服务制度和政策制定者的角色,民间团体、社会企业等可以以适当的方式参与提供公共文化服务);政府与民间伙伴关系型的公共文化支出模式(公共文化服务资金来源于公共财政,亦吸纳社会资金参与);兼顾公平与效率的公共文化服务消费模式;以及在特定的历史阶段根据国家和地区发展需要有所偏重的公共文化服务增长模式。

二 深圳公共文化服务实践与中国公共文化服务模式创新

文化底子薄弱的新城市深圳,作为我国改革开放的"排头兵""试验场",自20世纪80年代后期经济迅速发展以来,文化建设就成为城市发展的重要内容。发扬"开拓、创新"的"深圳精神",适应较为成熟的市场经济体制，深圳在文化设施建设、文艺精品创作、文化产业发展等领域大胆创新，积极探索，取得了显著的成绩。进入新世纪，顺应全国行政管理体制改革和"服务型政府建设"潮流，深圳又率先提出公共文化服务理念，开展相关研究，推出多种举措，推动深圳公共文化服务发展，并在一定程度上引领了全国的公共文化服务建设浪潮。深圳公共文化服务从理论到实践的探索，为我国公共文化服务模式创新积累了宝贵的经验和启示。

2005年，深圳市文化局即率先开展公共文化服务问题的专题研究。随后，在2006年深圳推出的《公共文化服务体系研究》一书中，在分析了构建公共文化服务体系与实现公民文化权利的关系后，深圳明确提出"提供公共文化服务，是政府最为基本的职责之一"[①]。换言之，公共文化服务的责任主体是政府，作为责任主体，政府的职责包括：提出文化发展规划、制定文化政策、保证公共文化经费投入、搭建公共文化服务制度平台、推动公共文化服务均等化等。这为深圳公共文化服务模式的选择确立了基调，相对成熟的市场经济体制大环境，则为深圳公共文化服务模式的发展，提供了基础条件。下面，结合深圳公共文化服务的实践作进一步的分析。

（一）以政府为明确的权威供给主体，同时吸引社会力量参与

深圳较早建立了集文化艺术、广播影视、新闻出版和文物保护为一体的"大文化"行政管理体制。[②] 为公共文化服务的供给和统一规划管理提供了较好的基础。多年来，深圳政府作为明确的权威供给主体，提供了大量的公共文化产品和服务。如制定文化事业发展规划、出台文化政策法规；兴办公共图书馆、艺术馆、群众艺术馆、基层文化站等公益性文化设施；发展报纸、出版社、广播电台、电视台等新闻出版事业；建立博物馆，开展文物保护；扶持交响乐团等高雅艺术团体；创办深圳读书月、中外艺术精品演出季、鹏城金秋社区艺术节、少儿艺术花会等公益性文化节

---

① 陈威主编：《公共文化服务体系研究》，深圳报业集团出版社2006年版，第44页。
② 2009年9月，在全国新一轮的行政管理体制改革中，深圳作为全国推动大部门制改革试点，又将文化（新闻出版、广播电影电视、文物）局与体育局、旅游局和文化产业发展办公室合并，成立新的深圳文体旅游局。

庆。在上述文化产品的提供中，政府是明确的供给主体，同时，深圳也注意吸纳社会力量参与公共文化产品的供给——如从2003年起，深圳积极探索公益性文化社会化运作机制，将重大文化节庆、文化项目等通过招标、政府采购和委托承办等方式，吸引社会力量参与。2005年，深圳正式出台了《深圳市重大公益文化活动实行社会化运作的试行办法》，2007年55项和2008年447项活动先后面向社会公开招标，均取得了良好的社会效果。

此外，作为市场经济制度较为完善的经济特区，深圳还积极扶持行业协会和社会办文艺团体的发展，为深圳的公共文化服务主体多元化创造条件。截至2008年，深圳先后扶持成立了动画协会、平面设计协会、歌舞娱乐协会、文物收藏等行业协会。其中，尤其是深圳新闻出版行业，已经形成了从出版到印刷、发行等覆盖全行业的行业协会体系。行业协会的发展，为相关行业内的交流沟通、合作互动提供了公共平台，也为社会力量参与公共服务提供了平台，为政府与社会共同管理公共事务提供了平台。

由深圳的实践可见，就公共文化服务的供给来看，虽然社会参与公共服务尚比较有限，但是，以政府为主要供给者的"权威"+"多中心型"模式（其中，主要由政府为责任主体提供公共文化服务，政府同时承担公共文化服务制度和政策制定者的角色，民间团体、社会企业等可以以适当的方式参与提供公共文化服务）无疑正在形成之中，这种模式是适合深圳的。深圳固然有作为特区的先锋性，但考虑到深圳的基本社会制度和行政管理体制与内地是相似的，因此，这样的一种公共文化服务供给模式，应当是大体适合中国国情的，是未来我国公共文化服务体系建设值得鼓励和进一步创新发展的方向。

（二）公共财政投入为主，探索吸引社会资金投入

自21世纪初期开始，随着我国社会主义市场经济体制的建立和完善，我国财政管理体制开始进行重大改革，改革的目标是建立与市场经济体制相适应的公共财政体制，其中，加大对公共服务的投入，建立适合中国国情的公共服务支出模式是重要内容。

深圳自20世纪90年代以来，就不断加大公共投入。据有关部门统计，近五年（2004—2008年）来，深圳市、区两级财政投入公共文化建设的经

费逐年增长,年均达到5.18亿元,占公共财政支出的比重约为0.85%。①据不完全统计,截至2007年年底,仅市级财政就先后投入52亿元,规划建设了32个市级文化设施。位于中心区的市级大型文化设施图书馆、音乐厅、博物馆新馆、中心书城、广电中心和少年宫等,均为财政投资兴建,已先后竣工开业。截至2009年6月,深圳已建成较为完善的市、区、街道、社区四级文化设施网络,包括图书馆、群艺馆、博物馆、美术馆在内的公共文化设施达1114座。其中全市公共图书馆(室)618座,总藏书量达1377万册;群众艺术馆和文化馆(站)62个;博物馆(含纪念馆)22个;美术馆6个;高雅艺术演出经营单位场所25家;各类文化广场381个;广播电视覆盖率达到100%。

2007年3月1日,深圳还开始率先在全国实行公益性文化场馆全面免费开放制度,即深圳市博物馆、关山月美术馆、深圳美术馆、深圳画院、深圳市群艺馆、深圳图书馆、深圳市少儿图书馆七大市属公益性文化场馆,全部免收门票向社会开放,真正实现了"零门槛",到各免费文化场馆尽享"文化大餐",成为深圳许多市民,尤其是外来务工人员的生活新时尚。提供公益性场馆及相关服务是公共文化服务体系的主要内容,这些场馆基建投资来源于公共财政,免费开放后,其运营成本,仍全部由公共财政承担。可见,这项举措,充分体现了政府作为公共文化服务支出主体的作用,是典型的公共财政支出型公共服务模式。公益性文化场馆免费开放,产生了全国影响,2008年1月23日,中共中央宣传部、国家财政部、文化部、国家文物局联合下发了《关于全国博物馆、纪念馆免费开放的通知》,自此以后,公益性文化场馆免费开放,政府"买单"成为国家重要的文化政策。

在明确公共财政成为公共文化服务支出主体的同时,深圳等地也在探索市场经济条件下,社会资金参与公共文化服务投入的渠道。以民族民间传统精致艺术(如京剧)、以现代交响乐、歌舞剧、视觉艺术等为代表的高雅艺术,满足的是人们高层次的精神文化需求,一定程度上承担着宣传主流意识形态、引导文化发展方向和提升人们文化素质的作用,具有公共

---

① 深圳市文化局统计资料。

文化的属性，但是，高雅艺术生产成本高，演出展示条件要求高，又往往以私人消费品的方式出现，具有私人产品的竞争性，是典型的"混合型公共产品"。针对这种"高端文化产品"的提供，深圳的做法是：政府部分投入，以发挥引导作用，体现高雅艺术的公共属性，与此同时，吸引社会资金及私人消费者也合理投入，以体现高雅艺术应有的市场价值。具体做法是对票价进行补贴，如对"中国（深圳）国际文化产业博览会艺术节"开始试行高雅艺术补贴方案，对十大"国家舞台艺术精品"演出进行票价补贴，对演出门票实行限价，每场演出保证一定比例的门票低于100元，最低票价50元，最高票价不超过180元，使市民能够以低票价享受高雅艺术。其他，仿照这种做法，在深圳举办的"全球通中外艺术精品演出季""音乐厅开幕季"等，都试行了票价补贴方案，同时也吸引社会资金投入，如"全球通中外艺术精品演出季"就以冠名的方式，吸引了深圳移动全球通公司的投入，又如"深圳读书月读书论坛"也先后吸引深圳万科房地产公司、深圳海洋王照明科技有限公司等的投入。当然，最终还有市民购票的私人投入。总之，让市民以低票价享受了高雅艺术成为深受市民欢迎的公共文化服务之举。也为全国探索市场经济条件下，政府公共财政与社会资金共同投入公共文化服务提供了宝贵经验。

2007年2月6日，财政部、国家税务总局联合下发的《关于宣传文化所得税优惠政策的通知》（财税〔2007〕24号）规定，自2006年1月1日起至2010年12月31日，对企事业单位、社会团体和个人等社会力量通过国家批准成立的非营利性的公益组织或国家机关对宣传文化事业的公益性捐赠，经税务机关审核后，纳税人缴纳企业所得税时，在其年度应纳税所得额10%以内的部分，可在计算应纳税所得额时予以扣除；纳税人缴纳个人所得税时，捐赠额未超过纳税人申报的应纳税所得额30%的部分，可从其应纳税所得额中扣除。显然，未来，我国公共文化服务支出中，公共财政仍将扮演"大头"的角色，但是，社会资金的投入不容忽视，也唯有建立公共财政与社会资金的"伙伴关系"，共同投入公共文化服务，我们才能最终建立起能提供基本公共文化服务，也能提供高端公共文化服务的完善的公共文化服务体系。

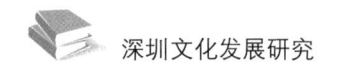

(三) 努力形成兼顾公平与效率的公共文化服务消费模式

深圳在行政管理上分特区内外，且户籍人口和外来人口比例悬殊（截至 2008 年深圳共有人口约 1300 万，其常住人口 876.83 万人中，户籍人口仅为 228.07 万人，占常住人口比重 26.0%；非户籍人口 648.76 万人，占比重 74.0%。此外，尚有流动人口 400 多万！）大量的流动人口构成，一方面固然是经济特区的深圳非常突出明显的问题，另一方面，也是改革开放后我国快速城市化、工业化带来的城市人口问题之缩影。此外，作为改革开放的前沿地，深圳也比较早地迎来了"社会矛盾凸显期"，如何通过公共文化服务，发挥文化慰藉心灵、凝聚人心、消除社会隔阂、促进"和谐社会"建设的作用，也是建立和完善公共文化服务体系应当考虑的问题。上述种种，给深圳的公共文化服务模式创新提出了很大的挑战——市民需要的是什么样的公共文化服务？应当提供哪些公共文化产品？已经提供的公共文化产品究竟是谁消费的？哪些种类的公共文化服务产品应当有针对性地提供给哪些人群？这些问题是公共文化服务体系建设过程中无法回避的问题。从公共文化服务模式来看，这就涉及公共文化服务的消费模式问题。是面向所有社会成员的尽可能均等地、公平地提供公共文化服务，还是针对部分人群（如户籍人口）需求，提供高水平高效率的公共文化服务，深圳的具体做法是兼而有之。

首先，深圳在公共文化设施建设的规划布局、资源配置方面，努力体现公共文化服务的公平性，全市除中心区大型文化设施外，各区也先后兴建图书馆、文化馆、书城、影剧院等文化设施，全市 62 个文化馆站和 381 个文化广场，更是遍布基层。宝安、南山、罗湖、福田等四区均获得了全国"文化先进区"的称号。其次，面向所有社会公众，推出多种免费或低价的公共文化产品。如免费开放文化场馆、免费提供普及型的高雅艺术鉴赏活动（如深圳音乐厅推出的"美丽星期天"活动）、深圳群众艺术馆免费开展艺术培训、提供的周五 5 元剧场，深圳文物鉴定所免费为市民进行文物鉴定等。最后，深圳还针对特殊人群开展特殊的公共文化服务。如兴建"劳务工博物馆"，开展"外来劳务工文化服务工程"——组织流动演出队、电影、讲座、展览系列"流动文化服务"，深入偏远社区、厂区，开展针对外来人口和农村城市化社区的文化服务，为此，深圳市文化局还被国家评为"全国农民工工作先进集体"。此外，探索在工厂区、公园开辟文化场所，运用屋村会所等良好的硬件设施开展文化活动，文化场馆的残疾人无障碍通道，图书馆的盲人阅览室等，都从很多细微之处，体现公共文化服务的公平性。

另一方面，深圳也注重公共文化服务的效率，在文艺精品创作、文化品牌扶持上，公共财政舍得投入，成果丰硕。近年来，深圳诞生了一大批在全国有影响的文艺作品和文化品牌。如在2007年第十届全国精神文明建设"五个一工程"奖评选中，深圳生产的电视剧《亲情树》、歌曲《永远的小平》、儿童广播剧《小米》等9部作品获奖。在第十四届全国群星奖比赛中，深圳市共获9个大奖。2008年，大型原创客家舞剧《大围屋》在第十届广东省艺术节会演中，一举夺得"舞蹈音乐类一等奖""编导一等奖""音乐一等奖"等大奖。深圳原创杂技剧《梦幻西游》荣获第七届全国杂技比赛暨全国杂技主题晚会优秀剧目展演一等奖，沙井杂技团的《追梦——蹬人空竹》获杂技节目创作金奖；歌曲《我的爸和妈》获全国第十三届中国人口文化奖一等奖。根据有关部门统计，2003—2007年全市宣传文化系统共获得省级以上奖项3063项，其中国际级351项，国家级1054项，省级1658项。[①] 深圳有影响的文化品牌包括"深圳文博会艺术节""中文艺术精品演出季""深圳读书月""深圳鹏城金秋社区艺术节""外来青工文化节""少儿艺术花会暨学校艺术节"等。这些文艺精品和文化节庆，无疑，丰富了深圳人的公共文化生活，提供了深圳的公共文化服务水准。

深圳的实践探索表明，兼顾公平与效率的公共文化服务消费模式，是符合我国现阶段发展需要的公共文化消费模式，兼顾公平与效率，也是符合中央提出的"和谐社会"建设理念的公共文化服务模式。

（四）合理确立不同发展阶段公共文化服务的重点增长领域

深圳作为一个新城市，文化积淀不深，基础文化设施不够齐全，加之

---

① 深圳市文化局统计资料。

城市基本文化服务不高甚至尚有缺位的情况。针对这种情况，深圳首先提出将建设"图书馆之城"，推动图书信息服务这一基础性的公共服务的快速发展，作为公共文化服务的重点增长领域。2003 年，深圳提出《深圳市建设"图书馆之城"实施方案（2003—2005）》，随后，图书馆建设投入大幅增加，步伐大大加快。时任深圳图书馆馆长吴晞先生认为，"图书馆之城"建设自 2003 年启动以来的五年是深圳市基层图书馆规模迅速扩张的重要时期，全市公共图书馆蓬勃发展。图书馆数量方面：市、区图书馆从 6 家发展到 9 家；街道图书馆由 2002 年的 30 家增加到 2008 年的 35 家，增长幅度为 16.7%，社区图书馆则由 2002 年的 140 家增加到 2008 年的 560 家，几乎为 2002 年的 4 倍。图书馆业务数据显示，无论是人均藏书量、人均购书经费还是人均外借书刊文献册次、千人阅览座位都有明显增加。截至 2008 年，全市公共图书馆总藏量已达 1376.9 万册。深圳大力建设电子阅览室和共享工程各级中心、基层用户点，目前全市共有 129 家电子阅览室，共配有 1458 台电脑，已建劳务工图书馆（室）近 100 家，全市有共享工程服务点 316 个。2008 年，深圳市被国家文化部正式命名为全国文化信息资源共享工程示范市。目前，深圳市已基本形成星罗棋布的四级公共图书馆网络，公共图书馆服务覆盖城市每一个社区。[①]

公共图书信息服务这一基础性公共文化服务的快速发展，使得深圳公共文化服务在重点领域获得了突破性的增长，迎合了深圳作为年轻城市、青年人作为主要人口的城市的基本需求，也服务了深圳建设高科技城市、知识型城市的发展要求，发挥了公共文化服务的巨大社会效益。而率先增长带来的探索突破的需求，使得深圳在公共图书馆布局理念、服务方式等方面进行了多项创新，打破了我国传统以行政级别划分带来的局限，逐步确立了以服务人口、服务半径作为图书馆建设的重要标准；深圳研发使用的"24 小时自助图书馆"等深受市民欢迎的服务形式，为我国公共图书信息服务的创新发展提供了新鲜经验。

由深圳经验可见，面对不同服务对象、不同社会发展水平、城乡公共文化服务不够均衡、公共财政实力有限等复杂情况下，完全有必要针对实

---

① http://news.sznews.com/content/2009－11/13/content_4183387.htm，2009 年 11 月 13 日。

际情况，确定不同的重点增长领域，因地制宜，是公共文化服务增长模式创新的重要依据。

综上，深圳的公共文化服务实践进一步说明，**公共文化服务的理想模式是：政府为主要供给者的"权威"+"多中心型"供给模式；政府与民间伙伴关系型的公共文化支出模式；兼顾公平与效率的公共文化服务消费模式；以及在特定的历史阶段根据国家和地区发展需要有所偏重的公共文化服务增长模式**。我国目前正处于现代化的快速发展阶段，随着市场经济体制的进一步完善和公民意识的进一步觉醒，公共领域与私人领域的界限进一步明确，公共文化服务需求快速增加，社会办文艺团体、文化机构和行业组织等公民社会发展迅速。就公共文化服务体系建设来看，一种以政府为权威供给主体，同时，社会力量积极参与公共服务投入和供给，兼顾公平与效率，尤其是兼顾农村、边远地区基本文化需求，以普及型、福利型文化服务（产品）为核心内容，兼顾高端文化需求的服务模式正在形成之中。

这种模式既有与世界公共文化服务发展趋势一致的大方向，同时，在具体路径、方式和侧重点上又有不同。制度层面上的创新空间不是很大，但就服务内容、社会参与方式、服务对象等选取上，可作更具中国特色的创新与发挥。

加入WTO，深圳文化产业与城市文化发展*

引言

文化产业对于城市发展的重要意义越来越得到认可，2002年来，深圳取得了多项相关研究成果，如1. 深圳市委宣传部组织的"深圳市文化产业发展课题组"提交的《深圳文化产业发展研究报告》（2002年7月）；2. 深圳市文化局与新成立的深圳市文化产业办公室牵头制定的《深圳市文化产业三年（2003—2005年）发展纲要及2010年远景目标》（征求意见稿）（2002年8月）；3. 深圳市文化体制改革领导小组（深圳市将"文化体制改革"作为2002年的重点课题组织调研，特成立了该领导小组和由多个部门参与的调研课题组）组织研制的，作为深圳市文化体制改革文件之一：《深圳市文化产业发展指导意见》（2002年9月）；4. 深圳市社会科学院所做的《文化体制改革与文化产业发展》（2002年5月）；5. 深圳大学组织开展的"深圳特区文化产业与审美趋势研究""文化产业的空间布局"等；6. 深圳市特区文化研究中心开展的《深圳文化产业与城市发展战略》（2002年11月）等。作为研究机构，深圳特区文化研究中心还参与了其中1、3项的研究。此外，部分文化官员、学者还就深圳文化产业撰写了一些文章。[①]

---

* 本文在"香港、上海、台北、深圳四城市文化交流会议2002年上海年会"宣读并收入年会文集。

① 参见王京生《关于文化产业发展的几个问题》（2001年）；李小甘：《文化产业能成为深圳的支柱产业吗?》（2001年）等。

加入 WTO，深圳文化产业与城市文化发展

上述研究成果，从不同的角度分析深圳文化产业的状况，影响及其未来发展，取得了一定的进展。但是，由于种种原因，到目前为止，有的报告未公开发表；有的政策性意见有待讨论决策；很多的说法、统计数字有争议，大量数据待补充；全市性的文化产业发展规划或文化产业政策没能出台，总体看，深圳文化产业的研究相对于深圳文化产业的发展处于明显的滞后状态。本文努力综合上述研究成果，尝试介绍深圳文化产业的现状，分析其存在问题，结合深圳发展目标和中国入世、全球化等背景，提出自己一些初步的思考。

一 深圳文化产业的现状、特点及其对深圳文化的影响

文化产业（cultural industries）的界定是一个有争议的问题。英国、中国香港等将文化产业的讨论纳入"创意工业"（creative industries）[①]的概念中，以避免文化产业（文化工业）一词（法兰克福学派等批判的）的负面含义，也绕过"文化"定义的复杂争议及对政府资助的公共文化事业的评估。现在很多研究也将文化产业作为"内容产业"（content industries）[②]来讨论。就国内来看，文化产业通常被界定在一个涵盖文化艺术业、新闻出版业、广播电视业、电影业、音像制品业、版权业和演出业等在内的产业群，现有深圳文化产业研究的各种报告，基本上是据此开展的，文化产业界定的开放性、不确定性使研究者在选取研究范围时有差异，但影响其实不大。本文亦大致在此范围进行讨论。

深圳目前共有 5000 余家文化经营单位，从业人员逾 10 万人，总产值约 178 亿元人民币，约占全市 GDP 的 2.8%。

[①] 创意工业大致包括十三个工业类别：广告推销、建筑设计、艺术品和文物销售、工艺品、产品设计、时装、电影、互动娱乐软件、音乐、表演艺术、出版、电脑软件以及电视电台广播节目的制作。参见香港艺术发展局网页 http://www.hkadc.org.hk 之《创意工业导论》，2001 年 12 月 1 日。

[②] "内容产业"或"数字内容产业"（digital content industry），大致包括 2D/3D 动画、电脑游戏、多媒体软件、网络资讯服务、电视电影、音乐数字广播、数字教育、数字储存、数字通讯等广泛的产业领域。参见 http://www.digitalcontent.org.tw。

表1 深圳文化产业2001年统计数字

单位：亿元

名称＼指标	年收入	增加值	备注
1 印刷业	117	35.1	第一项为年产值
2 文化旅游业	15.19	4.6	仅指景点收入
3 报业	14	5	
4 期刊业	1.2	0.3	
5 广播电视业	6.33	1.9	总资产108
6 文化娱乐业	18	5.4	
7 游戏软件业	0.1	0.025	
8 图书出版业	0.24	0.061	
9 音像制品出版	0.12	0.018	
10 图书销售	3.48	0.85	
11 音像制品和电子出版物	2.7	0.81	
总计	178.24（产值）	54.05（增加值）	占深圳当年GDP1908亿元的2.8%

数据来源：《深圳市文化产业三年（2003—2005年）发展纲要及2010年远景目标》（征求意见稿）。

此外，还有一些相关数字值得参考：

2001年广电业总资产108亿元；2000年放映电影26579场，观众235万人次，发行收入416万元，票房收入2304万元；

深圳共有17个专业艺术团体，及数十个业余艺术团体。2001年18个团体进行营业性演出1300场（赴国外演出100场）。全年接待外来演出团体280个，其中国内团体236个，在深演出1340场，观众达48万人次；涉外团体4个，演出80场，观众达4.4万人次。

作为文化含量较高的制作业，礼品业在深圳发展迅速。深圳现有1600多家礼品企业，年产值高达130亿元人民币，出口额达10亿美元，圣诞礼品和人造花卉占美国礼品市场的75%份额，深圳已成为全国礼品制作的重要基地。①

深圳文化产业已经呈现出的一些特点：

1. **视野开阔，与全球文化产业发展具有一定的"同步性"**。深圳出现称得上"现代文化产业"的业态大致可以确定为 20 世纪 80 年代末，其标志为当时华侨城集团推出的第一批主题公园——"锦绣中华""中国民俗文化村"。② "锦绣中华"开业当年就收回近 1 亿元的全部投资，第二年即开始盈利；"民俗村"开业仅 9 个月就收回也是 1 亿元左右的全部投资，两个主题公园仅 1992 年就盈利 1.5 亿元，成为深圳市的纳税大户，并初步获得开发文化资源进行产业化运作的成功经验，③ 为后来华侨城集团扩大文化产业规模打下了基础。此前深圳也有较早发展起来的歌舞娱乐、演出、游戏等行业，但无论从其规模效益和社会影响来看，④ 都尚属起步阶段。传统的政府办文化产业，如报业、广播电视业等大多还在享受政府投入，尚未完全实行产业化运作。以华侨城企业集团为代表的深圳文化产业群体，尽管规模水平参差不齐，但大多在 20 世纪 90 年代成长壮大，并初步完成其资本的"原始积累"及对企业主攻方向的战略选择。世界文化产业的发展，也是以 1990 年美国时代华纳合并为标志，进入一个公认具有战略地位的新时代。就这种时间上的同步性而言，深圳文化产业与世界文化产业的发展站在同一条起跑线上。事实上，建设几大主题公园直接就是受了荷兰"小人国"和美国迪士尼乐园的启发，赶上了世界第三代旅游产品的步伐。⑤ 视野的开阔、心态的开放也成为从事深圳文化产业的企业家们的重要特点。从起步，深圳就面向世界，注重借鉴学习国外文化产业经验，紧跟时代潮流，较早开始开发文化产业。如华侨城兴建伊始即以高薪聘请国际知名设计师进行开发设计；早在 90 年代中就制定自己的十年发展战略规划等。进入新世纪，随着中国加入 WTO 和世界经济全球化进程的

---

① 数据来源：《深圳市文化产业三年（2003—2005 年）发展纲要及 2010 年远景目标》（征求意见稿）。
② "锦绣中华"于 1989 年建成；作为"姊妹村"的民俗文化村则仅晚两年。
③ 参见王地久、洪海《发掘民俗文化资源的成功尝试》，载《东方文化》1995 年第 2 期。
④ 参见《深圳文化志》有关数字。
⑤ 据华侨城创始人马志民介绍。

加快,文化产业集团开始尝试跨行业经营,如华侨城集团开始涉足传媒业。

2. 率先进行跨地域的文化资源开发与整合,特别注重中国传统文化资源的创造性开发。深圳缺少传统的本地文化资源(包括文化人才等),这种"空白"状态以及深圳特殊的区位条件,发展背景,使得深圳文化产业的开发从一开始就必须走面向全国、面向世界的文化资源路径,舍此别无选择。华侨城几大主题公园就是这种开发模式的典型案例。此外,万科文化传播公司拍摄的《钢铁是怎样炼成的》《日出》等系列电视剧,深圳市委宣传部策划投资拍摄的100集电视片《中国博物馆》等,都充分注重发挥深圳体制、机制和资本优势,除挖掘传统文化资源外,包括具体策划、创作班底人员构成、项目运作等无一不借用外力,对全国乃至世界文化资源进行整合,以一些别的城市不会采用的方式,做了一些别的城市没有做到的事。总之,文化资源、人才、金融资本的跨地域合作,已在深圳"文化项目"运作中有了成功的尝试。这使深圳文化产业从开始到现在就比较明显主动地具有一种全国性,乃至全球性的眼光,作为文化积淀薄弱之地,并变被动为主动,抢先一步参与到全国,乃至全球范围的文化资源、人才、资本的争夺与重组之中。

此外,深圳文化产业发展中特别关注民族文化资源的创造性开发。如华侨城几大主题公园的开发是如此,华侨城控股有限公司正在进行的"锦绣中华工程"与曲阜、北京、三峡等地的合作;华侨城进军传媒业等;① 筹拍《中国博物馆》等也是如此。华侨城一贯宣称要坚定不移地走文化产业发展的本土化道路,积极探索将民族文化资源转化为产业实力的发展之路。② 这无疑是一种具有战略眼光的选择。"只有民族的,才是世界的",以内容的民族化(文化理念、价值观、审美观、故事、人物原型、符号等)、形式(体制、机制、包装)的现代化、坚持走文化产业的本土化发展道路,而非一味跟在发达国家后面。深圳的选择有意无意中成为全球化

---

① 由华控集团控股,于2000年注册,并于2001年正式对外宣布成立华侨城国际传媒有限公司。现已完成开篇之作电视剧《绝对权力》。
② 华侨城集团首席文化官郑凡访谈记录。

语境中中国文化产业发展应有的选择，正因为这样，文化积淀薄弱的深圳才有望在文化产业的激烈竞争中走在前列。

3. **面向市场，产业主体发育迅速**。除主流媒体和少数文化产业机构（如差额拨款的事业单位、出版社）外，深圳的文化产业大多并没有经过"以'文化事业单位'为基本特征的初期发展阶段"和"以'事业单位企业管理的'为基本特征的探索发展阶段。"全市 5000 余家文化经营单位，国有经济成分比例不到 10%，在所有已建成的文化基础设施中，由社会自筹资金兴建的占 43.4%。① 可以说从诞生之日起，深圳有代表性的文化企业就是比较独立的市场主体，一出生，就在市场经济的海洋里摸爬滚打。如深圳有线电视台成立时，政府只是拨给一块土地和 800 多万元的低息贷款，该台通过资本运营方式，按照现代企业制度，组成深圳天威视讯股份有限公司，在全国的有线电视台中开创了经营管理的新模式。

深圳市场化程度较高，文化企业管理人才大多是熟悉现代工商业运作的企业家，因此，体制和运作模式与"国际惯例接轨"程度相对较高，独立的市场主体必然注重产品及服务质量、注重发展创新、注重资本运营、注重人才引进。这些，也正是深圳文化产业发展的重要原因。深圳主要的文化产业集团，都已经或正在迅速建立现代企业制度。1208 家印刷企业中，573 家有外资进入，3 家进入深圳企业 100 强。华侨城控股有限公司（已以旅游概念股上市）、特区报业集团、深圳书城等公司的综合实力均名列全国同行业前列。这种"经风雨，见世面"，面向市场、面向现代化的发展历程，为深圳的文化产业更好地适应入世后的冲击与挑战打下了基础。

4. **政府强力推动，发展速度较快**。由于深圳建市时间短，文化底子薄，深圳的文化设施主要是由政府投资兴建，华侨城集团创建之初，政府给予了免费优惠的土地政策。其他不少大型文化产业集团也在创业之初或创业过程中得到过政府的扶持。据统计，深圳 20 世纪 80 年代兴建的具有代表性的文化设施中，政府直接投资 7 亿元；全市现有各类文化设施中，政府投资兴建的超过 100 个，约占全市文化设施的 50%；正在兴建的深圳

---

① 深圳文化产业发展课题组：《深圳文化产业研究报告》（2002 年 7 月）。

文化中心（包括深圳音乐厅和中心图书馆），政府投资总额则超过30亿元。

5. 文化产品的制作能力较强。深圳由于紧邻中国香港，各种形式的深港合作频繁，深圳最早就是以制造业和中国香港形成所谓的"前店后厂"模式发展起来的。所以，深圳的文化产业中文化产品的制造业占比例很大，如印刷业，占了深圳文化产业产值统计的相当比重，形成一个年产值超过100亿元的庞大产业；再如礼品、广告、VCD光盘、动画制作等，很多都是香港接单、深圳制作和生产。这里，将印刷等制造业纳入文化产业统计中是一个有争议的问题，但制造业的发展确实带动了深圳文化产业的发展。

6. 具有一定的制度和资本优势。深圳作为改革开放的"排头兵"，具有较为成熟的市场经济体制和较为雄厚的经济实力，这为深圳文化产业的发展提供着较为有利的制度和资本优势，这种优势有的已经显示出来，有的尚待进一步发挥。这一点在《北京、上海、广州、深圳文化产业比较》[①]一文中已有论述，此不赘言。

由于以上几点，可以认为，深圳的文化产业虽然总体规模还不够大，各企业水平也参差不齐，但深圳文化产业初步具备的规模和潜在的发展前景是不容忽视的。即便与北京、上海、广州等先进城市相比，深圳文化产业仍然是有特点、有优势的。

深圳文化产业的发展对深圳文化产生了重要的影响。深圳是一个文化积淀较少的年轻城市，1990年以前，深圳除政府有关部门为开展"精神文明建设"而举办的各种晚会、活动外，文化生活十分贫乏，城市文化处于一种"欠发达"的状态。1992年邓小平"南方谈话"发表，深圳迎来发展建设的新高潮，也具备了一定的经济和社会发展规模，深圳才逐渐有了一种文化建设的自觉与主动意识，开始进行"深圳文化发展的战略思考"。[②] 以华侨城文化景区为首，包括歌舞娱乐等文化产业的发展，成为深

---

① 《2001年上海文化发展蓝皮书》，上海社会科学院出版社2001年版。
② 1992年深圳举办"文化战略研讨会"，时任文化局长苏伟光先生撰文《深圳文化的战略思考》。参见本书《建设文化绿洲》一文。

圳城市文化的重要内容，受到各界关注。继 1994 年深圳歌舞厅艺术团进京汇报演出成功后，① 时任中宣部副部长郑必坚等多位领导对华侨城的"旅游文化"大加赞赏。② 1996 年，深圳在一份市委市政府名义颁发的文件中曾雄心勃勃地提出建设"现代文化名城"的发展战略目标。③ 这一目标虽至今仍有争议，但作为一个年轻城市富有想象力的自我期许，"现代文化名城"的说法还是时时被人提起。1997 年，深圳政府官员提出关于"深圳学派"的呼唤，④ 成为深圳文化意识觉醒的"旗帜"。今天，崭露头角的深圳文化产业，似乎为这一城市的原来显得空洞的"现代文化"想象填写了具体真实的几笔。深圳的文化产业虽然总体规模还不够大，各企业水平也参差不齐，但对于几乎没有"文化"底子的经济特区深圳，文化产业的发展某种意义上相当有效地"填补"了深圳文化的"空白"，作为一个文化"后发城市"，深圳甚至借助文化产业找到了一种文化的"后发优势"。换言之，文化产业的发展对深圳而言就不仅仅具有一种产业门类或部门性的意义了，文化产业不是深圳城市文化发展的局部问题的，而是一个整体问题、全局问题。如果没有文化产业的发展，我们很难设想今日深圳的文化状况，文化产业在深圳现代城市的形成过程中，扮演了不可或缺的角色。深圳城市文化的发展历史表明，对于文化积淀浅薄的深圳，只有通过主动的、借助现代产业手段大规模运作的文化产业形态，才可能有效地发挥深圳的资本、体制与机制优势；发挥深圳独特的自然地理区位及"人文地理区位"⑤ 优势；激发深圳移民城市的文化创造力；进行跨地域文化资源的开发与利用；才能向全国乃至世界辐射深圳的文化影响力，提升深圳的城市文化形象和整体文化水平。大力发展文化产业，将文化产业发展提升到深圳城市发展的战略地位，是文化服务现代化建设和促进自身"现代化"

---

① 这可能是深圳"社会文化"（非政府办的）第一次在国家领导人面前，在北京乃至全国的正式"亮相"。参见《深圳文化志》。
② 杨宏海主编：《深圳文化研究》，花城出版社 2001 年版。
③ 苏伟光主编：《深圳文化发展的战略思考》，海天出版社 1996 年版。
④ 参见王京生《从百家争鸣到深圳学派》，载《深圳商报》1997 年 8 月 7 日。
⑤ 这里指深圳因扮演中国改革开放"实验地""排头兵"的特殊社会历史角色而具有的特殊意义。

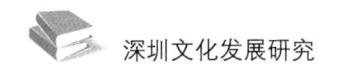

的必由之路。

二 深圳文化产业存在的问题

深圳文化产业虽然起步早，个别企业发展也很快，但是，处在中国日趋激烈的区域文化产业竞争中，面对加入 WTO 带来的机遇与挑战，深圳文化产业存在许多问题。

1. **政府相关部门产业意识不强**。由于文化底子薄，深圳政府文化部门长期将工作重心放在发展高雅艺术，抓"精品工程"及健全基层群众文化网络上。对深圳社会办占相当大比例的文化产业，政府仅以"管理为主"，主动的扶持引导不够，宏观的规划引导、政策调控、依法规范管理更是远远不足。以致除少数大集团外，深圳文化产业长期处于一种自生自灭的状态中。目前，北京、上海、杭州、重庆等地都纷纷推出自己文化产业研究成果、制定城市文化产业规划、提出文化产业发展政策，全面调整、主动扶持、大力推进文化产业发展。相比之下，深圳文化产业研究、规划与组织发展的整体水平已十分落后，与深圳经济社会的整体发展相比也明显滞后。政府对文化产业的管理也多沿用传统的行政管理手段，缺少符合产业规律的新办法，如法规管理、投资办法创新、人才培养、信息发布等。

2. **文化资源的开放度不够，利用率不高**。受体制约束，深圳现行文化单位，特别是国有文化系统的文化单位仍然依照原有的行政隶属关系管理；不少文化产业领域开放度十分有限，许多实力雄厚的企业想进入但进不了；有的则处于观望之中。受传统行政管理体制和条块分割的影响，缺少全市性的文化产业发展规划和协调机制，也缺少能够带动全局的重大项目。行业分工过细，各自为政，垄断分割，各单位拥有的资源难以合理共享，市场对资源的配置作用更是没有得到很好发挥，不能以资源为纽带实现联合，文化资源闲置浪费、利用率低，存在重复建设，低水平使用等现象。

3. **产业结构不够优化、产业组织抗风险能力低**。如前所述，深圳文化产业以文化制造业和旅游业为主，缺少具有本土文化特色的原创的产品（这也是深圳被认为"没文化"的原因），仿造和加工组合多，独立开发少，缺少具有独立知识产权的核心技术和产品；与高新技术紧密结合而具有高附加值的文化产品和服务不多，对外界依赖性大，产业结构不够优化。此外除少数大的文化产业集团，如特区报业集团、华侨城集团及1200多家印刷企业外，全市其余3000多家文化经营单位，真正取得较好经济效益，走上自我良性发展道路的并不多。大量的企业处于小规模状态，市场竞争和抗风险能力不强。

4. 文化投融资体制滞后，文化产业的国际化程度较低。由于规划目标不够明确，管理不够规范，深圳各级政府进行文化投资的领域不够清晰明确，政府文化产业的扶持资助方式也不够科学规范。目前，深圳市政府对文化产业的投资，主要以财政拨款和宣传文化基金投入为主，各级政府的投入存在很大程度的随意性，不太注重投资回报，运作过程缺乏必要的监督机制。企业和社会投资文化企业，则由于某些行业的市场准入门槛过高、产业政策不稳定，频频受限。这样，文化产业所需要的稳定、多渠道的投融资体制未能形成，文化产业的国际化程度较低，吸引外资和国际大型文化产业集团参与发展的渠道不畅，大大影响了文化产业的发展规模与速度。如何鼓励社会力量兴办文化产业、加快现有文化企业的股份制改造、建立现代企业制度；畅通资本推出机制，充分利用资本市场的功能，进一步拓宽文化产业的融资渠道，使文化企业发展走向规模化、现代化，促进跨媒体、跨行业、跨地区经营，是文化产业政策制定应当重点考虑的问题。

5. 文化产业与港穗等地区互动不够。深穗港乃至珠三角经济一体化程度已相当高，与之相比，文化方面的互动与资源共享则十分滞后。传统的以行政区划来进行的资源配置模式正在严重地阻碍着深圳文化产业的发展。在加入WTO，文化市场全球化的形势下，如何打破地域限制，实现资源的合理配置与有效共享，将是深圳解决文化消费能力不足、文化人才不足、文化原创力不足的关键。

6. 文化人才严重缺乏。深圳文化底子薄，作为一个工商城市，对文化人才的吸引力有限，文化产业发展需要的文化人才，尤其是文化研究和文化经营管理型人才严重缺乏。深圳文化产业研究、文化发展规划和政策法规制定等方面的滞后，都与人才有关，人才问题已经成为制约深圳文化产业发展的"瓶颈"。

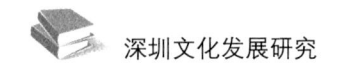

三 应对"入世"的思考

如上所述,在深圳,文化产业成了城市文化发展的主要形式,并成为深圳城市现代性建构重要的一维。正是在这个意义上,我们认为,与北京、上海、广州等城市相比,发展文化产业之于深圳的战略意义,更为重要。没有文化产业未必会影响北京这样的文化城市的"完整性",但没有文化产业,某种意义上就没有深圳的现代文化,没有深圳的现代文化。显然,这个结论是深圳最早发展文化产业时没有足够意料到的。总之,回顾深圳建市 20 年来的文化发展历程,文化产业之于深圳的战略意义不容忽视。

进入 21 世纪,加入 WTO,中国将在一个更为国际化也更加复杂的环境中来推进自身的现代化建设。正如很多学者已经指出的那样,中国文化产业的发展将面临有史以来力度最大、程度最深、涉及面最广的革命性冲击。① 此外,随着经济全球化进程的加快,"文化实践正处于全球化的中心地位",② 各种研究表明,"一个新的以文化为中心的发展范式正在显露",③ 整个全球经济也在进入一个以发展"内容产业""体验经济"(the experience economy)的时代。④ 加入 WTO,挑战与机遇并存。就深圳而言,情况又更为特殊,首先,作为中国对外开放的窗口,深圳改革开放"排头兵"的历史定位,毗邻港澳面向海外的区位,高开放度的市场经济体制和多元化的市场主体结构等,都将使之最快最敏感最直接地受到入世和经济全球化所带来的巨大震荡。深圳与中国其他城市相比市场经济体制较为成熟,经济实力较为雄厚,这为迅速适应入世震荡奠定了较好的基础,入世对深圳既是挑战,或许更是机遇。其次,随着中国现代化进程的推进,中国城市发展历经经济实力竞争、城市管理水平竞争后正进入文化竞争为主

---

① 参见张晓明《入世后的中国文化产业》(2001 年)、胡惠林《加入 WTO 与我国文化产业创新体系问题的思考》(2001 年)等文。
② [英]约翰·汤姆林森:《全球化与文化》,郭英剑译,南京大学出版社 2002 年版,第 1 页。
③ [美]塞缪尔·亨廷顿等主编:《文化的重要作用:价值观如何影响人类进步》,新华出版社 2002 年版,第 7 页。
④ [美]约瑟夫·派恩、詹姆斯·H. 吉尔摩:《体验经济》,夏业良等译,机械工业出版社 2002 年版。

阶段,① 文化扩张成为城市扩张的重要方式,所谓"大城市以文化论输赢"。② 人均 GDP 已达 5000 美元的深圳,③ 其未来的发展,其整体现代化水平的高低,将很大程度上将取决于其文化的发展。深圳肩负"率先实现现代化,建设有中国特色社会主义示范地区"的历史使命,坚持可持续发展战略,未来要建成"现代化国际性城市""花园式园林式城市",以及"最适合人类居住的城市",这些发展战略目标对深圳经济和文化建设、物质文明和精神文明建设两方面都提出了很高的发展要求。文化产业作为现代文化生产与服务的主要形式,作为深圳文化的重要内容,在深圳的城市发展中具有不可替代的作用。最后,"先富起来"的深圳人民精神文化需求在日益高涨,中国广阔的文化市场亟待开发。文化产业是公认的朝阳产业,现在,各国各大城市都十分重视文化产业的发展,对中国文化资源的开发进入激烈的竞争阶段;文化体制新旧交替;区域文化产业竞争全面展开,文化产业正是"诸侯争霸"的"战国时代",新格局正在形成之中,谁占领了这一产业发展的先机,谁就找到了新的经济和文化增长点。这一切,都对深圳的文化产业提出了新的挑战与机遇。因此,如何以一种战略的眼光,在一个更加开放、更加国际化的环境中推进深圳文化产业发展,将成为未来深圳城市文化建设乃至经济建设和整体城市发展具有重大意义的战略部署,也将是深圳实现可持续发展的重要内容。根据上述分析,深圳未来的文化发展将迫切需要在以下几个方面形成突破。

(一)将文化产业发展战略作为深圳城市发展战略的重要组成

文化产业发展的战略意义必须引起决策层的高度重视,要充分认识文化既是影响深圳发展走上新台阶的"瓶颈",也是推动深圳发展进入新境界的"关键"。文化资源贫乏的美国,正是由于认识到文化产业的重要意义,大力发展文化产业,文化产业的成功反过来促进了美国经济、文化乃至政治的扩张。美国文化产业的巨大成功对深圳有着特别重要的借鉴意

---

① 参见王京生《关于文化产业发展的几个问题》,2001 年。
② 原广州市长林树森语。
③ 深圳经济社会发展迅速,2000 年人均 GDP 达 4800 美元,目前人均 GDP 已超过 5000 美元,达到中等发达国家水平,位居全国第一。

义。从传统的眼光来看，深圳文化优势不强，但这并不必然意味着深圳不能创造自己的文化产业优势。深圳尤其应当在城市发展的政治、经济、文化诸因素中，特别突出文化发展的战略意义；在文化发展中特别突出文化产业发展的战略意义。高屋建瓴，与时俱进，在城市发展战略的研制中对文化产业发展战略采取决定性的倾斜与重视，将文化产业在深圳城市发展中的重大作用充分地发挥出来。

根据深圳已经初步形成的文化特点，深圳应继续将建设以"面向现代化、面向世界、面向未来，民族的、科学的、大众的现代城市文化"为内涵的"现代文化名城"[①] 作为自己的战略目标选择。为保证这一战略目标的实现，应调整制定有关文化发展规划，特别是文化产业发展规划。好在文化产业的重要意义越来越得到深圳有关领导和部门的肯定。2001 年，在全市进行机构改革，大力压缩编制，合并机构的情况下，深圳还专门成立了"深圳市文化产业发展办公室"。目前，该办公室正和有关部门专家合作，抓紧制定《深圳市文化产业发展规划》。

（二）制定更加有利于市场开放、公平竞争，有利于文化产业发展的法律法规体系

加入 WTO，首先带来的冲击是对政府文化管理体制的冲击。WTO 要求我国改变传统的文化"事业型"管理模式，实行适应市场经济的"事业"与"产业"综合管理模式。由于受制于诸多复杂因素，我国文化体制改革步履维艰，陈旧的文化管理体制极大地阻碍着文化产业的发展。深圳发展历史短、文化管理体制较早实行了"四局合一"（文化局、新闻出版局、广播电视局、版权局合一，外加文物管理办公室，实际上相当于五局合一）的"大文化"管理体制，文化管理机构集中，传统包袱较轻。现有文化产业主体的市场化程度较高（如华侨城控股有限公司乃上市公司），加之深圳具有改革开放先行一步的大环境，文化体制改革具有一定的优势。深圳应继续发扬开拓创新精神，争取在文化体制改革中先行先试，最大限度地创造文化体制优势。

---

① 亦即深圳最早提出的文化战略目标。参见本书《文化立市——深圳城市发展战略的重大调整与完善》一文。

要重视"文化管理体制改革与文化产业政策制定系统的整体性创新联动"。深圳大幅度的文化体制改革刚刚起步,[①] 系统的文化产业政策尚在制定之中,这种落后于全国的后发状况,为深圳充分借鉴学习国内外文化体制改革和文化产业发展经验,充分吸收各种研究成果提供了机会。深圳应打破传统的行业和部门保护壁垒,立足城市发展的长远利益,立足市场经济,遵循中央有关政策和 WTO 有关规则,努力从根本上改革文化管理体制,高水准高要求制定尽可能一步到位的文化产业政策。在制定文化产业政策的过程中,要注重文化管理体制与文化产业政策的整体性创新联动,以实现文化体制改革与文化产业发展的良性互动。如打破行业部门限制,尝试建立文化产业发展联席会议制度、文化产业重大项目通报制度、文化产业发展指数定期统计公开发布制度等,形成信息畅通的管理协调机制;再如将政府投资兴建的大型文化设施所有权与经营权分离,进行经营权国际招标等。

要重新反思清理深圳的现行文化政策,以往的文化政策比较重视政治性文化产品的生产和公益性文化活动的举办,重视文化管理而非文化发展,对市场性、商业性的文化交易和文化生产重视不够,而相应的产业政策上的支持更是远远不足,如财政税收政策、投融资政策、市场准入政策、政府"文化采购"政策等。因此,必须完善文化政策,特别是制定有利于文化产业发展的带有倾斜性的文化经济政策,为文化产业的发展搭建良好的制度平台,提供有力的政策支持。

从面对加入 WTO 带来的冲击来看,最严峻的挑战可能来自法律法规方面。如何建立公平公正的"游戏规则",为文化产业发展提供健全的法律保障将成为关键所在。任何具体的措施和行动,都没有完备的法律环境重要,随着国外资本、民间资本进入文化产业领域,全面制定文化产业发展的法律法规已是刻不容缓。如果说就全国来讲,统一的法律暂时还不能

[①] 今年,深圳市委市政府将文化体制改革列为重点课题,成立了以市委副书记担任组长的文化体制改革领导小组,抽调各有关部门骨干,由跨行业跨专业的政府官员、学者、基层工作者等组成调研课题组,深入基层并远赴国内外考察调研,就"文化宏观管理体制改革""文化事业单位体制改革""文化投融资体制改革""文化产业"等问题进行了集中调研。正尝试推出一系列新的改革措施。

完备地推出，各省、市应根据自己的情况，在中央政策允许的前提下，制定自己具体的法律法规。深圳应运用"立法权"的优势，借鉴发展高新技术产业的经验，抓紧推出具有实质意义的法律文件。加快文化产业的立法步伐，将是推进文化产业发展的重要内容。深圳文化产业立法和执法的重点，将从"禁止性""惩罚性"往"发展性""促进性"的方向转移，尝试推出《深圳市文化产业投融资试行办法》《深圳市鼓励科技成果与文化产业相结合的试行办法》等地方性文化法规。

（三）深化产权制度改革，推动体制和机制创新，组建大型文化产业集团，培育独立市场主体

产业发展所需要的资本总量和有效配置，必须要有卓有成效的资本运营手段。从深圳文化产业发展的大环境上讲，存在着一个巨大的潜在优势，那就是资本优势，一方面是境外资本的便捷的进入，另一方面是民间资本造就的"藏富于民"的状况。但这些资本在向文化产业的聚集方面还有相当的距离，必须要在完善产业政策的推动下，最大限度地促进资本的这种聚集和转移。同时，对于现有国有文化产业发展部门和政府文化主管部分所属的文化企业，要通过资本运营手段，扩大总量，优化配置，促进国有资产的增值。同时通过资本运营来促进自身的产权制度改革，在国家政策允许的前提下，在所有制实现形式方面做出更有积极意义的探索。

要提高文化产业的竞争能力，就必须要形成规模效应，培植实力雄厚的文化产业集团。深圳目前在文化产业集团化发展方面虽有所突破，如组建和发展特区报业集团等，但与未来的发展要求相比，则远远不足，必须要有更大的突破。要在深化体制改革的基础上推动机制创新，推动提供非基本公共产品和服务的事业型文化单位转型为资本多元性的有限责任公司和股份有限公司，完善公司内部的法人治理结构，形成管理社会化、投资主体多元化、机构法人化的运行机制。深圳市目前已组建新的"深圳特区报业集团"，正在酝酿组建"深圳市图书发行集团""深圳广播电影电视集团"等。

（四）进一步发展特色产业，以特色文化产业促进城市文化个性的形成

由于印刷等行业的飞速发展，深圳目前是全国最重要的文化产品制造业中心之一，深圳应继续大力发展基础较好、较有特色的文化旅游、印刷制作、大众传媒、歌舞娱乐、广告、平面设计、礼品等产业，加速发展软件开发、文化科技、音像制造、网络及计算机服务等"创意工业"。考虑发展策略，深圳可以以印刷制作、文化旅游、大众传媒、文化娱乐为强势板块，进行重点推进。[①] 具体来说，优化印刷制作业的产业结构，增强其创新能力，扩大市场占有率，将深圳印刷业建成规模化印刷制作基地和先进印刷技术的研发转化基地以及国际化的印刷材料和设备生产和供应基地。改善深圳文化旅游业的空间布局，优化组合资源，创造文化品牌，继续增强深圳文化旅游业的竞争力，促进其可持续发展。对发展迅速的大众传媒业，深圳要在推进传媒产权的主体多元化方面进行突破，使之成为混合所有制的有限责任公司和股份有限公司，将深圳传媒集团培育成国内一流的传媒集团和上市公司。深圳还应发挥其高科技优势，以科技进步推动电子商务、数字电视、互联网的发展，适应国际传媒业向多媒体、宽领域、大纵深发展的潮流，形成多媒体优势互补，以电子出版物作为新的经济增长点，进入多元经营空间，尝试跨国发展。深圳要立足服务本地和周边地区人民迅速增长的精神文化需求，加快文艺演出和文化娱乐业的发展，发展多层次、多样式、多风格的节庆和文化娱乐活动；通过政策扶持，培育深圳演出和娱乐业品牌；充分利用深圳地缘优势，引进国际级演艺人才和娱乐项目，促进深圳演出娱乐业与中国香港、中国澳门和珠江三角洲的合作与资源共享、利益共享，进一步改善投资环境，聚拢商机人气，使深圳成为对全国和东南亚地区有广泛吸引力的娱乐消费中心。

此外，深圳还应积极培育艺术品业、文化会展业、艺术培训业、出版发行业、文化中介业、网络服务业等有一定发展基础和条件的产业，使之成为深圳新的文化产业增长点。

总之，深圳，应在加强政策导向的前提下更好地利用发达的市场条件，雄厚的社会资本，[②] 丰富的现代企业运作经验，强化文化产业资源的

[①] 参见《深圳市文化产业三年（2003—2005年）发展纲要及2010年远景目标》（征求意见稿）（2002年8月）。

[②] 深圳有很多社会资本，包括一些大的风险基金希望投资文化产业，但限于产业政策不明晰，稳定性差，处于观望之中。

优化配置，不拘一格寻求与国内外资源、资本合作发展的灵活模式，进行产业结构升级、实行产业联动，壮大产业主体、增强产业实力，建立现代企业制度，以体制创新推动文化产业建设，形成深圳文化产业的强项，形成特色产业群体，逐步提高深圳文化产业在国内外文化市场的占有率；并以特色文化产业带动城市文化个性的形成，强化深圳文化的现代色彩，树立深圳现代城市形象，努力将深圳建成区域文化产业中心，并影响辐射全国，为最终将深圳建设成为"现代文化名城"而努力。

结语：1999年，在一次欧盟文化部长非正式会议上，欧盟关于发展文化产业的合作计划对其动机的解释是："商业压力和由此而来的内容贫乏，而不是文化的多样性，是存在于我们这个日益发展的、由数字电视造成的广播时代自身中的固有威胁。可靠而高水平的公共服务应该是欧洲的竞争优势所在。保存欧洲人的文化认同至关重要。如果没有有价值的内容，技术的未来发展是没有意义的，这是新千年的最大挑战。"

无疑，在全球化的语境中，作为后发国家，发展中国文化产业，或者说，发展以承载中华文化意义为主的文化产业，无论对中华民族还是对全人类，都将具有特别重要的意义。对文化产业战略意义的认识，正在推动深圳文化发展战略的调整和文化产业发展规划与政策的制定。随着发展目标的进一步明确，政府宏观调控能力的进一步发挥，广大文化企业和社会资本的积极性和创造性将得到进一步的激发。如能较好地解决资源与人才的贫困问题；解决文化市场的开放与规范管理问题，值此风云激荡的全球化时代，面临民族文化现代转型的历史关头，年轻的深圳文化产业当大有可为。

深圳 40 年文化产业发展的主要经验及启示*

经济特区建立 40 年来，深圳文化产业伴随深圳的高速发展而发展，其核心及相关产业总量规模稳步扩大。特别是 2013—2018 五年来，深圳文化及相关产业更呈现爆发式增长态势，在推动转变经济发展方式和经济高质量发展发面发挥了越来越明显的作用，支柱性产业地位不断巩固。根据深圳市第四次全国经济普查结果显示，2018 年年末，深圳全市有文化及相关产业法人单位 102327 个，比 2013 年末增长 272.1%；从业人员 102.94 万人，比 2013 年年末增长 13.3%；资产总计 13776.70 亿元，比 2013 年年末增长 148%；全市文化及相关产业增加值为 1996.11 亿元（规模以上增加值为 560.52 亿元），比上年增长 6.3%，比 2013 年增长 144.9%，占 GDP 的比重为 7.90%，比 2013 年提高超过 2 个百分点。① 多年来，依托高科技城市建设优势，深圳率先探索出"文化+科技"的发展模式，使文化产业在促进经济转型升级和结构调整中发挥出重要的示范作用。尤其是深圳坚持创新驱动战略，将"文化"与"互联网"作为两大驱动力，推动深圳数字文化产业快速发展。随着腾讯等互联网龙头企业的不断壮大，深圳动漫游戏、网络文化产业（包括网络音乐、网络文学、网络表演、网络剧）、数字文化装备产业、数字艺术展示产业、虚拟现实产业、混合现实娱乐、智能家庭娱乐等发展迅速。总体看，深圳数字文化产业等新型业态占比较高。② 深圳新发

---

* 本文为作者主持的深圳市政府委托课题"深圳市文化产业'十四五'规划前期研究"的部分成果。课题组成员：杨立青、任开碍、宋阳。课题组顾问：熊德昌、何勇。执笔：毛少莹。

① 关于深圳文化及相关产业的增加值及其与 2013 年的比较，此处采用了《中国文化及相关产业年鉴 2019 年》数据及公众号"深圳发布"2019 年 4 月 15 号发布的数据。

② 深圳市统计局、深圳市社科院：《深圳市文化产业统计数据及分析报告》，内部资料，2018（12）。

布的《关于加快文化产业创新发展的实施意见》更提出，将推动深圳市数字文化、创意设计、时尚文化、文化旅游等新型业态到2025年占比超过60%。文化科技的深圳优势正在形成。短短40年的时间，深圳文化产业实现了从最初依靠"三来一补"加工企业起步，到现在成长为构建了产业门类齐全，以创意设计、数字文化产业、高端文化制造业、文化旅游等为优势产业的现代文化产业体系，文化产业支柱地位日益牢固，整体水平全面迈入全国"文化产业第一方阵"，走出了从追赶到超越，或者说从"文化加工—文化制造—文化创造"的产业升级迭代发展路径，其成功经验值得总结，更可望为未来高质量发展提供宝贵启示。

1. 发挥区位及要素优势，积极参与国际产业分工

第二次世界大战后至今，随着经济全球化的加速，全球大致发生过三次大规模的产业转移。其中，第三次大规模的产业转移发生于20世纪90年代，发达国家将装配型制造业和高能耗产业转移到中国等国家，自身则集中发展电子、信息、网络、生命科学和金融等高科技和资本密集型并具有垄断实力的产业。产业转移对于经济发达国家和地区而言是促进经济结构优化调整，实现其全球战略布局，提高整体竞争力的途径，对发展中国家和地区而言，是促进产业优化升级、技术进步和推动经济增长的过程。[①] 作为发展中国改革开放的产物，深圳正是全球性的第三次产业转移的受益者。深圳之所以被选为特区，显然与地理区位有关。其毗邻中国香港的地理区位、率先探索市场经济的开放制度环境，叠加相对廉价的土地、劳动力等资源要素，吸引了港资和外国资本的进入，推动了深圳最早的文化企业诞生。这些企业和当时大多数"三来一补"企业一样，承接了香港的产业转移，大量诞生于市场机制中的印刷、珠宝首饰、动画、服装、玩具礼品等文化制造业企业，其吸纳的就业人口，创造的经济价值，构成了深圳文化产业最初的"体量"与"规模"。换言之，要素禀赋的比较优势，对早期以文化制造业为主的深圳文

---

① 第二次世界大战后第一次大规模的产业转移是美国将钢铁和纺织等传统产业转移到德国、日本等复兴型经济体，美国的主导产业则转向半导体和计算机等技术密集型产业。第二次大规模的产业转移是日本和德国将再次丧失竞争力的轻纺、机电和装配型劳动密集型产业转移到亚洲"四小龙"等新型工业化国家和地区，而发达国家的产业结果发生了一定的趋同化动向，集中于附加值较高的资本和技术密集型产业。吴建伟主编：《产业经济学》，清华大学出版社2016年版，第150页。

产业发展发挥了决定性的意义。特殊的区位条件，是这种优势发挥的重要前提。时至今日，虽然深圳在文化产业的诸多领域已经领先中国香港，但是，香港在国际文化贸易、金融、人才、市场自由度等方面仍有难以替代的优势，未来深港文化产业合作仍有广阔空间，可见，保持和发挥深圳的区位优势、要素比较优势，仍是推动深圳文化产业高质量发展应予重视的因素。

2. 建立"有效市场"，发挥市场在资源配置中发挥决定性作用

文化产业和其他产业一样，其发展过程是市场选择和优化的过程，受供求机制、价格机制和市场竞争机制的约束。通过市场机制，实现文化产品的生产销售与消费，是价值规律作用于文化产业的基本形式，也是文化产业能够持续健康发展的客观基础。作为改革开放的排头兵、试验场，深圳先行先试，率先启动经济体制改革，推动我国从计划经济体制向市场经济体制转型。早在20世纪80年代，深圳就利用中央给予的特殊政策，明确规定"以市场调节为主"，在全国率先引入市场机制，在价格改革、对外贸易开放、基础设施投融资体制、所有制与产权等领域率先培育和发展市场体系，创造众多"第一"，建立了比较完善的市场体系：（1）在市场主体上，形成了以公有制为主体，个体经济、私营经济以及中外合资、中外合作、外商独资企业等多种经济成分和经营方式共同发展的基本经济制度，多元化、多层次平等竞争的市场格局建立。（2）在商品市场上，建立了多层次、多类别的商品市场体系，现代化的市场组织体系和交易方式初步形成。（3）在要素市场上，在全国率先实施土地使用权公开拍卖、股票发行、劳动力商品化等改革措施，资本、土地、劳动力等要素市场的作用进一步体现。（4）在市场运行机制上，市场功能完善，对外辐射能力强，竞争性领域和环节的产品和服务价格完全放开，政府管理价格的比重已不足3%。（5）从对外联系上，商品市场的国际化程度较高，是典型的外向型经济。从以"三来一补"企业到以"三资企业"为载体，大力吸引来自中国香港、中国澳门以及世界其他发达地区的外资，使之与本地土地要素和大陆丰富廉价的劳动力链接、组合起来，从而形成了深圳对外部要素、资源和市场高度依赖的外向型经济。① 在良好的市场环境下，深圳成为民

---

① 白积洋：《后发地区产业演进的规律和逻辑》，载《深圳社会科学》2020年第5期，第47页。

营企业的沃土,私营企业占全市企业总量之比超过96%。作为中国最具经济活力的城市之一,深圳吸引了约三分之二的世界500强在此落户。事实上,深圳文化产业相当长时期的发展,与深圳其他产业一样,主要是市场主导的结果。也正因为如此,早期深圳文化产业多为适应甚至完全参与、嵌入全球产业链的文化制造业。这是深圳文化产业一个非常突出的特点,与全国多数城市相比,深圳文化产业的市场化程度相当高,这与大陆文化产业更多是政府主导下原有文化行业的市场化转型是完全不同的。换言之,所谓"**有效市场**"(Efficient Market)及其带来的要素自由组合是形成深圳文化产业核心优势的重要原因。

3. 建设"有为政府",加强政策引导,弥补市场失灵

作为改革开放的排头兵、试验场,深圳的改革可以说是从承认市场的合法性,厘清政府与市场的关系入手的。在"杀出一条血路来"的改革历程中,深圳不断推进政府管理体制改革,积极转变政府职能,简政放权,在全国率先推出行政审批制度、政府权责清单、商事登记制度改革等措施。在提高行政效率和管理公平性、透明度的同时,不断开放市场准入,完善市场监管,为促进公平竞争营造了良好的营商环境。就文化领域而言,早在20世纪80年代,深圳就最早建立集文化、新闻、广电、出版、文物保护为一体的大文化管理架构,精简政府职能,率先出台文化市场管理条例,探索文化市场管理综合执法等。2003年出台的《文化立市战略》,与时俱进,呼应了全球性的文化经济化、经济文化化大潮,提出将文化产业打造为"第四大支柱产业"。之后,曾先后尝试成立专门的文化产业办公室;① 出台专门的文化产业政策;设立文化产业发展专项资金;举办文博会;建立文化产权交易所等重大举措。这些举措,很好地发挥了"有为政府"的作用,支持了不少尚处于幼稚期的文化产业门类,有效地弥补了"市场失灵"。此外,在公共文化服务领域也不断完善市区街道社区四级文

---

① 深圳曾在市级层面设立局级单位"深圳市文化产业发展办公室",专门负责文化产业管理。相应各区也设立区文化产业发展办公室。后市里的"文化产业发展办公室"因种种原因重新归入文化局,成为一个处室。各区里"文产办"则进行了不同的体制尝试。各级"文产办"为发挥政府职能,推动文化产业的发展做出了很大贡献。

化设施建设、完善公共服务，为文化产业发展提供了基础支持。总之，积极开展制度创新，不断加大政策引导，发挥"有为政府"作用，弥补市场失灵，是深圳文化产业发展的重要经验。

4. 选择重点行业进行重点支持，以"赶超策略"营造新"竞争优势"

如前所述，一方面，深圳文化产业发展是在市场主导下逐步发展起来的，但另一方面，深圳文化产业的发展也得益于"赶超策略"的实施带来的新"竞争优势"。赶超理论是我国产业政策制定主要的理论依据之一。赶超理论强调主导产业和重点产业对经济的带动作用，主张发挥政府强有力的调控作用，通过扶持高附加值、高关联度的主导产业和重点产业，促进整体产业的发展和竞争力的提高。作为后发现代化国家的经济特区，赶超策略也一直是深圳产业发展采取的策略。20世纪90年代中期，深圳提出发展高科技产业，到后来提出科技兴市，出台支持科技企业的专门政策，举办高交会……到现在高科技成为深圳重要的核心竞争力，就是赶超策略的成功案例。深圳文化产业的发展，既有顺应市场因势利导的一面，更在很大程度上也是实施赶超策略的结果。2003年"文化立市"战略提出将文化产业打造为深圳第四大支柱产业时，很多人是抱有怀疑态度的，毕竟深圳文化积淀薄弱，文化人才缺乏。但是，在积极的产业政策支持引导下，深圳若干重点文化产业门类得到快速发展，文化产业终于成长为支柱产业，并形成了不少优势行业。在获得部分竞争优势的良性循环中，实现了文化产业的迭代升级，营造了新的竞争优势。根据竞争优势理论创立者迈克尔·波特的看法，在现代产业竞争中，生产要素的价值和作用不再扮演决定性的角色，产业竞争的低层次是"低成本型竞争优势"，高层次则是"产品差异型竞争优势"。历经40年的发展，深圳文化产业走过了成本竞争的低层次阶段，进入了产品差异竞争的高层次阶段。如何进一步营造更加良好的营商环境和支持性制度，以确保企业投入能够高效使用和迭代升级，推动深圳竞争优势进一步巩固和发挥，将是未来推动深圳文化产业高质量发展的重要路径选择。

5. 积累优质移民人口，促进文化融合创新

产业发展中，人力资源是要素。对于强调文化含量和创意内容的文化产业来说，人力资源要素的重要性更是不容忽视，甚至可以视为其中最关

键的要素。因此，人力资源状况对文化产业的发展具有比别的产业门类更加重要的价值和意义。考察深圳的情况，我们不难发现，优质移民人口的集聚，成为深圳文化产业发展迅速并不断升级迭代的重要基础。作为地处南方的唯一一个讲普通话的城市，深圳是典型的移民城市。改革开放以来，深圳市总人口规模由1980年的33.29万人增至2019年的1343.88万人（常住人口），人口数量年均增速高达99%！早期深圳大量的"三来一补"劳动密集型加工产业吸引了大量的外来劳务工。据不完全统计，深圳劳务工占人口比重曾一度高达50%，深圳的发展也得益于大量廉价劳动力带来的巨大人口红利。20世纪90年代中后期开始，随着产业升级，"腾空换鸟"，深圳的人力资源结构不断优化，就业结构的巨大变化就是一个证明。2012年，第三产业就业比例超越第二产业，成为深圳吸纳就业最多的领域。随后6年内，第三产业就业比例增加6.5个百分点，而第二产业下降6.1个百分点，表现出劳动力向服务业领域的快速集聚。

表1 深圳劳动力就业结构的变化

年份	劳动力规模（单位：万人）	第一产业（单位：万人）	比例（%）	第二产业（单位：万人）	比例（%）	第三产业（单位：万人）	比例（%）
2009	691	0.43	0.1	373	53.9	318	46.0
2010	677	0.34	0.1	363	53.6	314	46.4
2011	763	0.32	0.0	382	50.0	381	49.9
2012	770	0.13	0.0	373	48.4	397	51.5
2013	898	0.12	0.0	437	48.7	461	51.3
2014	898	0.12	0.0	431	48.0	467	52.0
2015	905	0.13	0.0	422	46.6	483	53.4
2016	925	0.11	0.0	418	45.2	507	54.8
2017	942	1.75	0.2	419	44.4	522	55.4
2018	1048	1.63	0.2	444	42.3	603	57.5

数据来源：深圳市历年统计年鉴[①]。

---

① 转引自陈庭翰、谢志岿《产业结构搞计划演进的国际比较与深圳经验》，载《深圳社会科学》2020年第5期，第21页。

有专家统计,"到 2015 年,深圳大专及以上学历劳动力占比超过 15%,约 140 万人,其中博士学历人数增加 489 人,同比增长 77%,成为全国高学历劳动力的主要集聚地之一。深圳本地高等教育规模近年来也快速扩大,普通高等学校数量由 1983 年的 1 所升至 2018 年的 13 所,毕业生人数由 1987 年的 1028 人升至 2018 年的 27,935 人。其中,北大、清华、哈工大、中科院等全国顶级科研资源先后被引入深圳,南方科大、深大等本土院校科研实力也进展显著。截至 2018 年 3 月,深圳高端人才引进计划"孔雀计划"引入人才已经达 3200 余人,其中绝大多数人拥有全球顶级学府博士学历,成为支撑深圳近年来战略性新兴产业发展的重要人才库。与之相对的,是深圳低端人才培养计划相对缩减,中等职业学院毕业生从 2003 年的 5141 人升至 2018 年的 12,743 人,增幅仅一倍左右,学院数量更是由 2003 年的 25 所下降至 2018 年的 15 所"①。

大量高素质移民人口的集聚,富有创业精神的深圳年轻移民,为深圳带来远超其他城市的文化开放度、包容度和创新力。所谓"来了就是深圳人",深圳人就是"敢为前天先"。加上人口受教育程度提高、作为"白领"闲暇时间的相对增多,以及不同地域文化的碰撞融合,既制造了强劲的文化需求,也激发了普遍的文化创新氛围,为深圳文化创意产业的发展提供了重要的基础。当然,毋庸讳言的是,由于深圳"文化系统"规模较小,传统的文化专业机构少,编制有限,传统意义上的"文化人""文化专家"数量并不多。虽然随着移动互联网的发展,我们已经进入了一个大众创业、万众创新的创客时代,但是文化企业对专业文化人才的需求仍是客观的事实,其中,尤其是既懂文化又懂管理、懂市场运营的复合型人才更加不足,这也造成了深圳文化产业下一步提质增效的发展短板。

6. 发挥资本优势,积极建立文化金融融合发展平台

作为后发现代化地区,深圳特区建立早期,资本要素极度稀缺,1978 年深圳市 GDP 仅 33.29 亿元,国内金融机构人民币存款仅 20284 万元,固定资产总额仅 1.38 亿元。然而,改革开放 40 年来,深圳从招商引资形成

---

① 转引自陈庭翰、谢志尚《产业结构搞计划演进的国际比较与深圳经验》,载《深圳社会科学》2020 年第 5 期,第 21 页。

资本原始积累开始，迅速发展为仅次于上海和北京的金融中心，其资本增长惊人。以固定资产投资来看，由1979年的13801万元到2017年的51473152万元，增长8667倍，年均增长26.9%。① 到2019年，深圳本地在A股及海外上市的公司数量已突破400家，总市值达15.71万亿元。② 资本增长数字的背后，包括了文化企业资本实力的大幅增长。雄厚的资本优势，为不少文化企业，如华侨城集团等进行跨地域的资源开发、行业整合提供了强有力的支持。

为发挥资本优势，深圳还不断探索文化金融融合发展的路径。2009年，深圳组建文化产权交易所，构建了文化产权交易、文化投融资、文化企业孵化的重要平台。2011年，深圳参与发起，并由中央财政注资参与成立的"中国文化产业投资基金"，有效地促进了文化与资本的有机融合，为文化产业发展提供了强有力的支持。目前，深圳市政府投资引导基金成立的涉及文化创意产业的子基金共有13只，资金总规模达192.17亿元。此外，深圳前海天和文化基金、深圳湾文化产业基金等一大批具有较大影响力的文化产业类基金也纷纷坠落深圳文化产业。此外，深圳政府有关部门还针对文化企业多为轻资产中小企业的特点，不断完善金融服务链条，在企业贷款贴息、融资担保、资金风险池等方面制定优惠政策，加大对中小文化企业的金融支持。2017年，针对文化企业通常不熟悉金融业务的情况，深圳还成立了文化金融服务中心，为中小微企业提供全链条的文化金融对接和服务平台。为深圳文化产业快速发展提供了有力的支持。③

7. 发挥高技术优势，形成数字文化产业优势

深圳从20世纪90年代中期开始，就坚持把科技创新作为城市发展的

---

① 以利用外资来看，从1980年到2017年，深圳市实际利用外商直接投资额由0.28亿美元迅速增至74.01亿美元，年均增长19.63%。以投资结构来看，第一产业固定资产投资比重不断降低，由1979年的16.4%逐步降低到2017年的不足0.1%，2017年高技术制造业投资额达570.30亿元，占制造业投资额比重71.7%；以金融业看，1979—2017年，金融业增加值从0.16亿元增至3059.98亿元，年均增长28.3%，占GDP的比重从8.1%增至13.6%，持牌金融机构总数达439家，金融业总资产超13万亿元。数据来源：《深圳2019年统计年鉴》。

② http://finance.sina.com.cn/stock/zqgd/2020-08-26/doc-iivhvpwy3072556.shtml? cref = cj, 2020年5月8日。

③ 高容、冷艳丽：《关于深圳文化金融融合发展路径的思考》，载王为理主编《深圳文化发展报告（2020）》，社会科学文献出版社2020年版，第94—95页。

主导战略,全力推进国家高科技城市、创新型城市建设。从深圳科研投入情况看,深圳 R&D 经费支出总量呈现不断上升的趋势,2009—2016 年,深圳市 R&D 经费支出从 279.71 亿元上升到 842.97 亿元,增长了 3 倍多,年平均增长速度约为 14.8%,高于深圳市 GDP 增速。R&D 经费支出占 GDP 比重也呈逐年上升的趋势,从 2009 的 3.4% 升至 2016 年的 4.1%,与国内其他主要城市相比,除了北京之外,深圳 R&D 投入强度均大于其他大城市。现代经济增长是一个经济体中技术和产业不断创新的结果,从长期来看,产业升级路径的选择取决于技术创新和要素禀赋状况的改善,而技术进步对产业升级路径起着决定作用。在研发投入不断极大,科技创新不断提升的发展,"以市场为导向、以企业为主体,产学研深度融合"的技术创新中,深圳包括文化产业在内的产业发展,获得了充分的技术赋能,从原来的模仿、跟随走向了创新、赶超,从文化制造业发展出更高端的文化创意设计、数字文化产业。技术创新和产业发展实现了有效融合,取得了十分可喜的成就。① 深圳本土诞生了华为、腾讯等高科技企业。深圳文化科技行业成长迅速。据统计,深圳目前 2237 家规模以上文化企业中,同时又是国家高新技术企业的有 534 家,占比达 23.87%。在 2019 年 3 月,中宣部、科技部等联合发布的"国家文化和科技融合示范基地"名单中,深圳南山国家文化和科技融合示范基地(集聚类)、华强方特文化科技集团股份有限公司国家文化和科技融合示范基地(单体类)成功入选。② 事实上,深圳利用移动互联网、云计算、大数据等对文化领域进行全方位渗透和融合,使文化产业在转型与重组中实现文化生产力的自我激活与释放,构建出新的文化产业生态系统,以腾讯为代表的数字文化产业,以"文化+科技"为特征的新业态正日益成为深圳文化产业最具竞争优势的新业态。

8. 引导园区基地、行业协会等开展价值链治理,形成产业集群优势

以园区、基地的方式,推动文化产业集聚发展,一直是我国文化产业

---

① 2019 年深圳新增国家级高新技术企业 2700 多家,总量超过 1.7 万家,仅次于北京,排名全国第二,即平均每平方公里诞生了 8.51 家高新技术企业;高新技术产业产值迭创新高,超 2.62 万亿元,同比增长 10.08%;各级创新载体 2258 个。深圳因此被誉为"中国硅谷"。

② 何勇:《深圳发展更具竞争力文化产业的若干思考》,载王为理等主编《深圳文化发展报告(2020)》,社会科学文献出版社 2020 年版,第 78 页。

发展的重要做法。深圳也建立了多个文化产业园区。更重要的是，深圳还积极发挥园区基地的产业平台功能，通过园区运营方，行业协会等，为企业提供全面系统的管理服务、信息服务、技术服务及金融支持、政策支持服务，形成了"文化+研发+金融"，以及"创新+创业+创客"的全产业链服务，推动园区内外、行业内外、产业链上下游，进行有效的价值链治理，推动文化企业不断成长，文化生产的分工、交易日趋专业化、复杂化、现代化，推动形成产业集群，发挥了价值链治理带来的竞争促进，市场均衡等效应，形成了产业集群优势，催生了众多优势文化行业，如高端印刷、设计、高端美术业、珠宝首饰业等。

结论：

综上，短短40年时间，深圳文化产业伴随深圳经济社会的快速发展而取得了令人自豪的成就，走过了一条超常规的发展之路。就深圳文化产业发展的经验来看，区位优势发挥顺利承接国际文化制造业产业转移、市场导向促进产业要素优化组合、文化资源跨地域开发、实用型文化创意人才（如设计师）在市场力量下的集聚、政府较早推动文化产业"赶超"、活跃的资本运营、以互联网为代表的高新科技助力等，成就了深圳文化产业的辉煌。此亦即通常总结的"文化+旅游""文化+科技""文化+互联网""文化+金融"等文化产业发展的深圳模式、深圳经验。快速发展的深圳文化产业，某种意义上有效地"填补"了深圳文化的"空白"，作为一个文化的"后发城市"，深圳甚至借助文化产业形成了文化的"后发优势"。历史的经验启示我们，与北京、上海、广州等文化积淀深厚的城市相比，对于深圳这样一个文化积淀相对薄弱的新兴城市，以产业化手段发展文化尤其具有全局性、战略性意义。换言之，未来深圳若能进一步自觉主动地借助现代产业手段，切实发挥深圳的资本优势、区位优势、市场优势和高科技优势，进行跨地域文化资源的开发与利用、文化产业要素的优化组合，充分激发广大深圳移民的文化创造力，完全有可能形成新的文化竞争优势，大幅提升深圳文化影响力，提升深圳的城市文化形象和整体文化水平。

推动深圳文化产业高质量发展的
若干政策建议*

一 高质量发展与文化产业的高质量发展

2017年,党的十九大报告指出,我国进入社会主义建设新时代和社会主要矛盾发生变化的新判断,围绕"高质量发展"提出了新要求、新部署。"我国经济已由高速增长阶段转向高质量发展阶段,正处在转变发展方式、优化经济结构、转换增长动力的攻关期,建设现代化经济体系是跨越关口的迫切要求和我国发展的战略目标"。同年12月召开的中央经济工作会议明确提出,"推动高质量发展,是当前和今后一个时期,我国确定发展思路、制定经济政策、实施宏观调控的根本要求"。并部署了关于"高质量发展"的8项重点任务。2018年两会的政府工作报告对高质量发展做出了进一步的具体要求,提出要"按照高质量发展的要求,统筹推进'五位一体'总体布局和协调推进'四个全面'战略布局,坚持以供给侧结构性改革为主线,统筹推进稳增长、促改革、调结构、惠民生、防风险各项工作"。

无疑,高质量发展是我国新时代发展战略的重大调整。这些重大调整,既与党的十九大前后中央提出的"可持续发展战略""包容性增长战略"等一脉相承,同时又更准确地把握了我国面临的问题。高质量发展战略的提出,既是着眼于经济发展质量、适应经济发展新常态的主动选择,符合我国经济已由高速增长阶段转向高质量发展阶段的客观规律,也考虑了社会文化

---

* 本文为作者主持完成的深圳市政府部门委托课题"深圳市文化产业'十四五'规划前期研究:推动深圳文化产业高质量发展对策研究"的部分成果。课题组成员包括:杨立青、任开碍、宋阳。课题组顾问:熊德昌、何勇。执笔:毛少莹。

发展水平不均衡带来的人与人之间、物质文明与精神文明之间、工具理性与价值理性之间、经济与政治、文化之间发展失衡的问题。"高质量发展"的新目标新要求，适应了新时代我国社会主要矛盾的新变化，符合我国决胜全面建成小康社会的需要，是贯彻创新、协调、绿色、开放、共享新发展理念的根本体现，更是我国推动经济建设、政治建设、文化建设、社会建设、生态文明"五位一体"建设，走向全面可持续发展、实现中国特色社会主义现代化、推动中华民族复兴的必由之路。

众所周知，文化产业是一个涵盖众多产业门类的庞大产业群，其发展形势是产业，但其核心价值则是文化。文化产业兼具"文化"与"产业"（经济）的双重属性。这种双重属性可以归结为：（1）文化产品既有一般产品所具有的经济属性，同时还具有一般产品所没有的文化观念等意识形态属性。（2）由于体现文化创造、承载了文化内容，文化产品具有知识产权属性。也因此，文化产业很大程度上可以称为"版权产业""内容产业"。知识产权的保护、文化内容的创造在文化产业发展中具有十分重要的意义。（3）由于文化产品与服务主要满足人的精神心理需求，因此具有很强的个性化特征，难以统一化、标准化。（4）文化产业政策具有不同于一般产业政策的特殊性。

自2000年以来，我国文化产业20年来的发展可以大体分为两个阶段，即"规模型（数量）扩张阶段"和"提升质量效益的阶段"，前一阶段主要指2000年至2010年，"我国文化产业在文化体制改革的生产力释放和国家积极的文化产业政策推动双重作用下，实现的一个'超常规'的高速发展期。这一时期，文化产业主要依靠增加生产要素量的投入来扩大生产规模，实现经济指标增长（带有粗放式经济增长的种种特征，如消耗大，成本高，产品质量不佳，综合效益较低等）；后一阶段主要指2010年至今，在改革的阶段性任务基本完成，与改革配套出台的政策效应递减，宏观经济形势发生复杂改变，科学技术条件发生深刻变化的情况下，文化产业发展方式开始进行转换，文化产业从内容到结构等发生的一系列变化。"[①] 可见，我国文化产业

[①] 张晓明、章建刚、李河、史东辉：《拥抱变化，谋划未来——中国文化发展研究及趋势分析（2017—2020）》，载张晓明主编《中国文化发展报告》（2020），社会科学文献出版社2020年版，第1页。

整体发展也和其他产业一样，普遍面临"高质量发展"的问题。2018年，习近平总书记在全国宣传思想工作会议上讲话强调："要推动文化产业高质量发展，健全现代文化产业体系和市场体系，推动各类文化市场主体发展壮大，培育新型文化业态和文化消费模式，以高质量文化供给增强人们的文化获得感、幸福感。"

适当的产业政策是推动产业发展，包括高质量发展在内的重要推手和制度保障。近年来我国密集推出了大量文化产业政策，包括《文化产业促进法》等在内的高层级政策法规也即将出台。2019年12月，广东省委宣传部、省文化和旅游厅联合出台了《广东省关于加快文化产业发展的若干政策意见》。为推动产业高质量发展，广东省人民政府还先后推出了《关于促进高新技术产业开发区高质量发展的意见》《广东省降低制造业企业成本支持实体经济发展的若干政策措施》《关于促进民营经济高质量发展的若干政策措施》《广东省进一步扩大对外开放积极利用外资若干政策措施》等政策文件。深圳市也先后推出了：深圳市委、市政府《关于开展质量标准提升行动推动高质量发展的实施方案（2019—2022年）》《深圳市市场监督管理局关于进一步优化营商环境更好服务市场主体的若干措施》**《关于加快深圳文化产业创新发展的实施意见》**（深办发〔2020〕3号，2020年1月18日颁布）、**《深圳市文化产业发展专项资金资助办法》**（深府规〔2020〕2号，2020年1月19日颁布）、**《深圳加快建设区域文化中心城市和彰显国家文化软实力的现代文明之城实施方案》**（深文改〔2020〕1号，2020年8月12日颁布）、**《深圳市加快推进重大文体设施建设规划》**（2018年12月）等。2020年，在经济特区创办40周年之际，中共中央办公厅、国务院办公厅还于10月11日发布了**《深圳建设中国特色社会主义先行示范区综合改革试点实施方案（2020—2025年）》**，明确在中央改革顶层设计和战略部署下，赋予深圳在重点领域和关键环节改革上更多自主权。14日，习近平总书记出席深圳经济特区建立40周年庆祝大会，发表重要讲话，对深圳发展寄予厚望。深圳未来的发展有了更加明确的顶层设计和历史使命。

上述重大政策调整，尤其是深圳正式发布的文化产业政策，既有总体政策意义、全面涵盖了未来5—10年深圳推动文化产业发展的目标、策略、路径，也有关于专项资金补贴、财税优惠、设施建设等的具体专项政策。这些政策充分运用产业政策工具，明确提出了未来深圳文化产业的发展任务、策略、产业布局、产业结构、产业组织、产业技术、产业投融资等，其中包含了大量详尽的具体要求，如直接列出了工作任务的实施方案、具体分工、时间进度安排等。显然，综合来看，短期内深圳不大可能推出新的文化产业政策，下一步"十四五"文化产业规划也将以上述政策为重要依据，因此，本文不便再就深圳文化产业下一步的发展提出系统的产业发展对策建议（很多原本拟建议的内容与现有政策高度重合、重复），而是基于对于深圳文化产业高质量发展的历史逻辑、理论逻辑和实践逻辑的综合认识和思考，结合贯彻中央对深圳开展综合改革试点、先行先试的要求，充分考虑政府文化产业管理的职能定位，围绕"如何进行文化产业发展质量的评估、监测与管理"这一核心问题，提出更具质量监督与管理性质的政策建议。

相信这将有利于上述深圳已经颁布的产业政策补充、完善和顺利贯彻实施，也有利于为政府部门推动文化产业高质量发展提供基于现代数字技术支持下的"总抓手"和突破口，在达到本课题目标的同时，推动实现深圳文化产业高质量发展的长远目标。

二 推动深圳文化产业高质量发展的若干政策建议

（一）以研制《深圳文化产业发展质量评估指标体系》为突破口，探索建立文化产业发展质量的"深圳标准"

本项目研究过程中，深感缺乏相关行业资料和数据的支持，深感传统研究方法难以把握好日新月异、不断扩张、融合众多产业门类的文化产业。缺乏质量标准及相关数据的状况，为分析问题尤其是量化分析判断带来很大的困难。纵观全国乃至全球，由于文化产业特有的双重属性，关于文化产业发展质量的测评有很大的难度，尚未出现权威指标体系，甚至关于"文化产业发展质量"这一概念也远未达成共识。目前，中国传媒大学等机构主持开展的《文化产业发展质量指数》进行了一些积极的探索，但与其他行业相比，甚至与公益性文化事业相比，文化产业的各行业的产品和服务质量都缺少必要的质量标准和质量管控措施。尤其是以国家文化及相关产业分类指标为基础,针对地方文化产业,以及不同行业开展的分行业发展质量测评指标体系均付诸阙如。目前国内部分城市出台的文化产业高质量发展对策,如北京、上海,更多地类似于一般的产业规划或产业政策,均未按照质量管理的规范要求进行相关评估工作。有鉴于此,课题组建议深圳发挥先行先试的精神,**率先在全国组织研制科学的《深圳文化产业发展质量评估指标体系》,并以此为突破口推动建立文化产业、文化行业的"深圳标准"**,进而推动全国文化行业质量标准的逐步建立。具体包括:

1. 研制《深圳文化产业发展质量评估指标体系》、尝试建立"深圳文化产业基础数据库"。

文化产业生产与管理具有高度复杂性,只有建立了科学的指标体系,才能开展相关测评,也才能科学判断、监测深圳文化产业发展质量,为文化产业的质量评估、管控与提升提供"抓手"。另外,科学测评的结果,既可为制定深圳文化产业质量提升的目标体系,为制定"十四五"时期文化产业规划提供较为精准的目标,也可弥补现有产业政策涉及产业发展目标时量化指标的不足。总之,它有利于对文化产业发展质量进行常规监测、准确研判,科学决策。

考虑到文化领域的特殊性,研制文化产业发展质量评估指标体系不同于一般的产业领域,其最重要的指导思想是:坚持党的领导,坚持"以人民为中心"的文化高质量发展理念,坚持"四个自信",以社会主义核心价值观和中外优秀文化内容引领和满足人民群众多层次多样化的文化需求。

具体设计可以围绕价值观导向、创新性、文化内涵、社会效益、经济效益、核心竞争力等多个维度展开,包括文化产品与服务的文化艺术含量、知识信息含量等内容层面;技术创新、技术集成等科技层面;也可包括投出产出效益、管理绩效等经济层面。

完整的指标体系可由"1+n"的形式构成,即:

1:一个总的关于深圳市文化产业整体发展质量的评估指标体系。

n:多个分行业的质量评估指标体系。即根据不同的行业特点制定适

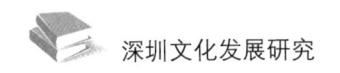

合不同行业质量评估的指标体系。

指标的选取：一是可以充分利用现有文化产业统计的传统行业分类及统计口径来源，建立评估指标。二是根据行业统计，建立分行业质量评估指标。三是应该充分考虑文化产业与其他行业的融合发展趋势，考虑随着数字经济的发展，文化生产主体与消费领域不断扩大的趋势，尝试发挥深圳高科技优势，利用大数据开发等技术手段，结合深圳智慧城市建设等，开展新型统计及监测评估的探索尝试。

总之，应聚焦高质量发展，以创新精神弥补传统统计不足，将传统统计指标与大数据等新型统计相结合，进行文化产业发展质量的指标开发，并在此过程中整理原有资料数据、挖掘新数据，逐步建立**"深圳文化产业基础数据库"**。数据库应进行长期积累、动态管理，为持续开展系统研究提供技术支持。最终，在科学研发的基础上，出台《深圳文化产业发展质量评估指标体系（试行）》，并不断与时俱进，动态完善，为深圳推动文化产业高质量发展提供基于客观数据采集与现代数字技术之上的、较为科学客观的评估工具，为文化产业高质量发展提供真正有利于发挥政府宏观管理职能的"尺子"。

2. 建立文化产业高质量发展的"深圳标准"，为国家文化产业高质量发展标准化工作先行先试。

在"深圳文化产业基础数据库"及"指标体系"初步建立的基础上，可以进一步研究探索建立文化产业高质量发展的"深圳标准"。基于文化的特殊的意识形态属性、精神心理属性、民族特色属性等，文化产品和服务十分强调价值观导向、文化内容的多样性和创造性，这种情况使得文化生产长期较为缺乏标准，文化的标准化也引发不少质疑或批评的声音。但是，文化产品和服务与其他产品和服务一样，也有共性，客观上同样也需要一定的品质保证，否则何来"高质量"一说？因此，适度的标准化也是必要的。正是基于这一原因，近年来我国在文化行业标准化方面做出了很多新的探索。如2015年国家推出了《国家基本公共文化服务指导标准（2015—2020年）》，2016年《保障法》再次纳入标准化的要求。根据这些要求，各省（区、市）相应地出台了地方标准，如《广东省基本公共文化服务实施标准（2015—2020）》。① 此外，分行业看，国家还相继出台了《公共图书馆建设标准》《文化馆建设标准》《乡镇综合文化站建设标准》《公共美术馆建设标准》等。基本公共文化服务的"标准化"包括设施建设与管理的标准化、服务与产品供给的标准化、服务绩效考核评价的标准化等，标准化为确保基本公共文化服务质量起到了很好的作用。

考虑文化产业涉及庞大的行业群，其生产主体多为企业，提供的产品与服务十分多样，我们可尝试先选取某些行业或某类较为容易进行质量监测的产品为对象，以"试点"的方式进行标准化试点探索。总的来看，可将对文化特殊性的考虑与借鉴其他产业领域的标准化经验相结合。质量标准可涉及产品品质检测、设施建设运营、产业园区服务、团体或行业协会建设、文化项目或活动运营等各个方面。在充分考虑行业特点、产品特点、评估对象特性，充分开展相关比较研究的基础上，进行反复试点。在这一过程中，要充分重视现代技术手段（如使用大数据开展文化市场测评等）的运用。"标准"可以成熟一个纳入一个，动态发展，以3—5年的时间，逐步形成文化产业质量评估的"深圳标准"。这一标准的建立，也将为深圳《关于开展质量标准提升行动推动高质量发展实施方案（2019—2022）》提出的"高质量发展标准体系"建设做出来自文化产业领域应有的贡献。

当然，这些工作富有开创性，也必然很有挑战性，各种困难是难免的。但是，如果能够发扬深圳"敢闯敢试"的精神，努力尝试，克服困难持续推进，则不仅可为深圳提升文化产业发展质量提供客观依据，也可望为我国文化产业发展质量的标准化测评提供典型范例，为国家开展文化产业高质量发展评估工作提供先行先试的经验，做出深圳带有创新意义的研发成果贡献。

（二）发挥数字技术优势，推动深圳在我国文化产业"新基建"中先行先试

当下，我国经济发展正处于"三期叠加"的关键时期。所谓"三期叠加"，是指增长速度换挡期、结构调整阵痛期、前期刺激政策消化期。在

---

① 参见http://news.sina.com.cn/c/2015-07-08/053932083868.shtml，2020年8月3日。

这一关键时期，我国经济增长速度放缓，经济结构亟待调整优化，投资对经济的刺激效应减弱。在此背景下，推动"新基建"（新一代基础设施建设）成为热点。"新基建"的显著特点就是"数字基建"。上述研制建立文化产业发展质量指标体系、开展文化产业发展质量评估的过程，有望成为发挥深圳科技优势尤其是数字技术优势，推动深圳在文化产业"新基建"中先行先试的突破口。

1. 积极参与我国文化信息基础设施建设，争取参与再建新的国家级文化产业平台，即国家文化信息基础设施平台。

新一代信息技术演化生成的信息基础设施是"新基建"的重要内容，它包括以5G、物联网、产业互联网、卫星互联网为代表的通信网络基础设施；以人工智能、云计算、区块链等为代表的新技术基础设施；以数据中心、智能计算中心为代表的算力基础设施等。我国在互联网信息技术领域已经成为仅次于美国的第二强国，在互联网新兴技术领域，如人工智能、5G、物联网、云计算等领域甚至形成相对领先的态势。深圳在这方面有相应的技术发展优势，但就文化产业领域看，受限于文化内容、文化量化指标、文化数据等的缺失，文化信息基础设施建设与其他行业相比仍较为滞后。从全国的情况看也是如此。深圳正率先全国全面进入5G时代，在探索建立文化产业发展质量评估指标体系、文化产业数据库以及开展产业质量评估的过程中，可以考虑与以"腾讯"等为代表的深圳互联网文化企业合作，以文化创新和技术创新，在搭建深圳文化产业信息基础设施的同时，积极参与国家文化信息基础设施建设，参与搭建文化信息技术的国家级平台，则深圳将在已有文博会、文化产权交易所、中国文化产业投资基金等五个国家级平台之外，再参与建立第六个国家级文化产业平台，即**国家文化信息基础设施平台**。大批国家级文化产业平台的建设，在服务文化产业高质量发展的同时，也必将更好发挥协同效用，大大提升深圳的文化资源凝聚力、综合文化影响力和竞争力。

2. 积极参与产业融合型基础设施的建设，进一步发挥文化产业在促进产业融合中的综合贡献率。

当下，文化与科技、文化与传统行业正在进行深度融合，"促进文化和科技融合，发展新型业态，提高文化产业规模化、集约化、专业化水平"成为推动文化产业高质量发展的重要内容。在具体的产业融合过程中,"以文化为魂、以技术为本、以产业为载体"成为共识,文化与旅游、文化与教育等产业的深度融合无不如此。产业融合体现了文化产业的服务功能、赋值功能,也正成为当代文化产业发展的重大趋势。以文化产业发展质量评估为突破口,深圳可以引导文化科技企业,积极参与智慧城市、新媒体产业融合新平台等建设。目前,正在开展的智慧城市建设是各地融合基础设施的重要抓手,腾讯等互联网文化企业,华数传媒等国有文化企业都已经深度参与到智慧城市建设中,抢占发展之先机。深圳应因势利导,积极支持文化企业参与搭建产业融合技术基础设施,提供基于互联网技术的信息、产品、服务、投融资、市场等的智慧服务,为传统产业和企业转型升级赋能,为文化与科技、文化与旅游等的融合发展服务,在不断推动产业融合发展中提升深圳文化产业的综合贡献率与影响力。

3. 积极参与文化创新基础设施建设,进一步凸显深圳文化科技创新发展的良好态势。

创新是深圳文化最重要的特质,也是深圳文化产业高质量发展最重要的抓手,深圳颁布的文化产业政策也将创新当作发展的重中之重。长期以来,文化企业尤其是互联网文化企业一直是创新创业的主力军和领先者,其研发投入经费规模巨大且占整体收入的比例较高。绝大多数互联网企业都创建了创新试验室等,为企业的技术、产品和服务的迭代创新提供了源源不断的智力支持,深圳在这方面具有无可置疑的技术优势。但是,由于高端文化人才缺乏等原因,深圳对国家级文化创新基础设施建设参与度不高,重大文化科技创新工程参与度不大。[①] 建议以推动文化产业高质量发展为契机,加强文化科技创新,健全文化共性关键技术研发,支持大数据、云计算、增强现实、虚拟现实、人工智能等先进技术在文化产业中的运用,推动深圳数字文化产业发展的同时,积极参与国家文化创新技术工程、文化创新设施建设,提高重点文化领域的技术装备水平,建设若干特

---

① 如2019年,人民日报社—人民网、新华通讯社新媒体中心、中央广播电视总台与中国传媒大学获得科技部批准,分别建设"传播内容认知国家重点实验室""媒体融合生产技术与系统国家重点实验室""超高清视音频制播呈现国家重点实验室""媒体融合与传播国家重点实验室"。

色鲜明的国家级文化和科技融合示范基地，培育一批创新能力强的文化与科技融合型领军企业，培养一批文化科技复合型人才，培育发展以企业技术创新中心、技术创新战略联盟、专业孵化器、大学科技园、工程（技术）研究中心为核心的文化科技创新体系，进一步凸显深圳文化科技创新发展的良好态势。

4. 积极参与国家文化大数据体系建设，以文化科技优势参与国家重大文化资源、文化数据的搜集、编制、整理、开发。

大数据作为一种战略资源，正逐渐成为当代社会各行业、各领域实现自身发展模式创新的重要推动力量，其所蕴含的巨大潜在价值，也已引起了政府部门、科技界、产业界等各领域的高度重视。文化的生产和消费行为，也产生了海量数据，成为现代文化市场生产和资源配置的重要依据，文化产业的高质量发展越来越呼唤文化大数据体系的建设。文化大数据是指文化生产者、文化经营者、文化消费者在文化实践过程中所产生的，与文化产品或文化服务的创作生产、推广传播、市场运营、最终消费过程相关的，以原生数据及次生数据形式保存下来的图片、文本（包括文字、数字和图表）、影像、声音等文件资料的总称。从应用角度来看，文化大数据即针对文化行业海量数据的计算处理需求应运而生的一套新的数据架构的理论、方法和技术的统称。[①] 我国国家文化大数据体系建设正在开展之中。《文化产业促进法（草案）》第五十三条"资源数字化"明确，国家推动文化资源数字化，分类采集梳理文化遗产数据，标注中华民族文化基因，建设文化大数据服务体系。科技部、中宣部等六部委发布的**《关于促进文化和科技深度融合的指导意见》**将"加强文化大数据体系建设"列为促进文化和科技深度融合重点任务之一。今年 5 月中宣部文改办下发了**《关于做好国家文化大数据体系建设工作通知》**，明确提出，推进文化和科技深度融合，依托现有工作基础，分类采集梳理文化遗产数据，对全国公共文化机构、高等科研机构和文化生产机构各类藏品数据，标注中华民族

---

① 文化大数据 https://baike.baidu.com/item/%E6%96%87%E5%8C%96%E5%A4%A7%E6%95%B0%E6%8D%AE%E7%94%9F%E6%80%81%E7%B3%BB%E7%BB%9F/19398433?fr=aladdin，2020 年 8 月 15 日。

文化基因，把非物质文化遗产记录成果中蕴含的优秀传统文化的精神标识提炼出来，建设物理分散、逻辑集中、政企互通、事企互联、数据共享、安全可信的文化大数据服务及应用体系。[①] 然而，由于存在各种困难，文化大数据体系如何建，至今仍在探索之中。建议深圳以文化产业发展质量评估研究和文化产业数据库建设为突破口，发挥深圳科技企业数字技术优势，积极参与"中华文化元素库"等文化原生数据体系建设；积极探索文化衍生大数据体系建设。最终，为国家文化大数据体系建设做出深圳应有的贡献。

（三）以构建产业质量评估管理体系为突破口，推动产业管理制度综合改革创新

1. 以开发《深圳文化产业质量评估》线上平台为突破口，建设各类评审集成平台，再造行政流程，推动数字政府建设。

在指标体系逐渐成熟后，顺利开展评估工作还需要建立数字化的综合工作平台。建议发挥深圳数字技术优势，委托专业机构，设计开发深圳文化产业发展质量评估线上平台，并以此平台建设为突破口，建成文化产业各项评估评审的集成平台。集成平台的建设将有利于建设数字政府、再造行政流程，发挥数字技术优势带来的便利性、即时性、集成性和共享性，简化评估流程，提高评估效率以及确保评估工作公平、公正、阳光、透明。除了开展质量评估外，评估平台也可望为每年的产业专项资金评估、文化企业评优、产业园区评估等提供集成服务，有利于简化文化产业各项评审工作流程，减轻评审工作的烦琐程度。

2. 深化改革，开展制度创新，形成协调共治的文化产业质量管理体制机制。

中央两办发布的《深圳建设中国特色社会主义先行示范区综合改革试点实施方案（2020—2025年）》明确提出，在中央改革顶层设计和战略部署下，以清单式批量授权方式赋予深圳在重点领域和关键环节改革上更多自主权。在推动文化产业高质量发展的新时代背景下，文化产业管理如何适应产业融合发展、文化科技融合、新业态不断涌现，文化生产者与消费

[①] 《经济日报》记者成琪：《重磅！国家文化大数据体系呼之欲出》https：//baijiahao.baidu.com/s？id=1667710775872207903&wfr=spider&for=pc，2020年8月15日。

者融合等深刻的产业生态变化，提高综合治理水平和推进治理现代化，深化产业管理体制机制改革创新无疑是其中的关键。文化产业发展质量的管理是一项综合而复杂的系统工程，正需要体制改革与机制创新。建议以质量管理为抓手，以政府职能分工为依据，动员联合各相关企事业单位、行业协会等社会组织，联合开展文化产业发展质量的评估检测与管理工作，打造协调共治的文化产业质量管理体制。

其中，政府相关职能部门是文化产业质量管理工作的领导者，应统筹协调相关工作，要在推动社会共建共享、多方参与中发挥行业主管部门的主导作用。考虑文化产业质量评估的专业性，专业机构的参与应成为质量管理的重要一环。同时，作为市场主体、评估对象的文化产品生产者、营销者、组织者的文化企事业单位及相关行业组织也应该在评估中发挥积极的作用。最后，文化市场监管部门、广大文化消费者的评价也是评估的重要依据。

此外，还应建立文化产业质量的监管机制。探索构建以数字技术为依托的智慧监管平台，充分履行行业主管部门监督职责，发挥新闻媒体、行业组织、消费者等多元主体的社会监督作用，推动文化产业质量监管的共治共享，建立健全覆盖全社会的文化质量守信激励和失信惩戒机制。

总之，以评估管理为抓手，可望形成文化的创造、生产、传播、服务、保存和消费活动各相关领域、各相关流程评估的闭环质量管理，巩固和发展以标准、设计、质量、品牌、信誉"五位一体"的高质量融合发展之路。完善政府、行业协会、企事业单位、消费者等多方参与形成的、各利益相关方共同治理的"共建共治共享"的高质量保障体制机制。这一协同推进、共建共享的文化产业质量管理体制的构建过程，也可望成为推动文化体制改革不断深化，推动传统文化产业管理模式不断变革的过程。让质量评估和管理成为改革创新、适应数字经济时代新变化，形成体制机制新变革的突破口和总抓手。

（四）分行业分领域开展文化产业质量评估，切实提升深圳文化产品与服务质量

考虑到文化产业是一个庞大的、涉及众多行业门类的产业群，行业差异大，产品与服务各不相同，因此，关于文化产业发展质量的评估，也应该在开展对深圳文化产业发展质量总体评估的同时，开展分行业的评估。建议以国家统计局关于文化产业中制造业、批发零售业和服务业的三大分类，针对不同类别特点，分别制定不同评估指标体系，开展分行业的试点评估，以期推动全行业发展质量的提升。具体可在本类行业中选择部分重点行业、重点企业或重点产品服务开展评估。

1. 开展"文化服务业"质量提升行动

近年来，文化服务业在深圳文化产业中的占比不断提高，2018年已经达到67%，成为占比最高的产业门类。因此，文化服务业的质量高低，很大程度上影响着深圳文化产业整体质量的高低。然而，服务业与其他行业最大的不同即在于服务内容与其他产业产品相比，具有非实物性、不可储存性和生产与消费同时性等特征，其质量的评估管控尤其困难。在前期尽可能研制建立科学的评估指标体系的基础上，一方面，应尽量建立健全文化服务设施包括企业、平台等服务业"硬件"设施的硬性质量评估标准；另一方面，应充分引入大数据、消费者评价等方式，加强服务质量反馈分析，还可综合考虑服务人力资源状况、投入产出效益等综合评估服务业质量来进行。在这方面可有计划、有步骤地选择部分文化服务行业，以试点的方式开展评估，积累经验，以修订完善指标、标准及评估方法，待成熟后逐渐推开。后续并可根据评估结果，综合研判其存在问题，有针对性地以行政调控或专项资金等方式，形成奖励扶持机制，建立文化服务质量提升公共平台和可行机制，有效推动解决质量存在问题，鼓励创新服务业态，推动线上线下融合，帮助延伸服务价值链，不断提升文化服务质量。

2. 开展"文化制造业"质量提升行动

文化制造业是深圳最早发展起来的文化产业门类，至今已经形成了相当大的规模和影响力。其中部分行业，如印刷、珠宝首饰、礼品、服装等均具有较大的市场份额，有的还形成了良好的品牌效应。制造业产生的是实体的、有形的文化创意产品，是市场化程度较高的文化产业门类，产业质量的评估管理可以较为方便地借鉴其他制造业质量评估管理的办法，选择其中的若干行业，有计划有步骤地开展质量评估工作。后续可根据评估结果，综合评判其存在问题，以行政或专项资金等方式，形成奖励扶持机制,建立质量提升公共服务平台,帮助提升文化制造业发展质量。尤其是鼓励文化制造业将产业链向研发、设计、再制造等环节延伸,提高其科技含量和文化含量,加快产业升级,提高深圳文化制造的品牌影响力。

3. 开展"文化批发零售业"质量提升行动

文化批发零售业是文化生产过程的重要环节,在经济运行模式中,批发零售业很大程度决定着经济运行速度、质量和效益。随着时代的发展,由于网络经济等的快速崛起,批发业的重要性有所降低,但零售业正以线上线下组合、批量生产与个性化定制等方式,形成新的业态。从2018年的数据看,深圳文化产业结构中文化批发零售业占比不高,但从整体来说,文化批发零售业的质量是文化产业发展质量的重要组成部分,关联着众多文化产品制造业的发展。建议根据深圳文化产业发展实施方案、政策等,选择其中的若干重点行业领域,有计划有步骤地开展质量评估工作。后续根据评估结果,综合评判深圳文化批发零售业存在问题,以行政或专项资金等方式,形成奖励扶持机制,建立其质量提升的公共服务平台,推动其解决存在问题,帮助文化批发零售业不断提升发展质量,助力文化产业整体质量提升。

此外,也可试点开展若干重点企业、重点产品、重点展会、重点活动等的质量评估与提升工作。

总之,以文化产业质量评估指标体系为抓手,推动开展基于数字技术的文化产业基础研究及文化产业"新基建"建设;以文化产业质量评估与监测体系建设为抓手,推动文化产业管理体制机制改革创新,深入推进文化领域综合改革试点;以文化行业及产品、服务的质量评估及管理,提升文化产业发展质量水平,这是一条还没有其他城市全面探索过的新路子、新做法。肩负"双区"建设的历史重担和先行先试,示范、范例的新使命,"敢为天下先"的深圳完全有条件、有必要先行先试,拥抱新时代,为数字经济背景下我国文化产业发展质量的科学管理和有效提升,做出深圳探索,提供深圳经验。

辑 四
深圳与粤港澳大湾区文化合作

中国香港文化艺术政策与管理的历史、现状及启示[*]

一 香港文化艺术政策的历史变迁[①]

文化政策是文化行政的基本原则,文化行政的目标正是贯彻执行文化政策;文化行政架构的设置也取决于总体文化政策。因此,考察香港文化管理体制,必须对香港文化政策及文化行政管理架构的历史发展进行必要的了解。

(一)从"尽量不干预政策"到"市政局主导时期"及"九七"过渡期

世界各国的现代文化政策和部门建设都起步较晚,原因是传统政府多将文化艺术视为社会的装饰品而非必需品,政府对公共文化生活的关注有限,文化事务的管理多被置于市政部门。初期,香港政府也将文化事务交由市政局托管。在香港政府的官方语汇中,"艺术"与"文化活动"往往通用,这与香港长期的殖民历史有关。港英政府不欲提倡中国文化,香港虽容许言论、新闻及表达自由,市民可以自由发挥文化艺术才能及创意,但淡化意识形态色彩。政府采取"尽量不干预"(minimal interference)政策,只通过艺术发展局和两个市政局推动演艺活动,因此文化行政范围多局限在"以表演艺术为重点的文化政策与文化资助"。香港政府的"尽量

---

[*] 长期以来,深圳一直重视学习香港经验,本文为 2002 年参加深圳市文化体制改革调研课题时,赴香港文化考察报告。原文首发于深圳改革办《改革内参》,后公开发表于蒙敬杭主编《向香港学习、为香港服务》(海天出版社 2007 年版)一书。

[①] 以下关于香港文化艺术政策的历史,主要整理引用自香港政策研究所陈云根等撰写的《香港文化艺术政策研究报告》(香港艺术发展局 1998 年 4 月印制),不一一注明。参见 https://www.docin.com/p-233320.html,2020 年 5 月 8 日。

不干预政策"，即政府没有总体文化政策和目标，也不以文化意识形态来整合社会各阶层。在政府的文化行政职责外的文化事业，只要不影响社会秩序和公共安全，都不鼓励不压制，任其自由发展，但在法律和行政上保有少量的权力，在政治和道德审查上设有底线；在政府资助范围内的文化艺术活动和公共演出场所内的演出，政府则积极用行政手段影响活动的编排。

香港的文化艺术政策及官办的演艺事业的发展，大约从20世纪60年代开始。1962年，香港重要的文化活动场地香港大会堂（内有音乐厅、剧院、公共图书馆、演奏厅、展览馆等）落成，并由政府移交市政局管理。这是香港官方自主并管理文化艺术活动的开始。这一做法，对以后香港的文化行政产生了决定性的影响。

20世纪70年代，随着香港经济的发展，香港文化得到迅速发展。1973年，香港政府修改市政局条例，市政局获得财政独立。较丰富的资源保证，使得大力推动表演艺术发展成为可能，市政局开始在香港扮演文化行政部门的角色。同年，市政局创办香港艺术节；1976年，市政局又创立亚洲艺术节；而1974年最初由民间创办的香港国际电影节也于1977年交由市政局主办。1977年，香港政府进行内部研究，确认自己在发展艺术中所担任的角色为"统筹者及催化者、所需基本设施的供应者及推动者，并于有需要时提供财政或其他资助，以培养艺术新秀或发展新的艺术形式"，主导文化服务的角色主要由市政局承担。这是香港政府首次确定自己在香港文化发展中的角色。70年代，香港政府兴建了艺术中心（1977）、建立了职业化的香港管弦乐团（1974）、香港中乐团（1977）、香港话剧团（1977）等三个由市政局管理和资助的艺团；以及香港芭蕾舞团（1979）、城市当代舞蹈团（1979）、中英剧团（1979）等（后三个艺团1990年后由演艺发展局——1995年后改为艺术发展局——资助）。

古物古迹保护工作亦于70年代起步，1976年香港政府制定了"古物及古迹条例"，立法保护香港具有历史意义的古物古迹。同年成立古物咨询委员会及古物古迹办事处，隶属市政局文康科。此外，文康科又于1977年成立音乐事务统筹处，为青少年提供廉价的音乐训练机会和学校主办音乐会。自此，文康科有了直属的文化执行部门，以科层组织管理为特征的文化行政架构基本形成并逐渐成熟。

20世纪70年代因而被香港学者称为香港文化行政的"市政局主导时期"。[①]

1979年，港督考虑"九七"将至，开始了带有某种政治色彩的大规模文化投资。进入80年代，香港政府开始制定具有明确目标的文化艺术政策。1981年，香港行政局指定了推动及发展艺术的政策，目标为：

a. 为表演艺术提供所需场地与建设；

b. 为普罗大众发展社区活动；

c. 提供职业先修及职业层面的表演艺术训练；

d. 发展职业表演团体；

e. 在财政及资源的规限下，务求达到最高水准；

f. 设立表演艺术咨询委员会；

g. 给予表演艺术团体支持与鼓励。

上述七点建议，后来都由专门的部门执行。其中，a、b和d项由市政局（加上后来的区域市政局）负责；c项由演艺学院负责；d、e、f、g项由演艺发展局负责。政府演艺发展局于1982年成立，其主要职能是就香港艺术的发展向政府提供意见。1984年成立的香港演艺学院提供正规的表演艺术训练，以培养专业艺术人才。

1980—1992年，香港开始了文化基建的"狂潮"，包括伊丽莎白体育馆（1980）、荃湾大会堂（1980）、香港（红磡）体育馆、高山剧场（1983）、演艺学院（1985）、沙田大会堂（1987）、屯门大会堂（1987）、香港文化中心（1989）、香港艺术博物馆（1991）、香港视觉艺术中心（1992）及在北区、大埔等地兴建多个文娱中心。

（二）对文化艺术政策的反思及文化艺术行政架构的调整——"九七"过渡期及"九七"后

1992年，迫于社会各界呼声及"九七"临近的压力，香港政府进行了文化艺术政策检讨。文康科委托市场调查公司了解市民对香港表演艺术的

[①] 香港政策研究所：《香港文化艺术政策研究报告》（1998年4月）。参见：https：//www.docin.com/p-233320.html，2020年5月8日。

意见。这是首次政府部门用科研调查的方式，尝试了解市民对官办文化活动的意见，政府开始意识到推进文化艺术发展的复杂性。1993年，文康科发表《艺术政策检讨咨询文件》，引发公众舆论，促使文化界人士重新评估如何从文化的角度去处理政策的制定。此后，政府积极回应公众人士意见，于1994年6月成立艺术发展局，以促进香港艺术（包括文学、表演艺术、视觉和电影艺术）的进一步发展。90年代，面对回归，官方与民间开始了频繁的互动。艺术发展局在广泛咨询公众及艺术界人士后，于1995年制订了首个五年策略计划，并于1996年开始实施。

1997年7月1日，香港主权回归，香港特别行政区政府成立，"文康广播科"易名"文康广播局"。1997年10月，特区行政长官董建华发表首份《施政报告》，陈述香港的文化传统和文化定位，并提出要检讨区域组织架构，改组公共服务。

1998年4月，文康广播局解散；同年，文化事务转交民政事务局负责；广播事务转交新成立的"科技资讯及广播局"负责，文化架构进行了大改革。

1999年3月，民政事务局公布《文化艺术及康乐体育服务顾问报告》和政府的初步回应文件。提出成立"文化委员会"负责总体文化事务的咨询工作，文化事务拨归民政局。同年12月两个区域市政局解散。

2000年1月成立"康乐及文化事务署"负责提供全港的文康服务。同年4月，"香港文化委员会"亦宣告成立。

二　香港文化艺术管理体制及行政运作模式

（一）主要文化行政架构及其运作模式

根据《香港基本法》，香港特区沿用的是"三权分立"的政治制度，这种"分权"理念也体现在文化管理上，即文化行政的决策、执行和监督机构是分别设置的，决策机构与执行机构之间，不是传统的官僚层级隶属关系，而是一定框架和条件下的分工协作关系。香港现行文化行政架构为：

民政事务局——决策机构

该局是香港政府架构里、政务司司长直接管理的11个"中央局"中有关文化艺术的决策局。该局是文化决策的中枢,负责制定有关政策并监察下级部门推行。民政事务局在文康广播局解散后,自 1998 年 4 月起接管文化及康乐事务。该局设一个局长、三个副局长职位,其中第三位副局长分管文化及康乐事务,主要包括有关香港文化、艺术、文物古迹、康乐及体育的政策,有关属下康乐及文化事务署的政策事宜,并负责批拨香港艺术发展局和香港演艺学院的年度经费,直接资助香港管弦协会和香港艺术节协会。局内设文化及康体事务部(行政部)、文化事务一科、文化事务二科、康乐体育事务科。

香港文化委员会——咨询机构(辅助决策)

该委员会是香港特区政府常设的一个政策咨询机构,成立于 2000 年 4 月。委员会由社会各界别人士、学者及政府官员组成,现有 17 位委员,其中当然成员包括:古物咨询委员会委员、香港演艺学院校董事会主席、香港艺术中心监督团主席及香港艺术发展局主席。

文化委员会作为社会各界精英及文化专业人士(非政府)的代表,负责就香港整体的文化及古物古迹政策,策略性规划和文化艺术服务的整体资源运用以及自主拨款优先次序向政府提供实质性意见。在文化委员会成立后,民政事务局在制定香港有关艺术、文化、体育和康乐事务的施政方针时,需征询该委员会的意见。

康乐及文化事务署——执行机构

康乐文化署与民政事务总署并属民政事务局,是执行香港政府有关文化、艺术、文物古迹、康乐及体育政策的行政机构。康乐与文化署是在原来的市政总署和区域市政署的基础上精简组合而成,故于 2000 年 1 月 1 日才正式成立。该署承担向市民提供文化及康乐服务的整体职责,署内设行政部、康乐事务部、文化事务一部和文化事务二部。文化事务部内分工很细,各业务组职责明确,具体有:文化节目组、电影及文化交流组、戏剧及中国戏曲办事处与观众拓展办事处、艺术节办事处、娱乐节目办事处、票务办事处。(参见附图)康乐文化署一般定期向民政事务局汇报工作,民政事务局对康乐文化署的年终考核报告签署意见;有权推荐署长人选;统筹年度开支预算并报库务局核准。

民政事务局与康乐文化署以行政长官施政报告指导文化行政,支持和促进文化和艺术的发展，以及保存本地文物古迹。每年制定明确的施政目标、工作内容及进度安排，如2001年度的总体目标为：保持一个容许社会享有表达自由、多元发展、艺术创作，以及体育成就的环境；提供所需资源，推行有关艺术、文化、体育、康乐和保存文物古迹的政策，并提供有关服务；提供多样化的艺术、文物古迹、文化、体育和康乐设施，供市民选择；提供资源，用于训练专业艺术工作者和精英运动员。

在明确目标的基础上，康乐文化署主要工作计划通常包括：检讨有待改善的公共文化服务，如延长图书馆开放时间；就是否新建文化设施进行顾问研究等。维持足够的资源，以协助艺术、文物古迹、文化、体育和康乐事务。按计划向财政司申请年度的经常运作拨款和有关开支拨款，再分别拨给艺术发展局和演艺学院作为年度的活动经费，并管理和审批使用"艺术及体育发展基金"。推动市民参与艺术、文物古迹、文化、体育和康乐活动。提供多样化的康乐及文化设施。

香港艺术发展局——辅助行政机构

设立法定机构参与公共服务和公共产品的咨询、管理与提供，是香港管理的一大特色。1995年6月香港艺术发展局成为法定团体。《香港法例》第472章"香港艺术发展局条例"规定，艺术发展局的职能为："策划、推广及支持各范畴的艺术，提高市民的参与和欣赏水平""制定策划发展、推广及支持艺术的策略并予以执行""鼓励艺术表达自由""促进艺术教育""创造有利艺术发展的环境""在政策、设施、教育等方面向政府提出咨询意见"等。

作为一个管理文化艺术事务的法定机构，艺发局引入民选成员，在27位艺发局委员中，有10位由文化艺术界推选产生，并有200多位文化艺术界的专家选为艺发局增选委员和担任艺发局审批员。艺发局的组织架构具有议会特色，最高是大会，由8位政府委任委员、10位民选委员及多位当然委员（民政事务局局长或其代表、康乐及文化事务署署长或其代表、教育署署长或其代表等）组成。下面设三个委员会，依次是艺术界别委员会、资源管理委员会、策略发展委员会，各委员会的成员均是艺发局的委员。三个委员会负责处理艺发局不同范畴的工作。在艺术界别委员会内分设6个艺术小组：音乐及舞蹈小组委员会、戏剧小组委员会、视觉艺术小组委员会、电影及媒体艺术小组委员会、戏曲小组委员会和文学艺术小组委员会。策略发展委员会内设艺术教育委员会。各小组委员会成员包括艺发局委员会及每年主要从有关艺术界别委任的人士，即增选委员。小组委员会负责审批资助申请，以及草拟政策和策划主导性计划。所有委员都是无薪酬的义务职。

2000年7月政府委任的新一届艺发局主席及委员，从过去的拨款资助策略，转向开展观众推广、普及艺术教育、缔结策略伙伴和积极扶助艺术工作者，建立企业技能的策略。艺发局把政府拨给款项，透过资金分配，确立了一套促进香港艺术发展的政府资助制度，资助一些有价值的，但不能纯粹在商业市场生存的艺术活动，努力营造一个多元化的、生态健全的艺术环境。

（二）其他文化行政机构及其运作模式

香港的文化行政管理不同于内地，香港没有"事业单位"一说。香港公共图书馆、博物馆乃至文化中心等的管理人员都是政府公务员。所以，除上述主要文化行政机构外，还有大量延伸、辅助的文化行政机构，其运作模式亦别具一格。

香港的公共文化设施是由政府统一投资兴建并统一管理的。以香港公共图书馆为例，作为城市重要的文化设施，目前香港共有69间公共图书馆（不包括大学图书馆）。其中，最大的为香港中央图书馆。中央图书馆是占地9400平方米，藏书151万册的现代化建筑，其建设用资金69000万元，全部由香港政府出资；而该馆每年从图书采购费到负责管理该馆的216名工作人员（全为香港政府公务员）的薪金，皆由香港政府提供。类似图书馆的非营利机构如香港文化中心、香港博物馆等，其管理人员亦属公务员。如是，香港文化艺术管理构成一个职能完整、层级复杂、规模庞大的文化行政体系，2001年，仅康乐及文化事务署的公务人员就多达9277人。就所有非营利文化机构的运作看，香港全部实行收支两条线，如图书馆每年举办各种培训等收费项目，其收入完全归入政府财政收入，与图书馆的本身运作经费完全无关。

总之，上到康文署，下到具体的文化场馆，其文化行政经费均来源于政府财政。如2001—2002年度，康乐及文化事务署获政府拨款52.873亿元。在此"盘子"内，根据工作计划及各部门的经费预算，上级行政机构负责审核并对下级机构划拨经费。具体做法是，每个部门每年8、9月份提出年度经费预算，经审核批准后，按年度进行资源分配。如2001—2002年度，在艺术和文化方面，康乐及文化署分别拨出1.028亿元和1.907亿元给艺术发展局和演艺学院，作为2001—2002年度的活动经费。经研究，民政事务局并批准从艺术与体育发展基金拨出3040万元，资助艺发局推荐的艺术项目（文化设施建设费不包括在此项行政经费中，而由另外的政府部门进行统筹划拨）。收支为相互独立的两条线是香港文化经费运作的重要特征，这一做法以及香港政府雄厚的财政支持，保证了非营利公益康乐文化活动的全面开展。

此外，香港政府也重点资助艺术团体，如"香港中乐团""香港舞蹈团"及"香港话剧团"长期以来一直获香港艺术发展局的重点资助，相当于内地的"政府办文艺团体"。为"让艺团在追求艺术理想方面有更大自主权；以及鼓励社会人士更多参与并支持艺团"，近来，有关部门正协助三个艺团进行"公司化"尝试，以寻求新的更有效的资助方式。

三 香港的广播（电视）、电影及新闻出版业管理

（一）广播（电视）管理的行政架构与运作模式

香港资讯科技及广播局——决策机构

香港资讯科技及广播局是因应科技汇流和开放市场的需要成立的一个管理机构。该局成立后，香港的广播（包括电视）、电影管理于1998年交由新成立的香港资讯科技及广播局管理。至2002年7月1日，该局与工商局合并，成立一个新的大局。该局的主要职能是：制定有关信息科技、广播、电讯事务及电影服务的政策，并领导及统筹不同政府部门执行这些政策。工作范围包括：信息科技、兴建数码港、电讯、广播及电影事务。下辖部门有：影视及娱乐事务管理处、香港电台、电讯管理局、资讯科技署、香港邮政等政府部门。

广播事务管理局（简称广管局）——辅助管理的法定组织

广管局是根据《广播事务管理局条例》(《香港法例》第391章)成立的独立法定组织,其主要职能为规管香港持牌电视及电台广播机构。

广管局共有12位成员,全部由行政长官委任,其中9位(包括主席)是非公职人士,其余3位是公职人员,分别是信息科技及广播局局长、电讯管理局总监,以及副民政事务局局长。广管局主要透过辖下两个委员会,即投诉委员会及业务守则委员会,执行其主要职务。此外,影视及娱乐事务管理处为广管局的行政机关及秘书处。

影视及娱乐事务管理处(简称影视处)——执行机构

影视处是负责协助独立的"广播事务委员会"规管各广播机构,确保它们符合其经营牌照条款及有关业务守则的执行机构。影视处亦负责促进本地电影业的发展、电影检查及执行《淫亵及不雅物品管制条例》。其具体广管局的具体职能包括:

——处理各种电视节目服务牌照的申请及续发事宜。广管局负责批出非本地及其他须领牌电视节目服务牌照,并就申请和续发本地免费及本地收费电视节目服务牌照和声音广播牌照,向行政长官会议和行政会议提交建议。

——拟备及修订电视及电台广播的节目内容及广告业务守则。

——处理公众对电视及电台广播的各种投诉,必要时惩处违规机构。

——确保各持牌机构遵守规管机制的规定。

香港电台

香港电台是制作广播节目,向香港市民提供资讯、教育及娱乐的政府部门,其主要职能为:营运7个声音广播频道,提供公营广播服务;制作各电视节目向香港市民提供信息、教育及娱乐,供本地电视节目服务商于指定时间播出。

指定播放节目——本地免费电视节目服务营办商须向市民提供指定播放节目,题材包括艺术及文化、新闻及时事、纪录片,以及特别为儿童、青少年和长者制作的节目。

(二)运作模式

香港特区政府的广播政策方针是,提供一个公平、开放和科技中立的规管环境,从而有利于广播业的投资,及促进创新服务的推展。其具体政策目标为：(i) 令观众有更多节目选择，以顾及社会上多元化的口味；(ii) 鼓励业界提供创新及多元化的服务；(iii) 透过促进本地和海外投资，来保持香港竞争能力；(iv) 确保广播业在一个公平及有利竞争环境下提供服务；及(v) 促使香港发展成为区域广播枢纽。

为达到上述目标，香港制定了《广播条例》规定：

据上述规定，香港发放四类广播牌照：

- 本地免费电视节目服务牌照
- 本地收费电视节目服务牌照
- 非本地电视节目牌照
- 其他须领牌的电视节目服务牌照

香港还制定了专门的《广播条例》（《香港法例》第562章）规范行业运作。该条例内容主要包括：分开"提供"和"传送"电视节目服务的发牌和规管架构，有助电讯服务与广播服务的相互配合；制定各种电视节目服务的发牌条款，开放电视市场，引入竞争；禁止有碍公平竞争的手法；废除专营权费，减轻广播机构的经营成本。

目前，香港有一个公营广播电台——香港电台；两个私营广播电台——新城广播有限公司及香港商业广播有限公司；两个本地免费电视节目服务营办商（亚洲电视有限公司、电视广播有限公司）；五个本地收费电视节目服务营办商（电讯盈科互动影院有限公司、香港有线电视有限公司、银河卫星广播有限公司、太平洋数码卫视［香港］有限公司、Yes Television［Hong Kong］Limited）；十二个非本地电视节目服务营办商（Starvision Hong Kong Limited、银河卫星广播有限公司、亚太卫星辉煌有限公司、东风卫星电视有限公司、华侨娱乐电视广播有限公司、阳光文化网络电视企业有限公司等）。

（二）电影业管理的组织架构及运作

香港电影业十分发达，特区政府对电影业管理的政策目标主要是：促进本地电影业的发展；提升香港作为世界主要电影制作和电影贸易及服务中心的地位。由于电影业基本是市场化运作，故政府对电影业主要是提供服务及少量的管理，由电影服务咨询委员会和电影服务统筹科实施。

其中：

电影服务咨询委员会：成立于1998年5月。电影服务咨询委员会委员由行政长官任命，主席为信息科技及广播局局长，其他成员包括九名非官方人士及三名政府/公共机构代表。该委员会的主要职能包括：就一切与电影业有关的事宜向政府提供意见。具体包括就下列事宜向资讯科技及广播局局长提供意见：营造及维持有利电影业长远和健康发展的环境；维持香港作为主要电影制作中心；提高香港作为亚太区电影贸易及服务中心的地位；协助在香港制作电影；在海外推广香港电影以及协助电影服务统筹科的工作。

电影服务统筹科：影视及娱乐事务管理处于1998年4月成立电影服务统筹科，统筹科的工作包括：为电影界在香港摄制电影提供协助，并在本地和海外推广香港电影，以及负责处理电影发展基金的有关申请。

香港电影发展基金：为推进香港电影业发展，香港政府于1999年出资一亿港元，成立了"香港电影发展基金"。该基金旨在"提升本地电影业的专业与技术水平；提高电影从业人员的专业技能；鼓励业界制作更多具创意的电影"。至于基金的使用，所有电影发展基金的申请，均须经过一个主要由非官方人士组成的基金审核委员会审批。该委员会委员由资讯科技及广播局局长委任，成员包括四位电影服务咨询委员会委员以及两位增选委员。若申请项目款额超过一千万元，有关申请须经立法会财务委员会批准。电影发展基金自成立至2002年3月，共通过拨款3320万元以资助38个项目，其中包括培训计划、研讨会、海外推广活动赞助等。

（三）新闻出版业的管理

香港享有充分的言论及出版自由，香港是世界上最大的中文报刊中心。关于出版，香港政府仅在康乐及文化署设"书刊注册组"进行简单的管理——凡在香港印刷的书刊，在此登记注册即可。该注册组仅以注册方式，保存香港文化遗产及统筹国际标准书号系统的运用。书刊注册组根据香港送交注册书刊，按季在政府宪报刊登"香港印刷书刊目录"。由于出版自由简便，香港的书刊业十分发达，如2000年，该组共登记9773册新书及9410份期刊，并签发381个国际标准书号的新出版社识别代号。

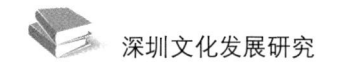

此外，香港还有一个非政府的"香港报业公会"，负责对香港所有的中、英文报刊进行监管。该会成立于1954年，现有议会委员13位和附属会员三位，处理影响香港报章、该会本身或其会员利益的事务。

四　香港文化艺术行政体制的特点

与大陆文化管理体制相比，香港文化管理的特点是十分明显的，主要表现在以下几方面：

1. "分权"管理、决策咨询机构发达，文化行政民主化程度较高。香港文化管理体制将决策机构、执行机构、监督机构分开，并设立不同层次的决策咨询机构或委员会，从体制上保证了香港文化决策的民主化。香港文化政策的制定与文化行政架构的调整，均十分重视咨询专家与公众意见；文化设施的建设，文化活动的开展，更是重视征求市民意见；每年政府拨款的使用情况都有详细的政务公开，体现了较强的民主决策理念；甚至电影分级评定工作，也邀请市民参与。这样的做法隐含的重要前提，即公众拥有参与文化创造、享受文化资源与成果的权利。政府，作为社会的管理者，其扮演的角色就是提供服务、组织实施对公众有益的文化活动，并且接受公众的监督。

2. "分类"管理，"收支分离""间接资助"。香港政府严格区分公益与非公益性文化，凡公益性政府部门或机构，香港政府都给予大力财政支持，并力求科学管理。如文化事业的管理者基本都纳入政府公务员系列（包括内地所说的大量"文化事业单位"如"香港文化中心"的管理人员）；此外，除法定机构工作人员、不领薪的各种委员、其余人员皆为市场调节，界限十分清晰。政府可资助团体、项目，但不养艺员。对公益性文化艺术事业的支持额度则十分可观。如2001—2002年度，香港的文化艺术获政府拨款52.873亿元港币，约占政府总开支的百分之一，而这数字只综合了康乐及文化事务署文化部分、民政事务局及香港演艺学院的经费，并未包括区议会、教育署及旅游部门等提供的文化活动经费或相关文化事务的行政开支。据有关统计，中国香港人均艺术经费每年平均为125.4港元，这在国际开支统计中，仅次于澳大利亚、加拿大、芬兰、法国、德国、荷兰、瑞典、英国、美国之后，排名第十。

香港政府对财政投入经费的管理严格实行收支两条线，对政府部门来讲（如公共图书馆、香港电台等），其收入（效益）与其可支配开支完全无关；对社会团体的资助，其拨款则通过艺术发展局作为政府与资助对象之间的中介进行，其中加入了专业委员会的评估论证；所获款项的使用亦有严格的审查监督。总之形成了一套较科学合理的"收支分离""间接资助"方式，保证了政府投入的有效性。

3. **建立文化行政法律制度，文化法制化程度较高**。香港是一个法制社会，文化的依法管理得到充分重视。香港制定了一系列文化行政法，如《本地报刊注册条例》以及附属的《通讯社注册规例》《报刊注册及发行规例》《淫亵及不雅物品管理条例》《广播条例》《电影检查条例》《电视条例》《公共娱乐场所条例》《古物及古迹条例》《博物馆条例》等，这些条例为香港文化行政的法制化提供了明确的法律依据，使得文化行政行为获得相当稳定、合法和明确的尺度与范围；也为有关文化行业各方权益的实现提供了坚实的保障。

4. **工作计划性强，目标明确，管理细致，考核严格**。这也是香港文化行政的重要特点。考察香港的文化管理，我们可以看到，无论是文化政策的修订、文化设施的兴建、还是文化活动计划的推行，都有清晰的计划与详细的工作进度安排。一般具体文化部门每年的工作任务是什么，考核指标如何，都是十分明确的。每年出版的《艺术、文化、体育和康乐事务》（民政事务局施政报告）及《广播及电影服务》（资讯科技及广播局施政报告）将这些计划向社会公开，并接受社会的监督。

5. **突出公益性、市场意识强，意识形态色彩淡薄**。香港从文化行政管理的内容来看，突出艺术娱乐及公益性服务；从行业管制划分来讲，重市场规律轻意识形态控制。如将广播与资讯科技的管理划归同一个局，甚至与工商局合并。这些，都体现了香港文化行政着意减轻文化行政固有的意识形态色彩的特色，这与香港长期作为自由港、殖民地的历史有关。香港的总体文化政策正在调整之中，尤其"九七"前后香港文化艺术政策发生着较大的历史演变。可以看出，文化发展目标选择与文化总体政策取向在城市文化行政体制形成与变革中起着决定性的意义。只有确定了文化发展目标和总体文化政策，才可能确定文化行政体制的改革方向。

6. 服务意识强，服务措施到位。香港政府以积极服务社会为己任，倡导"新的服务文化"，无论是中央图书馆各类齐全的服务设施（可向任何人开放），还是服务海内外的"电影一站式"服务；从文化中心的演出排期，城市联网售票，到随处可见、随手可取、设计精美的宣传说明册等，都体现了非常良好的服务意识，而其现代化程度极高的服务措施，则让人倍感方便亲切。

香港文化行政虽然也给人机构庞大（文化类公务员高达9000余人，人力资本相当可观）、层级复杂之感，但总的来说，香港有许多适应市场社会和国际惯例的管理做法和经验给我们留下了深刻的印象，值得学习借鉴。

深港文化合作的历史、现状及存在的问题[*]

一 深港文化合作的历史、特点与现状

(一) 深港文化合作的三个历史阶段

改革开放至今,深港文化合作的历史大致可分为三个阶段:第一阶段从1980年到1997年,以民间(市场)为主的交流与合作,是两地文化交流与合作的探索期;第二阶段从1997年到2003年,是深港文化交流与合作的调整期;第三阶段是2003年至今,深港文化合作进入民间与政府共同推动的新时期。

在1842年《南京条约》签署以前,深港两地同属一个行政区域(新安县),但1842年以后,香港岛、九龙半岛以及新界地区先后成为英国殖民地,两地的发展进入两个完全不同的轨道。随着时间的推移,香港成为"亚洲最古老的现代城市",而深圳则成为毗邻香港的边境乡镇。政治屏障形成了两地交往的限制,也决定了两地发展水平的极大落差。在这种情况下,两地基本谈不上交流,更遑论合作了。而这一状况在中国内地实行改革开放、特别是设立深圳经济特区以来,得到了根本性的改变。**从1980年前后到1997年香港回归,可视为深港文化交流与合作的第一阶段**。在此期间,两地日渐频繁的人员、商品和资金的流动,促进了两地自发的文化交流,并形成了一条以民间和市场为主的交流与合作之路。据统计,从1980年到1993年,进出深圳各口岸的香港人超过4000万人次/年,平均每天超过10万人次,其中专程到深圳的每天近两万人。人是最重要的文化交流主

---

[*] 本文为2008年6月完成的深圳市文化局委托课题"深港文化合作专题研究报告"的部分内容。报告执笔:毛少莹、杨立青、任珺。

体,人员的流动也是文化和相关信息的流动。与此同时,香港人在深圳投资了数以万计的企业,港资占到深圳吸引外资的60%以上。经济上的互惠互补也促进了文化上的进一步密切,到90年代初,深港两地基本实现了新闻媒体的交相覆盖,香港3家电视台近10个频道节目覆盖深圳等珠江三角洲地区,几十种报刊也通过不同渠道进入深圳,深圳的电视、电台节目也传播到香港。①

这一阶段,深圳从经济特区迅速向现代都市发展,文化设施、活动等从无到有,为两地文化交流与合作奠定了基础。深圳在20世纪80年代兴建了图书馆、博物馆等公共文化设施,在政府组成部门和事业机构的设置上,成立了专门的文化管理部门(如深圳市文化局及其前身深圳市文化委员会)和文化艺术团体(如深圳市演出公司、深圳歌舞团和锦绣中华民族艺术团等)。可以说,这些文化部门和文化机构、团体的成立,在建立各种平台的同时也使深港文化交流和合作开始步入正轨,并初步形成了多种形式的交流与合作局面。当然,受制于两地的制度差异,两地政府文化部门并没有多少实质性的接触,文化交流与合作是以民间、企业为主体。这主要体现在如下两个方面:

1. 民间的个人和文艺团体的互动。深港民间文化交流由来已久,深圳簕杜鹃艺术团、罗湖艺术团、黄贝知音京剧社、罗湖粤剧社等常年与香港各大文化社团保持联系,参与香港荃湾、元朗、北区等社区的文化演出,香港的民间文化社团经常在罗湖租场地开展活动。而其中,艺文展演成为最突出的两地双向文化交流形式,自1982年组建深圳市演出公司以来,到1985年,深圳共引进6个演出团体,其中5个为港澳台演出团,但这一时期深圳没有正规的演出团体走出去。从1986年开始,"引进来得多、走出去得少"的局面开始改变,据统计,从1986年到1992年,引进来的港澳团体演出的次数为37次,而深圳艺术团体赴港澳演出的次数为17次,两方面都呈现逐年上升的趋势。除了深圳当时的8个专业艺术团体外,还有27个业余团体,它们赴港演出几乎年年不断。在两地的演出交流逐步走向

---

① 李小甘:《关于深港文化关系的思考》,载苏伟光、杨宏海主编《市场经济与特区文化》,海天出版社1995年版,第56页。

繁荣的同时，两地也逐步从文艺演出活动走向文艺管理领域的合作，到1993年为止，两地共同举办了3期演出管理培训班，聘请香港演艺学院的专家来深讲课。①

2. 两地在文化产业上的合作。与民间和社会文艺团体的交流相比，深港两地在文化产业上的合作无疑更具有自发的市场性。改革开放以来，香港企业界掀起一股面向深圳等珠三角地区的产业转移，这其中就有以动漫、印刷、歌舞娱乐等产业为代表的两地紧密合作。这一方面有利于香港文化产业界降低生产成本，提升营利能力；另一方面港深两地"前店后厂"的合作模式，也促进了深圳文化产业的起步和迅速发展，使深圳在合作中获得了来自香港的资金和技术支持，学习到不少先进的管理、运营经验，可谓达到了互利双赢。以印刷业为例，20世纪80年代以来，香港近60%的印刷企业搬迁到深圳，其中香港9大印刷上市公司和生产基地落户深圳。目前深圳印刷已形成超过300亿元年产值的庞大产业，可谓是香港的资金、技术和人才催生出来的。②此外，在这一时期，两地的商业性文化交流与合作也取得了不少成绩，如1991年5月，深圳博雅艺术公司将1988年举办的《'88中国画大赛》获奖的100幅作品全部投入香港艺术市场，组织了一个拍卖会，获得了巨大的成功。

1997年香港回归，标志着深港两地的文化交流与合作进入一个新的调整期。"九七"香港回归后，在"一国两制"的原则之下，香港与内地无论是民间还是政府间的交流和合作都比以前有了更大的发展，尤其是政府层面的接触和沟通渠道得到了更多的拓展。一方面，回归后的香港政府日益重视文化发展，文化管理架构不断得到调整，如1998年4月，文康广播局解散，文化事务转交民政事务局负责，广播及电影事务转交新成立的资讯科技及广播局（后来并入工商及科技局）；2000年，市政局和区域市政局这两种机构撤销，正式结束了区域议会主导香港文化事务的历史，随后

---

① 谢君心、廖子才：《深圳对外文化交流活动的回顾与展望》，载苏伟光、杨宏海主编《市场经济与特区文化》，海天出版社1995年版，第127页。

② 王为理、郭少棠：《香港文化及创意产业发展现状与深港文化产业合作前景》，载彭立勋主编《深圳文化蓝皮书（2005年）：城市文化战略与高品位文化城市》，中国社会科学出版社2005年版，第154页。

康乐及文化事务署成立（隶属于民政事务局），负责提供康乐及文化服务。其中特别值得提及的是，2000年香港成立了与政府文化政策制定相关的文化咨询组织——文化委员会，其职责是为香港制定有关艺术、文化、体育和康乐事务的施政方针提供专业咨询意见；而1995年成立的香港艺术发展局，在回归以后，通过推行艺术项目和向艺术家（团体）提供财政资助，策划、推广及支持艺术发展，以及提倡艺术教育，为香港艺术的发展、推广和对外交流、合作做出了更显著的贡献。可以说，香港上述文化管理架构的调整，为香港与内地的文化交流与合作打下了新的基础。

而在深圳方面，深圳文化主管部门在香港回归后，率先与香港文化主管部门取得联系，新设处室"港澳台文化事务处"，依托特区文化研究中心等机构，展开深港文化比较研究，致力推动深圳与香港建立文化合作机制。1996年6月，文化部港澳台文化事务司和深圳市文化局联合在深圳主办了"首届内地与港澳文化交流及发展研讨会"。2002年11月，具有标志意义的"粤港澳艺文合作会议"在香港召开，尽管该会议是以广东省、香港特区和澳门特区政府为主体，深圳并非"主角"，但由于会议首次建立了粤港澳政府间的合作机制，也为深港文化合作提供了新的可能。当然，由于两地政府体制和城市文化传统的差异，在这一时期，政府之间的交流与合作还流于浅层。与深圳等内地城市强势政府主导文化发展不同，香港长期实行"积极不干预"的小政府大市场政策，无意主动积极地制定宏观的文化政策和文化艺术的长远发展规划。1998年4月接管文化事务的民政事务局局长蓝鸿震在回答报界询问时就表示："香港不需要宏观的文化政策""政府无意制定宏观文化政策，因为文化是民间自由发展成形的"。因此，在这一阶段，两地文化交流和合作依然表现为市场导向、民间推动等特点。

2003年，对于包括文化在内的深港合作而言是个重要的年份。香港在回归后不久就遭遇亚洲金融风暴的冲击，得到中央政府力挺。2003年的"非典"又重创香港经济。种种原因使得香港意识到只有加强与内地更大范围的合作，才能促进香港的发展。2003年6月，香港特区政府与中央人民政府签订了《内地与香港关于建立更紧密经贸关系的安排》（简称：CEPA协议）（2004年1月1日起实施），在WTO的框架内促进香港与内地更紧密的合作，促进香港经济复苏。2004年6月，深港政府签署了"1+8"协议（即《关于加强深港合作的备忘录》及相关协议）。这一协议的签订，实现了两个重要突破：一是在粤港合作框架下建立起深港政府间重大事项协商沟通机制；二是深港合作主要从口岸基础设施、经贸等领域的合作，拓展到科技、教育、金融、环保、旅游、文化等全方位的合作，从而标志着深港合作进入一个新的历史阶段。即以民间、市场为主导的自发的合作，拓展到政府积极引导的自觉的合作，两地文化合作也进一步密切。①

两地政府之间的合作进一步密切化的另一标志，是《"深港创新圈"合作协议》在2007年5月21日的签订。从2005年7月深圳首次提出"深港创新圈"概念，到2006年将加快建设"深港创新圈"写入深圳市委市政府的1号文件，到两地政府签署合作协议，时间不到两年，可见两地政府对加强彼此的合作的认识越来越靠近，实施步伐也越来越快。2007年12月18日，香港特别行政区政务司司长唐英年与深圳市市长许宗衡在香港会展中心共同主持召开深港合作会议，并签署了"1+6"合作协议（即《关于近期开展重要基础设施合作项目协议书》及环保、城市规划、服务贸易、旅游、深港创新圈互动基地、医疗护理等6个相关协议），联手将深港合作推进到一个新的历史时期。

深港合作总体上的发展趋势为两地的文化合作营造了良好的政策与舆论环境，在上述重要的合作协议中，虽然是以跨境基础设施、科技、规划、环保等为主要内容，但也涉及文化领域，如《关于加强深港合作的备忘录》的第七条就明确提出"加强教育、文化领域交流合作"，使两地的文化合作事实上成为深港合作总体框架的一部分。

---

① 参看智经研究中心的《建构"港深都会"研究报告》之第二章"建构港深都会的历史演进"，2007年8月。这在时任深圳市市长许宗衡接受《中国经济周刊》采访时的回应中也得到了印证："我在上任之初，提出了'向香港学习，为香港服务'的理念，全力落实'1+8'协议，使深港合作取得了一些重大进展：一是继续推动深港政府间协商沟通机制，使深港合作在以往以民间为主导的合作基础上，明显增强了政府层面的合作；二是使深港合作从口岸基础设施、经贸等领域的合作，日益拓展到科技、教育、金融、环保、旅游、文化等全方位的合作，产业合作则从制造业为主转向二、三产业并重，取得了令人鼓舞的积极成果；三是《深港创新圈合作协议》的签订，标志着深港科技合作进入了一个新的历史阶段。"参看《中国经济周刊》2008年5月12日。

当然，两地文化领域的合作虽然"受制"于深港合作的总体发展趋势乃至国家层面的政治和政策环境，但也有着独自发展的可能路径。其中最为明显的例子是，在2003年的CEPA协议和2004年"1+8"协议签订之前，为加强大珠江三角洲在文艺方面的合作，促进三地的艺文发展，粤港澳三地政府的文化部门，包括广东省文化厅、香港特区政府民政事务局及澳门特区政府文化局同意轮流举办"粤港澳艺文合作会议"，共同探讨三地艺文合作空间。2002年11月，第一次会议于香港举行，并在2003年8月签订了"粤港澳艺文合作协议书"，协议书由粤港澳三方共同签订，广东省文化厅负责协调广州、深圳、珠海、佛山、东莞及中山等省内各市工作。此后，粤港澳文化合作会议及其所确立的合作机制，在如下方面取得了可喜的成绩：一是官方搭建的演出推介网络初步形成，三地政府资助的文艺团体在三地演出频繁。二是文化资讯交流踏上了新的台阶。新改版的"粤港澳文化资讯网"于2007年7月开通试运行，为三地文化、资讯交流打造了一个新的公共服务平台。三是文物、博物全面合作。三地馆藏交流展览丰富了三地人民的文化生活；文物保护、考古挖掘、考古研究等专业人才的交流频繁，实现了技术资源的共享；香港出土考古文物资料研究计划、粤剧文物资料汇编等一批研究或保护计划正在共同合作开展。四是三地公共图书馆初步实现数字化网络联网，三地读者可对联网的图书馆进行书目检索。五是在保护和弘扬粤剧艺术方面，粤港澳三地联合申报，成功将粤剧列入国家级非物质文化遗产目录。六是对文化创意产业的交流与合作，提出了许多建议和设想。此外，还签订了多项文化合作的协议，如在第九次会议上，粤港澳三方签署了《粤港澳文化资讯网服务协议书》。[①] 因此可以说，作为一个标志，迄今为止已举办9次的"粤港澳艺文合作会议"成为三地在政府层面建立定期加强协调、沟通和合作机制的良好平台，它同时为未来的深港文化合作拓展了新的可能性空间。

二 深港文化合作的特点与新进展

总体来看，深港文化合作的**特点**主要有：

---

① 参看粤港澳文化资讯网 http://www.prdculture.org，2007年12月1日。

(一) 文化合作"服从"于深港合作的历史走向和发展格局

在内地实行改革开放前,香港与内地相对隔绝,深港两地交往极少,而且由于那时深圳还只是宝安县的一个镇,自然基本没有文化交流和合作可言。[①] 而改革开放以来,特别是深圳设立经济特区以来,内地与香港的经贸和人员往来日益增加,深圳的快速发展也促进了深港两地的文化交流。香港回归后,尽管实行"一国两制",但已不同于港英殖民政府统治时期,无论是中央,还是深圳,与香港的关系包括文化合作在内都出现了新的发展局面,特别是近年来深港合作出现的热潮,对文化合作是个根本性的推进(其他领域如口岸、海关、外事部门的合作为文化合作提供基础性条件)。这说明深港合作的历史走向和发展局面对两地文化合作的根本影响。

(二) 两地文化合作有着自身的特殊性和先导性

就深圳而言,开展对外文化交流有着多方面的功能与作用,比如展示改革开放的成就与传播中华民族的优秀文化,同时它也常常超出一般交流意义的考量。如1988年以来的"荔枝节",采取的是"文化搭台,经贸唱戏"的形式,文化交流成为经贸活动的媒介,而且文化本身也是一种产业形态,并受产业经济发展的"规律"所驱使。而就香港而言,由于政府在相当长的时间内不与内地接触,使得企业和民间成为两地文化合作的主体,并早在20世纪80年代就通过产业转移的方式,促进了两地在文化产业领域的"前店后厂"合作模式的成功实践,使文化合作极具市场先导性。

(三) 从文化合作的意向上看,从"深圳热、香港冷"过渡到两地的共同推进

由于长期的殖民统治,香港形成了与内地完全不同的政治、经济、社会和文化体制和传统习惯,使香港在回归后很长时间不愿与内地有太多的

[①] 当然,一些间接的文化交流也是存在的,如当时中国内地的文艺团体要赴港或国外演出,往往在前往或返回期间在深圳戏院演出,很多港人因此过深圳来看"戏"。而在深圳戏院的日常演出中,部分观众就来自香港。深圳戏院因此成了深港文化交流的一个主要载体与平台。

合作，或者忧虑与内地关系过于密切，会失去香港政治和社会的特殊性，成为中国的一个普通城市。这些都造成了包括文化合作在内的深港合作的"深圳热、香港冷"现象。当然，近年来，随着国际形势和地区形势的变化，深港合作正在进入一个前所未有的热烈局面，无论是在民间还是政府层面都在推动两地合作的发展，使"深圳热、香港冷"有了不少改变，并过渡到两地共同推进的新阶段，这同样也构成两地文化合作的阶段性特点。

（四）以往的深港文化合作偏重于文化交流，实质上的文化合作较少

交流是合作的前提和基础，经过多年的积累，两地的文化交流日趋活跃化和常规化，双方在交流中也不断增进对彼此的了解，并开始尝试在一些可能的领域进行必要的合作，如两地之间图书馆、博物馆、艺术表演以及粤剧推广等方面的合作。但总体来看，受制于两地文化体制和文化机制的不同，更广阔领域的合作还显得较少，即便是在动漫、印刷等领域，香港对深圳的投资促进了深圳相关文化产业的兴起和发展，但也仅是简单的"前店后厂"模式的延伸，很难说是两个对等主体之间的紧密而深入的合作。

（五）两地文化合作是以民间和市场为主导，社会团体和文化企业在其中扮演了主要角色，使得两地的民间文化合作多于政府之间的合作

这一点在前面第一部分已有详述。当然，近年来两地政府也正在不断加强接触和沟通，有力地推进两地交流与合作日趋走向活跃，使多层次、多样化的文化合作格局开始形成。

三 深港文化合作的最新进展

目前，深港文化合作进入了民间与政府共同推动的新阶段。尤其是政府层面的协调、沟通等互动机制的确立和发展，有利于整合两地相关资源（如公共财政、民间、企业和研究机构等各种力量），推进了合作向更广阔也更深入的领域发展。若干**新进展**如下：

1. 初步建立了官方交流机制。

近几年来，香港特区政府民政事务局局长、康乐及文化事务署署长等高层官员先后6次到访深圳；深圳文化主管部门与香港特区政府民政事务局、商务及经济发展局等8个组成部门，以及香港艺术发展局、贸易发展局2个法定机构建立了友好联系；深圳市文化局属下的文化单位与香港康乐及文化事务署的演艺、图书馆、文物及博物馆各个部门友好往来；并与香港艺术节有限公司等超过20个文化主办机构开展常设性活动。

2. 推进两地广电事业共同发展。

深港两地电视频道互为落地、影视节目交流、大型影视活动、重大的广播电视赛（展）以及影城的投资建设经营等方面取得较好的成果。如在深港广电媒体节目制作上，2006年首届"中国功夫之星全球电视大赛"结束后，深圳广电集团把该节目版权卖给香港无线，结果"功夫之星"总决赛在翡翠台热播，创下收视率18%、收视份额87%的骄人成绩。而在深港电影放映合作上，近几年来，随着CEPA协议的落实，几年来共有香港嘉禾、洲立、百老汇等著名影院集团纷纷进驻深圳，它们不仅带来了资本、人才、技术，还带来了先进的管理模式和营销手段，同时带动了民营资本的投资热情，成为深圳电影放映市场迅速发展的重要动力，推动深圳电影票房由2005年的7000万元、2006年的1亿元迅速增长到2007年的1.54亿元，稳居全国城市电影票房排行榜的第四位，其中港资影城的票房收入占到全市票房的近一半，对深圳电影放映市场的发展意义重大。

3. 推动两地印刷业的联动发展。

两地印刷业把握CEPA带来的机遇和挑战，适时制定合作策略和具体措施，提供绿色通道式的服务，吸引香港80%的印刷企业搬迁深圳，与深圳印刷业形成"前店后厂"的产业互动，并推动行业协作。深圳市印刷行业协会与香港印刷业商会近年来及时反映行业现状，争取政策支持，为企业排忧解难，2006年向国家发改委提交"关于《〈产业结构调整指导目录〉印刷业条目》修订的意见"；2007年向国家新闻出版总署提交"关于缩短地图印刷审批时间的意见"；2008年向国家海关总署提交"关于允许印刷企业外发加工的意见"。这些意见都得到了主管部门的及时反馈，深港印刷企业对两地协会的高效合作给予了肯定。

4. 拓宽了社会文化领域的合作。

一方面，两地特别加强了公共图书馆的合作，尤其是加强了深圳图书馆和香港中央图书馆网上资源共享平台建设和深港两地读者交流及活动推广;另一方面,是建立和完善深港民间文化社团交流机制。尤其是在演艺方面,深圳和香港的文化艺术团体互相展演,准备利用两地政府主办或参与主办的节庆活动平台,加强演艺资源的交流,深圳的专业演出团体及演出场馆将与香港有关方面建立固定的合作关系。在文化的公共服务方面,探讨研究深港演出票务系统的联网合作,探讨深港两地演出信息资源的共享,利用深港两地的艺术地图和文化信息网站分别开辟深圳演艺信息、香港演艺信息专栏,方便两地居民了解最新的演艺信息,建立正常的、定期的信息交换渠道和机制。

目前的深港文化合作尽管发展迅速,让人们对两地的合作前景持乐观态度,但总体来说合作依然处于初级阶段,远远没有达到全面和深入。就此而言,深港文化合作依然任重道远。

(二) 深港文化合作存在的问题

从大方面来说,研究深港文化合作问题,其实不仅仅是两地"文化"内部的问题。换言之,它必须放在两地不同的城市历史和政治、社会模式等大背景下进行比较并对各自的基本情况进行整体和深入把握的前提下,才有可能得出有效的研究结论。香港接受了英国 150 年的殖民统治,实行的是自由的资本主义市场经济体制,并由此发展出颇具香港特色的社会发展道路和城市文化传统。而深圳则是在中国改革开放后发展起来的经济特区和新兴城市,实行的是社会主义制度,包括其迅速发展的社会主义市场经济和社会管理模式,也体现出特有的"中国特色"。因此,尽管香港在回归后实行"一国两制","一国"是前提,但"两制"却是一种"客观现实",因此深港两地的文化合作在某种意义上,其实就是在"两制"的基础上的合作,这决定了两地文化合作的历史和现实,也决定了合作在未来所能达到的某种"限度"。就此而言,了解两种制度的根本差异及比较彼此的差距与"优劣",就成为研究两地文化合作的历史前提或逻辑起点。

因此,尽管深港文化合作近年来取得了不少的成绩,但也存在着显而易见的问题,尤其是两地文化合作所面临的制度差异以及两地文化发展水平的差距,成为进一步深化合作的内在障碍。这是我们在对两地文化合作的前景保持乐观的同时应清醒地加以面对的。概而言之,目前所存在的问题主要有：

1. 两地文化体制和管理理念差别明显。

在香港，尽管长期以来并没有设立专门的政府文化管理部门（如文化局），但香港政府决策与执行相对分离的管理体制，在文化事务的管理上也得到了贯彻。作为香港管理文化事务的主要职能局，民政事务局负责文化决策，包括确立宏观的文化政策方向、出台具体的文化政策措施以及文化经费资源的总体配置，执行则由康文署以及艺术发展局等法定机构去执行，而由各方专家组成的艺术委员会则提供专业咨询意见。因此，从政府的文化管理机构的设置上，较好地处理了文化决策和政策执行的关系，并在确保各执行机构和咨询、研究机构的相对独立性的基础上，在政策决策、政策咨询以及获得较灵活的政策回应性等方面，达到了某种平衡。在公共财政等公共资源的分配使用上，尽管民政事务局具体主导了文化经费的配置与使用，但同时也采取了公开、透明以及向全社会开放的方式，在力求平衡的同时也体现出公共行政的内在精神。另外，从文化政策的制定上来看，香港是描述性或回应性的，[①] 旨在及时反映、解决市民社会中出现的各种现实需要和公共文化问题。而深圳是个新兴的发展迅速的城市，城市历史较短决定了在城市文化管理经验上的相对不足，同时因为文化积累较薄弱，在此情况下政府成为文化发展的主体，并在文化政策的决策与执行上通过制定文化发展规划等手段而起到主导性作用；决策和执行并没有得到严格的区分，而部分担负起政策执行的事业单位因为存在着各种弊端，而没能很好地发挥应有的作用，同时由于行业协会等中介机构的不发达，使得整个社会文化管理体制与香港相比，存在较大的差异。

当然，两地文化体制的不同，是与各自不同的政府角色定位与管理理念密切相关的。在香港，政府长期以来信奉"积极不干预"的理念，这决定了政府将自己的角色定位为"小政府"或"有限政府"，并让市场与社

---

① 所谓描述性的文化政策（descriptive policies），属于一种积极不干预的政策，政策不对艺术下定义，容许多元的看法，政府主要开展文化场馆建设、艺术资助等，文化政策具体本而零散，政府与民间互动，事后可修订和回顾、描述。所谓回应性的文化政策（reactive policies），属于消极不干预的政策，政府只在社会或艺术家有要求时，才给予帮助或咨询。参见何志平、陈云根《文化政策与香港传承》，中华书局2008年版，第66页。

会发挥更积极的功能与作用；在广义的文化发展上，秉承的是自由市场和"大社会"的价值理念，因此以社会和市场为主导，政府在其中只是提供必要的服务。① 而深圳的文化发展，由于是以政府为主导的，强调政府的管制，推动效率较高，而文化发展上的社会化、市场化程度相对较低，各种民间文化组织的力量相对较弱，导致两地在文化合作上如何进行对接，始终是个很大的问题。这也从某个侧面解释了为何举办了9次的"粤港澳艺文合作会议"仅就一些相对"狭小"的领域取得成果的原因。② 这说明与内地城市的政府不同，香港政府在文化（尤其是文化产业）发展上的作用是十分"有限"的，就此而言，深港两地在政府层面的文化合作领域如何加以拓展，值得重点思考。因此，即便是两地政府间近年来的互动对以往单靠民间和市场来进行的文化合作是个极大的推动，但文化体制本身的不同也从根本上制约了文化合作的发展。

2. 两地文化运作机制差异较大。

与文化制度或文化体制相比，文化运作机制的差异是可以通过学习和相互适应来加以克服的，这是两地文化合作最有可能在较短时期内加以弥合和趋同的地方。香港是一座国际化城市，资本主义市场经济高度发达，经济和社会高度自由化，在资金、信息、技术、人才等方面都有着发达的现代化、国际化网络，这构成了香港文化发展的优势；同时，由于香港的

---

① 当然，就广义的文化来说，香港的"演艺"也许是个特殊的领域，无论是民政事务局的决策，还是康文署的执行，无论是艺术发展局的资助，还是香港文化中心等主要文化场馆的管理与香港艺术节的运作，香港政府的文化部门都掌控乃至"垄断"了绝大部分的文化资源，实施"计划管理"，在香港的演艺市场上居于主导地位。这与我们以往对香港文化管理的"想象"是有很大落差的。而"演艺"领域的特殊性，可能与香港政府对在文化公共服务的提供中所扮演的角色的理解有关。

② 从中国香港与新加坡政府在2004年签订的《香港与新加坡签署文化合作共识备忘录联合声明》中来看，两地政府之间的合作也只是在文物博物、文化艺术展演交流和图书馆合作等有限的领域。当然，这与香港政府的文化管理架构有关，如香港民政事务局（康乐及文化事务署）作为文化管理的主体，其职能在于负责提供康乐及文化服务，如举办和协办各种文化表演、艺术节、娱乐节目、文学艺术活动等，而其他如广播、影视及娱乐、电讯业发展、创新科技，以及淫亵和不雅物品的管制等文化事务，其职能则归划到工商及科技局。这是香港政府内部的职能划分对文化合作的影响，如果再考虑到政府在文化发展上的不同角色定位（产业化、市场化的领域不在香港政府的"管理"范围之内），自然也影响到文化合作的广度和深度。

市民社会发展较为完善,拥有众多的社会民间机构,在城市文化上秉承以市场与民间为主导,这使得香港的文化运作机制以国际化、市场化和社会化为特征,而政府在其中主要扮演资助和服务的角色,因此在具体的运作模式上,在"积极不干预"并以企业和民间自发、独立开展文化活动的同时,通过民政事务局的决策、康文署的执行、艺术发展局的资助、各专业委员会和研究机构提供咨询意见以及中介机构、市民的广泛参与,形成文化运作机制。而且这种运作机制是在严格的法治环境下形成的,包括从艺术发展局等法定机构的设立,到公共资源(财政)投入与使用的公开、透明和开放,都做到了高度的法制化和程序化,成为香港文化运作机制的优势所在。而深圳在文化发展上更多地以政府为主导,管制性的特点较为明显,市场经济的发展还不够充分,市民社会还在发育阶段,社会民间文化机构(如行业协会等各种中介组织)不发达,因此文化运作机制的国际化、市场化、社会化程度都不够高,在公共资源的投入和使用等方面还没能实现法治化和程序化。因此深圳在与香港进行文化合作时存在不少因两地机制的差异而难以实现有效的衔接。

3. 两地文化发展程度落差较大。

香港是一座有着一百多年现代化历史的城市,是国际知名的自由港,经济和社会高度自由,在文化上长期以来积累、形成了自己的文化特色和历史传统,尤其是在文化产业方面的发展水平较高,其影视娱乐、流行音乐、新闻出版、设计等在国际或区域内都处于领先地位。有着较高水准的艺术团体、发达的文化市场,而且由于高校相对较多,在学术文化上也有着较高的发展水平。这形成了香港较为完善的社会文化生态和较高的文化发展水平。反观深圳,由于城市历史较短,城市文化积淀不深,尽管在城市的迅速发展中,文艺团体、文化机构、文化企业陆续出现,文化产业近年来成绩显著,文化市场日趋完善,文化管理水平不断提高,但与香港相比,其发展水平和程度都还存在较大的落差,尤其是城市的文化生态还有待进一步完善,而这种文化发展水平的"不对等",无疑也影响了两地文化合作空间的拓展和相关领域合作的深化。

4. 受"一国两制"等政治、制度方面因素的影响较大。

香港回归祖国后,实行"一国两制",对于深港合作而言,"一国"为两地交流与合作提供了新的政治基础和历史条件,但"两制"的存在,始终是深港文化合作必须面对的现实。客观地看,深港两地不同的历史和制度,不仅在香港回归前阻隔了两地的交流与合作,而且在香港回归后相当长的时期内所实行的"一国两制",也会对两地经贸、社会和文化交往带来深远影响,特别是其中的政治意识形态因素以及其他社会制度因素,对文化合作的广度和深度都有不同程度的影响。

5. 文化合作受制于其他领域的合作程度。

深港文化合作涉及方方面面的因素,包括两地交通基础设施的发展状况、签证机关的沟通与合作、海关的相关政策措施,以及工商、税收等相关政府职能部门的介入等,都在文化合作领域发挥各自不同的作用。此外,具体文化合作过程中所遇到其他实际困难,也是值得关注与重视的问题。如香港艺术发展局在一份关于香港与内地的艺团交流的研究报告中,总结了香港艺团与大陆单位出现期望差距、政府鲜以中介角色出现等制约因素,并分析了香港艺团不太热衷与内地交流的五个原因:惧怕内地对表演意识形态方面的监管;不热衷未能突出艺团个性或纯娱乐性的歌舞表演;感到内地市场是单纯的买卖,不是双方在艺术创作上的交流;内地邀请本地艺团前往交流的预备时间往往太短;对内地情况不熟识,不敢贸然进行交流。[①] 这些或多或少地都成为两地文化艺术进一步合作的障碍。

---

① 参看 http://www.hkadc.org.hk/tc/infocentre/research/report_200612,2007 年 6 月 10 日。

深化深港文化合作的战略构想与若干建议*

（一）深化深港文化合作的必要性与可能性

如今，深港文化合作进入了一个全新的关键时期和发展阶段：一方面，深港合作正在全面、重点推进，这为两地的文化合作创造了良好的发展环境与氛围；另一方面，两地文化领域的合作能否抓住这一难得的历史契机，拓展其广度与深度，将影响深港文化合作在未来的发展面貌。但也应同时看到，目前的合作还只是初步的发展，即便是政府之间的合作，也只是在一些较为容易的、可操作性强的局部领域，它离深港全面、深入的合作目标还有相当的距离，因此有进一步开展合作的必要性；同时，迄今为止的合作成果以及达成的合作意向，也为未来的深入合作创造了各种可能性。

进一步深化深港文化合作的必要性有：

1. 加强文化合作是两地经济、社会进一步密切化的现实需要。

合作总是现实需要的反映与延伸。事实上，以往的深港文化合作之所以成为可能，正是两地共同的需要所推动的。近年来，在政府和民间的共同努力下，深港合作正在全面推进，同时在市场的推动下，两地的生产与生活要素的流动也在加速进行，促使资金、人员、商品和信息等进一步融合，两地消费、置业、就业、教育、医疗、通信、交通等的往来和资源共享日益频繁和紧密。目前，两地口岸每天通关人数高达40万人次，罗湖成为世界上最繁忙的陆路口岸。当然，从目前两地政府签署的合作协议来看，重点还在于基础设施、科技、金融等领域，文化合作尚未成为两地政

---

* 本文为2008年6月完成的深圳市文化局委托课题"深港文化合作专题研究报告"的部分内容。报告执笔：毛少莹、杨立青、任珺。

府合作的重要议程,"粤港澳艺文合作会议"的合作范围是广东省、香港和澳门三地,深港两地专门性的文化合作会议及协调机制尚未出现。但是,随着两地经济、社会进一步密切化,必然要求在文化上加强彼此的交流与合作,这不仅在于文化交流与合作有助于彼此的了解,并为方便、丰富两地市民文化生活创造各种可能性条件,更在于它有利于作为一个产业门类的文化产业的发展壮大,有助于从"文化价值"的更深层次促进深港合作的进展。

2. 加强文化合作是整合两地文化资源、创造文化双赢的共同要求。

香港是亚太地区著名的国际金融中心、贸易中心,经济发达,国际化、现代化程度高,经济和文化高度融合,其电影、电视、流行音乐等娱乐产业曾经在东亚和东南亚地区具有相当强大的实力和广泛的影响,其设计、广告、印刷、动漫画、新闻出版、会展、旅游也颇具实力,优势明显。然而,香港也同样面临着发展成本高、文化资源有限、文化市场狭窄等发展劣势,尤其是在亚洲金融风暴后香港经济不景气,影响到香港文化及创意产业的发展,近年已出现疲态。因此,如何化劣势为优势,开展对外合作也日益成为香港政府和业界的共识。正如香港民政事务局局长曾德成在出席粤港澳文化合作第九次会议致辞中说,《关于建立更紧密贸易关系安排(补充协议四)》下订出了具体开放措施,方便特区的演出经纪机构和文艺表演团体到大陆举办营业性的演出,这无疑将利于开拓更广阔的演艺市场。而深圳近年来文化发展迅速,无论是公共文化设施,还是文化产业,都取得了跨越性的发展。深圳汇集了1200万人口,基础文化场馆设施日渐完善,文化市场潜力巨大,文化发展成本相对低廉,而且制造业发达、高新技术人才较多,这些都形成了深圳文化发展的优势。就此而言,香港加强与深圳的合作,有利于以深圳为跳板,开拓广阔的内地市场。而深圳也可在合作中,利用香港的国际化优势,尤其是在丰富的文化资讯、成熟的国际运作模式和运作手段、资金等,开拓国际市场,增强自身的发展优势。因此,加强深港文化合作,有利于最大限度地整合两地的文化资源,创造文化双赢的局面。

3. 加强文化合作是提升两地综合竞争力、共建深港大都会的战略需要。

对于深港文化合作,我们需要更高远的战略意识和眼界,不能只是为了合作而合作。事实上，作为深港合作总体架构的重要组成部分，两地文化合作应该瞄准提升两地竞争力、共建深港大都会的战略目标。文化合作不仅仅为了两地"文化生活的丰富"，而且也是提升两座城市文化竞争力、共建深港大都会的战略部署。如今，以创意产业为代表的文化经济在全球化时代的经济格局中占据了越来越重要的地位，只有尽可能地利用全球产业要素和地区优势发展高端的创意产业，才能形成可持续发展的城市文化竞争力。由于香港与深圳都各有自己的优势和劣势，目前两地处于提升各自竞争力的考虑都有共建世界级大都会的意愿和行动，但深港大都会的建设必须依赖于各种生产与生活要素的自由流通，尤其是文化创意等城市创新的快速发展，这都必然要求在经济、科技等之外，进一步加强文化之间的合作，促进两地资金、创意、人才、项目、机构、团体等要素的良性互动，优势互补，互惠互利，在共建深港大都会的宏大目标之下，努力提升两地的城市竞争力。

进一步深化深港文化合作的可能性也非常大：

1. 深港合作总体框架的提出，为两地更紧密的文化合作提供了广阔前景。

正如前面所述，深港文化合作受制于深港之间总体合作的进程，受制于国际、国家与区域政治、经济和社会环境的变化。因为前者，两地文化合作几乎与深港合作的历史同步；因为后者，深港文化合作得以突破和取得较快的发展。如今，从2003年CEPA的签订与实施，到2004年"1+8"协议的签署，从2007年5月的《"深港创新圈"合作协议》到2007年12月的"1+6"合作协议，深港合作总体框架已经基本搭建起来，并标志着从点到面、从局部到整体的深港合作格局正在稳步推进。可以说，这种迅速发展的深港合作趋势，既为两地更紧密的文化合作提供了现实环境和条件，也为未来的合作提供了异常广阔的前景。

2. 以往两地文化合作所打下的基础，为延伸与深化文化合作成为可能。

合作的基础是交流，在交流的前提下达到双方的相互了解。在这方面，经过近30年来两地广泛而深入的交流，深港两地增进了彼此的了解，对各自的文化优势、劣势都有了相对清晰的认识。合作的另一基础是相互平等、互惠互利，在这方面，经过多年的探索，深港两地在可行性高、可操作性强的领域进行了平等的合作,在合作中基本上实现了两地的互惠互利。而从实践的层面看,深化两地文化合作是对以往的合作历史及成效的肯定及对未来愿景的展望,正如上面所介绍的,由于民间和政府的双重推动,深港文化合作开创了崭新的局面,并在各个文化领域都取得了相当的成绩。成绩来之不易,因此理当珍惜,在此基础上,进一步拓展深港文化合作的空间。

(二) 指导思想和基本原则

本着解放思想,开拓创新的精神,结合深港两地的不同实际,深港文化合作的指导思想应当是:

在"一国两制"的基本方针指引下,采取积极务实、谨慎有效的方法,切实加强深港两地的文化合作,以满足深港市民对高质量文化生活的需求和两地对提升城市文化竞争力的需求;使文化适应并引领深港都会的全面、可持续发展;并为继续保持香港的繁荣与稳定,为共同打造具有国际竞争力的"深港创新圈",成功实现"一国两制"的伟大构想,为我国弘扬民族优秀文化,吸收外来优秀文化,形成中西合璧、兼容并包的中国特色现代新文化创造新鲜经验。

深港文化合作需要遵循如下基本原则:

1. **"一国两制"下合作双赢的原则**。坚持"一国两制"的基本方针,维护香港的长期繁荣与稳定,是推动深港文化合作的基本原则。要在坚持这一原则的基础上,继续深化改革,扩大开放,创造性地探索"一国两制"条件下深港文化合作的可能路径和创新空间。

2. **优势互补、有效整合的原则**。深港两地虽然比邻而居,由于不同的发展背景、制度、人口结构等,形成了不同的优势,既有土地、空间、资金等"硬件"方面的优势,也有理念、制度、法律等"软件"方面的优势,应进一步发掘、发挥深港两地各自不同的文化优势,并以优势互补为原则,实现文化资源的有效整合,最终实现合作双赢。

3. **合理分工、协调推进的原则**。深港文化合作,需要双方的共同努力,应在全面沟通的基础上,促成合理的城市功能定位、发展任务分工,最终形成通力合作、协调推进的良好机制和局面。

4. **先易后难、由点及面的原则。**深港文化合作，是一项长期而复杂的系统工程，必须区分不同的战略阶段，进行适当的任务分解，以先易后难为原则，由点及面，加以逐步推进。

（三）战略目标及发展策略

1. 战略目标

（1）**近期目标（未来 5 年内）**：以粤港澳文化合作会议达成的合作领域（资讯平台、演艺、博物馆网络、数字图书馆网络、粤剧艺术推广等）为突破口，结合 CEPA 及深圳市有关深港合作的有关协议，促成一些重大项目的实质性合作，初步形成深港文化全方位交流与合作的良好局面。

（2）**中期目标（未来 5—10 年）**：政府文化部门间形成有效的文化交流与合作规划、长期合作的项目和共同促进合作的领域与政策、机制安排；全面建立公共文化、文化创意产业等领域的紧密合作关系。

（3）**长期目标（愿景）**：全面提高深港地区市民文化生活质量，切实提升深港文化软实力，实现深港文化融合，将深港地区建设成为人文荟萃、创意发达、地域文化特色鲜明的世界著名文化都会。

2. 发展策略

策略和路径的选择，将很大程度上影响战略目标的实施，针对不同的文化领域，我们认为推动深港文化合作的发展策略应为：

（1）**文化行政领域。**在"一国两制"的框架下，以积极务实的精神，通过签署"深港文化合作的框架性协议"等方式，使深港文化合作"达成共识"、明确方向、"有章可循"、持续进行；努力实现政府间交流合作的常规化、制度化；加大政府支持深港文化合作项目的力度（资金投放、审批简化、政策便利等）。

（2）**公共文化领域。**通过建立和完善公共文化服务平台，实现两市公共文化资源的"适度"共享。通过提高深圳公共文化管理与服务水平，推动深港两地公共文化事业的共同发展。通过一些具体合作项目的突破与带动作用，以点带面，推动合作的全面深化。

（3）**文化产业领域。**将文化产业领域的合作作为深港文化合作的重要突破口，以深港地区经济（产业）领域的融合带动文化领域的融合；以重大项目为依托（"文博会"、河套地区），合作发展文化创意产业；发挥深圳土地价格相对低廉等优势，营造创意产业环境，吸引香港创意产业原创人才集聚深圳，促成深港优势互补。

（4）**学术及专业艺术领域**。以推动艺术团体合作为突破口，促进深港专业艺术领域的交流与合作；以深港合作研究为契机，促进深港文化学术研究领域的交流与合作。

（5）**民间文化领域**。以民间为主导，政府牵线搭桥、适当扶持，广泛开展深港民间多层次、多种类、多形式的文化交流与合作。

三 以九大项目为重点，全面推进深港文化合作

（一）实施"深港公共文化信息电子化"及"公共文化信息交换推广"计划

建议借助已有的"粤港澳文化信息网"，加强两地文化的沟通与了解，进一步完善网上深港文化信息内容，譬如增设文化旅游、会展、文艺人才资料库等信息，以促进区域人才交流、培训与合作。同时，可以考虑在技术上加强网站的亲民、便民服务，探索制定跨地域售票服务的方案，以拓展观众网络。应在旅游地图等媒体上加强推介"粤港澳文化信息网"，提高其知名度，满足市民对珠三角区域内文化信息的需求。

借鉴学习香港"公共服务电子化"计划（ESD"生活易"网站），尝试采用公私营机构合作模式，让公益性文化和商业性文化服务融合于同一网站，为两地市民提供一站式服务。网站可以围绕两地市民日常文化需求，按不同类别设置各类互动或交易性质的文化服务，譬如联网两地公共图书馆，提供两地市民图书的参考咨询及电子网络资源的共享服务；联网两地演艺、展览及其他文化活动信息，提供两地市民查询及票务的联网订购服务；联网两地最新文化节庆介绍及文化艺术培训项目；联网两地有关产业及人才介绍、政策、措施办法、内外市场机遇、文化基金申请、行业需求，以至投资商机、招聘机会、对外文化交流渠道等信息，方便两地文化企业经济往来。把"深港公共文化服务信息电子化"计划向香港政府申请直接纳入ESD计划中，以栏目形式予以设计，方便香港居民了解并参与

深圳的文化生活，扩大深圳在香港市民中的影响；深圳则可以以"**深港公共文化服务信息电子化**"计划为试点，进一步加强两地文化生活联系并促进深港文化融合，在条件成熟后扩大深港公共服务电子化领域与范围，便捷两地市民的相互往来，以及城际生活的进一步融合。

电子化服务提高了服务的效率和便捷度，但同时也限制了一部分尚未掌握信息化技术的市民享有文化信息的权利，应建立两地通畅的公共文化信息交换渠道和机制，建议联合两地文化及旅游部门，制定"**公共文化信息交换推广计划**"，在深港两地的酒店、旅游景点、机场等公共场所，摆放两地文化艺术信息宣传策，如香港的《艺讯》、深圳的《艺术地图》等资料，联手推广宣传两地的艺文活动，方便两地市民及游客取阅了解，完善两地的演出推介网络。

（二）拓展两地图书馆服务范围，营造深港阅读文化氛围

在网络技术方面，两地图书馆各有优势，建议加强合作，共同提高图书馆信息的现代化水平。在馆藏方面，可以考虑互相支持搜集两地文献资料，丰富地方文献特藏。在对外服务方面，可以考虑先开展两地科技类及少儿类图书互通互借服务的合作，加强两地馆际网上专业图书资源共享及学习资源的共建共享合作，满足两地市民对知识、资讯、研究和休闲等方面的需求，为两地市民的继续教育和终生学习提供便捷的网络资源。在馆员继续学习方面，可以考虑建立两地合理的长效培训机制，重点提高深圳图书馆在观众拓展及活动推广等方面的业务能力。

通过两地系列阅读活动，如深圳读书月及香港国际书展等，相互拓展活动范围，共同打造深港读书文化品牌活动，共享品牌资源。建议策划深港公共图书馆与教育界、文化界、各类学术团体、文化社团及民间组织间的互动项目，积极发挥两地官方及民间各类资源，共同拓展两地市民的阅读视野、提高两地市民文化素养。两地公共图书馆也可开展网上书评、讲座、展览及其他两地读者拓展工作，共同举办世界阅读日的推广阅读系列活动，通过针对不同年龄人士的活动设计，致力于推进两地阅读风气和文学艺术氛围的改善。

（三）加强两地文博网络建设，推动文化遗产保护

两地在文物展览方面已有一定的合作基础，双方可考虑以各自的馆藏进行藏品数据电子化，通过互联网实现资源共享。专业人才交流方面，可通过两地考古学及博物馆学讲座或培训课程，或者具体的研究项目，譬如香港出土考古文物资料研究计划等，加强两地专业学习与交流。技术资源共享方面，可通过积极参与粤港澳"文物建筑修复工匠数据库"及"文物建筑修复技术数据库"建设，交换文物建筑修护承建商数据，以及合作研究修护规例和技术等建议，落实具体的合作计划。文博普及方面，两地也可共同举办博物馆日、文化遗产日等文化普及活动，开展岭南古建筑构件征集活动，增进两地市民对区域文化历史的了解。

香港康文署在观众拓展计划中，通过在社区和学校层面加强市民及学生对非物质文化遗产的认知，这一经验取得较为理想的效果。建议我们也可考虑联合两地教育局、学校、学者、收藏家、艺术家、文化及社区团体进行紧密合作，共同开展两地非物质文化遗产保护的推广活动，发挥协同效应，提高两地市民对中国传统文化的兴趣和认识。在"弘扬粤剧艺术"方面，通过共同举行"粤剧日"系列活动，加强对青少年及儿童的粤剧艺术推广活动；可以考虑两地合作筹办国际粤剧节和粤剧巡演活动；加强两地粤剧人才培训的合作，组织青年交流、共同创作剧目；同时继续开展粤剧文物资料汇编的收集整理工作，跟进《粤剧大辞典》的编纂工作。

（四）促进两地演艺资源共享，打造深港文化演艺圈

目前，深港两地都分别举办多个文化艺术节庆，其中，"香港艺术节"等已经成功运作多届，积累了丰富的大型艺术节庆举办经验。深圳应在学习的基础上，主导加强两地的交流与合作，努力整合两地文化资源，丰富深圳的节庆活动内容，打造节庆品牌。可以考虑尝试把香港成熟的国际文化节庆活动，如香港艺术节"延伸"至深圳，推动深圳演艺市场的发展。利用两地政府主办或参与主办的节庆活动平台，加强两地演艺资源的交流，包括两地优秀节目的交流演出制度、共同邀请国际级节目在深港巡回演出、建立深港专业文艺团体交流合作机制等。同时，也可以学习发达国家常用的"场地伙伴计划"，通过策划推行我市场馆的"场地伙伴计划"，鼓励场馆与两地演艺团体、机构建立伙伴关系，扩大观众层面、提高场馆的使用效率、完善社会办文化社团扶持办法，营造良好的表演艺术生态。

尤其值得重视的是，香港康文署"文化节目组"虽是政府部门，却直接采购国际节目及组织本地外出演出，积累了丰富的经验，深圳在引进国际演艺节目或拓展国际演出市场时，应充分重视与其保持及时的沟通，共享信息，促进深圳国际文化交流。此外，还应重视研究两地文化市场及居民艺文消费行为调查，了解需求差异，以制定恰当而有效的深港艺文活动推广策略。

（五）加强两地视觉艺术交流，探索创办当代艺术展

由于特殊的文化传统，香港比较重视表演艺术的发展，而似乎较为"忽视"视觉艺术发展，香港2000年才建立了"亚洲艺术文献库"，而香港康文署迟至2001年，才成立了专门的"艺术推广办事处"，负责推动视觉艺术的发展。目前，香港尚没有视觉艺术方面的品牌节庆。相比之下，深圳比较重视视觉艺术的发展，深圳多次主办的"深圳国际水墨双年展"（深圳画院承办）、"深圳美术馆论坛"（深圳美术馆承办）、"当代国际雕塑艺术展"（何香凝美术馆承办）、"深圳城市/建筑双年展"（深圳市规划局等承办）、"雅昌艺术论坛"（雅昌艺术馆承办）等，均有一定的知名度和影响力。深圳美术馆、关山月美术馆、何香凝美术馆、OCT当代艺术中心、大芬油画村等发展迅速，雅昌艺术网、雅昌艺术指数对艺术市场影响日益扩大，此外，深圳的平面设计、时尚创意设计、油画、版画等也在全国颇有影响力。可见，深圳在视觉艺术展示及相关产业发展方面具有一定的优势。考虑深港两地资源共享和优势互补，建议依托深圳正在筹建"深圳当代艺术馆"，与香港新视野艺术节、香港亚洲艺术文献库等合作，适当时候，创办"当代艺术展"，共同推动深港地区视觉艺术的发展。

（六）推动两地文化产业合作，共建亚洲创意之都

深港文化创意产业各有优势，如何利用两地有效资源，加强产业共同发展及合作，需要进一步加强以此为目标的政策研究。政府方面，可以共同参与编撰粤港澳艺文合作高峰会议中提出的《粤港澳文化（创意）投资指南》，重点对两地产业范畴、投资门槛、发展导向、成功文化创意企业经验等内容的介绍，为两地企业界提供投资指引。企业界及学术界方面，可以加强对两地在文化创意产业优势互补领域合作方式的研究，香港文化

创意产业在内容、版权保护和非产品类的服务方面有一定的优势，但内容和版权的价值，还没有及时转移到文化产品制造业和文化产品贸易业中，发挥文化价值的倍增效应、后续效应和联动效应；深圳应充分利用自身高新技术人才众多、产业化成本低、制造集群产能大、产业配套环境好、港口规模扩展快、移民创新精神强的比较优势，加强两地强势产业链的整合，一方强势的产业链可向对方扩展，与对方结合，达到利益共享。

具体产业类别上，可考虑先开展有合作基础，较为容易操作的行业。如开展深港两地会展合作，引入港方合作举办文博会。充分利用香港国际知名度高、海外推广能力强、专业经验丰富的品牌与技术优势和深圳会议展览场地多、酒店房价低的资源和价格优势，共同发展商业性会议展览业，打造深港两地的会展联盟，协调会展资源，合作举办展览，共同提升两地会展业的整体国际地位。可先以"中国（深圳）国际文化产业博览交易会"（简称"文博会"）为平台，引入香港特区政府有关部门参与"文博会"的主办和承办工作，建立香港分会场，整合两地文化行政和行业资源，引入香港会展企业参股深圳文博会公司，提高"文博会"的国际化、专业化、市场化、规范化水平，打开中国文化产品和服务"走出去"的有效突破口，进一步提高"文博会"的国际性和影响力。等条件成熟以后，可进一步设想增加新的文化创意产业类的两地会展合作。

另外，也可考虑加强两地传媒合作，争取深港相关媒体对深港区域的共同覆盖。推动深港两地电视频道互为落地，通过深圳卫视在香港地区的落地覆盖工作，扩大深圳在香港的影响力，使之成为香港市民了解深圳经济社会发展的窗口。政策上，深圳应积极向广电总局、省广电局申请香港的有关电视频道在深圳有线电视网络基本层中播出。探索建立深港媒体信息数据中心，打造港台图书（社科类除外），古典音像制品的销售平台和网络平台。深港两地可以加强版权贸易方面的合作，鼓励双方出版社、期刊社与发行商进行版权贸易合作。深港广电媒体在节目制作、影视节目交流、大型影视活动、重大的广播电视赛（展）、影城的投资建设经营以及电影电视节目交易会等项目上也可以发展合作关系。深圳可考虑首先借鉴香港影视分类、分级管理办法，研究制定国内电影分级制度的办法，使之与国际惯例接轨。尝试探讨两地开展电影发行、连锁经营等合作，推进港产粤语电影在深圳发行放映。

（七）共同开发"河套地区"，打造国家级创意产业园

在合理确定两地城市功能、城市基础设施对接、邻近地区生态环境保护的基础上，共同开发深港"河套地区"，通过在"一国两制"基础上的城市边界效应，共同建设一个空间布局合理、高土地利用率、产业关联度大、高附加值、低污染、辐射带动能力强的深港国际文化创意产业园，作为河套地区开发中的重要产业类型。这样可以将香港创意研发能力强、产业国际化程度高的优势与深圳产业配套环境好的优势结合起来，积极吸引国际知名文化企业、中介组织和研发、培训机构进驻，建立以高端文化创意产业为内容，以出口为导向的创作平台和生产基地。抓住深港合作开发河套地区的战略机遇，发展探索提供"一国两制"条件下富有创新意义的文化创意产业管理模式。探索两地资金、技术、设备、原材料、人员、商品等要素在"河套地区"相对自由的流通与合作，促进优势互补、资源共享。两地政府可考虑对园区内公共技术平台建设予以重点扶持，并制定鼓励两地金融机构运用金融手段支持园区内文化创意产业发展的相关办法。

（八）加强两地艺术教育合作，培育创意力量

香港政府在对基础艺术教育的投入与政策支持上积累的成功经验值得深圳学习，我们应以此为借鉴逐步改变深圳目前艺术教育仍以技巧为主，艺术消费以消遣娱乐为主的现状，丰富艺术教育的形式，积极有效运用社区资源拓展艺术教育渠道，加强市民尤其是青少年创意及艺术鉴赏力的培养。建议通过全市性的文化艺术教育改革，改变深圳文化艺术教育不足的现状，参考香港艺术教育改革方向，指引小学课程艺术课所占比例为：8%—10%（香港为10%—15%），初中为：6%—8%（香港为8%—10%）；可考虑与香港教育部门开展中小学艺术课程设计合作，研究新的教学模式和教材改革方案，保证艺术教育的连贯、多元发展；同时，需要加强两地艺术教育师资的专业化培训合作，拓展两地培训职前艺术教师的资源，可以考虑利用香港演艺学院、香港中文大学、香港大学等院校及职业训练学院、大专院校校外课程和民间文化机构的艺术课程，提升深圳师资力量。可以借鉴香港康文署开展的"社区文化大使计划""社区粤剧巡礼""学

校艺术培训计划""学校文化日"等项目的运作方式,借助与两地艺术团体、艺术家的通力合作,在深圳学校和社区举办一系列具有创意性、开放性的观众拓展及艺术教育的普及活动,为社会营造一个鼓励表达及创作的有利环境,培育深圳未来创意支援力量。

(九)合作培养文化艺术人才,推动两地人才自由流动

深圳高等院校少,文化机构少,文化积淀薄,文艺人才比较缺乏,尤其是应用型专才大量缺乏。可以考虑通过两地高等教育合作(比如与香港演艺学院的合作),联合培养一批具有独立创意能力、艺术运作能力,熟悉商业运作环境和文化市场需求的应用型人才。政府也应扶持两地文艺界、文化企业界,合作举办在职培训课程,鼓励民间联合香港熟悉国际管理的法律、财务、企业管理等方面的专家和机构,依据两地各自优势师资力量和管理经验,为艺术管理及文化产业设计符合需求的培训课程,为深圳文化从业人员举办最新专业技能及知识的在职培训,以适应知识经济的发展。尤其值得注意的是,由于有重视演艺发展的传统,香港在表演艺术行政、场地管理、节目采购、市场推广等方面,积累了丰富的经验,可通过建立深港对口文化机构管理人员互访机制,逐步培养深圳熟悉国际惯例的文化行政管理干部和业务骨干,汲取香港长期积累包括国际融资、成本控制、市场开拓等方面的国际经验,提高深圳文化艺术管理水平,并为深圳文化产业走出去汇集一批专才。同时,也可考虑设置定期或不定期的、各领域、各种专题的深港文化发展研讨会,通过相互讨论,进一步推动两地文化管理和学术研究的交流与合作。

在培养本土人才的同时,我们也应当学习香港宽松的人才引进政策,创新建立高层次紧缺急需文化人才"绿色通道"机制,重点引进海外高层次文化经营管理人才和文化创意设计人才。可考虑建立两地文化人才信息交流机制,条件成熟时建立两地文化艺术人才信息库,及高层次紧缺急需文化人才的认证机制和推荐机制,着力打造"深圳—香港—海外"人才流动新模式。各文化艺术机构,可探索运用特聘专家制度、项目聘用制、签约制、客座制等更为灵活的用人机制,实现深港文化人才互补和共享。

关于珠三角文化合作的观察与思考*

——兼评"粤港澳文化合作会议"

引言

正如《珠江三角洲地区改革发展规划纲要（2008—2020）》（2008年12月31日）所指出的，珠江三角洲地区是我国改革开放的先行区域，在全国经济社会发展和改革开放大局中具有突出的带动作用和举足轻重的战略地位。无疑，这种带动作用包括了文化领域，即对中国的文化转型，或曰文化现代化的引领和带动作用。

"粤港澳文化合作会议"自2002年11月18日在香港举行第一次会议，至2009年2月已经举办十届。作为珠三角地区规模最大、持续时间最长的政府间文化合作会议，会议十年来取得了丰硕的成果，成了珠三角区域文化交流与合作最重要的公共平台。最新于第十次会议上签署的《粤港澳文化交流合作发展规划2009—2013》，更是在"一国两制"的前提下，立足于国务院刚批复的《珠江三角洲地区改革发展规划纲要（2008—2020）》（下简称"规划纲要"），并与之相衔接。① 根据"规划纲要"的界定，珠江三角洲地区指"广州、深圳、珠海、佛山、江门、东莞、中山、惠州和肇庆市等9市为主体，辐射泛珠江三角洲区域"的广大地区。② 依照《香

---

* 本文原发表于彭立勋主编《文化科技结合与创意城市建设：2010年深圳文化蓝皮书》，中国社会科学出版社2010年版，第117页。

① http://www.info.gov.hk/gia/general/200902/20/P200902200261_print.htm，2010年1月29日。

② 见国家发改委2009年1月8日公布《珠江三角洲地区改革发展规划纲要（2008—2020）》之"前言"部分。

港基本法》和《澳门基本法》,①"规划纲要"未能直接将港澳地区纳入规划范围,但"规划纲要"专门指出:"并将与港澳紧密合作的相关内容纳入规划。"② 港澳因素对珠三角地区的影响显然不能忽视,因此,"粤港澳文化合作会议"某种意义上可视为"珠三角文化合作会议"。考虑珠三角文化合作问题,当然应当将十届"粤港澳文化合作会议"及其多年来取得的进展、推动的项目、奠定的基础作为重要的前提。

本文即结合评析"粤港澳文化合作会议"(下简称"会议")成果及"规划纲要"对文化合作提出的要求,对珠三角未来如何进一步加强文化合作,发挥其文化对全国的引领与带动作用做出的思考。

一 珠三角文化合作的现状及存在问题

珠三角地区自20世纪90年代后期,政府部门就开始积极主动推动区域文化合作。③ 近年来,由于珠三角经济社会互动频密,CEPA 协议签署实施等因素,文化领域的合作更是迈出了很大的步伐,特别具有代表性的举措是政府文化部门牵头举办的"粤港澳文化合作会议"和相关项目的推进。

首届"粤港澳文化合作会议"于2002年11月18日在香港举行。时任香港特别行政区民政事务局局长何志平、广东省文化厅厅长曹淳亮、澳门特别行政区文化局局长何丽钻和珠江三角洲其中七个城市(广州市文化局、深圳市文化局、珠海市文化局、东莞市文化局、中山市文化局、佛山市文化局,以及顺德市文体局)的政府文化部门主管,参加了当时在香港举办的名为"粤港澳艺文合作高峰会"(后正式定名为"粤港澳文化合作会议")的会议——这是珠三角历史上第一个政府间举办的、专门就珠三角文化合作进行探讨的高峰会议。该会议的举办,标志了粤港澳政府间合

---

① 根据《香港基本法》和《澳门基本法》,"港人治港""澳人治澳",高度自治的方针,港澳有独立的规划权。
② 参见 http://www.info.gov.hk/gia/general/200902/20/P200902200261_print.htm,2010年1月29日。
③ 当时曾由广东省文化厅等单位牵头研究制定珠三角文化发展战略,后因种种原因未能出台,本人曾参与课题组。

作机制的建立。此后，会议持续举办，至 2009 年，举办十届，以签署《粤港澳文化合作发展规划 2009—2013》为标志，粤港澳文化合作再次迈上一个新的台阶。①

表1 历届"会议"及其成果情况一览：

2002 年 11 月 18 日　粤港澳文化合作第一次会议在香港举行。
　　三方签署会议纪要，决定从演艺合作、文化资讯、文博、公共图书馆、粤剧等方面开展三方文化合作。

2003 年 2 月 17 日　粤港澳文化合作第二次会议在澳门举行。

2003 年 8 月 15 日　粤港澳文化合作第三次会议在广州举行。
　　三方正式签署经国务院港澳办批准的《粤港澳艺文合作协议书》，标志粤港澳文化合作机制正式确立。

2004 年 2 月 28 日　粤港澳文化合作第四次会议在香港举行。
　　同年 7 月，粤港两地成功举行了"粤港青年文化之旅"活动，近 200 名粤港大学生一起参加了在珠三角、粤东、粤北的文化交流与考察活动，增强了香港广大青年学生对祖国历史文化的认同。同年 8 月，广东与香港两地合作举办了"香港青年音乐营"活动。

2004 年 9 月 4 日　粤港澳文化合作第五次会议在澳门举行。
　　同年，粤港澳三地首次联动举办"国际博物馆日""粤剧日"和"文化遗产日"活动。同年 4 月，正式开通了"粤港澳文化资讯网"，促进了粤港澳文化信息的互通（2006 年，三方达成共识，共同出资建设"粤港澳文化资讯网"统一发布平台，并于 2008 年 1 月共同签署《粤港澳文化资讯网服务协议书》）。

2005 年 4 月 28 日　粤港澳文化合作第六次会议在广东东莞市举行。
　　同年 7 月，广东省文化厅组织广州杂技团一行 90 人赴香港举办"粤港经贸文化交流活动"，演出 2 场大型杂技《金木水火土》。同年 8 月，粤港澳三地联合举办首届"粤港澳演出艺术经营管理讲座"，近百名粤港澳及广西、云南业界人士参加了在广州、深圳、香港、澳门举办的活动。同年 10 月，广东歌舞剧院获文华大奖的舞剧《风雨红棉》赴香港演出。同年，三地四馆（广东省立中山图书馆、深圳市图书馆、香港公共图书馆、澳门中央图书馆）的书目数据库联网、查询中编码问题已经解决，各自建立了参考咨询网页，并实现了相互联结。粤港澳各自成功举办了"世界阅读日"活动，举行阅读报告比赛。此外，粤港澳三方按照《三地市民艺文消费行为调查计划的实施方案》于 2005 年 8 月至 10 月期间，分别进行了市民艺文消费行为调查工作。2006 年，粤港澳三地的市民艺文消费行为调查计划完成，形成了《调查综合报告》供三地相互参考筹备三年的"东西汇流——粤港澳文物大展"于 2005 年年底至 2006 年年中先后在香港、广州、澳门成功举办。

---

① 参阅"粤港澳文化资讯网"http://www.prdculture.org/show_article.php?BAS_ID=2293。

续表

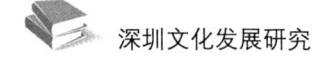

> 2006年2月17日，粤港澳文化合作第七次会议在香港举行。
> 由中华人民共和国文化部、国家广播电影电视总局、中华人民共和国新闻出版总署、广东省人民政府和深圳市人民政府共同主办的中国（深圳）文化产业博览交易会（简称"文博会"），从2006年第二届起，定于每年在深圳市举行，香港艺术发展局、澳门文化局连续两年组团参加交易会；在广州举行的音博会，香港也一直组团参加。
> 同年6月，三地联手成功向国家文化部申请"粤剧""凉茶"列为首批国家级非物质文化遗产代表作名录，为今后向联合国申遗的工作奠定基础。
> 同年8月，粤港澳三地联合举办第二届"粤港澳演出经营管理"系列讲座，分别在广东省东莞市、广州、深圳、中国香港、中国澳门和新加坡举行。
> 同年10月，广东话剧院赴香港上演《十三行商人》《傻有傻福》，反响异常热烈。
> 同年12月25日至29日，香港青年交响乐团一行90人来粤交流演出，该团与星海音乐学院、深圳艺校爱乐乐团、中山市青少年交响乐团合作，在广州星海音乐厅、深圳大剧院、中山市文化艺术中心演出共3场，创下了舞台上演奏人员最多的纪录。
>
> 2007年1月18日　粤港澳文化合作第八次会议在澳门举行。
> 同年5月7日　粤港澳共同派演员为第十八届澳门艺术节开幕式上演话剧《十三行商人》。
> 同年6月23日　为庆祝香港回归10周年，粤港澳三地名伶在香港同台演出。
>
> 2008年1月11日　粤港澳文化合作第九次会议在广东深圳举行。
> 进一步落实CEPA有关文化产业开放内容；签署《粤港澳文化资讯网服务协议书》；三地联合申报，成功将粤剧列为国家非物质文化遗产。
>
> 2009年2月20日，粤港澳文化合作第十次会议在香港举行。
> 联合推出《粤港澳文化交流合作发展规划（2009—2013年）》。
> 就舞台艺术、人才培训交流、文化信息网建设、图书馆资源共享体系、文物与博物、非物质文化遗产、文化创意七大领域提出了30多个具体条款，并就合作保障做出了明确规定。

数据来源：参阅 http://www.prdculture.org/show_article.php?BAS_ID=2293。

由于会议参加城市范围基本与"规划纲要"划定的珠三角城市范围相同，因此，粤港澳文化合作会议大致也可以视为珠三角文化合作会议。根据上述情况，借助与会议"配套"建立起来的重要平台"粤港澳文化资讯网"等提供的资讯，[①] 我们可以对珠三角地区的文化合作现状得出如下结论：

1. 珠三角地区文化合作已经逐步从早期零散的、社会自发的合作，发展为政府主导下系统的、自觉的合作。

粤港澳地区早期常见的文化交流与合作，多限于少数地方剧团、艺术

---

① http://www.prdculture.org/show_article.php?BAS_ID=2293，2009年12月5日。

家的互访、传统节假日的民俗文化活动、"前店后厂"模式在文化企业（如20世纪80年代香港动画公司在深圳设加工厂等）的延伸，或"文化搭台、经济唱戏"式的名不副实的所谓文化交流。进入90年代，随着珠三角外向型经济的发展，以文化创意产业为依托的文化合作开始增加，但基本仍限于企业自发行为。至2002年11月，首次粤港澳文化合作会议的召开，标志着珠三角区域各城市政府文化主管部门之间，文化交流与合作渠道的正式建立，也标志着珠三角文化交流与合作初步告别了过去零散的、个别的、社会自发的合作，走向一个政府主导下，系统的、自觉的行为。

2. 珠三角地区文化交流与合作的广度与深度正在加速扩大和增加，从早期的个别领域、个别项目的合作转向全方位的、多领域多行业的合作。合作共识正在达成，以文化政策推动文化合作全面发展的良好格局正在形成。

珠三角地区的文化合作与交流如同其他领域的交流与合作一样，经历了一个发展的过程。如2002年举办的首届文化合作会议具有一定的探索性质，达成的内容仅为，粤港澳三方签署会议纪要，"同意成立工作小组及定期召开会议，就下列六个方面具体探讨并跟进今后的合作事宜：（一）演艺信息和人才的相互交流；（二）国际级演艺节目的合办空间；（三）售票网络的合作；（四）博物馆网络的发展和文物发掘与推广；（五）图书馆数字化的联系；（六）粤剧艺术的推广与人才培训"[①]。而在短短7年后的2009年2月，在香港召开的第十次粤港澳文化合作会议上，粤港澳双方就舞台艺术、人才培训交流、文化信息网建设、图书馆资源共享体系、文物与博物、非物质文化遗产、文化创意七大领域提出了30多个具体条款，并就合作保障做出了明确规定。会议还首次达成了有史以来第一个《粤港澳文化交流合作发展规划（2009—2013）》，就三地文化合作的发展目标、总体要求、主要发展项目、合作保障措施等做出了明确规定。"规划"的出台意义重大，至少表明，其一，珠三角各城市文化领域的部分合作共识正在达成。其二，"规划"虽然仅仅就5年的时间长度进行了谋划，内容也

---

① http://www.prdculture.org/show_article.php? BAS_ID=1091，2009年12月8日。

还有单薄之嫌，但其作为"总体文化政策"的性质不容忽视，也因为这种性质使其成为珠三角地区文化合作从局部走向全局、从战术合作走向战略合作的新开端。政府协力以文化政策推动文化合作，在我国各级政府普遍具有"强势"影响力的国情背景下，必然带来珠三角文化合作的加速发展，前景十分值得预期。

虽然 2002 年以来珠三角地区文化合作与发展取得了诸多成绩，就《粤港澳文化交流合作发展规划（2009—2013）》来看也确定了一些发展思路、策略，但总的来看仍然存在不少问题，集中表现为：

1. 珠三角地区的文化合作依然严重滞后于经济社会的发展，影响着珠三角地区发展水平的提升。

历史以来，珠三角区域无论就政治、经济、文化而言都是一个整体，港澳地区与广、深等地，同样承袭的是作为中华文化一支的岭南文化。但是，众所周知，自 16 世纪葡萄牙人侵占澳门、19 世纪英国人侵占香港后，港澳地区逐步与内地分离乃至隔绝，被迫接受西方殖民统治。在港澳地区近一个半世纪的殖民统治中，东西方文化和制度相互交流与融合，形成了港澳地区迥异于内地的政治和经济制度，以及独特的文化和社会结构，"被迫"、但较早地实现了社会的整体现代化。20 世纪 80 年代以后，内地改革开放，很大程度上借助了港澳作为自由港的开放优势及现代市场经济制度，珠三角地区区域经济得以迅猛发展，香港和澳门在中国内地的改革开放中扮演了不可替代的角色，成为引领中国内地经济走向世界和世界经济进入中国内地的桥梁，成为中国经济起飞时期引进外资的重要场所。而随着现代交通、传媒通信（广播、电视、互联网）技术网络的迅速建立，社会开放度的日益扩大，珠三角地区日益成为一个崛起中的大都市带，经济社会往来十分频密，种种促进经济社会领域合作的政策频繁出台。[①] 然而，与经济社会领域的密切合作相比，珠三角文化领域的交流与合作十分滞后，尤其在文艺精品的创作与生产、文化人才的集聚与流动、共同文化品牌的塑造与传播等方面，未能形成良好的合作机制，也尚未出现十分成功的范例，各地文化相对独立发展的状况尚未得到根本性的改变。随着全

---

① 参阅陈广汉等《粤港澳经贸关系走向研究》，广东人民出版社 2006 年版。

球化的发展，全球政治、经济、文化领域日益交融，文化在国际竞争中的战略地位日益凸现，珠三角地区文化合作滞后于经济社会领域合作的局面，影响了珠三角潜在优势的发挥和整体文化形象的树立，不利于珠三角文化竞争力的提升。

2. "一国两制"、港澳与内地发展的巨大差异为文化合作带来的挑战未能很好解决。

如前所述，港澳地区在近一个半世纪的殖民统治中，东西方文化和制度相互交流与融合，形成了迥异于内地的政治和经济制度，以及独特的文化和社会结构。1997年之后，香港、澳门虽然已经回归祖国，但实行"一国两制""港人治港""澳人治澳"。港澳两地实行资本主义制度，推行文化自由政策，与珠三角内地城市有中国特色社会主义制度及相关文化政策存在较大差异。以香港为例，虽然香港的人口绝大多数是华裔，但由于过去150年的英国殖民历史，香港已经发展成为一个中华文化与世界各地文化荟萃的现代化城市，具有多元而缤纷的国际色彩，因而塑造了香港"自由开放""一本多元""民间主导"的文化特征。港澳的文化发展情况因而与珠三角其他城市存在很多差异。这些差异有的表现为文化价值观不同、有的表现为具体政策法规不"接轨"、有的表现为管理体制与运行机制难以对接……这给文化交流带来了很多实际的困难。如图书馆信息联网中，港澳图书能否自由流入内地的问题？又如表演艺术剧目，乃至影视节目内容的审查管控问题，文化市场管理等政策法规的"接轨"问题等。如何在坚持"一国两制"原则和尊重不同差异的前提下，推进港澳与珠三角城市的文化交流与合作，显然需要富有智慧的文化创新精神和极其务实的操作能力。从目前见到的粤港澳文化合作会议成果来看，这些问题才是潜在的影响珠三角文化合作的主要问题，显然，这些问题尚未得到很好解决。

此外，虽是"被迫"但较早进入现代化进程，港澳两地社会的整体现代化程度相较珠三角其他城市高出很多，就文化建设方面，这两个城市在文化基础设施建设、文化投入与资助、文化信息服务、知识产权保护、文化人才自由流动、文化管理体制与运行机制等方面也都比较先进，这与珠三角其他城市形成了巨大的"落差"，也给珠三角的文化交流与合作带来

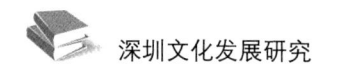

很多不"接轨"的问题，需要进一步解决。

3. 现有合作更多集中在基础性文化、技术性文化服务等层面，未能就深层次文化价值观塑造、文化认同建构、文化体制改革等领域取得突破性进展。

从全部十届粤港澳文化合作会议取得的成果来看，文化合作的领域主要集中在表演艺术、展览、培训网络建设，艺术精品推介，数字图书馆联网共享，文物保护，粤剧艺术弘扬，艺术节庆相互组织观摩以及落实CEPA及其补充协议有关文化产业服务的内容等领域（参见本文表1）。然而，一般而言，文化发展至少包括了四个方面的维度：一是满足基本文化娱乐需求（福利性质的文化发展）的维度；二是文化的实用功能的开发利用（产业性质的文化发展）的维度；三是文化的精致化、专业化的维度（如音乐、美术作品等高艺术要求的原创作品以及历史、哲学、文艺学等专业学术成果，是依赖特殊的技艺、专业的素养才能，尤其是个体的创造性进行的专门化的文化生产）；四是文化的价值维度——对生活意义的回答，对自我身份的认同，对终极关怀的抚慰（无疑，价值观是文化的核心）。① 以此观之，珠三角文化合作多停留在第一、第二维度，即满足民众基本文化娱乐需求的文化福利维度，以及文化实用功能开放利用（文化产业）——文化经济化维度的合作上。当然，也部分涉及文化创作，但较少关涉文化认同、文化价值观建构、文化体制改革等深层次问题。

二 加强战略性合作，进一步发挥珠三角地区对我国文化发展的引领与带动作用

在全球化日益加速，世界全面进入知识经济、创意经济时代的今天，文化不仅影响着民族国家文化竞争力的大小，更在最根本的意义上，影响着社会发展方向的确立、发展目标的选取以及人们的终极关怀的实现。

中国作为后发现代化的东方国家，自近代以来，关于中西文化及中国现代化道路的选择问题，就一直在持续而痛苦的争论之中。先是明末清

---

① 毛少莹：《中国文化政策30年》，参见：http://www.ccmedu.com/bbs35_75790.html，2009年10月3日。

初,随着利马窦等西方传教士东来,争论从是否接纳来自西方的异教和天文历算开始,此后便一发不可收,历经鸦片战争、清末新政、辛亥革命、五四运动……直至20世纪90年代的"文化热"、21世纪的"国学热"。目前,随着中国和平崛起进程的加快,这种关系到民族文化复兴、国家文化未来走向的争论益发激烈,寻找答案的要求也显得更加紧迫。

如果按照陈寅恪先生的观点,将中国文化分为制度层面和非制度层面。① 那么,就制度文化的层面看,经济制度方面,改革开放以来,我国逐步建立了现代市场经济制度,尤其是加入WTO后,中国的基本经济制度已经大体"与国际惯例接轨",融入了全球经济一体化的大潮。政治制度方面,社会主义民主、法治,对人权、物权的保障等核心内容,已经成了党和政府高度认同和强调的社会主义现代化内容。随着中国在联合国两个人权公约(《经济、社会、文化权利国际公约》和《公民权利和政治权利国际公约》)上签字,随着中国加入WTO,中西在经济制度层面上的争论已经基本终结。另一方面,进入21世纪,中西文化(包括政治)层面的争论还在继续,甚至更加深化和激烈。随着冷战的结束和经济全球化的快速推进,人类社会进入了一个前所未有的大交流、大碰撞、大融合的新阶段。包括非制度文化、意识形态等在内的西方文化,伴随现代化浪潮而来,对中国及所有发展中国家造成了全面冲击,"世界的美国化"正在挑战着人类文化的多样性。当代中国作为一个后发现代化国家,一方面要坚持改革开放,适应时代潮流。另一方面,由于悠久的历史和风格几乎迥异于西方的文化,长期遭受了深刻而痛苦的冲击。

"规划纲要"正是在这样复杂的时代背景下推出的,珠三角文化合作,当然同样必须面对这样复杂的文化背景。并且,唯有对困扰中国的文化转型问题、价值观问题、基本文化制度等问题做出回答,方有可能建立珠三角对全国的文化影响力,进而发挥其应有的辐射、引领和带动作用。回顾中国改革开放三十年的发展历程,中国文化发展走过了"文化领域相对独立化""文化经济化""文化福利化"三个阶段。中国文化未来发展的关

---

① 陈寅恪:《冯友兰〈中国哲学史〉审查报告三》,《三松堂全集》第3卷,河南人民出版社2001年版,第461页。

键,正在于核心价值观的塑造与重建,在于推动中华文化完成现代转型。①

正是针对这种发展需求,考虑我国现阶段文化发展需要解决的问题,"规划纲要"就珠三角地区的文化发展提出了三方面的高要求:

一是建设和谐文化,具体内容包括创新社会主义核心价值观教育模式,使社会主义核心价值体系融入精神文明建设全过程。具体内容包括:提升公民文明素质。创新社会主义核心价值观教育模式,使社会主义核心价值体系融入国民教育和精神文明建设全过程。弘扬中华优秀传统文化和岭南特色文化,培育创业、创新、诚信精神,打造具有时代特征的新时期广东人精神,促进物质文明和精神文明共同发展。以增强诚信意识为重点,加强社会公德、职业道德、家庭美德和个人品德建设。建设学习型社会,形成热爱学习、崇尚知识的良好氛围。

二是建立覆盖城乡的公共文化服务体系,打造全国性的公共文化建设示范区。具体内容包括:建立覆盖城乡的公共文化服务体系。实施基础文化设施覆盖工程,构建完善的市、县(市、区)、乡镇(街道)、行政村(社区)四级公共文化设施网络,到2012年,基层文化建设各项主要指标达到全国领先水平,建成城市"十分钟文化圈"和农村"十里文化圈",确保城乡群众能够免费享受各种公益性文化服务。创新公共文化服务方式,加快建立健全文化信息资源共享网络服务体系,推进公共文化流动服务工程建设,打造全国性的公共文化建设示范区。积极挖掘、抢救文化遗产资源,有效保护并传承具有历史和科学价值的文化遗产。到2020年,形成服务优质、覆盖全社会的公共文化服务体系。

三是推进文化创新,深化文化体制改革,激励精品创作,发展文化产业。具体内容包括:推进文化创新。深化文化体制改革,积极推进国有经营性文化单位转企改制,建立和完善文化产业竞争机制,培育多元化、市场化的生产和消费空间,形成富有活力的文化产品生产和服务经营机制。实施高端文化人才引进工程,激励优秀文化产品创作,打造优秀文化艺术品牌,不断推进先进文化发展,形成积极向上、特色鲜明、结构优化、科技含量高的文化产业体系,更好地满足人民群众多层次、多方面、多样化

---

① 毛少莹:《中国文化政策30年》,参见 http://www.ccmedu.com/bbs35_75790.html。

的精神文化需求。

根据前述对珠三角文化合作状况的考察和分析，结合"规划纲要"要求，未来珠三角文化合作，可以确定如下两个方向，以充分挖掘珠三角文化优势，发挥其对全国文化发展的引领与带动作用：

1. 充分重视港澳现代化经验，推动中国文化转型。

港澳除提供经济发展经验外，其整体现代化的发展经验十分具有启发意义。以香港为例，虽然就一般的文化艺术来讲，香港也曾经被视为"文化沙漠"，但是，以现代化的视角观之，香港文化的现代化程度很高，作为一种中西文化结合的产物，具有特殊的价值。香港在英治时期，长期实行"消极不干预"的文化政策，回归后，政府基本上实行的，也只是一种"描述式""回应性"的文化政策，包容多元价值，并不强调意识形态的统一，文化自由发展的空间很大，文化一直处在一种杂交式的自由发展之中。殖民背景有其消极的一面，但另一方面也培养了大批懂英文、熟悉西方文化的香港人。科学、理性、重契约、守时间等观念深入人心，而西式餐饮、礼仪、服饰等渗透日常生活。另一方面，香港固有的中国文化传统，尤其是岭南文化特色的风俗习惯等也长期得以保存，这使得香港文化可以自由地杂糅中西。加之国际化的移民人口结构，兼容并包，海纳百川，香港文化更是获得了各种外来文化的影响。总之，香港资讯开放，言论自由，科学理性观念普及，守法、守时，诚信、讲求契约和效率，民众一般意义上的现代文明素质较高，总的来看，已经较好地完成了"人的现代化"，或者说"文化的现代化"。珠三角文化合作应当充分重视港澳整体现代化经验的学习与借鉴，不局限在狭义的文化艺术、文化产业领域合作，而是以更广阔的文化视野、以现代化的发展目光，在文化合作中高屋建瓴，着眼于人的素质的提高和社会整体文明程度的提升，寻找中西文明融合的文化发展道路，推动中国文化的现代转型。

2. 以开放务实的文化艺术政策措施，推动文化合作走向深化，带动中国文化政策创新。

粤港澳文化合作会议，每次邀请珠三角各地政府文化主管部门官员、艺术家、文化企业人员参与，协商提出了诸多很好的发展目标、计划、合作项目以及文化活动。至第十届，提出了具有总体文化政策意义的《粤港澳文化交流合作发展规划（2009—2013）》。但是，文化规划的落实，需要很多具体的文化政策加以辅助。作为公共政策的新兴领域，公共文化政策在我国尚处于发展阶段。改革开放以来，随着人民群众精神文化需求的迅速增长，随着公私领域的进一步区分，公共文化政策得到了发展。具体看，伴随文化领域相对独立于政治、文化经济化、文化福利化的过程，适应"文化市场管理""文化体制改革"等要求，陆续推出的公共文化政策，虽然初步形成了关于文化事业、文化产业、公共文化服务体系、文化市场管理、文化体制改革等的系列政策，具备了现代公共文化政策的基本形态，但总体完善配套程度还有待提高。此外，作为发展中国家，我国的文化政策从形式上有现代西方公共文化政策影响的明显痕迹，内容上则烙下深深的中国烙印，表现为特殊国情下对"文化"发展目标、核心价值观、主导原则等的差异，也表现为文化行政管理分工、具体政策制定上的区别。事实上，中西文化差异巨大，怎样在既尊重中国文化传统，中国国情，又吸纳借鉴西方先进经验，走出一条中国式的公共文化政策发展道路，还面临很多难题，存在巨大的创新空间。珠三角文化合作，借助与港澳这两个比较"西化"城市的合作，正好可以做出有益的探索，积累宝贵的经验，最终在推进文化合作深化的同时，带动中国文化政策创新，做出自己应有的贡献。

结语

文化是影响和解释人类生活方式的知识、制度和观念的复合体，文化现代化是文化领域随着现代化而必然发生的历史变迁。历史以来，珠三角（含港澳）地区是中国最早开放的地区，其代表性的广东文化在19世纪曾经走在全国前列。进入20世纪，在新文化运动等文化大变革中，广东文化逐渐落后于京沪等地，以至于有人称广东虽然得风气之先，但似乎有点像"穿堂风"，留不下。改革开放后，以珠三角为核心的广东地区，重续开放传统，再次以敢为天下先的改革勇气，解放思想，大胆创新，抓住历史机遇，引领时代潮流，成为中国包括文化现代化在内的整体现代化的重要发展极之一。遗憾的是，进入21世纪，广东文化的影响力正在减弱。导致这种状况的原因很多，至少应当从学术理论界和政府两个方面反思。稍加审视，我们不难看出，对广东，特别是包括港澳在内的珠三角地区的文化状况的研究非常不够。虽然业已出版的"广东地方文献丛书""岭南丛书""岭南文库""岭南文丛"等做了大量历史文献的整理工作；近两年新出的《广东九章》等书，选辑整理了不少珍贵的当代文献；有关港澳历史、文化也有不少研究成果，但总体来看，相关研究无论从深度还是广度上，都还需要进一步拓展。就政府实务界来看，近年来的"粤港澳文化合作会议"建立了政府间文化沟通与合作的平台，推动了很多项目开展，初步改变了珠三角地区原先文化各自发展的格局。然而，限于种种障碍，从根本上看，还未能充分整合珠三角文化资源、未能充分挖掘和发挥出珠三角最大的文化优势。

"规划纲要"的出台是一个重大的历史契机，其中就珠三角文化发展提出的涉及文化价值重建、民族文化传统的创造性转化和创新性发展、公共文化的培育、文化创意产业的发展等要求，无疑是重要的方向性的意见。而其提出的将珠三角建成国家"公共文化示范区"等目标，更是表达出国家对珠三角在文化发展方面的引领和带动作用所寄予的厚望。① 珠三角如何才能不孚众望？需要合作精神、共同身份、联合品牌，更需要建立全球文化大视野，勇于承担历史大使命。

最后还想提及的是，香港主管文化的政府部门——香港民政事务局，自 2003 年开始创办了一个亚洲各国政府文化主管部门间的会议——"亚洲文化合作论坛"，论坛邀请我国文化部官员，日本、韩国、新加坡、越南、泰国等 8 个亚洲国家的文化部长，以及全国各省市文化厅局长及部分专家学者参加。论坛至今已举办 7 届，先后就"亚洲文化的现代性""文化亚洲人"等主题，展开亚洲国家间的对话，立意深远。② 确实，珠三角文化如何发展，中国文化如何发展，亚洲文化如何发展，都是迫切需要回答的问题！

---

① 见 2009 年 1 月 8 日国家发改委公布《珠江三角洲地区改革发展规划纲要（2008—2020）》第（五）部分。
② http://www.accfhk.org/zh/index.php，2009 年 12 月 23 日。

粤港澳地区文化创意产业合作政策及存在问题分析[*]

引言

全球化时代，基于对文化创意产业所具有的巨大发展空间和综合效益的共识，文化创意产业发展的一个重要特征即：各国、各地政府都不约而同地对文化产业采取了一种积极主动的强势干预态度，这种干预表现为大量文化创意产业政策的出台与实施。这些政策措施往往通过行政、法律、经济等调控方式，扶持刺激本地文化创意产业的发展，以期提升本地在创意经济时代的综合竞争力。

粤港澳组成的珠三角地区是我国经济发展的重要区域。由于特殊的历史背景港澳本就实行自由开放的市场制度，其中香港是重要的全球经贸、金融及航运中心。改革开放后，中国融入全球化的时代大潮，广东率先与地缘相近、人缘相亲、文化语言相通的港澳等地，迅速建立起了广泛而密切的经济社会合作关系。30余年来，香港对广东改革开放和经济社会发展起到了重要的促进作用，广东与港澳地区建立了千丝万缕的联系与全方位的合作关系。由于粤港澳经济及社会文化的高度开放，珠三角都市圈被公认是中国市场化程度以及国际化程度最高、经济增速最快的区域经济板块。由于开放程度较高，紧随国际文化创意产业发展前沿，甚至被紧密纳入全球文化创意产业分工体系，粤港澳地区也是我国文化创意产业发展的领先区域。特殊的区位、历史、制度、经济、文化乃至政治等背景，

---

[*] 本文发表于李炎、胡洪斌主编：《中国区域文化产业发展报告（2015）》，社会科学文献出版社2016年版，第339页。

使得粤港澳文化创意产业的发展有其特殊的地域色彩，并往往被赋予了更深的多重期待和更广的合作可能，其较为发达的市场经济体系、共同的中华文化传承和不同的现代文化状况，以及差异性极大的政治和行政管理体制，构成珠三角不同于长三角等区域的特殊经济社会条件，为其文化创意产业的政策选择及区域合作，带来了复杂的背景，具有重要的研究价值。

一 粤港澳文化创意产业合作政策提出的背景

"政策"是社会公共权威（政府）在特定情境中，为达到一定的目标而制定的行动准则或方案。其表达形式包括法律法规、行动规定或命令、国家领导人口头或书面的指示，政府大型规划、具体行动计划及相关策略等。鉴于文化创意产业的文化属性，文化创意产业政策可视为公共文化政策（public cultural policy）的一种，其功能为必要的文化价值观导向、文化内容规范、公共文化平台建设等，以便指导及帮助有关文化组织、企业、团体或个人开展各种文化创意行动。[①] 同样，鉴于文化创意产业政策的产业属性，它也是经济政策的一种，即产业政策（industrial policy）。产业政策简单讲是政府为了实现一定的经济和社会目标而对产业的形成和发展进行干预的各种政策的总和。其形式与文化政策类似，其功能主要是维护市场公平、设定产业准入条件、弥补市场缺陷、有效配置资源、保护幼小民族产业的成长、平衡经济震荡、发挥后发优势、增强新兴产业适应能力等。总之，文化创意产业政策属于文化政策与经济（产业）政策的交叉领域，既有文化属性，也有经济属性。由于粤港澳三地的特殊情况，合作发展的必要性很大，改革开放以来，针对三地文化创意产业的合作，中央政府及三地政府都搭建了一些平台、出台了一些政策，这些合作政策的制定，与三地经济社会发展的大背景密切相关，下面我们进行简要分析。

（一）历史地理背景

粤港澳三地接壤，从地理位置看，同属珠三角地区。珠三角指由珠江

---

① 毛少莹：《公共文化政策的理论与实践》，海天出版社2008年版，第6—8页。

冲击而成的三角洲，有祖国南大门之称。从历史行政区划看，三地同属广东。[①] 近代以来，清初的广州，曾经是中国重要的对外开放贸易口岸，广州十三行一度是官方特许海外贸易经营的唯一公司。16、19 世纪，澳门、香港先后沦为葡萄牙、英国殖民地，遂成粤港澳三地分治的局面。这一历史随着1997 年、1999 年香港、澳门回归祖国而改变。但是，由于国家实行"一国两制"、港人治港、澳人治澳的政策，三地依然一定程度上维持了分治的格局。故有小珠三角和大珠三角之称。小珠三角即一般所说的珠三角。在国家发改委 2009 年颁布的《珠三角发展规划纲要》中，"珠三角"指广州、深圳、珠海、佛山、江门、东莞、中山、惠州和肇庆 9 市。而大珠三角还包括港澳在内。粤港澳三地人口均以华人为主，有共同的中华文化背景，同文同种，同风同俗，均以中华文化（文明）一脉之岭南文化为自己的文化"基底"，作为不同时期的移民社会，文化均呈现开放包容、中西杂糅的现代气质。但是因为近代以来完全不同的发展道路，使得三地形成不同的社会结构和文化形态，三地可以说处于不同的现代化水平上。

（二）经济背景

粤港澳经济发展历程十分特殊，尤其是 20 世纪 70 年代末内地改革开放以来，港澳在广东，乃至整个中国经济的发展中都扮演了不可替代的角色。

香港被英国抢占后于 1841 年 6 月宣布为自由港。由于拥有天然良港，至 19 世纪末，香港已经成为中国对外贸易的重要转口港。[②] 香港经济结构从 20 世纪 70 年代开始多元发展，贸易、金融等现代服务业逐渐发展起来，其整体经济从传统制造业为主向现代服务业为主转型。澳门本来地狭人少，但 1961 年葡萄牙确定澳门为旅游区特准设赌之后，博彩业在澳门迅速

---

① 秦朝统一岭南后建郡，广东属南海郡。汉初赵佗据岭南三郡（南海郡、桂林郡、象郡）称南越国，建都番禺，即现今广州。香港隶属南海郡番禺县管辖。宋元时期，内地人口大量移民岭南。

② 据历史资料，这一时期经香港进口货值一度占中国进口总值高达 55% 的比例，而进口值则占到 40% 左右。甘长求：《香港对外贸易》，广东人民出版社1990 年版，第 12—13 页。

发展起来，成为其主导产业。到 70 年代末，广东改革开放，珠三角地区凭借先行一步的制度优势和毗邻港澳的区位优势，全面承接了港澳地区制造业的转移。此后，广东与港澳经济合作紧密，走过了飞速发展的 36 年。在前大约 30 年中，经济的共同利益使得市场的力量冲破边境和传统体制的束缚，通过资本、商品以及人员的流动（包括大量大陆劳动力向珠三角地区的集聚），形成"前店后厂"模式，粤港澳经济一体化程度之高为其他地区难以比拟。合作的结果，一方面，广东经济发展迅速，工业化、城市化水平大幅提升，珠三角地区形成了全球生产网络中不可分割的以加工贸易为主的产业链条，成为世界性的制造业基地；另一方面，香港的贸易、金融、物流等现代服务业得到快速发展，成为重要的国际贸易、金融中心、物流中心。① 与此同时，是香港服务业高速发展，产业结构渐趋单一化。据统计，90 年代中期香港第三产业比例达到 85% 左右，2012 年高达 93.1%，香港经济进入后工业化时期。② 2014 年，香港连续第 20 年被评为全球最自由经济体，在全球经济自由度指数中排名第一。

（三）文化背景

粤港澳的大文化背景均为中华一脉的岭南文化。港澳文化及社会发展有很多相似之处，但也有不同。相同之处是两地均有长期的殖民统治历史，受西方文化影响较大，另外，两地有共同的岭南文化背景，方言、饮食、民俗颇多相同之处。不同的是，香港城市体量更大，现代化程度更高。具体看，**香港**作为一个具有一百多年现代化历史的国际化大都市，以其自由的社会环境、强大的经济实力和优越的地理区位和城市环境，在成为全球贸易中心、金融中心，商业中心和通讯中心的同时，也积淀了开放包容的城市文化。影视、流行音乐、歌舞娱乐、音像制品、报刊出版、艺术品交易等行业长期在香港自由发展，香港有发达的大众文化和时尚创意

---

① 香港政府统计处：http://www.censtatd.gov.hk/gb/? param = b5uniS&url = http://www.censtatd.gov.hk/hkstat/index_tc.jsp；陈广汉主编：《港澳珠三角区域经济整合与制度创新》，社会科学文献出版社 2008 年版，"序言"。

② 张玉阁、郭万达：《香港经济未来发展面临的挑战和策略选择》，载人大复印报刊资料《台、港、澳研究》2014 年第 2 期。

行业，总的来看，融汇中西、传统与现代交相辉映的香港文化丰富多彩，独具特色。港产片、粤语流行歌曲一度是重要的香港制造产品，广受全球华人欢迎，久负盛名。[①] 大陆改革开放后，洋化、时尚的香港文化产品、时尚生活用品大量涌入大陆，一度以流行歌曲等形式经广东"北上"，影响全国。事实上，在香港政府正式提出发展文化创意产业的政策之前（2000年前），作为一个成熟的市场社会，高度国际化的大都市，拥有自由宽松文化环境的香港，其文化创意产业已经基本与发达国家和地区"同步"发展——即随着90年代经济结构的转型，第三产业的快速发展和新媒体技术的广泛应用，香港已然拥有了较为丰富发达的文化创意产业，其中，尤以电影、流行音乐、广告、设计、印刷、传媒等为盛。**澳门**是个小城市，虽位于珠江三角洲的中心地带，然而地方狭小，人口不多，资源有限。尽管如此，作为中西文化交融400多年的一个特殊的开放城市，澳门也形成了自己独特的社会结构和文化魅力。2005年，澳门"历史城区"被列入联合国《世界遗产名录》，成为中国第31处世界遗产，表明国际社会对澳门丰厚文化积淀和独特城市风貌的认同。

就**广东**而言，由于计划经济时代政治与文化高度的"领域重合"，加之遭受"文化大革命"等影响，文化的"断层"现象不容忽视。1978年大陆改革开放，广东作为最先开放的地区（最早的五个经济特区深圳、珠海、汕头、厦门、海南，广东占了三个），得改革开放风气之先，率先接受市场经济洗礼及外来文化影响，无论是思想解放程度还是国际视野，市场意识，都曾经在很长时间是整个大陆地区中最高的。而开放带来了港台流行文化、西方大众文化的大量进入，直接影响了广东的文化价值观、审美风格、流行时尚等，以"时间就是金钱、效率就是生命"等为代表的广东种种新观念辐射影响全国。20世纪90年代，一度有"广东文化北伐"之说。[②] 随着大陆现代化步伐的快速推进，广东与大陆其他地区一样，进入一个重拾文化自信、重建文化认同的文化发展期。至今，经过改革开放30多年的发展，广东文化建设取得多方面的成就，传承岭南文化，广泛吸

---

① 毛少莹：《香港的普及文化》，载广州社科院主办《开放时代》1997年第4期。
② 杨东平：《城市季风》，新星出版社2006年版，"序言"第1页。

收外来文化,开放包容、富有现代气息的广东文化正日益成熟。

(粤港澳文化创意产业合作还存在三地政治及行政管理背景不同的问题,后面在具体政策分析中涉及)

二 粤港澳文化创意产业合作现行主要政策

粤港澳文化创意产业合作政策,是伴随三地文化创意产业合作的不同阶段而在不同层面陆续推出的。

(一)粤港澳文化创意产业合作的市场导向阶段(1978—2002年)

就文化创意产业的发展看,改革开放以来,粤港澳文化创意产业界携手走过了紧密合作的三个阶段。① 其中,前两个阶段可视为"市场导向"阶段。**第一个阶段**,大约为1978—20世纪90年代末。这一阶段,主要是在粤港澳经济领域"前店后厂"的大合作模式下,广东文化市场形成,文化创意产业萌芽,服务港澳的阶段。改革开放后,为摆脱制造业成本限制和实现经济转型,港澳地区文化创意产业链的中下游环节大量转移至珠三角地区,并带动了广东如印刷包装、玩具礼品、服装、动漫、珠宝首饰等文化创意产业的发展。这一阶段,包括广东在内的大陆地区,对文化创意产业的认识还比较朦胧,政府政策层面对文化创意产业尚未予以认可重视。**第二阶段**大约为20世纪90年代末至2010年,这一阶段,粤港澳经济文化联系日趋紧密,国际国内形势发展迅速。2003年《内地与香港关于建立紧密经贸关系的安排》即CEPA的签署,可视为一个转折。

90年代末,随着科学技术的发展和经济全球化趋势的加强,后工业社会的来临以及全球文化创意产业的快速崛起,广东大力推进产业升级和结构优化,积极发展高新技术产业和现代服务业。2002年前后,随着我国政府在政策层面正式认可文化产业,并逐渐提升其战略地位,文化创意产业在广东发展战略中、在粤港澳经济合作中的地位日益上升,港澳等地的创意资本、创意人才、创意技术加速向珠三角地区流动,珠三角地区以现代印刷、会展、设计、珠宝首饰、黄金加工等为代表的文化创意产业迅速发

---

① 参阅祁湘涵《粤港澳创意产业合作的历程、现状及未来构想》,载《国际经济合作》2009年第2期。

展起来，年产值逐年递增，增加值占GDP的比重不断上升，广东文化产业对港澳等地原有相关产业的服务关系，日渐为竞争与合作关系所替代。进入新世纪后，随着粤港澳经济关系的变化，广东文化创意产业发展的加速，粤港澳文化产业合作进入一个新的阶段。2002年11月，粤港澳文化合作会议召开，搭建了粤港澳政府文化部门合作会商的正式平台。2004年，随着CEPA及相关若干补充协议的签署，为粤港澳在文化创意产业领域的合作，搭建了更好的制度平台，提供了更好的政策依据。2009年《珠江三角洲改革发展规划纲要（2009—2020）》的出台，更是将粤港澳文化创意产业合作推入一个新的历史阶段——政府主动进行制度安排的阶段。

（二）粤港澳文化创意产业合作的政府主动安排阶段（2002年—至今）

总之，改革开放30多年后，经历上述阶段的发展，粤港澳三地在建立经济社会紧密联系的同时，也形成了文化创意产业领域的广泛合作，在市场导向的作用下，三地文化企业无论从资本构成、人才使用、产业分工、产品生产与营销等，都建立了广泛的联系。到2002年粤港澳文化合作会议的召开，及2003年CEPA协议的签订开始，粤港澳文化创意产业领域的合作，开始从单纯的市场导向，转为市场导向与政府主动提供制度性安排相结合的新合作模式。

（以下，按相关政策平台建立及政策出台时间为序分析）

1. 三地政府文化部门间合作会商平台——"粤港澳文化合作会议"及《粤港澳文化交流合作发展规划（2009—2013）》《粤港澳文化交流合作发展规划2014—2018》的出台。

2002年举办首次，此后至2014年，连续召开15次，由三地政府主管部门主办及参与的粤港澳文化合作会议，是粤港澳第一个正式的政府间文化合作平台。粤港澳地区早期常见的文化交流与合作，多限于少数地方剧团、艺术家的互访、传统节假日的民俗文化活动、"前店后厂"模式在文化企业的延伸，或"文化搭台、经济唱戏"式的名不符实的所谓文化交流。进入20世纪90年代，随着珠三角外向型经济的发展，以文化创意产业为依托的文化合作开始增加，但基本仍限于企业自发行为。2002年粤港澳文化合作会议的召开，标志着珠三角区域各城市政府文化主管部门之间，文化交流与合作渠道的正式建立。此后，会议多年的持续运作，逐渐使得大珠三角文化交流与合作告别了过去零散的、社会自发式的合作，走向一个政府主导下系统的、自觉的行为。粤港澳文化合作会议就文化合作的广泛议题进行了反复讨论交流，先后达成了多项合作协议，共同开展的不少文化活动，拓展出了广阔的涉及文化服务、公共文化、文化创意产业等合作领域。①

2009年2月，在会议创办短短7年后，香港召开的第10次粤港澳文化合作会议上，粤港澳双方就舞台艺术、人才培训交流、文化信息网建设、图书馆资源共享体系、文物与博物、非物质文化遗产、文化创意七大领域提出了30多个具体条款，并就合作保障做出了明确规定。会议还首次达成了有史以来第一个《粤港澳文化交流合作发展规划（2009—2013）》，就三地文化合作的发展目标、总体要求、主要发展项目、合作保障措施等做出了明确规定。

2014年，粤港澳文化合作第15次会议上，三方再次联合签署了《粤港澳文化交流合作发展规划2014—2018》，提出未来5年，三地将重点加强8个方面的合作，即：（1）共同培养文化艺术创作、经营、管理人才；（2）共同推动优秀文艺作品、文博藏品巡演巡展；（3）共同提升公共文化服务水平；（4）共同拓展网络及无线移动终端文化服务功能；（5）共同组织多元化社区文化交流活动；（6）共同推进粤剧和其他文化遗产的传承与发展；（7）共同加强粤港澳文化产业合作；（8）共同扩大三地青少年文化交流。

从以上两项合作"规划"可见，虽然就10年的时间长度进行谋划而言，上述合作内容还有单薄之嫌，但其作为"总体文化政策"的性质不容忽视，也因为这种性质使其成为珠三角地区文化合作从局部走向全局、从战术合作走向战略合作的新开端。合作涉及文化政策、图书馆服务、演艺交流、文物博物服务、人才交流等，加之民间主持、政府支持的一些文化活动，如深港建筑双年展等的举办，基本搭建起了一个全方位的、立体的

---

① 参见粤港澳文化信息网 http://www.prdculture.org/show_article.php? BAS_ID = 2293，2014年12月7日。

合作框架，发展出了多领域的深度合作，取得了不少可喜的成果。显然，粤港澳文化合作会议这一政府部门沟通会商平台的建立，以及三地政府以文化政策推动文化合作的做法，促进了三地合作共识的形成，探索了一些行之有效的交流合作机制，尤其是在我国各级政府普遍具有"强势"影响力的背景下，带来了大珠三角文化合作的加速发展。

2. 国家级政策平台之一——CEPA及相关补充协议。

2003年12月，鉴于大陆与港澳合作发展日益紧密，为进一步扩大开放，深化改革，推动大陆与港澳的合作，中央政府先后与香港特别行政区和澳门特别行政区政府共同签署了《关于建立更紧密经贸关系的安排》（英文为：Closer Economic Partnership Arrangement，简称：CEPA）。CEPA是开放的，CEPA第三条规定，"双方将通过不断扩大相互间的开放，增加和充实CEPA的内容"。2004年以来，双方在CEPA框架下陆续签署了多个补充协议。从2004年1月1日起实施的CEPA，有不少内容直接涉及文化创意领域，为粤港澳文化创意产业发展提供了新的制度安排和合作空间。根据CEPA，大陆向港澳进一步开放的文化生产与文化服务领域主要有：**视听服务**、① **会展服务**、② **广告业务**、③ **旅游服务**，④ 其他，如"服务贸易""管理咨询""法律服务""专业人员资格相互承认"等条款中也有不少间接涉及文化行业的内容。上述安排规定，有针对性地为香港文化产

---

① 1. 录像、录音制品的分销服务：允许香港公司在大陆以合资形式从事音像制品的分销业务，港方可以控股，但股比不得超过70%。2. 电影：（1）香港公司拍摄的华语影片经大陆主管部门审查通过后可不受配额限制，作为进口影片在大陆发行。（2）香港与大陆合拍的影片可视为国产影片在大陆发行。（3）对香港与大陆合拍电影：（a）允许香港方人员增加所占的比例，但大陆主要演员的比例不得少于影片主要演员总数的三分之一；（b）故事不限于发生在中国大陆境内，但情节或主要人物必须与大陆有关。3. 电影院服务：允许香港公司在大陆以合资、合作方式建设或改造电影院，并允许港方控股经营。

② 允许香港公司以独资形式在大陆提供会展服务。大陆将超越其入世承诺，允许香港公司以独资形式在大陆提供会展服务。

③ 允许香港公司在大陆设立独资广告公司。允许香港公司在大陆设立独资广告公司（比中国的入世承诺提早两年）。

④ 1. 饭店和餐馆：香港公司可以独资形式在大陆建设、改造和经营饭店、公寓楼和餐馆设施。香港公司可以独资形式在大陆建设、改造和经营饭店、公寓楼和餐馆设施，比中国的入世承诺提早两年。2. 旅行社：对香港旅行社在大陆设立合资旅行社不设置地域限制。对香港旅行社在大陆设立合资旅行社不设置地域限制等。

品和服务贸易进入大陆提供了更大的开放度和优惠条件。以电影业为例，针对香港作为世界华语电影制作中心的优势，给予香港拍摄华语影片不受中国入世承诺中每年20部进口外国电影的配额限制；对香港与大陆合拍电影、港资参与提供电影院服务等，这些规定，与中国的入世承诺相比（不允许外资控股）宽松了很多。广告、旅游等行业的若干规定，都比中国的入世承诺提早了两年。这样的开放条件无疑是很有力度的，香港与包括广东在内的广大大陆的合作将获得更广阔的空间，相关文化行业将赢得更广大的市场。

3. 国家级政策平台之二——《珠江三角洲地区改革发展规划纲要（2008—2020）》。

2008年12月31日，时值改革开放30周年，国家发改委牵头制定的《珠江三角洲地区改革发展规划纲要（2008—2020）》（以下简称《纲要》）经国务院批复同意，于2009年1月8日正式出台。《纲要》开篇即高屋建瓴地指出，针对国内外经济形势发生深刻变化，珠江三角洲地区正处在经济结构转型和发展方式转变的关键时期，进一步的发展既面临严峻挑战，也孕育着重大机遇。在改革开放30周年之际，从国家战略全局和长远发展出发，为促进珠江三角洲地区增创新优势，更上一层楼，进一步发挥对全国的辐射带动作用和先行示范作用，特制定珠江三角洲地区改革发展规划纲要。无疑，《纲要》对珠三角整体发展具有重大的突破意义，《纲要》一出台就获得了社会各界的高度评价，大家一致认为《纲要》"从国家战略角度将粤港澳三地统筹思考，使得粤港澳一体化在制度上有了保证"①。

作为一个涉及大珠三角地区改革发展方方面面，规划期长至2020年的国家级战略规划，《纲要》对粤港澳文化创意产业合作也具有里程碑式的意义。《纲要》规划的范围虽主要是广东省的广州、深圳、珠海、佛山、江门、东莞、中山、惠州和肇庆9市，但"辐射泛珠江三角洲区域"，并将与港澳紧密合作的相关内容纳入规划。其中，在"推进现代服务业发展""文化建设"等板块，均有很多涉及文化创意产业的内容，例如：

---

① http://www.crntt.com/crn-webapp/doc/docDetailCreate.jsp?coluid=7&kindid=0&docid=100835037，2014年12月7日。

——"要优先发展现代服务业,支持珠江三角洲地区与港澳地区在现代服务业领域的深度合作,重点发展金融业、会展业、物流业、信息服务业、科技服务业、商务服务业、外包服务业、文化创意产业、总部经济和旅游业,全面提升服务业发展水平。"

——"形成积极向上、特色鲜明、结构优化、科技含量高的文化产业体系……到2020年,文化产业增加值占地区生产总值的8%。"

——"推动粤港澳合作再上新台阶,合作推进基础设施建设、全面加强产业建设、环保、教育等重点领域的合作,共建优质生活圈。大力推进CEPA政策先行先试工作,重点在金融、旅游、创意设计、知识产权等领域实现重大突破。进一步完善粤港、粤澳合作联席会议机制"等。

随后,根据《纲要》,广东省还先后出台了多项政策,如《中共广东省委广东省人民政府关于贯彻实施〈珠江三角洲地区改革发展规划纲要(2008—2020年)〉的决定》(粤发〔2009〕10号)、《中共广东省委广东省人民政府关于印发〈广东省建设文化强省规划纲要(2011—2020年)〉的通知》(粤发〔2010〕12号)等。各市也纷纷出台相关政策,落实《纲要》。2011年,为加快发展文化创意产业,推进珠江三角洲地区产业结构升级和经济发展方式转变,广东省文化厅还制定出台了《关于加快珠江三角洲地区文化创意产业发展的指导意见》①。

4. 广东省委、省政府:《关于推进与港澳更紧密合作的决定》。

为进一步推进与港澳的合作,2009年8月13日,广东省委、省政府还专门出台了《关于推进与港澳更紧密合作的决定》(以下简称《决定》)。《决定》明确推进与港澳更紧密合作的指导思想、基本原则和战略目标。基本原则为:坚持互利共赢,平等协商;坚持政府推动,市场主导;坚持先易后难,重点突破;坚持先行先试,创新发展。战略目标:到2012年,广东省产业结构进一步优化提升,与香港国际金融中心相配套的现代服务业体系更加完善,重大基础设施实现对接,绿色大珠三角优质生活圈稳步建立,人员、货物等要素流动更加便捷,借鉴港澳先进经验改革广东省社会管理体制机制取得突破,政府、民间等多层次的合作模式和机制逐步建

---

① http://zwgk.gd.gov.cn/006939748/201107/t20110718_193364.html,2014年12月8日。

立健全，与港澳经济逐步融合发展，形成分工合作、优势互补、错位发展的国际航运、金融、物流、贸易、会展、旅游和创新中心，成为全球最具核心竞争力的大都市圈之一。到 2020 年，推动广东省与港澳进一步融合发展，实现区域内要素流动快速化、产业结构高级化、运行机制市场化、区域经济国际化，形成最具活力和竞争力的世界级城市群，成为辐射带动能力强的经济增长极。要推进与港澳服务业的紧密合作，推进在粤的港澳资企业转型升级，加强与港澳自主创新合作，推动粤港澳重大基础设施对接，建设大珠三角优质生活圈，加强与港澳社会管理合作，建设亚太地区最具活力和国际竞争力的城市群，推进与港澳更紧密合作的保障措施。[①] 这一《决定》为粤港澳推动文化创意产业合作，提供了更具体的政策依据。

总之，由于特殊的地缘关系，经过 30 余年的亲密合作，粤港澳三地文化创意产业通过无形的市场之手以及有形的政府之手、出台政策、搭建平台，建立起了宏观的合作制度安排，粤港澳地区文化创意合作迎来了广阔前景。

三 粤港澳文化创意产业合作现行政策存在问题分析

产业合作政策的制定实施，需要相关的理念支撑，不同的政策理念决定了不同的政策选择。这些理念大体包括对何谓"文化创意产业"概念的认识、对其是否纳入政府施政领域的考虑、政府管理框架的搭建、对各自发展目标的定位、区域产业分工的共识等内容的考虑，以及具体的政策手段的应用。

如上所述，经过 30 多年的发展，粤港澳文化创意产业的合作走过"市场导向"的阶段，进入一个政府发挥政策主导作用，主动进行制度安排的阶段。其中，最重要的三大制度安排，一是《纲要》的颁布实施；二是 CEPA 及相关补充协议的签署；三是粤港澳文化合作会议及其相关合作机制的建立、项目的开展。但是，纵观这三大政策出台、机制建立 10 余年来的情况，粤港澳文化创意产业合作仍然存在不少问题，影响着三地合作的深化，主要表现为如下几个方面：

---

① http://www.gd.gov.cn/govinc/nj2010/02zz/020101.htm，2014 年 12 月 8 日。

(一) 文化创意产业理念有差异

由于不同的政治、经济和文化发展背景，粤港澳三地文化创意产业政策理念存在一定的差异。就文化创意产业的概念而言，作为大陆地区，广东取"文化产业"概念，其界定与中央政府一致，即"文化产业"为："为社会公众提供文化、娱乐产品与服务的活动，以及与这些活动有关联的活动的集合"。根据2012年国家统计局发布修订版的《文化及相关产业分类2012》的具体界定："本分类规定的文化及相关产业是指为社会公众提供文化产品和文化相关产品的生产活动的集合。其范围包括：1.以文化为核心内容，为直接满足人们的精神需要而进行的创作、制造、传播、展示等文化产品（包括货物和服务）的生产活动；2.为实现文化产品生产所必需的辅助生产活动；3.作为文化产品实物载体或制作（使用、传播、展示）工具的文化用品的生产活动（包括制造和销售）；4.为实现文化产品生产所需专用设备的生产活动（包括制造和销售）"。[1] 与此不同，香港则主要采用源于英国的"创意产业"概念，将文化创意产业界定为包括文化艺术类（艺术品、古董与手工艺、音乐、表演艺术）、电子媒体类（数码娱乐、电影与视像、软件与电子计算、电视与电台）、设计类（广告、建筑、出版与印刷）三大类别的11个行业。[2] 澳门也取"文化产业"概念，对文化产业与创意产业进行一定程度的"模糊处理"。[3] 当然，三地都共同认为文化创意产业是满足公众需求、推动经济结构调整、转变经济发展方式的重要着力点，政府有推动文化产业发展，提升国家和地区文化软实力的职责。不同的是，广东与大陆其他地方一样，比较强调文化创意产业的意识形态属性，尤其是针对媒体等行业，在内容审查、市场准入等方面，依照国家法律法规，具有一定的限制。港澳则奉行文化自由政策，基本不设置文化创意产业内容审查及市场准入门槛。[4]

---

[1] 国家统计局：《文化及相关产业分类》2004年初版及2012年修订版。http://www.stats.gov.cn/TJSJ/tjbz/201207/t20120731_8672.html，2014年11月20日。

[2] 香港中央政策组委托，香港大学文化政策研究中心主持完成：《香港创意产业基线研究》报告（2003）。

[3] 参见澳门文化产业委员会 http://www.cic.gov.mo/tc/intro_2.aspx，2014年11月20日。

[4] 港澳等地区对暴力、色情淫秽等内容有相关管制规定。

（二）管理模式、体制不接轨

就管理模式和具体体制架构来说，三地也存在不接轨的地方。文化创意产业政策是文化政策的一种，由于政治及行政管理背景的不同，广东（大陆）与港澳的管理理念和模式存在较大差异，现行文化管理体制更是差别很大。一般来说，根据政策调控力度的大小，文化政策大致可以分为**强调控模式**和**弱调控模式**。强调控型政策模式中，政府往往设立文化行政主管部门，对文化发展采取大力度的政策干预。弱调控型模式中，政府往往不设立文化行政主管部门，仅设立国家艺术理事会对非营利的高雅艺术及人文社科研究进行有限的资助，其特点是政府采取自由放任的政策，只在某些领域进行有限的干预，政府意志对社会文化生活的影响较弱。[①] 粤港澳三地，其中，广东与大陆一样，采取的是强调控型的文化政策模式，建立了党委领导、政府行政、党政统一的文化创意产业管理架构，体制涉及的党委宣传部、政府文化厅局、发改、科技、财政等众多部门，均在党委政府的统一领导和部署下，实施强调控型的文化创意政策。政府大量密集出台各种文化规划、产业规划，各类涉及文化产业各行业的投融资、财政扶持、税收优惠、园区兴建、人才引进等政策手段，得到广泛应用，政策出台快、执行快、配套程度较高。

而港澳两地，由于长期的自由经济、有限政府传统，低税制等原因，其文化政策的调控力度并不大，实行的是一种弱调控型的文化政策。事实上，1997年香港"回归"之前，港英政府推行的是"消极不干预"的文化政策，香港文化基本上处于一种"自生自灭"的状态，政府不主动满足市民文化需求，对城市文化发展没有专门的政府机构管理，也缺乏总体考虑。[②] 1997年香港回归祖国后，文化发展理念受到重新审视，文化行政管理机构进行了相应的调整，文化行政的权力被收归市级决策部门，即香港民政事务局掌握，但至今仍未成立专门的文化局（民政事务局下属康文

---

① 林国良：《现代文化行政学》，学林出版社1995年版，第35—40页。
② 因此，文化管理的任务也主要由当时的两个区域市政局来承担。直至1995年，香港"市一级"才成立了专门法定机构——香港艺术发展局，负责分配、管理部分政府财政对艺术的投入经费，资助侧重于表演艺术等艺术门类。

署,主要负责香港公共文体设施的管理,并非决策部门,而为执行机构。香港艺术发展局则是一个法定机构,负责每年一定规模的文化艺术专项资金的分配)。直到2000年香港"策略发展委员会"发表《香港长远发展需要及目标》提出"创作及文化活动"可以成为未来7个高增长行业之一,香港文化与经济融合、文化创意产业的发展才摆脱纯市场自身自灭的状态,受到政府层面的关注。因此,香港创意产业11个门类,只有4个门类可归入民政事务局管理范围。香港2009年为推动创意产业发展专门成立的"创意香港办公室"也并不属于文化部门,而是隶属香港商务及经济发展局管理,并且,仍然未能完全统筹管理创意产业的各个门类。总体看,香港并没有建立起规管、推动文化创意产业发展的统一顺畅的良好体制,加之公共文化与文化产业事实上存在不少交叉,几个相关部门职责划分也不够清晰,相关政策出台慢、力度小、配套更是不足。

澳门历史上一直以博彩业作为支柱产业,产业单一化潜在的隐患一直是困扰澳门发展的主要问题。2008年国家发改委出台的《珠江三角洲地区改革发展规划纲要》,首次从国家发展战略层面提出澳门作为"世界旅游休闲中心"的发展定位。2009年,时任澳门行政长官何厚铧在《2009年施政报告》中指出,要"加大文化产业的推进力度,尽快成立文化产业咨询委员会,制定完善的文化产业政策,推动艺术文化工作者投身文化创意产业,鼓励文艺作品融入市场,实现经济效益,挖掘世界遗产的文化内涵,增加旅游文化价值。2010年,澳门新任行政长官崔世安在首份施政报告中再次提出,未来5年将积极推动澳门经济适度多元化,重点扶持会展物流业、文化创意产业等。2010年5月,澳门宣布成立"文化产业委员会";2010年11月,澳门成立"创意产业协会"。这两个机构的成立,以及澳门文化局内设部门"文化创意产业促进厅"的设立,文化创意产业才正式被纳入政府管理范畴,但相关政策并不多。

因为上述原因,粤港澳三地的文化创意产业管理理念有差异、政策模式不同、政府部门的管理架构未能完全接轨,这为三地文化创意产业的合作带来了很多体制机制上的障碍。

(三)产业分工共识不足

20世纪90年代以来,由于经济全球化的快速推进,区域经济崛起,大城市、城市群和城市网络成为重要的经济节点。近年来，大珠三角地区的总体经济状况和产业分工格局等产生了很多变化，成为粤港澳三地制定、调整文化创意产业合作政策的重要背景。

据封小云等人的研究，① 变化之一是大珠三角城市群崛起，并在全球经济中扮演重要角色。作为后发现代化地区，2000年至今，包括粤港澳在内的大珠三角地区已经成为一个具有重要区域经济功能的全球性大都会群。首先，大珠三角地区已经成为全球最重要的资本集聚与扩散中心之一。大珠三角地区占中国国土面积0.6%，人口不到5%，2012年却集聚了中国外资直接投资（FDI）存量（包括香港数字）的50%，占全球FDI存量的8.2%。② 其次，大珠三角地区成为全球第四大对外贸易经济体。2012年，大珠三角地区对外货物贸易占中国商品对外贸易（包括香港、澳门数字）的比重分别为：出口40.8%、进口41.1%，是中国最大的货物对外贸易地区。复次，在服务贸易方面，2012年大珠三角地区占中国服务贸易（包括香港、澳门数字）的比重分别为：服务出口59.1%、服务进口为37.5%。最后，大珠三角是全球第三大的大都会区。在经济总量方面，广东的GDP总量已经连续25年位于全国的第一，2013年更突破1万亿美元大关，占全国总量的11%；珠三角地区则占全国总量的9.2%。整体的大珠三角地区（包括香港、澳门）2012年GDP总量达到10659.5亿美元，在全球2012年GDP国家排名中，仅次于排名第15位的韩国（11700亿美元），为全球第16位。③ 总之，大珠三角城市群是仅次于大东京都会区和大纽约都会区，位列全球第三大的大都会区。

变化之二，是粤港澳区域合作正从早期的互补性结构走向替代性结构，产生了一定的利益博弈，整体合作速度趋缓，竞争态势加剧。④ 改革

---

① 以下观点详见封小云《粤港澳经济合作走势的现实思考》，载《台、港、澳研究》2014年第5期。

② 数据来源：《2013世界投资报告》《广东外经贸发展报告2012—2013》，转引自封小云《粤港澳经济合作走势的现实思考》，载人大复印报刊资料《台、港、澳研究》2014年第5期。

③ 数据来源：世界贸易组织网站、香港政府统计处、澳门政府统计暨普查局。转引自封小云《粤港澳经济合作走势的现实思考》，载人大复印报刊资料《台、港、澳研究》2014年第5期。

④ 张玉阁、郭万达：《香港经济未来发展面临的挑战和策略选择》，载《台、港、澳研究》2014年第2期。封小云：《粤港澳经济合作走势的现实思考》，载《台、港、澳研究》2014年第5期。

开放以来，粤港澳经济合作经历了货物贸易与直接投资并进阶段（1978—2003），正进入贸易与投资自由化阶段（2004—至今）①。这一阶段，由于国际国内形势的变化，粤港澳经济实力对比正在转变。改革开放早期，香港因素一直是广东，尤其是转三角地区经济形态、经济模式形成的重要外来因素，相当长时期中，粤港合作主要是香港资金和产业单向度进入广东。香港不仅是启动广东制造业的重要投资者，也是广东产品走向世界的重要中介。然而，随着珠三角经济转型升级步伐的加快，粤港经济分工角色正在打破。广东GDP总量已于90年代超过新加坡、2006年超过中国香港，2007年超过中国台湾，未来广东经济总量将会持续增长，且仅广州、深圳两地GDP在2015—2016年、人均GDP将在2019—2020年双双超过香港。事实上，粤港澳经济合作关系开始出现弱化的倾向，广东先进制造业合作出现"去香港化"情形。由于经济转型升级的需要，产品市场国内化、产业发展高科技化等趋势，香港难以助力广东，广东经济日渐独立。粤港澳经济关系正从原来的合作互补走向"竞合"乃至"竞争"关系。②

在这样大的经济关系发生变化的情况下，粤港澳文化创意产业合作显然无法再延续早期"前店后厂"的模式，近年来产业同构等问题也渐趋突出。虽然《珠三角改革发展规划纲要》对各地定位提出了一些要求，但落到实处，如何处理好各城市不同的利益诉求，适应新的形势变化，合理建构产业链，发展产业集群，形成大珠三角区域内互补合作的产业分工，三地的共识有待进一步形成。

（四）政策完备及相关措施配套程度不一

由于上述不同的政策模式，粤港澳三地文化创意产业的政策完备和配套程度差异很大。就广东来说，作为大陆的一个省份，广东受益于国家文化创意产业政策的影响，其政策的力度、完备性以及相关措施的配套程

---

① 1949—1978年，主要是货物贸易主导粤港澳经济合作关系。详见陈广汉主编《港澳珠三角区域经济整合与制度创新》，社会科学文献出版社2008年，第一章。

② 参见香港智经研究中心《十二五期间广东经济结构转型与香港的机遇》（研究报告，2011）http：//www. bauhinia. org/pdf/research/20110830/Guangdong% 20Economic% 20Transformation% 2012_5% 20full% 20report‐sc. pdf, 2014年11月20日。

度，远高于港澳。自党的十五大首次提出了文化产业的概念，党的十六大明确了文化产业和文化事业的不同属性以及各自特征，从中央到地方纷纷成立文化产业管理机构，形成明确的经营性文化产业和公益性文化事业管理二分格局。党的十七大后，文化创意产业的战略地位迅速提升，党的十七届六中全会明确将文化产业的发展朝着国民经济发展的支柱性产业加以规划和引导。2009年，《国家文化产业振兴规划的出台》，标志着文化产业已成为国家战略性产业。党的十八大后，明确提出加快文化产业的市场体系建设，并同时处理好文化产业的社会属性第一位、经济属性与社会属性并重发展的新思路。此后，大陆密集出台各类文化创意产业政策，从投融资、财政扶持、税收减免、技术转让、信息共享等多个方面，促进文化创意产业的发展。仅以2014年为例，在刚刚过去的这一年，国家先后出台了《关于推进文化创意和设计服务与相关产业融合发展的若干意见》等十大文化产业政策。这些政策从内容看，涵盖了产业融合、文化金融、文化贸易、文化体制改革、特色文化产业发展、小微文化企业支持、文化产业带（走廊）建设等各个方面。从产业要素看，分别涉及了文化产业发展的资本、土地、人才、技术等各个方面，基本上构筑了我国文化产业完整的政策体系和配套措施。[①] 广东省仅深圳市，每年政府财政投入设立的文化创意产业专项资金就高达5亿元，相比之下，港澳关于文化创意产业发展的政策措施单薄得多。如香港，实质性的措施之一是港府2007年注资3亿元设立的"电影发展基金"，以推动香港电影产业的发展；二是2013年设立的"创意智优"计划，政府投入3亿港元，鼓励中小企业与设计业融合。相形之下，港澳文化产业政策措施的配套完善程度不如广东，也影响了文化创意领域的合作。

（五）政策执行效果缺乏评估

政策评估是提高决策科学化、民主化，提升政策绩效的重要手段。粤港澳文化创意产业合作政策，处于众多交叉领域，涉及面广，涉及利益主体复杂，在实际执行中面临很多困难。科学的政策评估，可利用适当的方

[①] 中国传媒大学范周教授的微信公众号："言之有范"对此做出了很及时的总结分析。

法和技术，依据一定的价值标准和事实标准，通过一定的程序和步骤，对政策实施中的价值因素和事实因素进行分析，对政策的存在问题或未来走向做出基本的判断，从而调整、修正现行政策，必要时制定新的政策。如前所述，粤港澳大珠三角地区文化创意产业领域已经建立了诸多重要的合作政策和相关机制。然而，尽管从2010年开始，广东省政府首次开展了《珠三角地区改革发展规划纲要》执行情况的评估。[①] 此外，也有部分学术机构开始进行CEPA执行情况等的评估，但是，总体来看，专门针对有关文化创意产业政策执行情况的评估，却十分少见。粤港澳文化合作会议及相关合作协议、规划的执行情况也缺乏必要的评估，这一情况，导致对现行政策是否适当，执行中碰到了什么问题，未来应如何进一步调整完善政策，没有很好的研究和进一步的修订。这种状况，也影响了粤港澳文化创意产业的进一步深入合作互动。目前，考虑政策绩效，北京等地开始组织开展对文化创意产业政策、规划执行情况的评估。显然，粤港澳三地政府应考虑组织相关机构，应及时组织开展对现行政策、规划、项目等执行情况的必要反思与评估，以保证现有政策预期效果的实现。更进一步，结合当前大珠三角地区经济社会发展形势的变化，为下一步进行必要的政策细化乃至新政策的制定出台提供更具参考价值的深度研究。

结语

鉴于对文化创意产业战略意义的高度认识，近年来，尤其是2014年，我国中央政府从国家层面出台了很多政策，从政策内容来看，全面涵盖了文化创意产业融合、文化金融、文化贸易、文化体制改革、特色文化产业发展、小微文化企业支持、文化产业带（走廊）建设等各个方面，我国扶持鼓励文化创意产业的政策体系正日趋完善。下一步，包括粤港澳大珠三角地区在内的各省市，如何因地制宜，制定出更具地方针对性的细化配套文件，以落实国家战略，亟待研究。粤港澳大珠三角地区战略区位重要，文化创意产业发展历史基础好，未来，应在上述国家战略的引领下，充分

---

① 2010年开始，广东省政府首次开展《珠三角地区改革发展规划纲要》执行情况的评估。http://news.dayoo.com/guangzhou/201002/05/73437_11961366.htm，2014年12月20日。

发挥"一国两制"优势，发挥政策、财政、税收等的引导作用，调整、补充、完善相关政策，利用大珠三角地区市场机制相对成熟，经济基础好，制度有互补性等优势，合理配置区域资源，充分调动广大企业的市场主体作用，加快各类文化创意主体的培育和产业门类的发展，在促进大珠三角区域产业结构调整和经济发展方式转变、促进大珠三角地区文化创意产业繁荣发展的同时，发挥大珠三角地区在我国文化创意产业发展、文化发展中的带动作用，为国家做出应有的贡献。

主要参考文献

(一) 著作

白天主编:《走向现代化——深圳20年探索》,海天出版社2000年版。

白天主编:《深圳精神文明建设》丛书,海天出版社1999年8月版。

陈威主编:《公共文化服务体系研究》,深圳报业集团出版社2006年版。

蔡德麟主编:《深港关系史话》,海天出版社1997年版。

陈刚:《大众文化与当代乌托邦》,作家出版社1996年版。

陈少峰:《中国文化产业四十年》,浙江工商大学出版社2020年版。

陈冠中:《城市九章》,上海书店出版社2009年版。

陈广汉等著:《粤港澳经贸关系走向研究》,广东人民出版社2006版。

陈广汉主编:《港澳珠三角区域经济整合与制度创新》,社会科学文献出版社2008年版。

董滨、高小林:《突破——中国经济特区启示录》,武汉出版社2000年版。

戴锦华:《隐形书写——90年代中国文化研究》,江苏人民出版社1999年版。

樊纲等著:《中国经济特区研究》,中国经济出版社2009年版。

甘长求:《香港对外贸易》,广东人民出版社1990年版。

胡惠林:《文化产业发展与中国新文化变革(1998—2008)》,上海人民出版社2009年版。

何志平、陈云根:《文化政策与香港传承》,中华书局2008年版。

蒯大申、饶先来:《新中国文化管理体制研究》,上海人民出版社2010年版。

林国良:《现代文化行政学》,学林出版社1995年版。

李军鹏:《公共管理学》,首都经济贸易大学出版社2005年版。

李军鹏:《公共服务型政府》,北京大学出版社2004年版。

林洁珍、廖柏伟：《移民与香港经济》，（香港）商务印书馆有限公司1998年版。

老亨：《深商的精神》，海天出版社2007年版。

梁晓声：《九五随想录》，新疆人民出版社1996年版。

李景源等主编：《中国公共文化服务发展报告（2007，2009）》，社会科学文献出版社2007年版，2009年版。

李建盛主编：《北京文化发展报告（2018）》，社会科学文献出版社2019年版。

李炎、胡洪斌主编：《中国区域文化产业发展报告（2015）》，社会科学文献出版社2016年版。

茅于轼：《中国人的道德前景》，暨南大学出版社1997年版。

毛少莹：《公共文化政策的理论与实践》，海天出版社2008年版。

彭立勋主编：《深圳文化蓝皮书》系列，中国社会科学出版社2011、2012、2013、2014、2015年版。

潘震宙等主编：《中国经济特区文化研究》，宁夏人民出版社1999年版。

荣跃明、花建主编：《上海文化产业发展报告（2018）》，上海人民出版社2018年版。

深圳博物馆主编：《深圳特区史》，人民出版社1999年版。

深圳市史志办编：《中国经济特区的建立与发展（深圳卷）》，中共党史出版社1997年版。

苏伟光主编：《深圳文化发展战略的思考》，海天出版社1996年版。

深圳市委政策研究室编著：《深圳特区十年》，海天出版社1990年版。

苏伟光、杨宏海主编：《市场经济与特区文化》，海天出版社2000年版。

深圳市文物管理委员会编：《深圳文物志》，文物出版社2005年版。

单世联：《现代性与文化工业》，广东人民出版社2001年版。

孙维学：《美国文化》，文化艺术出版社2004年版。

苏旭：《法国文化》，文化艺术出版社2001年版。

王京生主编：《文化立市论》，海天出版社2005年版。

王京生主编：《深圳十大观念》，深圳报业集团出版社2011年版。

王京生主编：《文化深圳大数据》，深圳报业集团出版社2015年版。

王为理:《从边缘走向中心——深圳文化产业发展研究》,人民出版社 2007 年版。

万科企业股份有限公司主编:《白领》(上、下卷),花城出版社 1999 年版。

王南湜:《从领域合一到领域分离》,山西教育出版社 1998 年版。

吴建伟主编:《产业经济学》,清华大学出版社 2016 年版。

许琅光:《美国人与中国人》,华夏出版社 1989 年版。

许纪霖、罗岗:《启蒙的自我瓦解——1990 年代以来中国思想文化界重大论争研究》,吉林出版集团有限责任公司 2007 年版。

徐咏虹主编:《广州文化创意产业发展报告(2018)》,社会科学文献出版社 2018 年版。

香港中央政策组委托香港大学文化政策研究中心:《香港创意产业基线研究》报告(2003 年)。

杨宏海主编:《深圳文化研究》,花城出版社 2001 年版。

艺衡、任珺、杨立青:《文化权利:回溯与解读》,社会科学文献出版社 2005 年版。

余英时:《士与中国文化》,上海人民出版社 1983 年版。

杨国枢主编:《中国人的性格》,(台湾)桂冠图书公司 1988 年版。

杨善华主编:《当代西方社会学理论》,北京大学出版社 1999 年版。

杨东平:《城市季风》,新星出版社 2006 年版。

于群等主编:《文化蓝皮书:中国公共文化服务发展报告(2012)》,社会科学文献出版社 2012 年版。

章海山主编:《梦想与奋斗——特区人的价值观研究》,中山大学出版社 1995 年版。

张骁儒、王为理等主编:《深圳文化蓝皮书》系列,社会科学文献出版社 2016、2017、2018、2020 年版。

庄锡昌等编:《多维视野中的文化理论》,浙江人民出版社 1987 年版。

中国社会科学院社会学所"当代中国青年价值观演变"课题组:《中国青年大透视:——关于一代人的价值观演变研究》,北京出版社 1993 年版。

张晓明、胡惠林、章建刚主编:《中国文化产业发展报告(2003、2007、

2010)》(文化蓝皮书系列),社科文献出版社 2003、2007、2010 年版。
张晓明主编:《中国文化发展报告》(2020),社科文献出版社 2020 年版。
张鸿雁:《城市形象与城市文化资本论》,东南大学出版社 2002 年版。
中宣部文化体制改革和发展办公室、文化部对外文化联络局编:《国际文化发展报告》,商务印书馆(北京)2005 年版。
周毅之:《香港的文化》,新华出版社 2000 年版。
周民峰主编:《西方国家政治制度比较》,华东理工大学出版社 2001 年版。

(二)译著

[美] 阿列克斯·英格尔斯:《人的现代化》,殷陆君编译,四川人民出版社 1985 年版。

[美] 阿列克斯·英格尔斯、戴维·H. 史密斯:《从传统人到现代人》,顾昕译,中国人民大学出版社 1992 年版。

[法] 让·斯托策尔:《当代欧洲人的价值观念》,陆象淦译,社会科学文献出版社 1988 年版。

[日] 富永健一:《社会结构与社会变迁》,董兴华译,云南人民出版社 1988 年版,第 21 页。

[美] 马丁·杰伊:《法兰克福学派史》,单世联译,广东人民出版社 1996 年版。

[美] 丹尼尔·贝尔:《资本主义文化矛盾》,赵一凡等译,生活·读书·新知三联书店 1989 版。

[英] 雷蒙·威廉斯:《关键词:文化与社会的词汇》,刘建基译,生活·读书·新知三联书店 2005 年版。

[美] 刘易斯·芒福德:《城市文化》,宋俊岭等译,中国建筑工业出版社 2009 年版。

[英] 罗伯特·保罗·欧文斯等:《世界城市文化报告》,黄昌勇等译,同济大学出版社 2013 年版。

[德] 哈贝马斯:《公共领域的结构转型》,曹卫东等译,学林出版社 1999 年版。

[美] 珍尼特·V. 登哈特、罗伯特·B. 登哈特:《新公共服务,服务而不是掌舵》,丁煌译,中国人民大学出版社 2004 年版。

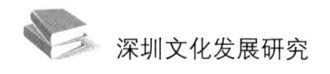

［英］约翰·汤姆林森：《全球化与文化》，郭英剑译，南京大学出版社2002年版。

［美］塞缪尔·亨廷顿、劳伦斯·哈里森等主编：《文化的重要作用——价值观如何影响人类进步》，程克雄译，新华出版社2002年版。

［美］约瑟夫·派恩、詹姆斯·H. 吉尔摩：《体验经济》，夏业良等译，机械工业出版社2002年版。

(三) 其他

深圳市统计局编：《深圳统计年鉴（2019）》，见http://tjj.sz.gov.cn/zwgk/zfxxgkml/tjsj/tjnj/content/post_7971762.html。

国家统计局社会科技和文化产业统计司、中宣部文化体制改革和发展办公室编：《中国文化及相关产业统计年鉴（2019）》，中国统计出版社2019年版。

跋

2020年是深圳建市40周年，应《深圳文化蓝皮书》约稿，我不揣浅薄，斗胆写了一篇《深圳文化40年回眸》。这个题目大，篇幅有限，写得匆忙，感觉意犹未尽。恰好手头在做市文化广电旅游体育局委托课题"深圳市文化产业'十四五规划'前期研究"，课题要求对40年来深圳文化产业的发展历程、成就、问题等进行总结回顾。于是，查阅了不少历史资料，也找出了不少自己以前写的文章，便再次萌生了把多年来分散发表的文章结集出版的念头。

说再次，是因为已经不止一次想做这事。我自1994年到深圳从事文化研究工作迄今已逾25年。感谢岁月的馈赠，才疏学浅、天资鲁钝如我，深深浅浅做了不少课题，也长长短短写了不少文章。部分成果见前几年出版的《公共文化政策的理论与实践》《公共文化服务体系研究》《公共文化服务概论》等书，但仍有很多文稿散落在各类文化蓝皮书、合著、报刊中。十余年前就有朋友劝我出本文集，对自己的研究工作略作小结，我却总觉得人生还长，不必着急。生活在忙碌的深圳，反正总有更重要的事让这事一拖再拖……2020年，新冠肺炎疫情暴发，天灾人祸，各种忙乱，各种感慨，突然产生了一种前所未有的紧迫感，遂下决心联系了出版社，也动手开始整理起来。

整理的过程却是痛苦的——恰逢单位搬办公室，所有书籍资料打包封装，又因深圳事业单位新一轮改革调整等缘故，60多箱书籍资料堆放在一起至今没能全部拆开……只好在电脑硬盘中查找旧稿。年代久远，很多稿子已经找不到，又或存放的磁盘完全打不开。试着重新扫描打字，不胜烦琐，乃至一度想要放弃，又拖了一段时间。最后决定顺其自然，简单按三个标准来选：一是有电子版的，没有的就算了。二是直接与深圳相关的，与深圳无关的另做考虑。三是所选文章或于深圳文化研究或相关学科建设仍有点价值的。至于原来还希望收入的一些研究案例、随笔、评论等，只能留待下次了。面对杂乱的旧稿和绵长模糊的回忆，我想，总归有些东西要随岁月风吹雨打而去，那就这样吧。如此这般，我将文稿筛选出20余篇，编辑成现在的模样。希望这些成文于不同时期的稿子多少能体现我对深圳文化的一些研究与思考。

光阴似箭，回忆自己倏忽而过的青春岁月，心中不少感慨……自20世纪90年代中期到深圳后至今，我自觉的学术定位一直是文化决策咨询研究，也即在"应用性文化研究"意义上的文化政策与文化管理问题研究。"应用性文化研究"是我的一个提法，想以此区分"理论性文化研究"（即当代源于英国伯明翰学派的"文化研究"）。对于当代文化研究的这两个路向、两种分类，我曾专门写过一篇文章：《"批判"与"建设"——论当代"文化研究"的两种路径、问题与方法》。该文2007年以"现实迫切呼唤'应用性文化研究'"为题发表在《人民论坛》杂志上，这里旧话重提，想进一步说说我所了解的文化决策咨询研究。

由英国伯明翰大学当代文化研究中心开创于20世纪60年代，后传播到世界各国的"文化研究"（cultural studies），作为一个学派、一种跨学科的问题意识与研究方法，已然成为有着特定含义的研究类型或范式。这种"文化研究"于20世纪90年代传入我国并迅速成为当代学术研究的显学，促成了不少传统学科的"文化转向"，并程度不同地渗透到一切人文学科和社会科学的研究中。与这种"文化研究"兴起的同时，另一种文化研究也在迅速兴起，那就是以服务于公益性文化事业、经营性文化产业以及一般文化管理决策咨询所需要的文化研究。就我国的情况看，这类研究同样大约兴起于20世纪90年代中后期。当时，由于改革开放带来文化市场的繁荣发展、文化与经济的快速融合，出现很多新的文化现象、文化行业，引起了文化管理部门和部分文化研究者的注意。如何繁荣文化事业、发展文化产业，满足人们日益增长的精神文化需求被纳入了政府视野。顺便说一下，我本人供职的深圳市特区文化研究中心，就是直接产生于这一时期。改革开放后，国家文化部政策法规司对新文化现象的关注直接促成了我们这个研究机构的于1993年12月（成立研究范围包括深圳、珠海、汕头、厦门、海南五个经济特区。我本人则于1994年于中山大学研究生毕业后直接进入了这一机构）。正是由于这一特殊的背景，特区文化研究中心是国内由政府文化部门直管、较早开展文化决策咨询研究的学术机构。要知道，相当长一段时间里，全国"文化系统"下属的研究机构，如中国艺术研究院，各省文化厅下属的艺术研究所等，多侧重于专门的艺术门类，如音乐、舞蹈、美术、地方戏曲等的文化专门领域的研究，而并非文化决策咨询研究。一度，我们研究中心显得很特别，以至于常常需要给人解释单位成立的背景、研究的定位等。

2000年前后，随着全球化的加速，信息时代及后工业社会的来临，文化创意产业的崛起，以党的十六大报告为标志，我国开始高度重视文化的战略意义。在中央的号召和指引下，各级政府掀起了一波又一波的文化建设高潮，各级、各类文化政策出台，相应的，基于建设立场的文化政策与文化管理问题研究开始"大面积"兴起，名称不一，建制不一的各类"文化智库"（大量依托高校中文、传媒等专业成立）也如雨后春笋般发展起来。相应的，是高校"文化管理""文化产业管理"等新兴专业的设置呈现方兴未艾之势。

简言之，当代中国（其实国际上也如此）的文化研究基本上可以看作立足两个立场、沿着两条道路展开的：一是立足批判立场，广泛借鉴跨学科理论成果，对文化现象的分析、解读、批判。其目的，在于揭示不同文化现象背后复杂的政治、经济、社会历史等因素，从而对现实提供具有思想理论深度和说服力的分析与批判，以发挥知识分子作为社会良知、守望者的作用。二是基于建设性的立场，结合文化学、公共管理学、经济学等开展的文化政策、文化管理等问题的研究。比如撰写文化发展规划报告、起草文化经济政策、开展文化设施建设可行性研究，为文化企业经营管理出谋划策等。这类研究的主要目的是服务于急剧增长的文化发展需求，服务于政府文化决策、文化企事业单位发展。研究所体现的，主要是相关知识在当代经济社会发展中的智力支持和专业指导作用。

为了便于区分，我把前一类研究称为"理论性文化研究"，后一类研究则称为"应用性文化研究"。应用性文化研究至少有以下几个特点：一由于实务界对研究成果明确的应用性需求，需要紧贴现实，具有"可操作性",故而较为"接地气"。二是由于需要满足更加具体的现实约束条件,因而成果也具有较强的时效性。换言之,时过境迁后可能就不适用了。三则是大量研究成果体现为给政府部门提供的"内参报告""政策建议""策划方案""分析评估报告",以及最终出台的"规划、政策、措施",因而多数参与研究者往往处于"匿名状态",缺少个人成果。本书的大部分文稿,即我从事应用性文化研究的部分成果或副产品,而当然不包括多年来参与起草过的调研报告、规划文本、政策草案等。在文稿整理中我发现其实这类报告、文本的草稿(多数要改很多次,有很多的版本)其实才是数量最大、花费时间和精力也最多的。看着一摞摞反复修改、不同版本的研究报告,回忆曾经加班加点的日日夜夜,以及其他,我不禁想到了意大利作家埃莱娜·费兰特说的那句:"那些真正塑造我们的东西,通常没有被写进我们的履历。"

就我国的情况来看,很长一段时间,由于"理论性文化研究"紧跟西方学术前沿,关注当代重大理论问题,也由于其与传统人文学科、社会学科研究有深厚的"血缘"关系,研究队伍庞大,学术成果容易纳入现行学术体制要求(评职称等)获得社会认可,大量的文化研究者,尤其是高校、社科院等专业学术机构的研究者,热情地投身到"理论性文化研究"中。相关国外学术成果的译介、各种丛书、刊物、网站也迅速发展起来,大批文化研究成果不断推出,为分析解读当代文化状况做出了很大贡献。与此形成对比的是,由于"应用性文化研究"长期未能归入已有的传统学科,具有较强的实用色彩,研究过程除了学者以外,通常还需要包括政府管理人员、企业人员等进行集体讨论,这类研究常不为思想理论界重视。于是学术界的参与是不足的,有的学者即便参与,也是作为"副业"。与此同时,相关领域国外研究成果的翻译介绍也相对欠缺,可以刊登文化管理、文化政策、文化产业研究的刊物较少,研究成果不易发表。也因此,前一种文化研究常被视为更"精英",后一种则相对"世俗"。前者更"务虚"(形而上)更有理论含量,后者更"务实"(形而下,出谋划策)更重现实利益考量。前一种是"做学问",后一种不过是"做项目"。

好在经过20多年的发展,这种状况有了很大改观。尤其是近十余年来,随着我国经济社会生活水平的普遍提高,文化需求凸显,文化创意产业崛起，催生了不少文化智库。出现各类研究院所、文化专家委员会等具有决策咨询功能的机构、组织服务政府及社会。而自2002年中国社科院文化研究中心与上海交通大学国家文化产业创新与发展研究基地合作推出我国第一本文化蓝皮书《中国文化产业发展报告（2001—2002年）》带动下，各地也纷纷推出地区版或行业版的"文化蓝皮书"（文化发展年度报告），举办各种文化论坛，"以书代刊"的研究文集、资料、案例汇编大量出现，相关学科建设也日益受到重视。据不完全统计，到2015年左右，全国开设了与文化管理、文化产业相关专业的高校已达100多所，全国高校、社科院等设立文化智库已成为常态。应用性文化研究以其决策咨询服务，在推动文化发展实践中扮演着日益重要的角色。

值得注意的是，应用性文化研究也存在许多问题。首先，知识准备不足。从事应用性文化研究的人员，大多自"人文学科"（主要是一批原来从事文学、文艺学、哲学等研究的专业人士）转型而来，缺乏应用性文化研究更为相关的"社会科学"，如公共管理学、公共政策学、产业经济学、公共经济学、法学等的知识准备和学术训练。程度不一的知识亏欠和研究技能不足，影响着研究成果的学术视野和理论水平。其次，如前所述，由于传统学院研究者对此类研究多多少少有些"看不上眼"，人才匮乏成为一大瓶颈问题。复次，是应用性文化研究既要有一定的理论水平，紧跟学术前沿，又要了解现实发展需求，做到有的放矢，具有现实针对性和实践的可操作性。在中国社会错综复杂的现实条件下，尤需照顾方方面面的需求，事实上，最终成果也往往是各方博弈的结果，研究水平的评价也更为复杂。最后，则是一些具体问题——比如研究成果纳入学术评价系统的问题；知识产权的保护问题；研究项目的"定价"标准及激励机制问题等，都亟待解决。

随着物质生活水平的提高，社会公众对精神文化生活的要求日益增长，所谓"诗与远方"，在人们生活中占据越来越重要的位置。全球化、移动互联的时代浪潮势不可挡，卷席裹挟大量文化内容，文化产品与信息的跨国界流通，使得传统的"文化边界"迅速模糊。我们所面临的，一方面是文化"养分"前所未有的丰富驳杂；另一方面是"文化传统大面积的崩塌"和"生活本地性的瓦解"，人们精神心理遭遇前所未有的困扰。文化与经济、政治、社会生活深度融合交织，既影响人们的价值观念、身份认同、日常生活，更影响国家形象、民族文化遗产保护与传承、社群凝聚力、软实力竞争……尤其是新冠疫情暴发以来，国际关系发生巨大变化，无论中国还是世界，都面临十分严峻的考验，进入所谓"百年未有之大变局"！无疑，做好应用性文化研究具有重要而紧迫的现实价值和理论意义。推动理论性文化研究与应用性文化研究相结合，相辅相成，打通文、史、哲、政、经、法等各学科界限，乃至"文科"与"理工科"界限，实现更高水平上的"新的综合"，将是当代文化研究的必由之路。

身处改革开放前沿的深圳，我为自己能较早介入并长期从事应用性文化研究感到幸运。我希望能够立足深圳、放眼全国、面向世界，以高质量的研究成果，促进理论与实践的良性互动。遗憾的是，由于现实要求的紧迫性和个人水平的限制，很多课题做得匆忙，很多愿望并未能实现，思之令人惭愧。往者已矣，来者可追。值此深圳被赋予建设"中国特色社会主义先行示范区"光荣使命，贡献中华民族伟大复兴的新时代，温故知新，整理出版这本小小的文集，希望自己做个小结，以求教方家。也希望这些回顾和记录，能多多少少为我们新的文化研究之旅提供一些历史的参照。

最后，感谢我所有的师友和亲人们一直以来对我的鼓励和帮助！感谢我所供职的深圳市特区文化研究中心给予的大力支持、感谢中国社会科学出版社的大力支持，尤其是编辑王莎莎女士的辛勤劳动！

毛少莹
2021年8月20日于深圳